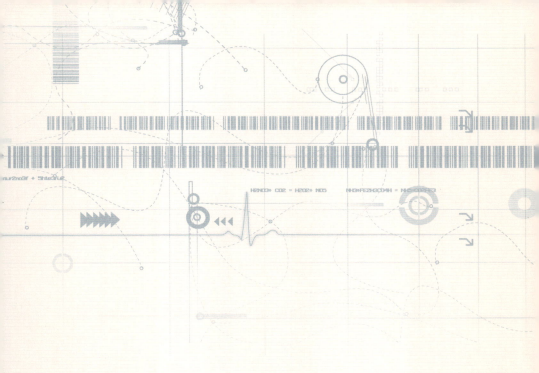

医薬品の安全性のための法システム ー情報をめぐる規律の発展

秋元奈穂子

弘文堂

はしがき

　医薬品の開発は日進月歩で進んでおり、医薬品無しで医療を語ることはほぼ不可能である。しかしながら、医薬品、とりわけ効能が強い処方箋医薬品は、私たちの疾病を治療するばかりではなく、個々の患者によっては有害な副作用をもたらす。医薬品は、その物質に情報が伴って初めて医薬品となるといわれるように、臨床試験を通じた情報の獲得と確認、医師による特定の患者への処方判断、患者による服薬といった、開発から使用に至るまでの全ての段階において、情報の獲得と伝達が問題となる。しかし同時に、この情報は常に医学としての不確定性が伴わざるを得ないことから、情報伝達の適正化こそが、医薬品をめぐる法制度の核心となるといえる。

　本書は、アメリカにおいて、処方箋医薬品の安全な使用という目的の達成を阻む問題群、すなわち、市販後の副作用情報の獲得と伝達における障害、医師に対する情報伝達と一体となった製薬会社のプロモーション活動、患者に対する情報提供の不完全さという問題において現れた法的な課題を析出し、これらの課題を解決するためになされた法的対応を、情報伝達のあり方に焦点をあてて分析し論じるとともに、かかる分析をもとに、日本における同様の課題についての法的対応への示唆を検討するものである。連邦制度をとるアメリカにおいては、食品医薬品局（FDA）を中心とする連邦政府の事後規制、州判例法である製造物責任法・不法行為法による事後規制、医療専門家・製薬業界の自己規制（ソフトロー）等の様々な法的な手段が、課題に対応する過程で相互に影響し機能しあいながら生成・変化した。これらの生成・変化を詳細に辿り分析した結果、アメリカにおいては、処方箋医薬品の適切な使用という目的の達成のために、民事規律、行政規律、ソフトローを中心とする多層的な規律の協働により、情報伝達の経路・主体を多様化・重層化するとともに、情報の送り手と受け手との間での相互的なコミュニケーションを促進するようなネットワーク的な法システムが形成されたことを明らかにした。

本書は、2015年3月に東京大学から博士号を授与された博士論文に加筆修正をしたものである。本書のテーマについてアメリカにて研究をしていた2011年から2013年の間には、奇しくも、日本において、高血圧治療薬バルサルタン（ディオバン）の医師主導臨床試験についての製薬会社の関与による論文データ改ざん事件（バルサルタン事件）の発覚があり、その後も日本の医学研究の信頼性を損なう研究不正事件やその疑惑が相次いだ。これらの事件の発覚を受け、2016年度の国会においては、薬事承認にかかる規制が適用されない臨床試験についての詳細な規制や、製薬業界と医師との間の利益関係を透明化するための規制を備えた臨床研究法が審議されている。また、2013年には、製造物責任法のもとで、添付文書における警告の記載のあり方が問題となったイレッサ訴訟についての最高裁判決が下された。

　このように、日本においても、とりわけ近時、医薬品をめぐる法規制は高い関心を集めつつあるが、医薬品をめぐる公法、私法および自主規制という各法領域に目を配り、通時的に法の発展を論じるものはほとんど存在しない。また、日本が今直面している医薬品の情報伝達をめぐる課題は、アメリカが先立って経験し、法による解決に知恵を絞ってきた問題とよく似ており、法制度、医療制度や社会状況が異なるものの、日本においてこれから更に法制度を検討していくにあたり、アメリカにおいてなされた議論や政策の失敗・成功からは多くを学ぶことができると思われる。

　本書を一冊の本として出版することができたのは、多くの先生方、先輩方、友人からのご指導やご支援があったからこそであり、深く感謝を申し上げたい。

　まず、温かく、ときに厳しく、いつも見守りご指導くださった東京大学の樋口範雄教授へはお礼の言葉が見つからないが、この場を借りて、改めて心から感謝申し上げたい。樋口先生には法学部・法科大学院時代にアメリカ法、医事法の面白さを教えて頂いて以来、私が実務家になった後にも研究会に参加させて頂き、やがてはまた大学に戻りご指導を仰ぐという、足掛け15年にも渡ろうかという間ずっと導いて頂き、計り知れないほど多くのことを学ばせて頂いた。

　留学先だった米国ワシントン大学では、ロー・スクールの Rebecca S.

Dresser教授にご指導頂き、メディカル・スクールのLarry J. Shapiro前学部長にはご助言や同スクールでのインタビューの機会を頂いた。セントルイスにある広大なキャンパスの中の図書館の小さな机で勉強していた間、折に触れてお会いした両先生の温かい笑顔やご助言はこれ以上無い励ましだった。

　また、私が医事法に興味を持ち、またその興味を膨らませていく刺激を与えて下さった、法律実務家の先生方や司法修習生時代の研修を受け入れて下さった行政の方々にも改めて深くお礼申し上げたい。そして、弁護士実務を続けながら博士課程での研究に挑戦する機会を与えて下さった、坂井秀行先生はじめ法律事務所の先生方にも心から感謝を申し上げたい。

　弘文堂の北川陽子さんにも大変お世話になった。本書の仕上げの段階では、日本を離れ台湾の大学で教員となったこともあり、直接お会いすることもままならないなか、懇切丁寧にサポートして頂いたこと、感謝してもし切れない。

　そして、本書刊行については末延財団より出版刊行助成を頂いた。

　最後に、どんな時もどこにいても明るく支え続けてくれた家族に、心から感謝の言葉を伝えたい。

　　　2016年10月

　　　　　　　　　　　　　　　　　　　　　　　　秋元　奈穂子

目　次

はじめに――本書の主題と意義 …………………………………………………… *1*

序　章　医薬品をめぐる法的枠組み
　　　　　――食品医薬品及び化粧品法以前 ……………………… *6*
　　Ⅰ　医師患者関係をめぐる規律 ……………………………………… *6*
　　Ⅱ　医薬品をめぐる規律 ……………………………………………… *7*

第1章　20世紀中期における医薬品規制の展開 ……………………… *12*
　　Ⅰ　食品医薬品及び化粧品法（Food, Drug, and Cosmetic Act）の
　　　　成立と発展 ………………………………………………………… *12*
　　　　　1　食品医薬品及び化粧品法の成立
　　　　　2　FDCA に基づく行政規制の拡大
　　　　　3　行政機関としての FDA の発展
　　　　　4　まとめ
　　Ⅱ　製造物責任法の発展と処方箋医薬品の例外法理 ……………… *23*
　　　　　1　製造物責任法の成立と処方箋医薬品の特殊な取扱い
　　　　　2　知識ある媒介者の法理（Learned Intermediary Doctorine）
　　　　　3　まとめ

第2章　患者への情報伝達と知識ある媒介者の法理 ………………… *33*
　　Ⅰ　医師患者関係における情報伝達の不備 ………………………… *34*
　　Ⅱ　患者向けラベリングの制度化の試み …………………………… *36*
　　　　　1　1970年代末の FDA の規制の試みと挫折
　　　　　2　患者向けラベリングのその後の発展
　　　　　3　まとめ
　　Ⅲ　知識ある媒介者の法理と患者への情報提供 …………………… *50*
　　　　　1　法理への挑戦⑴――医師が介在しない特殊な場合
　　　　　2　法理への挑戦⑵――避妊薬の場合
　　　　　3　裁判例の分析

Ⅳ　知識ある媒介者の法理の意義 ……………………………… 63
　　　　　1　インフォームド・コンセント法理の確立と発展
　　　　　2　医師の説明義務と知識ある媒介者の法理の関係
　　　　　3　まとめ
　　　Ⅴ　薬剤師の権限と警告義務 ……………………………………… 69
　　　　　1　薬剤師の職能の発展と原初的な義務
　　　　　2　薬剤師の警告義務の不存在
　　　　　3　警告義務を肯定する例外的事情
　　　　　4　連邦法および州制定法による薬剤師の権限の拡大
　　　　　5　薬剤師の権限拡大と州判例法における警告義務
　　　　　6　まとめ

第3章　副作用情報の獲得・伝達と行政・民事規律の変化と協働 … 85
　　　Ⅰ　副作用情報の事後的な発覚 …………………………………… 85
　　　　　1　医師に対するラベリングの規則とその内容
　　　　　2　臨床試験とラベリングの限界
　　　　　3　情報収集の限界
　　　　　4　まとめ
　　　Ⅱ　販売後の警告義務とFDCAの規律との不整合 ……………… 94
　　　　　1　連邦法の遵守と製品の欠陥
　　　　　2　製品販売後の警告義務の発展
　　　　　3　FDCAによるラベリングの承認制度と販売後の警告義務
　　　　　4　まとめ
　　　Ⅲ　行政規制の性質の転換と民事規律との競合と協働 ………… 105
　　　　　1　2007年FDA改正法とラベリング制度の転換
　　　　　2　行政規律と民事規律の競合と協働──専占の否定とその意味
　　　　　3　FDA改正法と製造物責任法
　　　　　4　残された問題──後発医薬品

第4章　プロモーション活動と多層的規律の生成 ………………… 124
　　　Ⅰ　医師に対するプロモーション活動とその弊害 ……………… 124
　　　　　1　プロモーション活動の実際
　　　　　2　プロモーション活動の構造
　　　　　3　プロモーション活動の利益提供的側面──医師の利益相反
　　　Ⅱ　FDAの行政規律と民事法的規律の限界 …………………… 141
　　　　　1　プロモーション態様の巧妙化とFDAの規制の齟齬
　　　　　2　民事規律による対応──過剰広告による警告の無効化
　　　　　3　まとめ

Ⅲ　情報伝達の事前規制と営利的言論の自由の壁 ……………… *157*
　　　　1　適応外使用のプロモーション規制と違憲判決
　　　　2　医師の役割と違憲判決の積極的意義
　　Ⅳ　行政規律の転換―― 医学論文の質の向上に関する制度の発展 …… *186*
　　　　1　臨床試験公開登録制度と医学雑誌による自主ルール
　　　　2　医学雑誌編集者国際委員会の自主ルールとFDCA
　　　　3　公的研究における利益相反の管理
　　　　4　まとめ
　　Ⅴ　利益提供に関する新たな規律―― 刑事訴追と自主規制の促進 … *193*
　　　　1　プロモーション活動に伴う利益提供とその規制
　　　　2　連邦法に基づく刑事訴追
　　　　3　製薬業界・医療界における自主規制
　　　　4　州法・連邦法による開示義務付け立法
　　Ⅵ　プロモーション活動における多層的な規律 ………………………… *212*
　　　　1　多層的な規律の情報伝達における意義
　　　　2　データ・マイニング活動の規制に関する違憲判決

第5章　プロモーションの新たな形態―― 患者向け広告 ………… *221*
　　Ⅰ　患者向け広告―― 何が問題といわれているのか ………………… *222*
　　　　1　患者向け広告の出現と増加
　　　　2　患者向け広告の多義性
　　Ⅱ　FDAによる対応 ………………………………………………………… *229*
　　　　1　FDAによる規制
　　　　2　FDAによる広告の監視
　　　　3　患者向け広告制限法案と営利的言論の自由
　　　　4　まとめ
　　Ⅲ　患者向け広告と知識ある媒介者 ……………………………………… *237*
　　　　1　患者向け広告と製造物責任訴訟
　　　　2　消費者保護法と知識ある媒介者の法理
　　Ⅳ　知識ある媒介者の意義 ………………………………………………… *251*

第6章　投薬医療における多面的コミュニケーションの生成 … *253*
　　　　1　アメリカにおける新しい法システムの形成
　　　　2　アメリカにおける事例による確認――インタビュー調査に基づいて

第7章　日本における薬事規制の変遷とアメリカ法の示唆 ……… 262

- I　薬事規制の誕生と性格——明治維新から第2次世界大戦まで…… 263
  1. 薬事規制の誕生と整備
  2. 医薬品産業の発展と戦時下の医薬品規制
  3. まとめ
- II　薬事法の成立と戦後初期の状況 …………………………………… 267
  1. 旧薬事法（1948年薬事法）の成立
  2. 戦後における医薬品産業の復興と医薬品のプロモーション
  3. 新薬事法（1960年薬事法）の成立
  4. まとめ
- III　1960〜1970年代の大規模訴訟と行政・民事規律の変化 ………… 273
  1. はじめに
  2. サリドマイド事件と行政規律の変化
  3. スモン事件
  4. 薬事法改正と医薬品副作用被害救済基金法の成立
  5. 検討——アメリカとの比較
- IV　医師への情報提供に関する認識の深化と裁判例 ………………… 293
  1. 行政指導による添付文書の適正化
  2. 裁判例における警告責任への認識の向上
  3. プロモーション活動についての行政規律の展開
  4. 検討——アメリカとの比較
- V　血液製剤をめぐる被害と薬事法の規律強化 ……………………… 312
  1. 薬害エイズ事件
  2. C型肝炎訴訟
  3. まとめ
- VI　患者に対する情報提供の展開 ……………………………………… 323
  1. 医師の患者に対する説明義務の発展
  2. 行政規律による患者への情報提供の促進
  3. 薬剤師の職能の変化と役割の向上
  4. まとめ
- VII　民事規律の発展と残された課題 …………………………………… 331
  1. 製造物責任法の成立
  2. イレッサ訴訟と警告責任のあり方
  3. 医薬品副作用被害制度の進展
- VIII　プロモーション活動に対する規律の発展 ………………………… 347
  1. 薬事法上の広告規制の不備
  2. 利益相反問題と行政規律・自主規制の発展
  3. まとめ

結語に代えて ── 日本における法の展開とアメリカからの示唆 … 356

事項索引（和文・欧文） 358
判例索引 363

はじめに——本書の主題と意義

　医薬品が医療において占める領域は非常に大きく、医薬品無しで提供できる医療はほとんどないと言っても過言ではない。しかしながら、医薬品が医療においてここまで大きな位置を占めるようになったのは、20世紀、とりわけ1960年代以降の医薬品産業の劇的な発展によってである。

　伝統的に、「医療」は医師が患者に対して自身の技術と医療判断をもってサービス（医療行為）を提供するものと考えられてきた。しかしながら、現代における高度な技術発展は、医薬品の開発と激増という形で、医療のあり方にも大きな変化をもたらした。すなわち、医師に対しては、技の洗練と経験の蓄積に基づく医療の提供だけではなく、むしろそれ以上に、バイオテクノロジーの発展の成果として開発された医薬品に関する情報を適切に得て、個々の患者の状態に合わせてその情報を適用することが求められるようになった。また、医薬品産業の発展は、利益を追求する主体である製薬会社の企業活動によるものであるところ、製薬会社が利益追求を目的として医師に対するプロモーション活動による働きかけを行う点も、従来、医師が医師のコミュニティにおいて技と経験を身に着けてきたのと大きく異なる点である。更に、とりわけ外来患者の場合には、医薬品の服用は、医師の手を離れた患者のもとで行われるため、適切な服薬や副作用の兆候への気付きといった、患者自身の主体的な行為が重要性を帯びる。

　このような、医薬品、とりわけ医師患者関係を前提とする処方箋医薬品の使用がもたらす医療のあり方の変化は、医療を取り巻く規律にも影響を及ぼさざるを得ない。すなわち、医師患者関係を律することを中心としてきた規律から、医師患者関係だけではない、ものとしての処方箋医薬品の流通と、ものと一体であるものに関する情報の伝達についての規律との複雑な交錯と

協働が生まれることになる。

　医薬品をめぐる法的規律によって達成されるべき目的は、医薬品による適切な医療、すなわち、安全で効果的な投薬医療が行われる制度が作られることである。この目的を実現するために採りうる法的制度には、大きく分けて2つの方向性、すなわち、行政規律による事前規制を強化する方法と、民事規律による事後規制を強化する方法が考えられる。すなわち、行政によって、ものとしての医薬品の事前の承認制度をより厳格化し、更に、製薬会社から医師に対して提供される医薬品の情報をより厳格に審査するとともに情報の内容を限定することがまず1つの方向性である。また、もう1つの手段として、民事規律が製薬会社に対して無過失の厳格責任を課すことにより、製薬会社に対してより安全な医薬品のみを市場に提供するよう促す方法が考えられる。

　しかしながら、アメリカにおいては、この2つの方法のいずれをも採らず、行政規律と民事規律を中心とする多層の規律が、処方箋医薬品に関する情報内容の適正化を促し、かつ、その情報に関するコミュニケーションを複数の主体間で行わせることで、情報の伝達と適用における過誤を防ぐことにより、適切な投薬医療という目的を果たすようなシステムが形成された。すなわち、そこでは、行政規律は、行政機関に対して情報内容の監督をさせるのみならず、製薬会社に対し情報の提供・公開を義務付け、情報が一般の議論に供されることを担保するよう機能する。そして、民事規律は、製薬会社、医師、薬剤師という医薬品をめぐる専門家、そして医療が提供される患者という複数の主体間で、相互の情報伝達を適切に行わせるように働きかけている。そして、これらの規律を補完するものとして、刑事規律によりその実効性を担保された、製薬業界と医療界の自主規制（ソフトロー）が機能している。

　アメリカがこのような法的システムを選択した背景には、行政の事前規制の厳格化や、民事規律による厳格責任の負荷がもたらしうる、医薬品の発展の萎縮、そして、新しい医薬品による治療を待つ、既存のまたは潜在的な患者の享受する利益の制約という望ましくない結果を回避するという意図がある。

　本書は、処方箋医薬品をめぐる、行政規律と民事規律を中心とする複数の

規律の変化と生成を検証することを通じて、アメリカにおいて生み出された、この新しい法システムを描き出すこと、そのうえで、日本の医薬品に関する規律に対する示唆を具体的に検討することを目的とする。

　本書は以下のような構成で検討を進める。
　まず、医薬品についての行政的な規律が発展する前の、20世紀初頭における、医療と医薬品をめぐる法的規律がどのようなものであったかを確認する。その規律は、原初的な民事規律によるものだった。この検討は、第1章以降の議論の出発点となる。
　第1章では、20世紀の半ばに、医薬品の安全性についての行政的規制の必要性に関する認識を背景に、行政規律である食品医薬品及び化粧品法（Food, Drug, and Cosmetic Act: FDCA）が成立し発展した過程、他方で、製品の安全性を規律する民事法としての製造物責任法が確立した過程を検証する。そこでは、行政規律において、医師患者関係を前提としながらも、医薬品の流通と情報伝達を事前に規制することにより、その適切な使用を図ろうとしたこと、他方、民事規律においても、医師患者関係を前提として、処方箋医薬品については製造物責任法における例外法理（製薬会社は医師に対して警告義務を負い、患者に対しては警告義務を負わないという、「知識ある媒介者の法理」）が生成したことが示される。
　第2章以降では、20世紀後半以降、第1章において示した20世紀中期における行政規律が、処方箋医薬品の適切な使用を支えることができないことが4つの場面において明らかとなったこと、そしてそれらの事象に対応するために起きた規律の変化をそれぞれの場面ごとに検討する。
　第2章では、患者に対する情報伝達の不備とそれにより生じる問題に対して、行政規律が製薬会社に対して直接患者へと情報を提供させるよう働きかけたこと、他方で、民事規律においては、製薬会社から医師へ、医師から患者へと情報の適切な伝達を促す動機づけを与えるような法の働きがみられたことが明らかになる。更に、行政規律の実施の過程において、処方箋医薬品をめぐるもう1つの主体である薬剤師の役割が強化され、それにより、薬剤師の義務をめぐる民事規律が変化したことが示される。

第3章においては、処方箋医薬品の安全性に関する情報が、実際には市販された後に多く明らかになり、事前規制を中心とするFDCAの行政規律では対応できないという問題に対して、行政規律が、事後的な情報収集と情報提供へと重心を移すよう性格を変化させたことを論じる。更に、この行政規律は州判例法である民事規律（製造物責任法による警告責任）と併存することが、合衆国憲法上のルールのもとで示されたことで、行政規律と民事規律とが協働し、より一層、迅速な事後的情報伝達を図るよう、製薬会社に動機づける仕組みができたことを確認する。

　第4章では、製薬会社による医師に対するプロモーション活動が、情報の生成から伝達に至る過程に構造的に一体化し、適切な情報の伝達を妨げていること、また金銭的利益の提供が伴うことで、医師の利益相反と不適切な処方判断を生ぜしめているという問題に対し、行政規律がどう対応したかを論じる。情報伝達の事前の一律的な抑制という規制方法が、営利的言論の自由の法理によって禁止されたことで、行政規制は、情報の抑制から情報の公開の義務付けという規制方法に転換することとなった。更に、金銭的利益提供については、経済的観点からの連邦法による刑事訴追という最終手段をもった対応がなされたが、その結果として、製薬業界や医療界の自主規制の生成が促されることとなった。

　第5章では、最後の問題として、1990年代以降に増加した患者向けの処方箋医薬品の広告が投げかける問題に対する、行政規律と民事規律の対応を検討する。そこでは、患者に対する広告の情報提供的側面を肯定し、行政規律による事前抑制的規制がなされない一方で、民事規律の領域では、医師の果たす役割の重要性が再確認されたことが明らかになる。

　アメリカについての結論となる第6章では、20世紀の後半に明らかになった問題群に対する行政規律と民事規律の変化と協働の過程を通じて、アメリカにおいて形成された新しい法システムを述べる。そのうえで、実際の医療現場におけるコミュニケーションのありさまを、アメリカの大学附属病院で行ったインタビューに基づいて確認し、この新しい法システムの形成を実証的に検証する。

　最後に、第7章において、日本における薬事規制の歴史を概観し、アメリ

カとは異なる社会的背景および法的制度のもとで異なる経緯をたどりつつも、同じように、処方箋医薬品の情報伝達に関する新しい法システムが形成されつつあることを示すと共に、アメリカにおけるそれと比較し、そこから得られる示唆を指摘する。

序章

医薬品をめぐる法的枠組み
―― 食品医薬品及び化粧品法以前

　本章では、医薬品の性質に着目した行政規律である食品医薬品及び化粧品法（Food, Drug, and Cosmetic Act: FDCA）が出現する以前に、アメリカにおいて、医療を規律する法と、医薬品を規律する法がどのようにして形成され、その性質がいかなるものであったかを確認する。

I　医師患者関係をめぐる規律

　医師と患者との関係をめぐっては、長い間、医師のコミュニティにおける医師の倫理が医師の行為を規律するルールとされてきた。そこでは、古代ギリシャのヒポクラテスの誓いに源を有する、医師は特別な技術をもちそれを患者治療のために使う道徳的な責任を負うという考え方が前提とされていた。「善行モデル」と呼ばれるこのような考え方は、医師患者関係をパターナリスティックな関係として捉えており、それは、19世紀末における医師患者関係についても同様だった。[1]

　もっとも、医療行為の結果として患者に有害事象が生じた場合には、それが法的紛争の場にもち出され、医師患者関係の法的な規律が問題となる。法的紛争の場で用いられたのは、不法行為法に基づく責任であり、患者の身体に同意なく危害を加えた場合には、故意による暴行の不法行為責任（battery）と、過失による不法行為責任（negligence）を中心として、医師の行為が事後的に規律された。[2]

---

1)　R.フェイドン・T.ビーチャム編（酒井忠昭＝秦洋一訳）『インフォームド・コンセント』（みすず書房・1994）52-68頁参照。
2)　Dan. B. Dobbs, The Law of Torts 664 (2001); Barry R. Furrow et al., Health Law 206-208 (7th ed. 2013).

また、法的紛争に至る前の、医師と患者との間の継続的な関係の法的性質については、医師と患者との間には契約関係が存在することを前提としつつも、両者の関係は通常の契約における対等な当事者同士の関係ではなく、医師が職業倫理に基づいて、患者に対する信認義務を負う関係にあると理解された。医師が患者に対して負う信認義務とは、医師が患者の最善のみを尽くすという義務であり、患者もそれを医師に対して期待し医師を信頼することとなる。[3]

　このように、医療の領域に法が介入するようになって以降、医師と患者との関係を規律する法的ルールは、民事法であり、その民事法の規律は、医師が患者に対して信認義務を負うことを前提とする点に特殊性があるものであった。[4]

II　医薬品をめぐる規律

　アメリカで医薬品の大量生産が始まったのは南北戦争の後の19世紀後期であり、この時期から、医薬品の製造業者（販売業者）から購買者に対する売買取引も盛んになった。そして、19世紀末から20世紀初頭にかけては、適切な医薬品を販売する製造業者が成長した一方で、いわゆる売薬（patent medicine）と呼ばれた医師の処方なく購入することのできる医薬品の売買が盛んになった。このようにして販売される医薬品のなかには、偽の医薬品、不正表示がなされた医薬品が多く存在したため、取引の適正性を保ち、購買者に対して生じる経済的な損失を防ぐために、経済法の観点からの規制が行われることとなった。[5]

　以下では、アメリカ国内における医薬品に関する初めての連邦法として、20世紀初頭に制定された純正食品及び医薬品法（Pure Food and Drug Act of

---

3) FURROW ET AL., *id*. at 177-182.
4) 医師患者関係の法的性質に関するアメリカおよび日本での議論について、例えば、樋口範雄「医師患者関係―診療契約のとらえ方」畔柳達雄ほか編『医療の法律相談』9-12頁（有斐閣・2008）。
5) Wallace F. Janssen, *Outline of the History of U.S. Drug Regulation and Labeling*, 36 FOOD DRUG COSM. L.J. 420, 421-425 (1981).

1906）の制定の背景を簡単に述べ、この連邦法が、医薬品の取引における経済的な公正性を保つことを目的としたものであったことを確認する。

　純正食品及び医薬品法以前には、アメリカが国外から輸入する医薬品の品質について、不純な医薬品が国内に輸入されることを防ぐために、国外からの輸入医薬品を一定の範囲で規制する連邦法が存在した。しかしながら、輸入医薬品法（Import Drug Act of 1848）の名称で呼ばれるこの法律は、あくまで、国外からの輸入に関する規制を定めるものであり、国内における医薬品の流通の規制を連邦政府が行うことは、念頭に置かれていなかった。それは、独立戦争から半世紀超しか経ていない20世紀初頭のアメリカにおいて、州の主権の尊重と連邦政府の限られた権限という考え方が未だ極めて強固なものであり、合衆国憲法上で連邦議会の立法権限事項として定められている州際通商（interstate commerce）の範囲も極めて狭く解されていたためである。

　しかし、19世紀後半に産業革命が進み、アメリカ国内において州を越えた通商がますます発展するにつれて、連邦政府による局部的かつアドホックな産業規制は限界に達していた。当時のアメリカでは、食品や医薬品に関する規制については内容の異なる州法が併存しており、その規律内容は主として通商において必要な情報である重量や寸法に関する基準を定めるものであったが、州を越えた通商が激増するにつれて、州ごとに異なる規律に対応することが生産者・製造業者においてほぼ不可能になってきたのである。医薬品に関する規制もその例外ではなく、とりわけ、医薬品については、過大な効果をその表示で謳うような製品が販売されるという問題も存在した。

　このようなアメリカ国内での州を越えた通商における規制の統一の必要性

---

6) James F. Hoge, *The Drug Law in Historical Perspective*, 1 FOOD DRUG COSM. L.Q. 48, 52 (1946); Wesley J. Heath, *America's First Drug Regulation Regime: The Rise and Fall of the Import Drug Act of 1848*, 59 FOOD & DRUG L.J. 169, 176 (2004).
7) Heath, *id*. at 177-178.
8) Janssen, *supra* note 5, at 425-426.
9) M. L. Yakowitz, *The Evolution of the Drug Laws of the United States*, 1906-1964, 19 FOOD DRUG COSM. L.J. 296, 297 (1964).
10) 食品についても、グルコースや綿実油といった加工品を、砂糖やラードと表示するような行為を、「不正表示」として取り締まるべきという、生産者からの競争法的な観点に基づく統一的な規制の要請が存在した。Janssen, *supra* note 5, at 426.

を背景として、統一的な医薬品（および食品）の品質に関する法案は、1879年には連邦議会に提案され、その後、いくつもの法案が提案されては不成立となったものの、最終的に、1906年に純正食品及び医薬品法（Pure Food and Drug Act of 1906）[11]として成立するに至った。[12]

輸入医薬品法制定の際の懸念に示されていたように、連邦制度を採るアメリカにおいては、連邦議会の権限は、合衆国憲法により明示的・黙示的に与えられた範囲内にのみ及び、その他の権限は主権をもつ州に保持される。アメリカ国内の医薬品の流通全体を対象とする純正食品及び医薬品法は、連邦議会の権限として定められた州際通商条項（interstate commerce clause）を根拠として制定されたものであった。純正食品及び医薬品法は、当時、連邦政府が経済活動に対して様々な規制に乗り出していった流れのうちの1つということができる。[13]

このように制定された純正食品及び医薬品法は、その立法が要請された背景からもわかるように、製造業者・販売業者および消費者の、経済的な保護を図ることをその主たる目的としていた。すなわち、医薬品について、不純物の添加や不正表示による経済的な詐欺を防止し、また、適切な表示を行っている製造業者・販売業者の利益を保護することがその目的とされたのである。[14] この目的に鑑みると、純正食品及び医薬品法による規律が、主として詐欺的な表示を規制することに限定され、医薬品については、その表示が、物質、成分または内容物に関して誤ったまたは誤導的な文言を含む場合に不正表示とされる、という規律となったことは理解にかたくない。[15][16] 表示以前に問

---

11) Pub. L. No. 59-384, 34 Stat. 768（1906）.
12) Charles Wesley Dunn, *Original Federal Food and Drugs Act of June 30,1906 as Amended; Its Legislative History*, 1 FOOD DRUG COSM. L.Q. 297, 298-299（1946）.
13) 州際通商条項の意義と、19世紀末から1937年までの連邦政府による経済活動に対する規制とそれに対する裁判所の判断については、以下を参照。樋口範雄『アメリカ憲法』（弘文堂・2011）37-39・43-49頁。
14) Maurice L. Cowen, *An Analysis of the Regulation of Food, Drugs and Cosmetics*, 42 ILL. L. REV. 169, 170（1947）.
15) Yakowitz, *supra* note 9, at 297.
16) なお、純正食品及び医薬品法における、医薬品に関する規制については、もう1つの目的として、モルヒネ等の麻薬物質を含む医薬品につき、かかる成分を含有することについての表示を確実に行わせるための規制が整えられた。Yakowitz, *id*. この麻薬物質を含む医薬品に関する規

題となるはずである、医薬品自体の安全性および有効性（safety and effectiveness）を市販前に証明することも義務付けられてはいなかった。[17]

　だが、詐欺的な表示の取締りを目的とした純正食品及医薬品法は、その目的に限っても十分に果たすことができなかった。それは、最高裁判所によって不正表示の対象が極めて狭く解釈されたこと、そして、この最高裁判決による解釈を回避するための立法が詐欺の意図を要件としたことでかえって不正表示の立証が困難となったことが理由である。

　まず、1911年の連邦最高裁判決は、法が禁止する虚偽の表示とは、「医薬品の同一性またはその成分」に関する文言であり、医薬品の効果に関する虚偽の文言は含まれない、と判示した。[18] この判決を受け、1912年に連邦議会は純正食品及医薬品法を改正し、治療的効果に関する「虚偽的かつ詐欺的な（false and fraudulent）」表示についても明文の規定をもって禁止した。この改正によって、治癒的効果に関する不正な文言も不正表示として禁じられることになり、1911年の最高裁判決によりもたらされた問題は解決したかにもみえた。しかし、この改正法により加えられたまさにその文言によって、治癒的効果に関する虚偽的かつ詐欺的な表示の取締りは実効性の薄いものとなってしまった。なぜならば、「詐欺的」であることが要件とされたがために、詐欺の「意図」の立証が必要とされたからである。そして、行政府がこれを立証することは極めて困難であった。[19] 実際問題として、この当時の多くのケースでは、行政府は虚偽の事実の立証に成功しても、ほとんどの場合に詐欺の意図の立証に失敗した。医薬品の製造業者が、医薬品の効果についての確認や精査を怠れば怠るほど詐欺的意図の立証が不可能になるという状態が、この「意図」の要件の存在により生じることとなったのである。[20]

　　制は、1914年にハリソン麻薬法として新たな別の法律として制定されることとなった。Janssen, *supra* note 5, at 428.
17)　Yakowitz, *supra* note 9, at 297; Francis B. Palumbo and C. Daniel Mullins, *The Development of Direct-to-Consumer Prescription Drug Advertising Regulation*, 57 FOOD & DRUG L. J. 423, 425 (2002).
18)　U.S. v. Johnson, 221 U.S. 488. Notice of Judgement No. 1058.
19)　Janssen, *supra* note 5, at 428.
20)　Yakowitz, *supra* note 9, at 297.

他方で、1914年には、市場における独占禁止を目的として連邦取引委員会法（Federal Trade Commission Act）が制定された。連邦取引委員会法は、市場の独占を排除するために、市場における不公正な競争を禁じるものであったが、連邦取引委員会による、同委員会の規制権限が虚偽の広告も含むという解釈が裁判所にも支持されることによって、医薬品についての虚偽または誤導的な広告もその規制の対象と捉えられることとなった[21]。このように、連邦取引委員会法もまた、医薬品についての連邦法における初期の規制の1つとして数えることができるが、その立法目的からも明らかなとおり、医薬品という商品の市場取引の適正性を保つという、経済法の観点からの規制だった。

　以上に概観したように、純正食品及び医薬品法は、アメリカ国内において医薬品の流通を取り締まる初めての連邦法として歴史的な意義は非常に大きかったものの、その目的は、消費者および製造業者・販売業者の経済的な保護であり、今日のFDCAの第一義的な目的である医薬品の安全性とは大きく異なるものであった。そして、経済的な保護という立法目的が導いた規制対象は、虚偽および詐欺的な表示を不正表示として取り締まるという、極めて限定的なものであった。しかしながら、この医薬品に関する最初の連邦法として生まれた純正食品及び医薬品法は、その後、医薬品によりもたらされた大規模な事故と、医薬品の安全性に対する社会的な要請の高まりを受けて、1938年にFDCAとして大改正（立法）され、医薬品の安全性を担保する法としてその性格を変えた。そして、その規制対象も更に時代を追うにつれて拡大していった。

---

21) Miles W. Kirkpartick, *The Federal Trade Commission as a Consumer Protection Agency*, 15 ANTITRUST BULL. 333, 334 (1970).

第1章
20世紀中期における医薬品規制の展開

　本章では、医薬品の流通と使用をめぐる20世紀前期の社会的な変化を受けて、20世紀中期において生成した、医薬品の安全な使用を担保するための法的規律を検討する。

　この法的規律の1つは、連邦法に基づく行政規律の確立とその発展である。この行政規律は、医薬品の流通について、経済的取引の正常化に着目した規制から医薬品の安全性を主眼とする規制へと変化し、製薬会社による医薬品の販売に事前の規制を拡大するものであった。他方、処方箋医薬品の安全な使用のための情報伝達については、医師患者関係を前提とする情報提供を基盤としていた。Ⅰにおいて、これらの点をまず確認する。

　次に、行政規律の発展とは別に、アメリカにおける製造物の流通の拡大を背景に、消費者の安全を図ることを目的として州判例法において発展した製造物責任法について確認する。製造物責任法も、安全な医薬品を提供する動機を製薬会社に与え、同時に、医薬品の使用により生じた患者の被害救済を図る仕組みとして発達し機能した。しかしながら、処方箋医薬品については、ものの安全な使用に必要である情報の伝達、すなわち警告義務について、他の製品と異なり、知識ある媒介者の法理という独自の例外法理を発展させ、医師患者関係に基づく医師の説明義務を前提として、製薬会社の患者に対する警告義務が否定された。これらの点を、Ⅱにおいて判例の生成をたどることで確認する。

Ⅰ　食品医薬品及び化粧品法（Food, Drug, and Cosmetic Act）の成立と発展

1　食品医薬品及び化粧品法の成立
　前章でみたように、純正食品及び医薬品法は、医薬品についての虚偽的な

I 食品医薬品及び化粧品法（Food, Drug, and Cosmetic Act）の成立と発展　　13

表示によって他の製造業者や消費者に対してもたらされる経済的な不利益を防ぐために、経済法的な観点から、取引に規制を行おうとするものだった。他方で、医薬品に関しては、単なる取引の規制だけではなく、医薬品の安全性を担保するための規制の必要性がその後認識されるようになってきた。このような問題意識は、連邦議会でもあらわれていたが、産業界や広告業界からの反対にあい、法制度の改革はなかなか進まなかった。[1]

　だが、かかる状況は、毒性のある医薬品の販売とその被害による悲劇が起こったことにより一変する。1937年に発生したエリキシル・サルファニラミド事件である。サルファニラミドは、感染症治療のための医薬品として、S. E. マッセンギル社から1936年に発売され、広く医師に使用されることとなったが、溶液による分解が困難であり、当初は、錠剤やカプセルのみでしか製品化できなかった。そこで、同社は、液状での製品化を可能とするための「研究」を重ね、サルファニラミドをジエチレングリコールによって融解することが可能であることを「発見」し、甘味料等を加えた小児向けの医薬品として販売した。しかしながら、ジエチレングリコールが経口摂取による毒性を有していたことから、シロップとして製品化・販売された同薬は、数ヶ月間で児童を中心に100人以上の死者を発生させた。[2]

　この悲劇を受け、連邦議会では、保留状態となっていた医薬品に関する新たな法律の制定を急ぎ、翌1938年、純正食品及び医薬品法に代わる新たな法律として、食品医薬品及び化粧品法（FDCA）が制定された。[3]

　このFDCAも、純正食品及び医薬品法と同様に、合衆国憲法のもとで連邦議会に与えられた権限を規定する、州際通商条項を根拠としたものである。アメリカにおいて、この時期は、社会福祉的な目的を達成するために、連邦

---

1) Wallace F. Janssen, *Outline of the History of U.S. Drug Regulation and Labeling*, 36 FOOD DRUG COSM. L.J. 420, 428-429 (1981).
2) M. L. Yakowitz, *The Evolution of the Drug Laws of the United States, 1906-1964*, 19 FOOD DRUG COSM. L.J. 296, 298 (1964). エリキシル・サルファニラミド事件の詳細については以下の文献を参照。U.S. DP'T OF AGRT. Elixir sulfanilamide. Letter from the Secretary of Agriculture transmitting in response to Senate Resolution No. 194 a report on Elixir Sulfanilamide-Massengill (1937).
3) Pub. L. No. 75-717, 52 Stat. 1040 (1938) (as amended 21 U.S.C. § 301 *et seq.*).

議会が州際通商条項を根拠とする連邦法を制定し、裁判所もそれを後押しした時期でもあった。[4]

　FDCA は、純正食品及び医薬品法の条項を多く残しつつも、その規制範囲を拡大し強制力もより強化したものとなった。純正食品及び医薬品法のもとで、規制権限を有する行政当局はその名称を幾度か変え、1930年には、現在の名称である食品医薬品局（Food and Drug Administration: FDA）へと改称していたところ、この FDCA は、FDA に対して極めて大きな権限を与えることとなったのである。[5] すなわち、①新薬は、その目的とされた使用方法についての安全性に関する証拠を含む、FDA への新薬承認申請手続（New Drug Application）を経なければ市販できないこと、②全ての医薬品の表示として、その有効成分名と一定の効能成分の量（amount of certain potent substances）を示さなければいけないこと、③医薬品のラベリングが虚偽または誤解を招く（false or misleading）表現である場合に、FDA は製造業者の「詐欺的な意図」を証明せずとも、当該医薬品を市場から排除できること、[6] ④医薬品のラベリングは医薬品の使用のための適切な指示と警告（"(1) adequate directions for use; and (2) such adequate warnings"）を記載しなければ「不正表示」に該当すること、[7] 等の規制が新しく加えられた（なお、「ラベリング」の定義については、第 3 章 I で詳述するが、「ラベリング」とは、製薬会社

---

4) ルーズベルト大統領によるニュー・ディール政策に基づく立法に連邦最高裁が違憲判断を下しその実施を阻むという事態に対して、ルーズベルト大統領が行った、裁判所抱き込み策（court packing plan）と、1937年の憲法革命と呼ばれる連邦最高裁の立場の変更である。樋口範雄『アメリカ憲法』（弘文堂・2011）50-52頁。

5) なお、現在の FDA の前身は、農務省化学局（Beaureu of Chemistry）であり、純正食品及び医薬品法に関して規制権限を有する行政庁も農務省であった。その後、1927年に化学局は食品、医薬品及び農薬局（Food, Drug, and Insecticide Administration）と名称を変え、1930年には現在の名称に改称された。1938年の FDCA では FDA に大きな権限が与えられた。FDA はその後、1940年に、連邦農務省から連邦安全局（Federal Security Agency）に、1953年に連邦保健教育福祉省（Department of Health, Education, and Welfare）に移管された。1980年に連邦保健教育福祉省が連邦保健福祉省（Department of Health and Human Services: HHS）に改組され、FDA もそれに伴い HHS のもとに移管されて現在に至る。以上については、以下の FDA のウェブサイト上の情報による。http://www.fda.gov/AboutFDA/WhatWeDo/History/Origin/ucm124403.htm（last visited Aug. 30, 2016）.

6) Yakowitz, *supra* note 2, at 296, 299; Janssen, *supra* note 1, at 429.

7) 44 Fed. Reg. 40, 016（July 6, 1979）; Maurice L. Cowen, *An Analysis of the Regulation of Food, Drugs and Cosmetics*, 42 ILL. L.REV. 169, 182（1947）.

が作成した、処方箋医薬品に関する情報が記載された文書を指し、いわゆる添付文書がその典型であるが、処方箋医薬品についてのブローシュア、説明カード、パンフレット等も含まれる概念である）。

　この当時（1938年）のFDCAでは、未だ「処方箋医薬品（prescription drug）」と「一般用医薬品（over-the-counter drug）」の分類は法定されていなかったが、④の適切な指示の要件は、FDAにより、後の「一般用医薬品」に該当するものに対してのみ適用され、いわゆる「処方箋医薬品」に該当するものには適用されないと解釈された[8]。FDAの解釈によれば、医師はその専門的訓練と経験によって医薬品の使用法や副作用等につき知識を得ることができるため、医師により処方される医薬品については、製品名等わずかの情報のみの表示で足りるとされたのである[9]。そして、これらの医薬品が医師を通じて患者に対して処方される場合にも、患者向けの表示は、製造者の名前、事業所、シリアルナンバーおよび処方者の名前が記載されているのみであった[10]。

　その後、1951年のFDCA改正（Durham - Humphrey Amendments to the FDCA）[11]では、従来法定されていなかった、処方箋医薬品と一般用医薬品との分類を法定し、処方箋医薬品については、その安全な使用のためには医師による処方が必ず必要であることを法文上も明確化したうえで、その決定権限をFDAに与えた。かかる法改正以前においても、一定の医薬品についてはその安全な服用のために、医師の監督が必要であるという社会的な認識は存在したが、かかる認識を立法に反映させ、医師の監督が無くとも安全な服用が可能である医薬品を「一般用医薬品」とし、安全な服用のために医師の監督が必要である医薬品を「処方箋医薬品」としてその提供を医師の処方に

8）　FDCAの制定から6ヶ月後、FDAは、医薬品の容器が「警告：〔筆者注：医師、薬剤師または獣医〕により、またはその処方に基づいてのみ使用されること」という表示をしている場合には、「適切な指示および警告」の要件の適用除外とする旨の連邦行政規則を定めた。Howard M. Rowe, *Patient Package Inserts: The Proper Prescription?*, 50 FOOD & DRUG L.J. 95, 96 n17 (1995).
9）　44 Fed. Reg., *supra* note 7, at 40, 016.
10）　*Id*.
11）　Pub. L. No. 82-215, 65 Stat. 648. (1951).

限定する旨の分類を法定したのである。この分類が法定された目的は、①一般用医薬品に比して、効能が強く、同時に副作用のリスクや程度が高い処方箋医薬品の乱用から公衆を保護すること、②医師の監督が無くとも安全に服用できる医薬品を一般用医薬品として、その規制を緩和することにあった。[14]

この分類の創設に伴い、処方箋医薬品に関しては、医師が医薬品についての十分な知識を既に有しているはずであること、および医師が患者に対して説明を行うものであることを前提として、一般用医薬品に対して課される表示義務のうちの一定のものが除外対象とされた。[15]なかでも、1938年のFDCA制定以降同法のもとで要求されることとなった医薬品の服用に際しての「適切な指示および警告」については、本改正により、処方箋医薬品に関しては医師に対する表示だけではなく患者に対する表示についても除外対象とされることとなったのである。[16]この改正の立法趣旨は、「これらの警告は、医薬品が医師の指示に基づいて使用される場合には不必要であると考える、すなわち、医薬品の適切な使用の責任を医師が負うということである」と説明された。[17]

このように、サルファニラミド事件の悲劇を契機として制定され、1951年の改正により処方箋医薬品と一般用医薬品についての運用の差異を明文化したFDCAは、純正食品及び医薬品法における規制と、2つの点において明らかな違いを有していた。1つは、医薬品を販売する前に、その安全性がFDAにより確認されなければならないとして、医薬品というもの自体の安全性が行政により確認されなければ、製薬会社は医薬品を市場で販売できないとされたことである。そして、2つ目は、安全性が確認され市販が許された医薬品についても、その安全な使用のための情報（適切な指示と警告）が提供されることが必要であり、その内容は行政機関であるFDAが事前に規

---

12)　21 U.S.C. § 353(b) (2015).
13)　Yakowiz, *supra* note 2, at 299.
14)　Francis B. Palumbo & C. Daniel Mullins, *The Development of Direct-to-Consumer Prescription Drug Advertising Regulation*, 57 FOOD & DRUG L.J. 423, 426 (2002).
15)　21 U.S.C. § 353(b)(2) (2010).
16)　Pharm. Mfrs. Ass'n v. FDA, 484 F.Supp. 1179, 1185 (D. Del. 1980).
17)　*Id*. at 1185.

制を行うとされたことである。しかしながら、2つ目の点については、この原則が直接適用されるのは一般用医薬品だけであり、処方箋医薬品については、医師患者関係に基づいて医師が責任を負うものとして、行政規律は原則として関与しないものとされた。

このような性格をもつFDCAの成立は、医薬品をめぐる規律が、医薬品の販売について、取引の自由を担保する民事法および経済法的な規律から、医薬品の安全性を担保するための行政的な規律に変化したことを意味するものである。しかしながら、他方、医薬品の適切な使用のために不可避である情報伝達について、処方箋医薬品については、医師の教育と訓練、そして倫理を前提とつつ、製薬会社から医師へ、医師から患者へと、私人間の関係に基づく情報伝達が行われることを前提としている点で、未だ私人間の民事法的規律を前提としていたことがわかる。

2 FDCAに基づく行政規制の拡大
(1) 医師に対する情報提供の義務付けと内容の事前規制

しかしながら、FDCAは、その後、処方箋医薬品の安全性に関する情報伝達についても、行政的な規制を拡大していくこととなった。以下、FDCAに加えられた主要な改正を追いつつ、この点を確認する。

1951年FDCA改正にみられた処方箋医薬品の情報提供に関する前提、すなわち、医師は医学教育と医療実践の過程において、処方箋医薬品についての必要な情報を得ることができるという前提は、医薬品産業の発展とそれに伴う新薬の激増によって、現実にはほぼ成り立たないことが明らかになる。第2次世界大戦以後、医薬品産業が発展し、市場に流通する新薬の数が年々増加していくにつれ、医師が全ての新薬とその使用方法に関する情報を知る時間や能力に限界があること[18]、すなわち、医師が自ら処方箋医薬品の使用に関する情報を獲得・認識できるという前提が崩れてきたことが次第に明らかになったためである。[19] 当時、製薬会社は、FDAに対して新薬申請をする際

---

18) 44 Fed. Reg., *supra* note 7, at 40, 016.
19) Rowe, *supra* note 8, at 97.

の医薬品に関する情報を医師に対しても文書として提供することもあったものの、情報提供は義務的ではなく、また情報内容は FDA の審査を経たものではなかったため、医師に対して提供される医薬品の情報は極めて不十分なものだった。[20]

このような背景のもと、1960年、FDA は、全ての処方箋医薬品について、医薬品製造業者に対し、医療専門家へ向けた、その使用に関する医薬品情報の「完全な開示（full disclosure）」を義務付ける規則を制定した。[21][22]「完全な開示」とは、当該医薬品の安全かつ有効な使用のための適切な情報を意味するものであり、この情報を伝達する媒体が、一般的にいわれる「医師向けラベリング」である。[23] この後、FDA は、医療専門家に対する処方医薬品のより適切な情報提供手段としてのラベリングとすべく、この医師向けラベリングに関する規則の改正を重ねていった。

このように、医師に対するラベリングによる詳細な情報提供が義務付けられたすぐ後、1962年には、ヨーロッパで起きたサリドマイドによる副作用被害を受けて、再び FDCA の大きな法改正が行われた（1962年 FDCA 改正。[24] Kefauver-Harris Amendments to the FDCA）。[25] この改正においては、新薬の承認手続が、通知に基づく自動的な承認制度から FDA による主体的な審査制度に変えられ、かつ従来要求されていなかった医薬品の有効性が、その安

---

20) 44 Fed. Reg., *supra* note 7, at 40, 017.

21) 25 Fed. Reg. 12, 592 (Dec. 9, 1960) (now codified in 21 C.F.R. § 201.100(d) (2016)).

22) 法文の解釈・適用としては、1951年 FDCA のもとでの「適切な指示の要件」につき、医療専門家に対する処方箋医薬品の表示に関しては「適切な指示」は不要という除外規定を法文上維持したままで (21 U.S.C. § 353(b)(2) (2015))、除外されるための要件として、連邦行政規則において、医療専門家等による処方箋医薬品の保管や処方に関する詳細規定と共に、医療専門家に対する処方箋医薬品に関する一定の内容のラベリングを義務付ける規定を創設した。この構造は今でも維持されている (21 C.F.R. § 201.100 (2014))。

23) 44 Fed. Reg., *supra* note 7, at 40, 017. *See* 25 Fed. Reg., *supra* note 21, at 12, 593.

24) Victor E. Schwarts et al., *Marketing Pharmaceutical Products in the Twenty-Century, An Analysis of the Continued Viability of Traditional Principles of Law in the Age of Direct-to-Consumer Advertising*, 32 HARV. J.L. & PUB. POL'Y 333, 342 (2009). サリドマイドによる催奇形性により、胎児の障害がもたらされた。当時、アメリカにおいてはサリドマイドは承認審査の過程にあり市販されていなかったが、ヨーロッパにおけるサリドマイド被害はアメリカ社会をも震撼させた。

25) Pub. L. No. 87-781, 76 Stat. 780 (1962) (codified at 21 U.S.C. § 301 *et seq.*).

全性と共に要求されることになった。[26][27]

(2) 製薬会社による広告の規制

他方、ラベリングと共に処方箋医薬品の情報伝達の機能を果たす広告については、1914年に連邦取引委員会法が制定されて以降、その規制権限は、連邦取引委員会（Federal Trade Commission：FTC）に対して与えられたままであった。

もっとも、同法により連邦取引委員会に与えられた医薬品の広告についての規制権限は極めて限られたものだった。連邦取引委員会法によって「商業的な競争における不公正な方法」についての規制権限を与えられた連邦取引委員会は、医薬品の虚偽または誤導的な広告も「不公正な方法」に含まれるものとして当初規制の対象としてきたが、1931年の連邦取引委員会対ララダム社事件連邦最高裁判決によって[28]、連邦取引委員会は、虚偽または誤導的な広告について、競争者に対する損害を立証できない限り取り締まることができない旨判示された[29]。連邦議会は、1938年にホイーラー・リー法を制定し[30]、食品、医薬品および化粧品の虚偽の広告についての規制権限を明示的に連邦取引委員会に与えることでこの連邦最高裁判決によるルールを覆そうとした。しかしながら、同法では、これらの物品のなかで処方箋医薬品の広告については、重大な事実についての虚偽の内容を含まず、医師に対してのみ提供され、かつ、医薬品のフォーミュラについて真実かつ一定量の情報提供を伴う場合には、連邦取引委員会の規制権限は及ばない旨のセーフ・ハーバーが規

---

26) その他、医薬品製造業者等のFDAへの年次登録義務、処方箋医薬品製造業者への査察権限の強化、医薬品製造業者への"Current Good Manufacturing Practice"（GMP）の義務付け等が規定された。Yakowiz, *supra* note 6, at 300.
27) 既にFDAによる承認を受けて販売されていた医薬品についても、FDAに委任された国立科学研究所（National Academy of Sciences）により再度有効性についての審査がなされ、いかなる適応についても有効性が認められない医薬品については、承認が取り消されることとなった。*See* Margaret A. Hamburg, *Innovation, Regulation and the FDA*, 363 NEW ENG. J. MED. 2228, 2229-2230 (2010).
28) Charles J. Walsh & Alissa Pyrich, *FDA Efforts to Control the Flow of Information at Pharmaceutical Industry-Sponsored Medical Education Programs: A Regulatory Overdose*, 24 SETON HALL L. REV. 1325, 1336 (1994).
29) FTC v. Raladam Co., 283 U.S. 643 (1931).
30) Wheeler-Lea Act, 52 Stat. 111, ch. 49 (1938).

定されたことで、結局、連邦取引委員会による処方箋医薬品の広告規制はご
く限られた対象にしか及ばなくなってしまった。[31]

　このようにして、連邦法における処方箋医薬品の広告については、FDA
がその規制権限を有さず、また、連邦取引委員会の規制権限の範囲が極めて
限られたものとなってしまったため、規制の空洞が生じていたが、第2次世
界大戦以後の製薬産業の急速な発展は、製薬会社によるプロモーション活動
の増加を伴い、これに対する規制の必要性への認識が高まった。

　この状況に対してFDAは、自身が有しているラベリングの規制をもって
対応した。すなわち、FDCA上、「ラベリング」は「全てのラベルと、(1)薬
剤もしくはその容器または包装紙上の、または(2)薬剤に伴う（accompany-
ing）、筆記、印刷または描写されたものをいう」と定義されていたが、[32]
FDAは「伴う」を拡大解釈することで、製薬会社による宣伝広告を含めよ
うとしたのである。FDAは、医薬品に物理的に付属する文書等のみならず、
その「機能」からして医薬品に伴うといえる文書等までも「薬剤に伴う」も
のとして、ラベリングの定義に含むと解釈したうえで、製薬会社が医師に対
して提供する、処方箋医薬品のブローシュア、プレスリリース、パンフレッ
ト、カタログ等の媒体が「ラベリング」に該当するとして、その内容につい
て、ラベリングとしての規制を適用していった。[33]ラベリングに関しては、既
にみたように、1938年のFDCA制定以降、虚偽または誤解を招く（false or
misleading）ラベリングについては「不正表示」としてこれが禁止されてき
たところ、[34]このような内容に関する規制を、製薬会社がプロモーションを目
的として提供する文書等についても及ぼそうとしたのである。

　FDAによるこのような「ラベリング」の定義の拡大的な解釈適用は、製
薬会社からの反発を招き、FDAの規制権限を争う訴訟が提起されたが、

---

31)　Walsh & Pyrich, *supra* note 28, at 1337; Richard B. Ruge, *Regulation of Prescription Drug Advertising: Medical Progress and Private Enterprise*, 32 LAW & CONTEMP. PROBS. 650, 651 (1967).
32)　21 U.S.C. § 321(m) (2015).
33)　Thomas A. Hayes, *Drug Labeling and Promotion: Evolution and Application of Regulatory Policy*, 51 FOOD & DRUG L.J. 57, 62 (1996).
34)　21 U.S.C. § 352(a) (2015).

FDAによる解釈は連邦最高裁によっても肯定された。この点に関して判示した初期のケースであるコーデル対アメリカ合衆国事件[35]においては、医薬品についての説明が記載されているものの、医薬品自体とは別送されて提供される文書についても「ラベリング」であり、その内容が虚偽または誤解を招くとして取り締まったFDAの行為が問題となったが、連邦最高裁はFDAによる解釈を肯定した。裁判所により示された理由づけは、当該文書が、医薬品の説明について、医薬品のボトルに添付された容器ラベルを補充するものとして欠かせないものであり、医薬品の販売に使用されていること、また、ラベリングの定義に関するFDCAの文言からしても、医薬品に「伴う」の文言は、当該文書が物理的に医薬品に伴っていることを要求していない、という実質面と形式面の双方にわたるものであった。この事件の後も、同様にFDAによるラベリングの定義の広い解釈が製薬会社によって争われたが、裁判所は、コーデル対アメリカ合衆国事件の考え方を支持していった[36]。

　もっとも、裁判所によるこのような「ラベリング」の広い解釈は、製薬会社や弁護士から悪法として批判を受けると共に、かかる広い解釈によってしても対応できない事例では、裁判所もFDAによる規制を違法とせざるを得なかった。例えば、アルバーティ・フード・プロダクツ対アメリカ合衆国事件[37]では、新聞にランダムに掲載された医薬品の広告は、FDCAに定められた「ラベリング」には該当しないとして、これを規制しようとしたFDAの規制権限を否定した。

　このような状況のもと、依然として増加する医師に対する製薬会社からの過剰なプロモーション活動の問題は連邦議会の関心を引き、立法に向けた委員会では製薬会社による医療専門家に対する広告活動の乱用、すなわち、医薬品の有効性を強調し、副作用等のリスクについて伝えないような広告手法が問題とされた[38]。その結果、1962年、連邦議会は、FDCA改正の一環とし

---

35) Kordel v. United States, 335 U.S. 345 (1948).
36) Mark E. Boulding, *The Statutory Basis for FDA Regulation of Scientific and Educational Information*, 4 J. PHARMACY & L. 123, 130 (1995).
37) Alberty Food Prods. Co. v. United States, 185 F.2d 321 (9th Cir. 1950).
38) Hayes, *supra* note 33, at 61; William W. Goodrich, *What FDA Expects in Prescription Drug Advertising*, 22 FOOD DRUG COSM. L.J. 46, 46-47 (1967).

て、処方箋医薬品の広告規制に関する条文をFDCAに加え、それまで連邦取引委員会が有していた処方箋医薬品の広告に関する規制権限をFDAに対して付与すると共に、連邦取引委員会のもとでは狭かった医師に対する処方箋医薬品の広告の規制範囲を拡大した。他方、一般用医薬品の広告についての規制権限は、そのまま連邦取引委員会に残されることとなった。

3 行政機関としてのFDAの発展

1938年のFDCA制定により大きな規制権限を与えられたFDAは、アメリカにおいて最も長い歴史をもち、アメリカの公衆衛生を保護することを目的として広く一般消費財を対象とする規制権限をもつ規制機関として発展していった。FDAは、FDCAを実施するために策定する連邦行政規則と、法的拘束力をもたないガイダンスとの策定を通じて、多くのルールを形成していき、このようなルール形成における広い裁量権は、裁判所の判断においても尊重された。

4 まとめ

以上、FDCAが1938年に成立してから20世紀中期にかけて、FDCAが医薬品のものとしての安全性と有効性を要求し、処方箋医薬品について、医師に対する情報提供を義務付ける規律を備えていく改正の歴史を簡単にたどってきた。

このようなFDCAの発展からは、処方箋医薬品をめぐる、19世紀におけ

---

39) 21 U.S.C. § 352(n) (2015).
40) Palumbo & Mullins, *supra* note 14, at 426; Yakowiz, *supra* note 2, at 301.
41) 当時、製薬会社による患者向け広告は存在しなかったため、この規定は医療専門家に対する宣伝活動を念頭に置いて作られたものであった。しかしながら、規定の文言上は、宣伝の対象を限定しているわけではなかったため、この規定は、1980年代以降に出現した処方箋医薬品の患者向け広告についても適用されることとなった。第5章において論じる。
42) Joseph F. Sadusk, *Planning in the Food and Drug Administration for Regulation of Prescription Drug Advertising*, 20 FOOD DRUG COSM. L.J. 299, 299 (1965); Yakowiz, *supra* note 2, at 301
43) LARS NOAH, LAW, MEDICINE, AND MEDICAL TECHNOLOGY 3-4 (3d ed. 2012).
44) Lars Noah, *The Little Agency That Could (Act with Indifference to Constitutional and Statutory Strictures)*, 93 CORNELL L. REV. 901, 906-908 (2008).

る2つの規律（医薬品の取引についての規律と医師患者関係の規律）のそれぞれが、行政規律の発展により以下のように変化したことがわかる。まず、製薬会社から市場に提供される、処方箋医薬品というもの自体と、ものに伴う、ものの適切な使用のための情報伝達について、行政が事前に規制することとなった点である。次に、使用によるリスクがとりわけ高い処方箋医薬品については、患者へのものと情報の提供には医師の介在を必要とすることを義務化したうえで、安全に使用されるために必要・適切な情報提供は、医師に対して行うとされた。つまり、医師の行為が医薬品についての行政規律を通じて間接的にコントロールされつつも、医師と患者との関係については、従来のあり方がそのまま継続することになった。

II 製造物責任法の発展と処方箋医薬品の例外法理

　20世紀前期から中期にかけては、医薬品の使用についての安全性の確保を目的とした連邦法による行政規律が発達した一方で、州判例法において、製品安全のための別個の民事法の仕組みが発展した。製造物責任法の生成と発展である。製造物責任法は、製造業の発展と流通市場の拡大に対応し、人と人との関係ではなく、物の安全性に着目して民事法上の賠償責任を課すことを可能にすることで、市民の安全を守ろうとする法的仕組みである。

　製造物責任法の生成と確立、その後の変化については多くの先行研究があるが、ここでは、本書の主題である、処方箋医薬品についての安全性の確保のための法制度という観点からの分析に必要な範囲で、ごく簡単にその来歴を紹介する。[46]

　そのうえで、製造物責任の1つである警告責任に関して、処方箋医薬品については他の製品とは異なる例外的な法理である「知識ある媒介者の法理」が確立したことと、この法理が正当化される理由について、判例の検討を通

---

45) 例えば、小林秀之『製造物責任法』（新世社・1995）、ジェリー・J・フィリップス（内藤篤訳）『アメリカ製造物責任法』（木鐸社・1995）、平野晋『アメリカ製造物責任法—無過失責任の死』（成文堂・1995）、佐藤千晶『アメリカ製造物責任法』（弘文堂・2011）等。
46) 以下の記述は、主に、佐藤・前掲注45）を参考にした。

じて分析する。

最後に、製造物責任法が、処方箋医薬品をめぐる19世紀における2つの規律について、どのような変化をもたらしたかを確認する。

1 製造物責任法の成立と処方箋医薬品の特殊な取扱い

アメリカにおいて、「製造物」の欠陥に着目して責任を課すという製造物責任法が誕生したのは、1916年のことだといわれている。アメリカでは、19世紀の後期から20世紀初頭にかけて、製造物の欠陥に由来する賠償責任は、契約法においてはもちろん、不法行為法においても、「直接の契約関係（privity of contract）」が無ければ問うことができないというプリヴィティ・ルールが存在し、製造業者は、直接の契約関係にない消費者に対して、製造物により被った人身被害の賠償責任を負わないとされてきた。

しかしながら、プリヴィティ・ルールは、1916年のマクファーソン対ビュイック・モーター社事件判決[47]によって、過失の不法行為責任（negligence）におけるプリヴィティ・ルールの例外事由が認められて以降、その例外が拡大していく形で、徐々にルールとしての意義が低下させられていった。そして、1960年のヘニングセン対ブルームフィールド・モーターズ社事件[48]において、直接の契約関係の欠如と契約上の免責条項にもかかわらず、契約責任である原告の保証責任に基づく訴えが認められ、1963年には、グリーンマン対ユバ・パワー・プロダクツ社事件[49]で不法行為法上の厳格責任（直接の契約関係とも、過失の有無とも関わりなく、欠陥製品の使用によって負傷した者に製造業者が責任を負うこと）が認められた。ここに、製品の欠陥により負傷した者に対し、製品の欠陥自体を根拠として製造者が責任を負うという、製造物責任法が誕生した。

1965年には、これらの判決に示された法理を明文として示した不法行為法第2次リステイトメント402A条[50][51]が定められたことによって、アメリカにお

---

47) MacPherson v. Buick Motor Co., 110 N.E. 1050 (N.Y. 1916).
48) Henningsen v. Bloomfield Motors, Inc., 161 A.2d 69 (N.J. 1960).
49) Greenman v. Yuba Power Prods., Inc., 377 P.2d 897 (Cal. 1963).
50) RESTATEMENT (SECOND) OF TORTS § 402A (1965).

いて製造物責任が拡大していった。不法行為法第 2 次リステイトメント402
A 条には、①使用者または消費者にとって、許容されないほどに危険な欠
陥状態にある製品を販売した全ての者は、②製品を販売した者が、業として
当該製品の販売に従事し、かつ、③販売時から状態の変化無く、当該製品が
使用者または消費者のもとに到達すると予想され、また実際に到達した場合、
その最終使用者または消費者の被った人身損害について責任を負うことが定
められている。また、この規定は、⑦製品の販売者が、製品の準備と販売に
つき可能な限り全ての注意を払った場合、⑦使用者または消費者が、製品を
購入しなかった場合、または、製品を販売した者といかなる契約関係も締結
しなかった場合、にも適用されると定められた。

このように不法行為法の厳格責任を定め、また、製品の使用者から製造業
者に対して、契約関係の有無を問わず直接責任を追及することができると規
定した第 2 次リステイトメント402A 条だったが、医薬品、とりわけ処方箋
医薬品については、他の製造物とは異なる特殊な扱いを受けた。

第 1 に、処方箋医薬品が、その性質上不可避的に危険性を伴うものである
ことから、製品自体の安全性よりもむしろ、製品を安全に使用するための警
告に重点が置かれたことである。402A 条の注記 k には、「不可避的に危険
な製品（unavoidably unsafe products）」の見出しのもと、以下のように記さ
れている。

製品のなかには、現在の人間の知見では、その製品の目的とされ、また通
常の方法での使用について、安全に製造することが極めて難しい（quite incapable）製品がある。これは、医薬品の領域で特に一般的である。その傑出
した例が狂犬病ワクチンであり、接種されたときには、通常、重大かつ重篤
な危険をもたらさない。病気自体、常に恐ろしい死をもたらすものであるか
ら、ワクチンが有する不可避的な高いリスクにもかかわらず、ワクチンの販
売と使用は正当化される。このような製品は、適切に調合され、適切な指示

---

51) リステイトメントは、アメリカ法律協会によって策定される、アメリカ法の主要分野におけ
る判例法について、州における発展を背景に、その共通準則等を取捨選択して条文の形で記載し
たものである。法源としての拘束力はないが、裁判所や当事者により引用され、間接的にアメリ
カ法の統一に一定の役割を果たしている。田中英夫編『英米法辞典』（東京大学出版会・1991）。

と警告が伴っている限り、欠陥を有するとされず、また、不合理に（unreasonably．原文において強調されている）危険であるとはされない。同様のことは、多くの他の医薬品とワクチンに当てはまり、その多くは、まさにこの理由によって、医師以外の者には合法的に販売することはできず、また医師の処方によってしか販売できないとされている[52]。

　医薬品が不可避的に危険性を有する製品であり、設計の変更になじまず、そうであるからこそ警告責任が重視されるというここで示された特質は、もう少し詳しく説明すると以下のようになる。すなわち、医薬品は、それを構成する化学物質（有効成分）自体が治療的効果をもたらすと同時に、その同じ物質が有害な効果をもたらしうるものであることから、製品自体の設計を変更することが、通常、本来的に不可能である（ただし、複合医薬品や用量の変更は、物質自体の問題ではなく、医薬品の設計の問題となる）。すなわち、医薬品を服用する患者の身体の状態の相違により、同じ化学物質が、ある患者の身体に対しては有益に働くことがある一方で、別の患者の身体に対しては有害な作用をもたらすことがありうるのである。したがって、通常の製造物は、製造物の一部分を消費者の使用のためにより安全に改良することが可能となりうるのに対して、医薬品は、「改良」することが原則としてできず、またどのような患者の状態に対してその効果やリスクが発現するのかという使用方法や対象についての警告が重要である点が大きく異なるのである[53][54]。

　第2に、402A条は、製造物責任法が不法行為法上の厳格責任の性質をもつことを示したにもかかわらず、警告責任については、製造業者の行為に照らして警告義務を限定する旨の注記が付されていた。そこでは、食品、医薬品、またはアルコール類等の製品の危険を認識していた、もしくは、専門的な能力と予測によって製品にある危険性を合理的に認識すべきであった場合

---

52) RESTATEMENT (SECOND) OF TORTS § 402A cmt. k (1965).
53) Micheal D. Green, *Prescription Drugs, Alternative Designs, and the Restatement (Third): Preliminary Reflections*, 30 SETON HALL L. REV. 207, 208-215 (1999).
54) 　実際、ほとんどの製造物責任訴訟において問題とされるのが設計上の欠陥であるのに対し、医薬品についての製造物責任訴訟で問題とされるのは警告上の欠陥である。David G. Owen, *Dangers in Prescription Drugs: Filling a Private Law Gap in the Healthcare Debate*, 42 CONN. L. REV. 733, 751 (2010).

を除けば、製薬会社は警告義務を負わないことが記されていた[55]。すなわち、一部の製品については、警告義務が過失責任に近いものであることが意識されていたのである[56]。

以上のとおり、製造物責任法は、不法行為上の厳格責任の性質をもつこと、直接の契約関係が無くても使用者から製造業者に対する直接の責任追及を認めること、という2つの大きな意義を有していたが、処方箋医薬品については、当初から警告責任に重きが置かれていたこと、そして、警告責任については過失責任に近いものであることが意識されていたことから、製造物責任法の意義は第2の点にこそあったということができる。すなわち、製造物責任法は、処方箋医薬品について、製薬会社と患者との間に直接の契約関係がなくても、その安全な使用についての警告が適切に行われていなかった場合には、患者が製薬会社に賠償責任を追及することを可能としたという意義がある。そして、この患者から製薬会社への直接の責任追及という点は、19世紀における、医薬品についての民事規律を発展させたものだということができる。

このように、処方箋医薬品についてとりわけ重要と考えられた警告責任については、更に、他の製品とは異なる例外法理が発展した。それが、「知識ある媒介者の法理」である。

2　知識ある媒介者の法理（Learned Intermediary Doctorine）

製造物責任法上の警告責任については、製品の危険性についての警告、または、製品を安全に使用するための警告を行う義務であり、提供されなかった情報がもし存在すれば、製品の有する危険性が減じ得たまたは回避され得たといえ、かつ、警告無しでの製品が合理的に安全ではないときに、警告上の欠陥があるとされる[57]。

製造物責任法の原則からは、この警告は、製品の最終的な使用者に対してなされるべきものである。しかしながら、処方箋医薬品についての警告は、

---

55)　RESTATEMENT (SECOND) OF TORTS § 402A cmt. j (1965).
56)　佐藤・前掲注45) 20-21頁。
57)　DAN. B. DOBBS, THE LAW OF TORTS 1005 (2001).

処方箋医薬品が専門家としての知識・経験を有する医師の処方なくしては患者が使用することはできないという特質を前提として、医師に対して行われれば足り、患者に対しては警告を要しないという、「知識ある媒介者の法理 (Learned Intermediary Doctrine)」が発展し、多数の州に受け入れられた。そして、もし医師が患者に対して処方箋医薬品に関するリスク等の情報提供を誤ったり怠ったりした結果、安全な服用がなされずに被害が生じた場合には、患者は製薬会社ではなく、医師を相手として不法行為上の責任を問うことになるとされているのである。

以下では、知識ある媒介者の法理の発展と、製造物責任法においてこのような例外法理が裁判所により正当化された理由を確認する。

(1) 知識ある媒介者の法理の出現と発展

知識ある媒介者の法理の前身がアメリカにおいて初めて判例上あらわれたのは、1948年のマーカス対スペシフィック製薬会社事件においてである。[58)59)] この事件では、医師による坐薬の過剰投与により生後13ヶ月の乳児が死亡したとして、その遺産管理人である親から製薬会社および医師を被告として賠償請求がなされた。原告から製薬会社に対する主張のうちの1つは、警告の不適切さを理由とする過失不法行為の主張だった。これに対して、ニューヨーク州控訴裁判所は、詳しい理由づけはせずに、処方箋医薬品はあくまで医師の処方に基づいて患者に提供されるものである点を述べたうえで、処方箋医薬品について製薬会社は患者に対して使用のための適切な情報を提供する義務は負わず、また、医師による医薬品の不適切な使用を予期することはできないとして、患者から製薬会社に対する請求を却下した。

この判例に続いて、いくつかの判例においても、より明確に、製薬会社は患者や一般公衆に対して処方箋医薬品に関する警告義務を負わないことが示された。製造物責任法が確立したといわれる時期と同時期の判決において、既に知識ある媒介者の法理があらわれている事件には以下のものがある。

---

58) Marcus v. Specific Pharm. Inc., 77 N.Y.2d 508 (App. Div. 1948).
59) Charles J. Walsh et al., *The Learned Intermediary Doctrine: The Correct Prescription for Drug Labeling*, 48 RUTGERS L. REV. 821, 843 (1996).

【ストットルマイア対カウッド事件（1963）[60]】

　この事件では、クロロマイセチンという抗生物質が引き起こした骨髄機能低下による再生不良性貧血が原因で4歳の幼児が死亡したとして、医師に対しては過失による不法行為に基づき、製薬会社に対しては製造物責任法上の警告義務の懈怠に基づき損害賠償が請求された。被告製薬会社が広く一般にクロロマイセチンのリスクについて警告すべき義務を怠ったという原告からの主張に対して、コロンビア地区連邦地裁は以下のように判示した。「それ〔本件医薬品〕は処方箋医薬品であることを忘れてはならない。すなわち、ほかでもなく医師による処方箋を薬局において提示しなければ手に入れることができないのである。したがって、一般公衆に対してリスクの可能性につき警告を行わなければならないという理由は無い[61]」。なお、医師の不法行為責任については、本件で発生した副作用が、80万分の1の確率で起こるものであり、合理的な医師の基準に照らして医師がこのようなリスクにもかかわらずクロロマイセチンを投与したことは過失に当たらないとされた。

　このような判例の集積を経て、1966年、第8巡回区連邦控訴裁判所は、スターリング製薬会社対コニッシュ事件[62]において、製薬会社は、処方箋医薬品に関し医師に対して警告を行えば足り、患者に対する警告義務を負わないというルールについて、初めて「知識ある媒介者」の語を用いると共に、かかる法理の根拠について理由づけを与えた[63]。

【スターリング製薬会社対コニッシュ事件（1966）】

　本事件で、原告は、関節炎のための治療薬であるリン酸クロロキンによって引き起こされたクロロキン網膜症により目に障害を生じたところ、このような副作用が少数の患者に起こりうるというリスクを製薬会社が警告しなかったとして、賠償を請求した。これに対して裁判所は、「本件で問題となっているのは、一般用医薬品ではなく処方箋医薬品である。このような事件で

---

60) Stottlemire v. Cawood, 213 F.Supp. 897 (D.C. Cir. 1963).
61) *Id.* at 899.
62) Sterling Drug, Inc. v. Cornish, 370 F.2d 82 (8th Cir. 1966).
63) Margaret Gilhooley, *Learned Intermediaries, Prescription Drugs, And Patient Information*, 30 St. Louis U. L.J. 633, 643 (1986), Walsh et al., *supra* note 59, at 843.

は、医師は、患者と製薬会社との間に存在する知識ある媒介者である。医師が患者について起こりうる副作用について適切に警告を得、その副作用に伴う症状についての説明を得ていれば、患者に対する被害を回避するための十分な機会があるといえる[64]」と判示した。そのうえで、本件では、被告製薬会社は、副作用の現象を把握した後に医師に対して「製品カード」の配布等を行っているものの、副作用に関する情報の医師への伝達について合理的な努力を怠ったとして、製薬会社の義務違反を認めた第1審の判決を維持した。

このようにして基礎づけられた知識ある媒介者の法理は、その後、ほとんどの州において採用されていき[65]、この法理を採用した州は48に上るともいわれる[66][67]。

(2) 知識ある媒介者の法理を支える前提

知識ある媒介者の法理を支える根拠は、この根拠を明確に示した1966年のスターリング製薬会社対コニッシュ事件以降も、後続の判例および学説により洗練され深化していった。ここでは、それらの判例や学説により論じられた同法理の主たる根拠について確認する。

第1に、医師こそが、その専門的な知識と経験に基づき、患者の最善の利益のために、患者の個別具体的な状況に鑑みて処方の判断を行うものであるという前提である[68]。例えば、テキサス法に基づいて第5巡回区連邦控訴裁判所により判断されたレイエス対ワイエス社事件では、以下のように述べられている。「処方箋医薬品は複雑、つまりその調合や処方について難解でありかつその効果も様々であることが多い。医療の専門家として、処方を行う医師はその医薬品の傾向と共に、患者の体質を考慮に入れることとなる。医師

---

64) *Sterling Drug Inc.*, 370 F.2d at 85.
65) Gilhooley, *supra* note 63, at 644.
66) In re Norplant Contraceptive Prods. Liab. Litig., 215 F.Supp.2d 795, 806 (E.D. Tex. 2002). もっとも、州の最高裁において拘束力を有する判断として同法理を示した州の数は21州のみであるともいわれる。Johnson & Johnson Corp. v. Karl, 647 S.E.2d 899, 903 (W. Va. 2007).
67) *See* Patrick Cohoon, *An Answer to the Question Why the Time Has Come to Abrogate the Learned Intermediary Rule in the Case of Direct-to-Consumer Advertising of Prescription Drugs*, 42 S. Tex. L. Rev. 1333 n 26 (2001).
68) Walsh et al., *supra* note 59, at 843; Gilhooley, *supra* note 63, at 645; Timothy S. Hall, *Regulating Direct-to-Consumer Advertising with Tort Law: Is the Law Finally Catching Up with the Market?*, 31 W. New Eng. L. Rev. 333, 342 (2009).

には、処方箋医薬品の有する治療効果と潜在的な危険性とを較量することが求められる。医師の判断は情報に基づくものであり、患者と医薬品との双方についての知識に下支えされた個別的な医療判断である」[69]。

次に、１つ目と表裏の関係にある、医師患者関係に基づき、患者は医師から処方箋医薬品についての説明を受けるべきであるという根拠である。例えば、イリノイ州最高裁判所が判断したカーク対マイケル・リーズ病院事件[70]においては、医師は、患者に対する最適な処方判断を行ったうえで、その処方判断を前提として「多くの警告の中から、どの事実について患者に対して伝えるべきかを判断する。どの範囲の情報開示を行うかも、医療判断の問題である」。つまり、医師から患者に対する情報提供のあり方も、個別の患者に応じた医師の医療判断として行われるものであり、そうであるべきであるという理由である[71]。

３つ目は、処方箋医薬品に関する情報を製薬会社が直接患者に提供する場合には、その内容は一律的なものとなり、また、必ずしも個別の患者にとって必要のない情報も全て患者に提供されることになるため、適切ではないという理由である。とりわけ、多くの警告が患者に対して提供されることによって、患者によっては必要以上の不安感をもたらし、ひいては医師患者関係に悪影響を及ぼしかねない可能性があると説明された[72]。

最後に、製薬会社が患者に対して情報を提供することは実際的な問題として困難であるという理由も論者により指摘された[73]。一般用医薬品と異なり、

---

69) Reyes v. Wyeth Lab. Inc., 498 F.2d 1264, 1276 (5th Cir. 1974).
70) Kirk v. Micheal Reese Hosp. & Med. Ctr., 513 N.E.2d 387, 393 (Ill. 1987), *cert. denied*, 485 U.S. 905 (1988).
71) なお、この根拠について、医師患者関係を規律するインフォームド・コンセント法理をその前提としていると述べる見解もある。Walsh et al., *supra* note 59, at 845. しかしながら、第３の根拠にもあらわれているように、ここでは、必ずしも、患者に情報を伝えることによって治療に関する自己決定を支えるという意味での「インフォームド・コンセント」を意図していた訳ではない。知識ある媒介者の法理が登場し、発展し始めた時期は、医師患者関係はパターナリスティックな関係として捉えられていた。医師患者関係に基づく説明義務のあり方の変化については、第２章Ⅳにおいて論じる。
72) Walsh et al., *supra* note 59 at 845; Gilhooley, *supra* note 63, at 644; Perez v. Wyeth Lab. Inc., 734 A.2d 1245 (N.J. 1999).
73) Gilhooley, *id*. Perez, *id*.

処方箋医薬品は、薬局において大容量容器から取り出して個々の患者に対して調剤されるものであり、個々のパッケージに包装されてはいないため、製薬会社にとって患者に対して向けられた文書を製品と共に提供することは難しい、という理由である。[74]

3　まとめ

　州法における製造物責任法の発展は、医薬品をめぐる規律について、医薬品の使用により患者に生じた被害について、患者が直接に製造者である製薬会社を訴えることを可能にした点で、二当事者間の契約関係を前提とする医薬品の流通における民事法上の規律を発展させたものである。また、製造物責任法は、処方箋医薬品については、それが不可避的に危険を伴う性質をもつものであることから、使用についての警告（情報伝達）こそが重要であることが当初から示唆されていた。そして、その情報伝達については、医師患者関係を規律するルールを前提として、製造業者たる製薬会社は医師に対して適切な警告を行う義務を負うが、患者に対する警告義務は負わないという例外法理を確立した。

　処方箋医薬品に関する、製造物責任法におけるこのような特殊な取扱いは、同時期に発展した、医師を介在してこそ製薬会社は処方箋医薬品を販売することができるという行政規律を前提とするものだった。

---

74)　*Perez, id.* at 1255.

第 2 章

患者への情報伝達と知識ある媒介者の法理

　本章から第 5 章にかけては、20世紀中頃に形成された食品医薬品及び化粧品法（FDCA）による処方箋医薬品についての行政規律と製造物責任法による民事規律が、処方箋医薬品の適切な使用という目的を十分に果たしていないという問題が、1980年代から2000年代にかけて 4 つの局面においてあらわれたこと、そして、それぞれの問題に対応するために、食品医薬品局（FDA）は従来の行政規律に基づく規制方法を変更する必要を迫られたこと、その過程において民事規律との役割分担のあり方も変化していったことを明らかにする。そして、その過程を経ることにより、処方箋医薬品の適切な使用という目的を達成するために、行政による単純な事前規制でも、民事法による二当事者間を単位とする規律でも、またそれらの単なる複合体でもない、多様かつ複数の規律が機能することにより、FDA、製薬会社、医師、薬剤師、患者という医薬品をめぐる複数の主体が、それぞれの役割を果たしつつ、相互間での双方向的コミュニケーションを行うことを促す新しい法システムが形成されていることを示す。

　本章では、1 つ目の問題、すなわち、医師から患者に対する情報伝達が適切に行われていないことから生じる、患者における服用過誤や副作用の発生という問題を扱う。まず最初に、医師から患者に対する情報伝達が適切に行われていないとはどういうことか、また、それにより生じる、処方箋医薬品の適切な使用についての問題は何かを、具体的な事実をもとに確認する。次に、この問題に対して、FDCA により与えられた権限のもと、FDA が行政規律を拡大し、製薬会社から患者に対する直接の情報提供を義務付けることで対応しようとした過程を確認する。そして、しかしながら他方、製造物責任法の領域においては、処方箋医薬品について患者に対する直接の警告義務を認めよとの患者からの主張にもかかわらず、知識ある媒介者の法理の例外

や撤廃が認められなかったことを判例を通して検討する。

そして、これらの検討を踏まえ、患者に対する情報伝達の局面において、このような行政規律と民事規律との一見して異なる対応は、処方箋医薬品の適切な情報伝達という観点から意味のある差異であり、克服すべき不適切な状態であるとはいえないことを論じる。

最後に、行政規律の変化の過程でその役割の重要性が高められた薬剤師について、民事規律が呼応して変化したことを確認し、薬剤師が、情報伝達の主体として確立したことを論じる。

I　医師患者関係における情報伝達の不備

1970年代頃から、処方箋医薬品の適切な使用のために必要である、患者に対する適切な情報伝達が実現されていないことが次第に明らかになった。

FDCA においては、個別具体的な患者に対する処方判断を適切に行ったうえで、処方箋医薬品の安全な使用や副作用といった情報を患者に対して伝えるのは医師の役割であることが前提とされており、製薬会社から患者に対する提供が義務付けられていた情報は、原則として、容器ラベルに記載された、製薬会社の名前と住所、シリアルナンバー、処方者、患者名、薬の名前と服用量、服用方法のみであった。[1][2]

しかしながら、患者への処方箋医薬品についての情報伝達をもっぱら医師のみにゆだねるという仕組みは必ずしもうまく機能しない場合があることが1970年代頃から次第に認識されるようになった。このことは、コミュニケーションの各段階における問題として、以下のように分析された。[3]

---

[1] 21 U.S.C. § 353(b)(2) (2015).
[2] 容器ラベルの記載事項については、FDCA によるかかる事項の記載義務に加え、州の薬剤師会による追加記載の義務付けがなされる場合がある。William H. Shrank & Jerry Avorn, *Educating Patients About Their Medications: The Potential And Limitations Of Written Drug Information*, 26 HEALTH AFF. 731, 734 (2007).
[3] 44 Fed. Reg. 40, 016, 40, 019-40, 020 (July 6, 1979). この官報においては、患者に対する情報伝達が上記の各段階で機能していないことを示す研究として、1960年代末から1970年代にかけて発表されたものを30ほど挙げている。この時期に、患者に対するコミュニケーションの問題が医療における大きな関心事項となってきたことがうかがえる。

①　情報の開示：医師から患者に対して処方箋医薬品に関する説明がそもそも適切に行われていない。全国的な電話調査に基づく研究によれば、回答者の48％は、直近の医薬品の処方の際に、医師から医薬品の説明を受けていない。
②　情報への注意：医師が患者に対して口頭で説明を行ったとしても、患者はその情報全てを受け取ることができない。診療所における患者へのインタビュー調査によれば、医師の診察後すぐにインタビューをした場合でも、説明の内容の約半分しか答えられなかった。
③　情報の理解：医師の患者に対する説明は、専門的な言葉を使用していることが多く、患者は説明の内容を理解できていないことが多い。また、医師の説明に対して疑問をもったとしても、患者は医師に対して質問することをためらうことが多い。ケーススタディの結果が、これらのことを示している。
④　情報の納得：患者のなかには、そもそも処方箋医薬品を服用すること自体に消極的な人がいる。例えば、全国調査によれば、精神安定剤を服用した患者のうち30％は、薬の服用が自分自身の弱さをあらわしていると思っていることを明らかにした。
⑤　情報の記憶：患者が、処方箋医薬品の説明を医師から受け、理解したとしても、患者はその内容を相当期間にわたり覚えておくことができない。いくつもの調査において、患者が医師から受けた医薬品の説明を忘れてしまっていることが示されている。

このように、患者に対する情報伝達が不十分であることにより、服薬過誤による副作用被害や医薬品の効果の減殺といった結果が生じ、安全で効果的な投薬医療が行われていないという問題が明らかとなった[4]。

この問題に対応するために、FDAが行おうとしたのが、患者に対する直接のラベリング[5]提供の仕組みであり、製薬会社に対し、FDAが審査し承認

4）　*Id*., at 40, 016.
5）　本章では、FDAが推進した、患者に対して直接に情報提供を行う文書媒体を総称して、「患者向けラベリング」と記す。FDAによって製薬会社から患者へ提供することが義務付けられた文書や、本節2で述べるFDAの監督のもと民間の取組みにより行われた患者に対する処方箋医

した内容のラベリングを患者に対して提供するよう義務付けるという政策だった。

II　患者向けラベリングの制度化の試み

　本節では、まず、1970年代後半から行われてきた、患者向けラベリングの義務付けの制度化をめぐる FDA の試みの過程を確認する。ここでは、患者向けラベリングの義務化に向けた政策が1970年代から現在に至るまでゆっくりとした歩みであるが進んでいること、しかしながら他方で、患者向けラベリングという制度自体に、その利点と共に一定の問題が内在することが常に意識されてきたことが確認される。それは、患者に対して必要な情報を提供すること自体が必要なことであったとしても、患者向けラベリングという方法が、個々の患者の状態や処方箋医薬品の種類を考慮せずに一律に情報提供を義務付けるものであることから、患者に対する情報提供手段として最善ではないという問題である。

1　1970年代末の FDA の規制の試みと挫折
(1)　制度化の過程

　第1章においてみたように、1960年の FDCA 行政規則改正では、1951年の改正において手当てされていなかった処方箋医薬品に関する情報について、医療専門家へ向けた医薬品情報の「完全な開示（full disclosure）」を製薬会社に対して義務付ける規則が制定された[6]。この改正は、医薬品産業の急速な発達によって医薬品の数および情報が増加したことを背景に、医師に対する適切な情報提供を担保するための規制だった。他方で、この改正においては、処方箋医薬品に関する情報の患者への提供について規定されることはなかっ

　　薬品の情報提供文書は、様々な名前で呼ばれており、統一されていない。なお、処方箋医薬品に関する情報は、いわゆる「添付文書」に限られない様々な媒体により患者に対して直接に提供されうるが、医療専門家に対する情報が、医薬品と共に封入されている「添付文書」以外の媒体で提供されることが多いのに対して、患者に対する情報は、主として医薬品に伴う文書媒体により提供されるという違いがある。

6）　25 Fed. Reg. 12, 592（Dec. 9, 1960）（now codified at 21 C.F.R. § 201.100(d)(2016)）.

た。

　しかしながら、1960年代後半以降、FDA は、いくつかの処方箋医薬品について、非専門用語を用いた患者向けのラベリングによる情報提供を製薬会社に義務付けるようになる。FDA により要求されることとなった初めての「患者向けラベリング」は、1968年のイソプロテレノール吸入器の容器上の、推奨容量を超えた服用に関する警告である。このような警告を連邦行政規則により要求するに当たり FDA が理由としたのは、イソプロテレノール吸入器の過度の使用により、致死的な気管支収縮が起こる危険性を患者に対して警告するため、というものであった。

　これに続く1970年、FDA は、経口避妊薬について、製薬会社または販売業者に対して、「患者向け添付文書（Patient Package Insert: PPI）」と名付ける患者向けラベリングの提供を義務付ける連邦行政規則を制定した。ここでは、経口避妊薬が治療用に用いられる他の処方箋医薬品とは性質が異なり、健康な女性により複数の避妊手段のなかから選択的に使用される性質の医薬品であること、潜在的な重度の副作用の可能性があること、それゆえ、経口避妊薬の使用の判断について、医師のみならず患者も協働して行うべきであることが義務付けの理由とされた。更に、1977年、主として更年期症状の治療のために使用される女性ホルモンであるエストロゲン含有薬剤についても、連邦行政規則により患者向けラベリングの提供が要求されることとなった。

　このように、1960年代後半から1970年代後半にかけて FDA によって提供が義務付けられることになった患者向けラベリングは、患者に対して重大な危険をもたらしうるような処方箋医薬品について選択的に要求されるという

---

7) 45 Fed. Reg. 60, 754, 60, 754 (Sep. 12, 1980).
8) 33 Fed. Reg. 8, 812, 8, 812 (June 18, 1968) (codified at 21 C.F.R. § 201.305 (2016)).
9) *Id.*; Howard M. Rowe, *Patient Package Inserts: The Proper Prescription?*, 50 FOOD & DRUG L.J. 95, 98 (1995).
10) 35 Fed. Reg. 9, 001 (June 11, 1970) (codified as amended at 21 C.F.R. § 310.501 (2016)).
11) 経口避妊薬の添付文書に関するこの規制は、1978年に改正され、より詳細な内容の提供が義務付けられることとなった。43 Fed. Reg. 4, 212 (Jan. 31, 1978) (now codified at 21 C.F.R. § 310.501 (2016)).
12) Rowe, *supra* note 9, at 98.
13) 42 Fed. Reg. 37, 636 (July 22, 1977).

形をとった。これに対して、経口避妊薬やエストロゲン含有薬剤に関する連邦行政規則の制定の際のパブリックコメントでは、医師の専門的判断を損なう恐れがあると主張する医師や、義務化に伴うコストと製造物責任訴訟の増加を懸念する製薬会社から強い反対の声が寄せられると共に、患者向けラベリングの義務を課す FDA の規制権限を争う訴訟が提起されることとなった。

1960年代後半以降に連邦行政規則の改正に基づいて FDA によりなされた処方箋医薬品に関する患者向けラベリングの個別的な義務付けは、1970年代半ばに入ると、処方箋医薬品全般への患者向けラベリングの義務付けについての検討に拡大した。FDA は、パブリックコメントや調査を経て、1979年に患者向けラベリング義務付けに関する新たな連邦行政規則案を公表した。[15]この規制案では、製薬会社は患者向けのラベリングを整備することを義務付けられ、ラベリングの内容は非専門的な言葉で記載され、広告的な色彩をもたず、その内容は基本的には医師向けラベリングに記載されている内容に基づくこととされた。製薬会社の作成したこの患者向けラベリングは、薬局で薬剤師等を通じて患者に実際に配布されることが想定された。[16]また、法的に判断能力を欠く患者や、医師がラベリングの配布を適切ではないと判断した患者等、一定の患者はラベリング提供の対象外となる旨も規定された。[17]そして、このラベリングの義務付けについては 2 段階で実施するものとされ、第 1 段階においては50から75種類の処方箋医薬品について義務付け、第 2 段階においてほぼ全ての処方箋医薬品について義務付けることとされた。[18]

しかしながら、全ての処方箋医薬品について患者向けラベリングの義務化を推進していこうとするこの規制案は、1960年代になされた個別の医薬品についての患者向けラベリングの義務化に対して向けられた批判を遥かに上回

---

14) 35 Fed. Reg., *supra* note 10, at 9, 001; 42 Fed. Reg. *id.* at 37, 636.
15) 40 Fed. Reg. 52, 075（Nov. 7, 1975）; 44 Fed. Reg. *supra* note 3, at 40, 018; 45 Fed. Reg. *supra* note 7, at 60, 755.
16) 44 Fed. Reg. *id.* at 40, 040. 製薬会社は、個別包装された医薬品についてはそれに付随する添付文書を、大量容器に入れられて販売される医薬品については、薬剤師が患者へ医薬品を提供する際に配布することのできる十分な量の添付文書を、医薬品に伴って提供しなければならないとされた。
17) 44 Fed. Reg., *id.* at 40, 025.
18) *Id.* at 40, 025.

って、医師や製薬会社からの強い反対を受けることとなった。また、FDA の依頼を受けた、アメリカ医学研究所（National Institute of Medicine）による調査レポートが、患者向けラベリングの目的と手段について詳細な分析を行ったうえで、FDA による一律の規制は慎重であるべきとの報告を提出した。レポートにおいて指摘された点は多岐にわたるが、重視されたのは、処方箋医薬品の種類や患者の病状・性質が多様であるにもかかわらず、患者向けラベリングの内容は一律的なものとして規制されることが予定されているという問題であった。[20)21)]

このような批判的な反応を受けて、FDA は、1980年に公表した最終規則では、第1段階の試験期間における患者向けラベリングの義務付けの対象を、わずか10種の処方箋医薬品に減じて実施するものに変更した。[22)]

このようにして、限られた数の処方箋医薬品を対象として試験的に始められることとなった患者向けラベリングの制度だったが、その発効直後の政治的変化により、これを定めた連邦行政規則は効力を停止され、最終的には廃止されるに至る。すなわち、1981年初頭に大統領に就任した共和党のレーガン大統領は、その就任直後に大統領命令を発し、全ての行政機関に対し、連邦行政規則の必要性と費用対効果について再考するよう要請したのである。[23)] この大統領命令を受け、FDA は、前年である1980年10月に発効していた連邦行政規則の効力を停止し[24)]、最終的に、規則そのものを廃止するに至った[25)]。連邦行政規則の廃止に当たっては、FDA と製薬業界、医師団体および薬剤師団体の代表との間で、FDA が当該規則による患者向けラベリングの義務化を廃止する代わりに、民間団体が、患者向けの処方箋医薬品の情報提供と

---

19)　45 Fed. Reg. *supra* note 7, at 60, 757.
20)　NAT'L INST. OF MED., EVALUATING PATIENT PACKAGE INCERT (Aug. 1979).
21)　アメリカ医学研究所のみならず、行政審査グループ（Regulatory Analysis Review Group. 連邦行政規則を分析審査するために大統領により設置された省間委員会）からも、患者向けラベリングの実施について、まずは少数の医薬品を対象にして行い、そのリスクと利益とを慎重に評価すべきであるとの評価がなされた。45 Fed. Reg. *supra* note 7, at 60, 757.
22)　*Id*. at 60, 757, 60, 780–69, 784.
23)　EXEC. ORDER NO. 12, 291, 46 Fed. Reg. 13, 193 (Feb. 19, 1981).
24)　46 Fed. Reg. 23, 739 (Apr. 28, 1981).
25)　47 Fed. Reg. 39, 147 (Sep. 7, 1982).

いう当該規則の目的を達成するような代替的な仕組みを整えていくという合意がなされ[26]、かかる合意に基づく代替的仕組みの構築が期待されることが規則廃止の正当化事由とされた[27]。実際に、大手製薬会社のチバガイギー（後にサンドと合併しノバルティスとなる）は、全米患者情報教育協議会（National Council on Patient Information and Education: NCPIE）[28]を組織するために100万ドルの資金提供を行い、アメリカ医師会は、患者に対する情報提供を促すための医師向けパンフレットを普及させることを宣言した[29]。また、FDAにおいても、このような民間団体による患者向けの情報提供制度の促進について、定期的にその進捗状況を確認し評価することとした[30]。

(2) 患者向けラベリングへの実質的な批判と行政規律の正当化

(1)にみたように、FDAによる患者向けラベリングの制度化に対しては、製薬業界や医療界から反対を受けたのみならず、中立的な非営利機関であるアメリカ医学研究所からも慎重であるべきとの見解が示された。

ここでは、患者向けラベリングに対するこれらの批判の核心にある理由を確認したい。その材料として、1960年代末にFDAが個別の医薬品についての患者向けラベリングを義務付けた際に、製薬業界から提起されたFDAの規制権限を争う訴訟における、原告の主張とそれに対する裁判所の判断を検討する。なぜなら、この判決のなかに、患者向けラベリングに対して向けられた懸念と、それでもなお、行政規律によって患者向けラベリングを義務付けることが正当化されうる理由が既に明確に述べられているからである。

【製薬工業協会対FDA事件（1980）】[31]

この事件は、FDAから1976年に公表された、エストロゲン含有薬剤の処方の際に患者向けラベリングの提供を義務付ける規則案について、製薬工業

---

26) 60 Fed. Reg. 44, 182, 44, 183（Aug. 24, 1995）.
27) 47 Fed. Reg., *supra* note 25, at 39, 147.
28) 1982年発足。現在では、患者団体、医師団体、製薬会社等およそ100に上る組織が加盟している。
29) Regina F. Lyons & Martha M. Rumore, *Medguide and Patient Package Inserts-Again*, 5 J. PHARM & L. 45, 54 (1995).
30) 60 Fed. Reg. *supra* note 26, at 44, 183.
31) Pharm. Mfrs. Ass'n v. FDA, 484 F.Supp. 1179 (D. Del. 1980), aff'd, 634 F.2d. 106 (3d Cir. 1980).

協会（Pharmaceutical Manufacturers Association）が連邦行政規則の差止めを求めて訴えを提起したものである。請求の根拠として主張されたのは、①FDCA 上、患者向けラベリングの提供を義務付ける連邦行政規則の制定権限を FDA が有しない、②かかる義務付けは、医師による医療行為（practice of medicine）の侵害に当たり合衆国憲法上違憲である、③（仮に①および②が認められないとしても）FDA は、本件連邦行政規則の制定に際し、その立法事実と立法目的についての簡明かつ一般的な言明を行うことができておらず、恣意的判断による裁量権の濫用であり、連邦行政手続法（Administrative Procedure Act）に反し違法である、という 3 点であった。

①の FDCA 上の FDA の規制権限の有無についての原告の主張は、1951年 FDCA 改正により、連邦議会は処方箋医薬品の患者向けラベリングについての FDA の権限を剥奪しているから、現在 FDA は規制権限を有しないというものである。すなわち、1951年の FDCA 改正に際しては、処方箋医薬品と一般用医薬品との分類が法定され、処方箋医薬品として分類された医薬品については、医師によって患者に対する指示や警告がなされることを前提として、患者に対する使用に関する適切な指示および誤用に関する警告のラベリングの要件適用の除外対象とされた。原告によれば、この立法経緯は、FDA の患者向けラベリングに関する規則制定権を剥奪するという立法意思を示すというのである。これに対し、連邦地裁は、1951年 FDCA 改正は、確かに、患者に対して処方箋医薬品の使用に関する適切な指示や誤用に関する警告の第 1 の情報源は、処方を行う医師であるとの考えのもとに制定されたが、この事実は、必ずしも、連邦議会が、1951年改正以前に FDA が有していた患者に対するラベリング提供を義務付ける権限を剥奪することを意図したと解することはできない、と判示した。

次に、原告の第 2 の主張である②の患者向けラベリングの義務付けは医師による医療行為の侵害に当たり、合衆国憲法上違憲であるという点について、原告は、(1)医療行為に関する規制は、伝統的に州の福祉権能（police power）に基づいて州の権限に属しており、連邦の行政機関たる FDA がかかる規制を行うことはフェデラリズムに反する、(2)医師は、専門家として医療行為に関する判断を行う権利を有しているところ、助言の正確性や当該

医薬品の処方が好ましいかどうかについての医師の専門家としての判断を鑑みることなく、医師に（特定の）情報伝達を義務付けることは、医療行為に不当な介入をするものであるという2点を前提として主張した。連邦地裁は、(1)の点について、医療行為についての規制権限は確かに州に属するものであるが、同じ領域に関して、合衆国憲法に基づいて連邦が規制権限を有する場合には、連邦による規制は禁止されないとし、合衆国憲法上の州際通商条項に基づいて制定されたFDCAに根拠を置く本件連邦行政規則はフェデラリズムに反しないとした。また、(2)の点については、処方箋医薬品の情報についての患者のアクセスをコントロールするような医師の権利といったものは合衆国憲法上存在せず、原告が主張するところの医師の医療行為に関する権限は、あくまで患者の権利の派生物であり、独立に存在しうるものはないとした。また、そもそも、本件連邦行政規則は、医師による医薬品の処方の判断や患者への情報提供自体を制約するものではなく、医師はなお、患者に対して自らの判断により情報を提供することができる、また、医師が仮に患者向けラベリングの内容について異論がある際には、医師が自らの見解を開示したうえで患者と話し合いをすることも可能であり、患者向けラベリングは患者に対し医師との話し合いを促しうる、と付言されている。

　最後に、③のFDAによる本件連邦行政規則の制定がFDAの有する裁量権を濫用しているという点について、原告は、エストロゲン含有薬剤について患者向けラベリングを義務付けしたこと自体ではなく、本件連邦行政規則が、それぞれの患者について文書を提供するか否かの個別的な判断を処方を行う医師に対して許すような規則としなかったことについて、FDAはその立法事実と立法目的についての簡明かつ一般的な言明を行うことができていないと主張した。すなわち、原告によれば、患者が副作用等の情報を受け取ることにより、患者によっては不安を生じ、ひいては医師患者関係に悪影響を及ぼしかねない可能性があるところ、このような可能性がある場合に、医師の判断により患者向けラベリングを提供しないという例外を認めなかったことが問題であるとされた。これに対して連邦地裁は、このような懸念は検討に値するが、FDAから提示された理由、すなわち、エストロゲン含有薬剤に伴う危険性が重大であること（当該薬の使用者数および副作用が発生した

場合の結果の重大性)、エストロゲン含有薬剤は、患者にとっても服用によるリスクと利益を理解しやすい医薬品であり、また、選択的医薬品(服用の是非に関する選択肢が存在する医薬品)であること、他の処方箋医薬品に比し、患者向けラベリングを提供することによる重大な影響の可能性がないと考えられること、といった諸点に鑑みれば、FDAによる判断には合理的な根拠があり、違法ではないとした。

　本判決により示されている、患者向けラベリングに対する懸念と、それでもなお行政規律による義務化が正当化される理由は以下のとおりである。

　医師による処方判断とそれに基づく患者への助言は専門家としての具体的な医療行為であるが、患者向けラベリングは、その処方判断の個別具体性を顧みることなく一律な情報提供を義務付ける点で好ましくない結果を生じさせる場合がある[32]。

　しかしながら、患者が処方箋医薬品の情報提供を受けることは、患者の権利であり、処方判断を含む医師の医療行為は、あくまで患者の権利を支えるためにある。患者向けラベリングという方法により、患者に対して直接の情報提供を行政規律が義務付けたとしても、それは、医師による患者への助言の妨げとなる訳ではなく、むしろ、医師と患者との間のコミュニケーションを促進する機能を果たしうる。

(3)　知識ある媒介者の法理への影響を理由とする懸念

　製薬会社が患者向けラベリングの義務化に反対した理由としては、製薬工業協会対FDA事件により示された、患者向けラベリング制度自体に内在しうる問題点だけではなく、製造物責任訴訟に対する影響だったこともここで指摘しておく。

　すなわち、製薬会社は、FDCAのもとで製薬会社が患者に対して直接に情報提供を行うこととなると、製造物責任法のもとで認められている知識あ

---

32)　患者向けラベリングに多くの副作用の可能性が記載されていることにより、患者が不安を感じ、医師により指示された服薬を行わなくなる可能性がある、そのようにして患者がもった不安を解消するために、医師がより多くの時間と労力をかけて患者を説得することが必要となる、といった主張は、連邦行政規則制定に当たってのパブリックコメントにおいて医師からなされていたものである。Rowe, *supra* note 9, at 109.

る媒介者の法理が掘り崩され、製薬会社が患者に対して直接の警告義務を負うこととなり、製薬会社がより多くの製造物責任訴訟を提起される可能性があると主張した。このような主張に対して、FDAからは、患者向けラベリングの制度化が製造物責任法に対して影響を与えるかどうかは、制度化を進めるかどうかについての判断の前提とはならないと述べられている[33]。しかしながら、2に述べる、FDAが主導する患者向けラベリングの制度の進捗が遅かったのは、(法制度的な問題よりもむしろ) 製薬会社からのこのような理由に基づく反対があったことが大きな理由の1つであったことに留意しておく必要がある。

2　患者向けラベリングのその後の発展
(1)　FDAによる服薬ガイドの提案と連邦議会の介入

　1982年の連邦行政規則の廃止に当たって、製薬業界、医師団体、薬剤師団体等の民間にゆだねられることとなった処方箋医薬品の患者への情報提供の仕組みであったが、その後の進捗はFDAが期待したようにはいかなかった。

　連邦行政規則の廃止以後に、1982年、1984年および1992年の3回にわたりFDAにより行われた、患者向け情報提供の普及に関する調査によれば、医療機関において、患者に対する口頭での注意喚起等の説明がなされた割合は、それぞれ、26％、33％および33％、また、文書による情報提供がなされた割合は5％、9％および14％だった[34]。他方、薬局における同様の情報提供は、口頭での提供に関してそれぞれ20％、23％および32％、文書による提供に関してそれぞれ16％、26％および32％であった[35]。また、文書により提供された情報の内容についての調査では、その質と量において、提供主体によって大きなばらつきがあることも明らかになった[36]。

　このような状況のもと、FDAは、自らの主導によって再度の政策形成を試みようとした。1995年、「服薬ガイド (Medication Guide)」と名付けた患

---

33)　45 Fed. Reg., *supra* note 7, at 60, 761-60, 762.
34)　60 Fed. Reg., *supra* note 26, at 44, 191.
35)　*Id*.
36)　*Id*. at 44, 194.

者向けラベリングの義務化に向け、連邦行政規則の制定を含むプランを提案する[37]。この提案では、FDA は、①ほぼ全ての外来患者向け医薬品と生物製剤に関して、FDA による審査・承認を経た服薬ガイドを薬局およびその他の調剤業者に提供することを製薬会社に対して義務付ける連邦行政規則を速やかに制定・実施する案、②民間の自発的な計画によって、患者向けの適切な情報提供のために FDA が事前に定めた基準が FDA の定めた期限内に達成される限りにおいて、FDA は①のプランを実施しないという代替案、③重大な公衆衛生上の問題をもたらす処方箋医薬品に限り服薬ガイドを義務付ける連邦行政規則を制定し、それ以外の処方箋医薬品に関しては、②と同様に民間の自発的な計画にゆだね、所定の期間内に所定の基準が達成される限りにおいて FDA は①のプランを実施しないという代替案、の3種の案を提示した[38]。FDA は、上記3種のプランのそれぞれについて、詳細な内容を定めたプランを公表し、これに対するパブリックコメントを募集することとなった[39]。

　FDA による患者向けラベリングの義務化に向けた再度の政策形成は、消費者団体や患者団体からの大きな支持を受ける一方で、製薬業界、医師団体および薬剤師団体を含む利益団体による、総論賛成、各論反対という名目のもとでの強い反対を受けることとなった[40][41]。その結果、FDA によるプランが公表された翌年である1996年、製薬業界からの圧力を受けた連邦議会は[42]、1997年一般歳出法（Omnibus Consolidated Appropriations Act of 1997）に患者向けラベリングに関する一条文を設け[43]、結果として FDA による服薬ガイ[44]

---

37) Id. at 44, 183.
38) Id. at 44, 198-44, 199.
39) Id.
40) Steering Comm. for the Collab. Dev. of a Long-Range Action Plan for the Prov. of Useful Prescription Med. Info., ACTION PLAN FOR THE PROVISION OF USEFUL PRESCRIPTION MEDICINE INFORMATION (Dec. 1996), available at http://www.fda.gov/downloads/AboutFDA/CentersOffices/CDER/ReportsBudgets/UCM163793.pdf (last visited Aug. 30, 2016).
41) Shrank & Avorn, supra note 2, at 735.
42) Stephen Barlas, Pharmacy Distribution of Consumer Drug Information Emerges as a Problem: FDA to Seek Solutions, 34 P & T 65 (2009).
43) Pub. L. No. 104-180, 110 Stat. 3009 (1997).
44) Pub. L. No. 104-180, Title VI, Sec. 601, 110 Stat. 1593 (1997).

ドプランの実施を阻むこととなった。すなわち、同法は、FDAによる服薬ガイドプランに示された目標を達成するような、しかしながら（FDAによる介入を許さず）民間のみの主導によって達成されるような推進計画を、利害関係者が作成することを要請すると共に、かかる推進計画が満足しうる内容のものである場合には、連邦保健福祉省長官は、服薬ガイドプランに示されたような計画やその他類似の連邦行政規則を制定する権限を有しないものと定めた。[45] つまり、患者への情報提供の仕組み作りを行う主体をあくまで民間とし、かかる仕組み作りが民間により行われている限りにおいて、FDAが制度形成に主体的に関わることを禁じたのである。

この立法を受けて、FDAにより招集されたタスクフォースはアクションプランを作成し、連邦保健福祉省長官に提出した。[46] アクションプランでは、消費者服薬情報（Consumer Medication Information: CMI）と名付けられた処方箋医薬品の患者向け情報提供の達成目標について、患者に提供される処方箋医薬品の情報に関する文書は、科学的に正確であること、内容や文調において偏りがないこと、十分に具体的かつ包括的であること、理解可能かつ読みやすい形態で提供されること、最新の情報であること、そして有用であることを要するとして、各要件についての具体的な基準を示すと共に、かかる文書が、2000年までに75％、2006年までに95％の患者に対する処方につき提供されるべきことという内容が示された。[47]

他方で、FDAは、この連邦法により制約されずにFDAに残された権限に基づいて、限定された対象の医薬品についての患者向けラベリングを義務付ける連邦行政規則を1998年に制定した。[48] すなわち、FDAは、患者向けラベリングに関してFDAの権限を制約した1997年一般歳出法601条が、深刻かつ重大な懸念をもたらす、特定かつ少数の処方箋医薬品についての患者向けラベリングの義務付け権限については制約していないという立法経緯を指摘したうえで、FDAに残されたこの権限のもと、FDAが深刻かつ重大な懸

---

45) *Id.*
46) ACTION PLAN, *supra* note 40.
47) *Id.* at 16, 25.
48) 21 C.F.R. § 208 *et seq.* (2016).

念ありとして指定した特定の医薬品で、外来患者により服用されるものについて、患者向けラベリングを義務付けた[49]。FDA はこのラベリングについて、「服薬ガイド」という名称を使用し、年間 5 から10を超えない処方箋医薬品について服薬ガイドの提供を義務付ける意図を示すこととなった[50)51]。

(2) 民間による患者に対する情報提供制度の発展

1995年に、民間の主導で形成されることとなった患者に対する情報提供制度は、その後、不完全ながらも徐々に発達していった。

患者に対する情報提供のための手段は、とりわけ文書による情報提供が必要となる外来患者に対しては、製薬会社の委託を受けた業者が個別の処方箋医薬品についての患者向け情報データを作成し、この情報データへのアクセス権限を有する薬局（薬剤師）が、医師の処方に基づく処方箋医薬品を患者に対して渡す際に、医薬品と共に提供するという形となった[52]。情報データを作成するのはデータ・ベンダー（data vendors）と呼ばれる会社で、大手数社によって作成されており[53]、FDA によれば、データ・ベンダーにより作成された処方箋医薬品の情報データは、FDA はもちろんのこと、製薬会社によっても審査されることは無いという[54]。

このような仕組みのもとでの、患者に対する情報提供の実施について、2000年、FDA は、アクションプランにおいて示した目標達成を評価するための全国的な調査を行った。この調査では、89％の患者が処方箋医薬品に関

---

49) 63 Fed. Reg. 66, 378 (Dec. 1, 1998).
50) Id. at 66, 379.
51) 現在（2016年 8 月時点）では、400を超える処方箋医薬品につき服薬ガイドの提供が義務付けられている。See http://www.fda.gov/Drugs/DrugSafety/ucm085729.htm (last visited Aug. 30, 2016).
52) Barlas, supra note 42, at 65.
53) Shrank & Avorn, supra note 2, at 734; Barlas, id. at 65.
54) U.S. Dep't of Health and Human Serv. FDA, GUIDANCE, USEFUL WRITTEN CONSUMER MEDICATION INFORMATION (CMI) (July 2006) at 1, available at http://www.fda.gov/downloads/Drugs/GuidanceComplianceRegulatoryInformation/Guidances/ucm080602.pdf (last visited Aug. 30, 2016).
55) Shrank & Avorn, supra note 2, at 736; Bonnie L. Svarstad et al., Evaluation of Written Prescription Information Provided in Community Pharmacies, Final Report to the U.S. Department of Health and Human Services and the Food and Drug Administration, available at http://www.fda.gov/ohrms/dockets/ac/02/briefing/3874B102final%20report%20text%20dec%2021.htm (last visited Aug. 30, 2016).

しての何らかの情報提供文書を受け取っており、このような提供数における目標は達成しているものの、文書の質は、内容、長さ、質のばらつき等の各点において極めて粗末なものであるという現状がわかった。すなわち、服用方法、医薬品の服用による効能の内容といった情報に関し、アクションプランで示された基準に達しているものは半数以下、更に医薬品の服用における注意や副作用をいかに回避するかについての情報に関しての基準達成率は4分の1以下、禁忌と禁忌の場合の対応方法についての情報に関しての基準達成率は5分の1以下という結果であった。

　この調査結果を受け、FDAは民間における患者向けラベリングの制度化について、より積極的な関与を行い始めた。FDA医薬品安全及び危機管理諸問委員会（FDA Drug Safety and Risk Management Advisory Committee）は、FDAに対し、次の基準年である2006年に向け、民間による目標達成を促すためのより積極的な関与を行う必要性を指摘した。これを受けたFDAは、関連諸団体のヒアリングや公開のミーティングを経たうえで、2006年に、消費者服薬情報の内容に関するガイダンスを公表した。このガイダンスは、アクションプランにより設定された目標を達成しているか否かの判断に当たっての、消費者服薬情報に記載されるべき内容と形式についての基準を提示するものである。

　その後、アクションプランで示された第2段階の達成率を確認するために、FDAの委託に基づいて行われた調査研究では、患者に対する情報提供が一定程度進んだことが明らかになった。2008年に発表されたこの研究では、94％の患者が処方箋医薬品に関しての何らかの情報提供文書を受け取っており、60％の文書が、2001年の調査研究時において設定された有用な文書による情報としての基準を満たしているという結果が報告された。また、今後の問題点として、薬局を通じた情報文書の提供方法自体は有効に機能するものの、その内容や形式は提供する主体によって大きく異なる等、未だ内容と形式に

56）　GUIDANCE, *supra* note 54.
57）　Shrank & Avorn, *supra* note 2, at 736.
58）　GUIDANCE, *supra* note 54.

ついての問題点が存在することが指摘された。[59)60)]

　このように、処方箋医薬品についての患者向け情報提供手段は、十分とは言い難いながらも、民間によって進められてきていると評価できる。しかしながら、2008年における報告書で指摘されているように、その内容や形式においては未だ問題点も多い。FDAは、こうしたなか、再々度の、統一的な患者向けラベリングを導入するための研究を2010年に開始し、政策形成を進めている。[61)62)]

---

59) Carole L. Kimberlin et al., *Expert and Consumer Evaluation of Consumer Medication Information－2008*, Final Report to the U. S. Department of Health and Human Services and the Food and Drug Administration（Nov. 4, 1998）, *available at* http://www.fda.gov/downloads / AdvisoryCommittees / CommitteesMeetingMaterials / RiskCommunicationAdvisoryCommittee/UCM117149.pdf（last visited Aug. 30, 2016）.

60) なお、2006年のFDAによるガイダンスに基づいて、その達成水準の調査を行った2010年の研究として、*see* Almmut G. Winterstein et al., Evaluation of Consumer Medication Information Dispensed in Retail Pharmacies, 170 ARCH. INTERN. MED. 1317（2010）.

61) 2009年2月に開催された危機伝達諮問委員会は、FDAに対して、連邦規則上に根拠が置かれた患者向けラベリングである患者向け添付文書（Patient Package Insert: PPI）および服薬ガイド、および民間の主導により患者に提供されている消費者服薬情報（CMI）に代わる、統一的な文書をFDAが提供すべきとの意見を提示した。これを受けて、FDAは2010年5月に、統一的な患者向け情報提供文書のあり方を検討するためのパイロット研究を開始する旨を公表した。このパイロット研究は、2013年前半には終了することとなっている。2012年10月の時点において、FDAによれば、既存の複数の患者に対する情報提供媒体に代わる、その内容と形式について標準化された統一的な情報提供媒体であり、製薬会社により作成され、薬局において患者に対して提供されるのみならず、ウェブサイト上で患者からのアクセスを可能とするものとして検討されている。FDA Advisory Committee, Draft Possible Recommendations, Committee Recommendations for the February 26-27, 2009 Meeting of the Risk Communication Advisory Committee to the FDA, *available at* http://www.fda.gov/downloads/AdvisoryCommittees/CommitteesMeetingMaterials/RiskCommunicationAdvisoryCommittee/UCM150277.pdf（last visited Aug. 30, 2016）; 75 Fed. Reg. 23, 775（May 4, 2010）; Bryon M. Pearsall & Murewa Oguntimein, Div. of Med. Pol'y Prgm. Office of Med. Pol'y Inst., FDA, Patient Medication Information（PMI）: A New Global Paradigm, speech at The Regulatory Affairs Professionals Society（RAPS）（Oct. 28, 2012）. しかしながら、2016年10月の時点においても、患者向けラベリングの統一はなされていないようである。*See* http://www.fda.gov/ForPatients/ucm412663.htm（last visited Oct. 24, 2016）.

62) もっとも、患者のリテラシーに起因する服薬過誤は、現在においても未だ大きな問題として存在している。例えば、アメリカで年間処方されている、1.8億件を超える処方箋医薬品のうち、半数以上が患者による適切な服用がなされておらず、また、患者による不適切な服用により、処方された医薬品のうち30％から50％において期待された治療を行うことができていないこと（*see* Jennifer S. Berg et al., *Medication Compliance: A Healthcare Problem*, 27（9 Supp.）ANN. PHARM. S1, S5（1993））、アメリカにおける外来治療のうち、投薬計画に基づいて服薬が行われているのは、79.4％であること（*see* INST. OF MED., PREVENTING MEDICATION ERRORS,

3 まとめ

　FDA は、患者に対する処方箋医薬品の情報伝達が適切に行われていないことから生じる弊害に対応するために、FDCA に基づく行政規律のもとで医師に任せてきた患者への情報提供について、行政規律を変更し、製薬会社に対しても義務付けようとした。このような FDCA の規制方法の変更は、医師患者関係への行政規律の介入であるとして医師からの反対を受け、また、知識ある媒介者の法理に変化を生じさせるものであるとして製薬会社からの反対を受けたが、最終的に、行政による監督のもとで、民間による患者に対するラベリングの制度が整いつつある。

　しかしながら、患者向けラベリングの制度のもとでは、本来、患者に対して最も適切な説明を行うことができ、また、それを期待されていた医師がその役割を果たし切れていないという問題は解決しない。もしくは、逆に、患者向けラベリングさえあれば、医師の役割は縮減されることになってしまうのか。

　以下のⅢでは、患者に対する直接の情報提供の必要性を理由として、製造物責任訴訟において知識ある媒介者の法理の例外を認めるべきという患者からの主張に対し、裁判所がどのように応答したのかを通じ、この点を明らかにする。

Ⅲ　知識ある媒介者の法理と患者への情報提供

　処方箋医薬品について、製造物責任法上の警告責任の例外として形成された知識ある媒介者の法理は、製薬会社は患者に対して警告義務を負わず、医師に対してのみ警告すればよいとされた。しかしながら、処方箋医薬品にもかかわらず、医師が介在していないような場合には、この例外法理は変更さ

Committee on Identilying and Preventing Medication Errors 114, Philip Aspden et al. eds, 2006)、またアメリカの外来治療における、処方医薬品に関連する疾病率および死亡率に基づく推定コストは年間770億ドルであることなど（Action Plan, *supra* note 40)、といった近年の調査結果がある。

れるべきではないか。また、FDA がその特殊性に着目して、患者に対するラベリングを義務付けた種類の処方箋医薬品については、製造物責任法においても知識ある媒介者の法理の例外が認められるべきではないか。

このような疑問は、製薬会社に対する製造物責任訴訟において、副作用による被害を受けた原告から知識ある媒介者の法理を破棄すべきという主張として投げかけられた。

本節では、まず、判例の分析を通じ、このような原告の主張に対し、多くの裁判所は、医師が不在であるような特殊な場合には知識ある媒介者の法理は適用されないが、FDA が患者向けラベリングを要求しているような特殊な処方箋医薬品であっても、医師が処方を行うものである限り、知識ある媒介者の法理が妥当すると判断したことを確認する。最後に、このような裁判所の判断に示された政策的な意図を検討する。

1　法理への挑戦(1)── 医師が介在しない特殊な場合

知識ある媒介者の法理が妥当しないという主張が原告からなされるようになった最初の事例は、集団予防接種におけるワクチンに関して発生した患者への副作用についての警告義務だった。

知識ある媒介者の法理がスターリング製薬会社対コニッシュ事件によって第8巡回区連邦控訴裁判所に認められたわずか2年後である1968年、第9巡回区連邦控訴裁判所は、デービス対ワイエス社事件[64]において、集団予防接種において使用されるワクチンについて、知識ある媒介者の法理を適用しないという例外を認め、製薬会社の患者に対する直接の警告義務を認めた。

【デービス対ワイエス社事件（1968）】

デービス対ワイエス社事件においては、成人である原告が、第3型経口ポリオワクチンを接種したところ、接種から30日以内にポリオを発症し、最終的に下半身麻痺となったとして、被告である製薬会社に対して損害賠償を請求した。クリニックにおいて予防接種ワクチンに関して提供されていた情報

---

63) Sterling Drug, Inc. v. Cornish, 370 F.2d 82 (8th Cir. 1966).
64) Davis v. Wyeth Lab. Inc., 399 F.2d 121 (9th Cir. 1968).

は、ワクチンの副作用等について何ら触れていないポスターのみであり、また、本件の予防接種に際して医師の介在は無かった。裁判所は、処方箋医薬品の警告については、原則として医師に対して適切な警告を行えば足るが、本件においては、個々の患者に即した医療判断は存在せず、接種に訪れた全ての患者に接種を行っていること、被告は、接種に際して医師が介在せず、接種を実施する者から患者に対しての何らの情報提供も行われていないことを認識していたことから、このような事実関係のもとでは、製薬会社は処方箋医薬品であるワクチンに関して患者に対する直接の警告義務を負うとして、知識ある媒介者の法理の適用を否定した。

この第9巡回区連邦控訴裁判所による判決に続き、1974年、第5巡回区連邦控訴裁判所も同じく経口ポリオワクチンの接種による副作用が問題となった事例において、製薬会社の患者に対する警告義務を肯定し、知識ある媒介者の法理の適用を否定した。それが、ライエス対ワイエス社事件である。

【ライエス対ワイエス社事件（1974）[65]】

ライエス対ワイエス社事件では、経口ポリオワクチンの予防接種により8ヶ月の幼児が麻痺性灰白髄炎に罹患したところ、原告である幼児の両親は、製薬会社が製造物責任法上の患者に対する警告義務に違反したとして賠償を請求した。本件において被告は、本件は、①集団予防接種において発生したデービス事件と異なり、原告である両親の要求により個別的に行われた予防接種であること、②薬剤師により接種が行われたデービス事件と異なり、公務員たる看護師により接種がなされていること、③デービス事件において被告が集団予防接種プログラムに関して積極的な役割を担っていたのと異なり、受動的な立場での関与しかないこと、④デービス事件と異なり、ワクチンが処方箋医薬品として適切な手続を経て処方されていないということについての認識を欠いていたこと、を主張し、デービス事件で示されたような知識ある媒介者の法理の例外は当てはまらないと主張した。これに対して裁判所は、[66]①および②に関し、集団予防接種か否か、接種を実施したものが薬剤師か看

---

65) Reyes v. Wyeth Lab. Inc., 498 F.2d 1264（5th Cir. 1974）.
66) *Id.* at 1277.

護師かにかかわらず、デービス事件の示した根拠である、個々の患者に即した医療判断が存在しないという理由は同じく当てはまる、また、③および④については、被告は、製薬会社という医薬品に関する専門的な組織として、予防接種ワクチンがどのような状況で使用されるかについての知識を有していることから、本件ワクチンが医師による処方という安全弁を介することなく接種されることを認識していたまたは認識するに足る合理的理由を有していた、として、製薬会社の患者に対する直接の警告義務を認めた。[67]

予防接種ワクチンについて、知識ある媒介者の法理による例外を認めず、製薬会社の患者に対する警告義務という製造物責任法の原則が適用されることを示したこれらの判決の根拠とされたのは、予防接種ワクチンの性質により、個々の患者に即した医療判断が行われないこと、および、医師の処方に関する判断を介さずに接種が行われることについて製薬会社は認識しているまたは認識しうること、すなわち、「知識ある媒介者」が存在しないという理由であった。[68]

知識ある媒介者の法理の前提として、医師の処方判断および処方する医薬品についての説明は、医師が個別具体的な患者の病状に応じて適切な処方箋医薬品を検討する個別具体的な医療判断であり、製薬会社による一律的な警告になじまないという理由が示されていたが、ワクチンによる予防接種は、その性質上、一律に行われ、原則として個別具体的な患者の状態を前提としないという点が、知識ある媒介者の法理の適用を除外したといえる。

もっとも、これらの裁判例よって、予防接種ワクチンについては知識ある媒介者の法理の適用無しとされたこと、また、この時期には、製造物責任法上、警告責任についても厳格責任が認められる場合があったことから、予防接種ワクチンを提供する製薬会社が減少することになるという社会的問題が発生した。このような問題発生を受けて、知識ある媒介者の法理をやはり適

---

67) *Id*.
68) Margaret Gilhooley, *Learned Intermediaries, Prescription Drugs, And Patient Information*, 30 ST. LOUIS U. L.J. 633, 646 (1986); Mae Joanne Rosok, *Direct-to-Consumer Advertising of Prescription Drugs: After a Decades of Speculation, Courts Consider Another Exception to the Learned Intermediary Rule*, 24 SEATTLE U.L. REV. 629, 636 (2000).

用するとする裁判例もあらわれたが[69]、最終的に、連邦議会によって、1986年に全米児童ワクチン健康被害補償法（National Childhood Vaccine Injury Act of 1986)[70] が制定された[71]。この法律によって予防接種ワクチンによる被害について無過失補償が規定されることにより、予防接種ワクチンに関する製造物責任訴訟は提起されなくなり[72]、知識ある媒介者の法理を適用しないという裁判例も、この後は存在しない。

2 法理への挑戦(2)――避妊薬の場合

次に、知識ある媒介者の法理の例外を認めるべきであるとの主張がされたのは、避妊薬に関して発生した患者への副作用についての警告義務であった。これは、Ⅱにおいても見たように、1970年以降、FDA の政策のもと、避妊薬についての患者向けラベリングの提供が製薬会社に義務付けられたことに関連している。

原告は、避妊薬については、他の医薬品とは異なり、使用の有無の選択に当たっての医師の役割が小さいこと、FDCA により患者向けラベリングが義務付けられていること等を理由に、知識ある媒介者の法理が適用されるべきではないと主張した。これに対して、いくつかの裁判所は、避妊薬については知識ある媒介者の法理は適用せずに、製薬会社の患者に対する警告義務を認めたが、かかる例外を認めた裁判所は少数派にとどまり、多数の裁判所は他の処方箋医薬品についてと同様に、知識ある媒介者の法理が適用される

---

69) *See, e.g.*, Plummer v. Lederle Laboratories, 819 F.2d 349, 357-58 (2d Cir. 1987), *cert. denied*, 484 U.S. 898 (1987); Johnson v. American Cyanamid Co., 718 P.2d 1318, 1325-26 (Kan. 1986); Dunn v. Lederle Laboratories, 328 N.W.2d 576, 581 (Mich. Ct. App. 1982).
70) 42 U.S.C. §§ 300aa-1-300aa-34 (2015).
71) アメリカにおける予防接種被害者救済制度に関する文献として、例えば、樋口範雄『続・医療と法を考える』（有斐閣・2008）40-46頁。
72) 同法では、被害者が補償の受給を拒否したうえで製薬会社を訴訟において訴えることも許されるが、製薬会社が FDCA の規制を遵守していれば、不法行為責任を免れることが明示的に規定されている。Charles J. Walsh et al., *The Learned Intermediary Doctrine: The Correct Prescription for Drug Labeling*, 48 RUTGERS L. REV. 821, 861-862 (1996); Patrick Cohoon, *An Answer to the Question Why the Time Has Come to Abrogate the Learned Intermediary Rule in the Case of Direct-to-Consumer Advertising of Prescription Drugs*, 42 S. TEX. L. REV. 1333, 1338 (2001).

とした。[73]知識ある媒介者の法理の適用を否定した裁判例はいかなる理由づけをしたのか、そして、なぜ多数の判例はそれでもなお同法理を維持したのだろうか。

(1) 知識ある媒介者の法理の適用を否定した裁判例

【マクドナルド対オルト製薬会社事件（1985）[74]】

避妊薬について知識ある媒介者の法理が適用されないという例外を示した裁判例のうち、代表的なものは、1985年のマクドナルド対オルト製薬会社事件である。本事件において、原告は、被告が製造した避妊薬によって血栓による大脳動脈の閉塞を発症したところ、製薬会社により作成され原告に提供された添付文書（患者向けラベリング）は、かかる副作用について一般人である患者が理解できる程度に適切な記載がなされておらず、仮に原告が適切な情報を提供されていれば本件避妊薬の服用は行わなかったとして、製造物責任法上の警告義務違反に基づく損害賠償を請求した。これに対し、マサチューセッツ州最高裁判所は、本件で問題となっている避妊薬が処方・使用される状況について検討したうえで、知識ある媒介者の法理を支える根拠が当てはまらないことを理由に、同法理の適用を否定した。すなわち、①他の疾病については、その治療に必要な処方箋医薬品を使用するか否かの判断における患者の関与は極めて小さい、または存在しないのに対して、避妊薬を使用する患者は、通常健康な女性であり、他の避妊手段のなかから積極的に避妊薬という手段を選択するものであるため、そこにおける医師の役割は相対的に受動的なものである、②避妊薬の処方に際しては、処方を始める前に医師による診断がなされて以降は、1年に一度しか医師による診断がなされないため、患者が医師に対して処方薬に関する質問等をする機会が極めて少ない、また、このような診察期間の間隔の長さゆえ、患者が医師から受けた説明の詳細を覚えておくことは困難である、③本件で問題となっている避妊薬は、FDCAに基づく連邦行政規則により患者に対する添付文書の提供が義務付けられており、また、この規則制定時には、FDAによって、避妊薬が

---

73) See Walsh et al., *id*. at 862-869; Gilhooley, *supra* note 68, at 648-653; Cohoon, *id*. at 1339-1340; Rosok *supra* note 68, at 638-643.
74) MacDonald v. Ortho Pharmaceutical Corp., 475 N.E.2d 65 (Mass. 1985).

健康な女性により選択的に使用される医薬品であること、重大な副作用の可能性があること、および避妊薬に関する説明内容が複雑であるため、医師による口頭での説明は適さず、文書による提供が必要である、などの点において避妊薬は他の処方箋医薬品とは異なる特徴を有することが理由とされた。したがって、製薬会社は、医師による処方判断への信頼という理由によって患者に対する直接の警告義務を免れることはできない[75]。

更に、同裁判所は、被告製薬会社から患者に対して提供された説明文書の内容の適切性について、被告製薬会社が文書の記載に関して連邦行政規則を遵守していたとしても、そのことを理由として、州判例法である製造物責任法上の警告義務が果たされたということはできず、警告義務の履行の有無については別個に判断されるとした。そのうえで、本件避妊薬の説明文書は、一般の平均的な使用者に対して理解可能なように、また、合理的な一般人にその副作用の性質や程度について注意喚起させるように、公正に記述がなされていたとはいえない、として被告製薬会社の義務違反を認めた[76]（具体的には、説明文書に「最も深刻な副作用は、致死性のある血栓の発症である」と記載されていたものの、「脳梗塞（stroke）」という記載が無かった点が問題となった）。

また、同様の結論は、同時期の判決である、オジャーズ対オルト製薬会社事件、およびスティーブンス対G.D.サール社事件でも採られることとなった。

【オジャーズ対オルト製薬会社事件（1985）[77]】

マクドナルド対オルト製薬会社事件におけると同じ被告による同じ避妊薬が問題となった、オジャーズ対オルト製薬会社事件においては、ミシガン州法を適用したミシガン州東地区連邦地裁は、①避妊薬の処方においては、年に一度しか医師の診察が行われず、それどころか、避妊薬の再処方においては医師への受診が必ずしも要求されていないところ、医師が避妊薬の副作用に基づく患者の異変に気づく可能性が低いこと、②患者への直接の警告によ

---

75) *Id*. at 69-70.
76) *Id*. at 70-71.
77) Odgers v. Ortho Pharm. Corp., 609 F.Supp. 867 (D.C. Mich. 1985).

り、患者に不必要な不安を与えるという点については、避妊薬は、健康な女性にとっての数ある避妊手段のうちの1つに過ぎないものであるため妥当しないこと、③製薬会社から患者に対する直接の警告が実際上困難であるという点については、FDA が連邦行政規則上、患者向けラベリングの提供を義務付けている以上、正当化理由とはならない、したがって、知識ある媒介者の法理を支える根拠が妥当しない[78]、と理由づけた。

【スティーブンス対 G.D.サール社事件（1985）[79]】

また、スティーブンス対 G.D.サール社事件においても、ミシガン州東地区連邦地裁は、①避妊薬の使用においては、患者はいかなる避妊方法を用いるかについての選択に関し、他の処方箋医薬品と異なり、医師の判断に完全に頼るという状況が無いこと、②避妊薬については、製薬会社から患者に向けた熱心な広告活動が行われていること、③処方期間が長く、医師による診察の機会が少ないこと、または2回目以降の処方について、医師の診察が必ずしも必要ではないことから、医師患者関係は他の処方箋医薬品の場合と異なるものであること[80]、という理由づけを示している。

(2) 知識ある媒介者の法理を適用した裁判例

このように、1980年代半ばには、避妊薬の特殊性や、その特殊性を根拠としたFDAによる連邦行政規則の制定を背景として、避妊薬について知識ある媒介者の法理を適用しない、という新しい例外法理を形成する動きがいくつかの裁判所でみられた。しかしながら、多数の裁判所は、このような避妊薬についての知識ある媒介者の法理の例外を認めず、他の処方箋医薬品と同様に同法理をそのまま適用するとした。かかる判断を行った裁判所の示した根拠とはどのようなものだろうか。

【コシエンバ対 G.D.サール社事件（1988）[81]】

この事件は、被告製薬会社の販売した子宮内避妊具（銅付加子宮内避妊器具）により発症した骨盤腹膜炎によって不妊症となった原告が、被告製薬会

---

78) *Id*. at 878-879.
79) Stephens v. G.D. Searle & Co., 602 F.Supp. 379 (1985).
80) *Id*. at 380-381.
81) Kociemba v. G.D. Searle & Co., 680 F.Supp. 1293 (D. Minn. 1988).

社に対して、製造物責任を理由に賠償請求を行った事件である（なお、本件を含む避妊薬に関する多くの判例で扱われている銅付加子宮内避妊器具に関して、FDAは、1970年には医療機器として承認したものの、その後1974年には改めて医薬品として承認している。いずれについても、医師の処方を要するものとしていた）。本件事件当時、被告は避妊具についての患者向けパンフレットを作成してクリニック等に配布していたが、本件原告は受け取っていなかった。また、患者向けパンフレットには、骨盤腹膜炎のリスクについては記載されていなかった。

原告は、避妊器具が病気の治療のためのものではなく、通常、患者の希望により使用されるものであるから、その性質上、他の処方箋医薬品と異なる、したがって、知識ある媒介者の法理は妥当しないと主張した。

しかしながら、ミネソタ州地区連邦地裁は、「医師は患者の全体的な健康と身体の健康を考慮し、避妊の方法について適切な助言を行うものである。本件の避妊具の〔原告の体内への〕挿入も、医師の知識と技能に基づく医師のサービスとして行われる」という先例による文言を引きつつ、原告の主張する事実に一定の合理性を認めつつも、本件についても知識ある媒介者の法理が妥当すると判示した。[82]

【アレン対G.D.サール社事件（1989）[83]】

また、同じく、G.D.サール社の銅付加子宮内避妊器具により発症した骨盤腹膜炎に起因する不妊症が問題となった、アレン対G.D.サール社事件でも、オレゴン州地区連邦地方裁判所は、知識ある媒介者の法理の例外を認めなかった。裁判所は、「避妊薬の使用については他の処方箋医薬品と異なり、患者の参加の程度が高いものであるが、患者が求める避妊薬の使用が適切かどうかについての最終的な判断は医師により行われる[84]」とし、他の処方箋医薬品と区別はなされないとした。[85]

---

82) *Id*. at 1305-1306.
83) Allen v. G.D. Searle & Co., 708 F.Supp. 1142 (D.Or. 1989).
84) *Id*. at 1148.
85) これらのほか、子宮内避妊器具について、知識ある媒介者の法理を適用した裁判例として、*see, e.g*., Humes v. Clinton, 792 P.2d 1032 (Kan. 1990); Zansuri v. G.D. Searle & Co., 748 F. Supp. 1551 (S.D.Fla. 1990); Terhune v. A.H. Robins Co., 577 P.2d 975 (Wash. 1978); Lacy v.

【リーブス対オルト製薬会社事件（1991）[86]】

　さらに、経口避妊薬の使用により動脈血栓塞栓症を発症した原告が、製薬会社および医師に対して損害賠償を請求したリーブス対オルト製薬会社事件では、知識ある媒介者の法理を適用しないと判示したオジャーズ対オルト製薬会社事件およびスティーブンス対G.D.サール社事件の理由づけを子細に検討したうえで、それでもなお、このような知識ある媒介者の法理の例外は認められないと判断した。[87]

　すなわち、ミシガン州東地区連邦地裁は、医師である専門家証人の証言およびその他の証拠に基づき、以下のように認定した。①経口避妊薬の処方前における診察では、医師による患者の問診が行われ、避妊薬の服用による潜在的な危険性を排除するために患者およびその家族の病歴を確認し、また、患者と共に副作用および服用の利益・不利益について相談する。このように、経口避妊薬の処方における医師の役割は積極的なものである。②ほとんどの医師は避妊薬を処方する際に、当初は6ヶ月を期間として処方し、その後副作用等がみられなかった場合には1年を期間として処方する。他方、その他の処方箋医薬品については、3ヶ月から6ヶ月を期間として処方される。③また、避妊薬においても、その他の処方箋医薬品についても、医薬品の性質等に関する情報が患者にとって理解しにくいものであることは同様である。[88]かかる認定のうえで、裁判所は、避妊薬は他の処方箋医薬品と異なる点は無く、知識ある媒介者の法理の根拠は同様に当てはまるとして、同法理の適用を肯定した。

　なお、本裁判例では、避妊薬について患者向けラベリングを義務付ける連邦行政規則に関しては触れられていない。また、本裁判例は、製薬会社からの、患者に対する直接の警告に関する証拠排除の申立てにかかる判断であるため、医師の患者に対する説明責任については判断されていない。

　　G.D. Searle & Co., 567 A.2d 398（Del. 1989）.
86)　Reaves v. Ortho Pharm. Corp., 765 F.Supp. 1287（E.D.Mich. 1991）.
87)　避妊薬について、知識ある媒介者の法理を適用した裁判例として、*see, e.g.*, Taurino v. Ellen, 579 A.2d 925（Pa.Super. Ct. 1990）; MacPherson v. G.D. Searle & Co., 775 F.Supp. 417（D.D.C. 1991）.
88)　*Reaves,* 765 F.Supp, at 1290.

(3) 患者向けラベリング一般へ拡大した裁判例

　先に検討したように、避妊薬について知識ある媒介者の法理の例外を認める少数の判例においては、その理由として、避妊薬が選択的な医薬品であり患者が主体的に医薬品を使用することのほか、連邦行政規則によって患者向けラベリングによる直接の情報提供が義務付けられていることがその理由とされた。だが、後者の理由は、避妊薬の場合の同法理の例外を認める複数の理由のうちの１つとして示されており、連邦行政規則により患者向けラベリングの提供が義務付けられている避妊薬以外の処方箋医薬品について、知識ある媒介者の法理の例外を認めることを必ずしも含意はしていなかった。

　しかしながら、この避妊薬の例外を更に敷衍し、連邦行政規則によって患者向けラベリングの提供が義務付けられている避妊薬以外の処方箋医薬品について、知識ある媒介者の法理の例外を認めた判例もあらわれた。それが、エドワード対バーゼル製薬事件である。[89]

【エドワード対バーゼル製薬事件 (1997)】

　エドワード対バーゼル製薬事件では、複数のニコチンパッチを着用していた患者が、同時に喫煙したことにより引き起こされた心臓発作によって死亡し、患者の妻である原告は、ニコチンパッチに関して患者に提供された患者向けの説明文書の記載ではニコチンパッチの過剰使用と同時喫煙が引き起こすリスクについての警告が不十分であったとして、警告上の欠陥を理由として賠償を請求した。なお、本件では、医師に対するラベリングでは警告は適切になされていた。オクラホマ州最高裁判所は、同州では処方箋医薬品に関する知識ある媒介者の法理が確立していることを確認したうえで、集団予防接種の場合と、連邦行政規則による患者向けの警告が義務付けられている場合の２つのカテゴリーについて、同法理の例外が認められているとした。[90]そして、後者の場合については、従来の裁判例のほとんどは避妊薬についての判断であるが、かかる例外を避妊薬についてのみに限定する理由は無いとして、本件において問題となっているニコチンパッチについても、患者向けの[91]

---

89)　Edwards v. Basel Pharmaceuticals, 993 P.2d 298（Okla. 1997）.
90)　*Id*. at 300.
91)　*Id*. at 301.

ラベリングの提供が連邦行政規則によって義務付けられていることから同法理の例外が認められると判断した。そして、製品の危険性を使用者に適切に説明していたという警告の適切性は、FDAによる規制に従ったことによってのみでは充足されず、州の判例法によって判断されるとした(なお、本件は、第10巡回区連邦控訴裁判所が、その判断のためにオクラホマ州最高裁判所に対して、判断のための法律問題の質問をしたものであり、事実関係に基づく警告の適切さの判断はなされていない)。

このように、同事件においては、避妊薬について少数の裁判例が認めた知識ある媒介者の法理の例外を、更に、連邦行政規則において患者向けラベリングの提供が義務付けられている他の処方箋医薬品についても拡大したのである。

しかしながら、この裁判例が示したような、患者向けラベリングが義務付けられた処方箋医薬品全般について、知識ある媒介者の法理の例外を認める考え方は、他の裁判所に支持されていない。

3　裁判例の分析

予防接種ワクチンについて知識ある媒介者の法理を適用しないという裁判例は、予防接種ワクチンが、その性質上、医師による個別的な患者の診察を前提とせずに使用されるという特殊な性質を有することを理由とした。このように、知識ある媒介者として機能する医師が不在の場合(そして、かかる不在を製薬会社が合理的に認識できる場合)には、知識ある媒介者の法理の前提を欠くため、同法理は適用されないという判断がなされた。

他方、避妊薬の例外についての裁判例からは、知識ある媒介者である医師の役割をどう考えるかという点での、多数派の裁判所と少数派の裁判所の考え方の違いを見て取ることができる。

すなわち、避妊薬の例外を認めた判例の理由づけに共通してあらわれているのは、①健康な女性が複数の避妊手段のなかから避妊薬の使用を選択する

---

92)　*Id.*
93)　*See* LARS NOAH, LAW, MEDICINE, AND MEDICAL TECHNOLOGY 715 (3d ed. 2012).

ものであることから、避妊薬の使用については患者が積極的な役割を果たしており、他方医師の役割は他の処方箋医薬品に比して消極的なものであること、②医師による診察と処方が行われる具体的な態様において、他の処方箋医薬品に比して医師による診察の機会が少ないことから、医師による副作用の発見等が期待しにくいこと、という、他の処方箋医薬品とは異なる避妊薬の特殊性と、それに伴う医師の役割の比重についての考慮である。そして、補助的な理由として、連邦行政規則により患者向けラベリングの提供が義務付けられていることと、製薬会社により行われている避妊薬の広告活動が挙げられている。

しかしながら、避妊薬の例外を認めない多数派の裁判例によって示されている理由は1つ、すなわち、他の処方箋医薬品に比べて、避妊薬を使用するかどうかという判断において患者たる女性の関与が積極的、主体的なものであったとしても、最終的な処方の判断は、常に、医師が個別具体的な患者の診断を踏まえて行うものであり、医師が知識ある媒介者として役割を果たすのは、他の処方箋医薬品と変わらない、という点である。

多くの裁判所は、避妊薬の処方において、事実上、他の処方箋医薬品に比べて医師が果たす役割が相対的に小さい場合があるからといって、そのような事実を根拠として知識ある媒介者の法理を否定すべきではなく、むしろ、医師が介在するのであれば、その医師こそが求められた役割を果たすべきだと考えているといえる。

また、患者向けラベリングを提供しているのであれば、それは州判例法上も適切な警告となっていなければならないというエドワード判決が提起した問題については、避妊薬についての知識ある媒介者の法理の例外を認めた裁判例も患者に対するラベリングが提供されていることをその中心的な根拠とはしておらず、エドワード判決に従う裁判例も見当たらないことからすれば、患者向けラベリングが製薬会社によって提供されていたとしても、そのことをもって、州判例法上の警告義務が肯定される訳ではないことを示している。

IV　知識ある媒介者の法理の意義

　本節では、処方箋医薬品について患者に対する適切な情報伝達が行われていないという問題に対して、州判例法である製造物責任法がとった態度、すなわち、知識ある媒介者の法理を維持し、製薬会社に対して患者への警告義務を負わせない、という判断が、処方箋医薬品の情報伝達という全体の文脈のなかで、いかなる意義をもつかについて、知識ある媒介者の法理の前提に戻りつつ更に検討を加える。

　まず、知識ある媒介者の法理の前提とされた、医師が患者に対して負う説明義務の考え方について、知識ある媒介者の法理が成立した後の1970年代以降に起こった変化、すなわち、インフォームド・コンセント法理の確立と発展を確認する。次に、医師の説明義務についてのこの変化を踏まえたうえで、医師の説明義務と知識ある媒介者の法理の関係について考察する。そして、かかる考察を踏まえて、最後に、知識ある媒介者の法理が、行政の後押しで進みつつある患者向けラベリングの政策と協働して、処方箋医薬品の情報伝達について、患者を主体化すると共に、医師と製薬会社に対してそれぞれに期待された役割を適切に果たすよう動機づけていることを述べる。

1　インフォームド・コンセント法理の確立と発展
(1)　インフォームド・コンセント法理の確立と普及

　医師は、医師患者関係に基づく信認義務を根拠として、医療に関する患者の自己決定権を支えるべく、患者に対して情報を提供する義務を負う（インフォームド・コンセント法理）[94]。この現代的な意味でのインフォームド・コン

---

[94]　アメリカにおけるインフォームド・コンセント法理の生成と発展について論じた国内の文献として、例えば以下のものがある。R.フェイドン = T.ビーチャム編（酒井忠昭 = 秦洋一訳）『インフォームド・コンセント』（みすず書房・1994）第4章、丸山英二「インフォームド・コンセントの法理の現状（アメリカ法の焦点）」法セ38巻2号（1993）10-11頁、ロバート・レフラー（樋口範雄訳）「日本とアメリカのインフォームド・コンセント（再論）各国の法状況―アメリカ」年報医事法学8巻（1993）11-12頁、三瀬朋子「金銭的利益相反とインフォームド・コンセント」同『医学と利益相反』（弘文堂・2007）第5章等。

セント法理が打ち立てられたのは、1972年のカンタベリー対スペンス事件判決[95]においてであり、この判決後、医師患者関係に基づいて医師が患者に対して負う説明義務は、パターナリズムを根拠としたものから、患者の自己決定権を中心としたものに決定的に変化したといわれている。

すなわち、アメリカにおいても、20世紀半ばまでは、医師患者関係はパターナリスティックなものと捉えられ、医師が患者に対して負う説明義務についても、医師が患者のためを思って情報を差し控えることも許容するものであり、患者の自己決定権を支えるための情報を提供するという視点は欠けていた[96]。しかしながら、カンタベリー対スペンス事件判決では、医師の患者に対する説明義務について、以下のように述べた。「患者の身体に生じることをめぐる真の同意とは、情報に基づく選択行為であり、それには代替手段とリスクの知識に基づく評価の機会が必要である。患者には医療技術の知識が欠けていることが多いから、知的な決定のための知識を求める相手はふつう主治医だけである。自明ともいえる理由によって、患者の知的な決定のためには、医師による適切な開示の必要性と、同時にその義務が生じる。」[97]

このように、カンタベリー対スペンス事件判決では、情報に基づく患者の選択を支えるために、医師が患者に対して適切な開示をする義務を負うとされた。そして、カンタベリー対スペンス事件判決が打ち立てたインフォームド・コンセント法理は、その後多数の州の判例法および制定法に広がり、確立していった[98]。

このようにして成立したインフォームド・コンセント法理のもとで医師が患者に対して負う説明義務の程度については、合理的な医師を基準とする考え方と合理的な患者を基準とする考え方が対立しており、州判例法も分かれているが、医師が開示について検討しなければならない事柄としては、患者についての診断、医師が提案する治療の性質とその目的、治療に伴うリスク、代替的な治療の有無とその性質およびリスク、治療を行わなかった場合の結

---

[95] Canterbury v. Spence, 464 F.2d 772 (D.C.Cir. 1972), *cert. denied*, 409 U.S. 1064 (1972).
[96] 三瀬・前掲注94) 194-196頁。
[97] フェイドン＝ビーチャム編・前掲注94) 111頁。
[98] *Id*. at 116-117.

果等が挙げられている。投薬による治療は、患者の治療方法の一種であり、医師は、処方を行う医薬品の使用に伴うリスクについて患者に対して説明する義務を負い、このような説明を怠った場合には、通常、過失不法行為として責任を負うことになる。

例えば、ハッチンソン対アメリカ合衆国事件では、インフルエンザのような症状を訴えて国立病院で診察を受けた原告に対し、担当医師が抗炎症ステロイドであるプレドゾニロンを処方したが、副作用である大腿骨骨頭の壊死についての説明を怠った。同薬の処方から約1年後に、無菌性壊死を患った原告は、これがプレドゾニロンの処方によるものであり、仮に医師から副作用についての説明を受けていればプレドゾニロンによる投薬治療を受けることは無かったとして、説明義務違反の過失不法行為に基づき損害賠償を請求した。これに対して第9巡回区連邦控訴裁判所は、原告と同様の立場にある合理的な一般人が、かかる投薬治療に同意するとはいえないと判示して原告の請求を認めた。

(2) インフォームド・コンセント法理の現在

インフォームド・コンセント法理は、自己決定権の概念と共に、アメリカにおいてはもはや自明のこととして受け入れられている。しかしながら他方、近時においては、自己決定権の理念が過度に単純化されており、患者の意思決定の実状を捉えていないという批判が多くの専門家からなされている。そこでは、自己決定権の理念が前提とする患者が、自らの病状に関する情報を理解でき、その情報をもとに自分の目的と価値観に最も適う医療上の選択をすることができる患者を想定しているが、これは患者が置かれている実状を反映していない、と論じられる。例えば、患者は、病気に伴う見当識障害や不安によって、正常に思考することができない場合があるし、患者は統計的

---

99) Dan. B. Dobbs, The Law of Torts 664 (2001); Barry R. Furrow et al., Health Law 217-21806-208 (7th ed. 2013).
100) *See, e.g.*, Bowman v. Songer, 820 P.2d 1110 (Colo. 1991); Tenuto v. Lederle Labs., 687 N.E.2d 1300 (N.Y. 1997); Gilhooley, *supra* note 68, at 653-654.
101) Hutchinson v. United States, 915 F.2d 560 (9th Cir. 1990).
102) マーシャ・ギャリソン「自己決定権を飼いならすために―自己決定権再考」樋口範雄＝土屋裕子編『生命倫理と法』(弘文堂・2005) 1頁。以下の記述は本論考を参照した。

判断や医学的な知識を欠いており、医学的な内容を適切に理解することができないと指摘されている。そのうえで、このような患者の実状を踏まえたうえで、より精巧に患者の意思決定を捉えなければならないとの指摘がなされている。

2　医師の説明義務と知識ある媒介者の法理の関係

1で確認したように、医師は、医師患者関係に基づいて患者に対する説明義務を負っているが、製造物責任法における知識ある媒介者の法理は、製品の使用者たる患者に対して製薬会社が製造物責任法上負っているはずの警告義務を、医師の負う説明義務を根拠に、部分的に免除する機能を果たしているともいわれる。[103] すなわち、知識ある媒介者の法理のもとでは、製薬会社は医師に対して適切な警告を行いさえすれば、医師が患者に対して適切な説明を行うか否かにかかわらず、患者に対しては警告を行わなくてよいからである。[104]

しかしながら他方、知識ある媒介者の法理のもとでも、製薬会社は医師に対する警告を行う義務を課されており、製薬会社が医師に対して適切な警告を行わず、その結果として医師が患者に対する説明義務を果たせなかった場合には、製薬会社は患者に対して製造物責任法上の警告義務違反の責任を負うことになるのである。

すなわち、知識ある媒介者の法理は、製薬会社が患者に対する警告を行う義務を免除するという消極的な面だけではなく、製薬会社に対し、医師に向けた適切な警告を行うことを要請すると共に、医師に対して、患者に対する適切な説明義務を果たすことを要請するという、積極的な側面を有するといえる。

知識ある媒介者の法理は、生成した時期が1960年代であり、また、根拠の1つとして医師こそが患者に対して提供すべき情報を判断すると述べられて

---

103) Michelle M. Mello et al., *Direct-to-Consumer Advertising and Shared Liability for Pharmaceutical Manufacturers*, 289 JAMA 477, 480 (2003).
104) Bryan Christopher Moody, *Prescriotion Medication and Consumer Protection: A Time for Reform*, 5 J. PHARM. & L. 19, 27 (1995).

いた点を捉えて、医師患者関係に関するパターナリスティックな考え方を前提としているから、自己決定権を基礎とするインフォームド・コンセント法理が確立した現在においては同法理を維持することは妥当ではないとの指摘がなされることがある。[105]

しかしながら、避妊薬の警告責任に関し、知識ある媒介者の法理の例外を認めなかった裁判例の理由づけは、患者のためを思って（患者の自己決定に資するかもしれない）情報提供を差し控えるという医師の態度を正当化することと必ずしも結び付かない。これらの裁判例における核心的な理由は、処方箋医薬品の処方の判断は、常に、医師が個別具体的な患者の診断を踏まえて行うものであるから、その情報提供についても、患者の個別具体性を踏まえた説明が必要だからという点であった。

そして、今日のインフォームド・コンセント法理が、自己決定の理念を単純化したり、説明義務違反を問われることを恐れてありとあらゆる情報を医師が患者に提供したりすることを求めるのではなく、患者が置かれた個別具体的な状況を踏まえたうえで、医師が当該患者の判断を手助けするような説明を行うことを求めるものと位置づけられつつあることを踏まえると、知識ある媒介者の法理は、製薬会社から患者に対する画一的な情報提供ではなく、医師の患者に対する個別具体的な説明を促す機能を果たしており、患者のインフォームド・コンセントに資しているといえる。

3 まとめ

このような、知識ある媒介者の法理と医師の説明義務とを踏まえたうえで、今一度、行政規律に促された患者に対する直接の情報伝達の仕組みと、民事規律において維持されている知識ある媒介者の法理との関係を考えると、それぞれの法制度が、患者に対する情報伝達において異なる機能を果たすことによって、より一層、処方箋医薬品の適切な情報伝達を促していると考える

---

105) Gilhooley, *supra* note 68, at 653-658. また、第5章III 1(2)における患者向け広告と知識ある媒介者の法理の議論において検討する、ペレス対ワイエス社事件（1999）の裁判所は、医師による専門的な医療判断が必要であるという理由に対して、知識ある媒介者の法理の前提である医師患者関係がパターナリスティックな考え方に基づいており、既にそのような医師患者像は過去のものであって、この前提は妥当しないと否定している。

ことができる。

　すなわち、患者向けラベリングは、行政による監督のもとで民間が制度化することになったものであり、患者に対して処方箋医薬品に関する情報を直接提供するものである。これは、20世紀中期の行政規律が、医師患者関係には踏み込まないとしていたことからの変化である。

　このような、行政規律を通じて患者に対して直接提供される処方箋医薬品についての情報は必ずしも完全なものではないが、医師から患者に対する情報伝達が常には適切に行われていないこと、患者が処方箋医薬品の情報を適切に記憶できていないことなどを考えると、医師の患者に対する説明義務を補完する役割を果たすといえる。実際、FDA は、患者向けラベリングの制度化を進めていく際、患者向けラベリングは医師による説明義務を代替するものではなく、医師からの説明義務を第一義的なものとしつつもそれを補完するためのものであると繰り返し述べている。[106]

　そして、患者が、医師とは別個の情報源からも情報を得ることによって、患者と医師との間のコミュニケーションが図られる。すなわち、患者は、医師からの説明がわからなかったときでも、医師に対して質問することをためらう傾向にあることが指摘されていたが、患者向けラベリングが提供されることで、医師に対して質問をよりしやすくなり、結果として医師と患者の間のコミュニケーションが図られるといえる。

　このように、新しい行政規律に支えられた患者向けラベリングの制度は、患者を情報伝達の仕組みのなかで主体化し、医師との間のコミュニケーションを手助けするものとして機能しうる。

　他方、知識ある媒介者の法理は、民事法における規律として、製薬会社から医師へ、医師から患者への適切な情報伝達をそれぞれ促すように働く。患者に対する情報伝達については医師こそが第一次的な説明義務を負うということは、(製薬会社から医師への情報伝達が適切である限りにおいては) 患者に対する情報提供が果たされなかったことゆえに被害が生じた場合に、その全責任を医師が負うということである。[107]また他方、製薬会社が医師に対する副

---

106) 45 Fed. Reg. *supra* note 7, at 60, 760.
107) なお、患者に対する情報提供の文脈において、医師が、自身が説明義務を果たさない場合に

作用情報の提供をしなかったりと、製薬会社から医師への情報提供が不適切であったゆえに患者が被害を被った場合には、製薬会社がその責任を負うことになるのである。[108]

　医師こそが患者に対して第一次的な説明義務を負うとされる理由は、知識ある媒介者の法理の前提にも示されていたとおり、処方判断は、個別具体的な患者の病状と医薬品の性質を踏まえた医療判断であり、患者に対する説明もかかる個別具体的な医療判断をもとになされるべきで、製薬会社による一律的な情報提供にはなじまないからである。そして、医師が患者に対して負う説明義務が、個別の患者の自己決定権を適切に支えることを目的とするものであることも、医師による医薬品の処方における個別具体的な判断と説明の重要性を説明するものである。

　民事規律である知識ある媒介者の法理は、医師に対して、医師こそが期待されている患者への情報伝達の役割を果たすよう促し、また、製薬会社に対しては、医師へと適切な情報を提供することを促す。すなわち、処方箋医薬品の情報伝達における、医師と製薬会社とが、それぞれの役割を適切に果たすことを動機づけるものとして機能しているのである。

V　薬剤師の権限と警告義務

　本章の最後に、患者に対する情報伝達についての行政規律と民事規律の変

　　責任を負うことを回避したいがために、知識ある媒介者の法理を撤廃せよという意見は見当たらない。*See, e.g.*, Lars Noah, *Advertising Prescription Drugs to Consumers Assessing the Regulatory and Liability Issues*, 32 GA. L. REV. 141, 159 (1997). 警告義務に基づく製造物責任訴訟が陪審裁判に移行した場合に、「原告が、製薬会社から医師に対してなされた警告は不十分であると証言するのに対し、医師は、製薬会社に対して責任を転換するようなインセンティブを有するだろうにもかかわらず、通常、製薬会社から提供された警告を理解していたと証言することが多い」。

108)　もっとも、医師が当該製薬会社により提供された情報とは別のところから、副作用等についての情報を得ていたような場合には、製薬会社の警告義務違反と患者の損害との間の因果関係が無いとして、医師の説明義務違反が認められる一方で、製薬会社の警告義務違反は認められない。*See, e.g.*, Schilf v. Eli Lilly & Co., No. CIV 07-4015 (D.S.D. 2010). この場合には、警告義務を果たしていないにもかかわらず、製薬会社が賠償責任を負わないことは不当とも考えられなくはない。しかし、この場合にも、医師が情報を有していたにもかかわらず、患者に説明を怠ったのであるから、医師こそが賠償責任を負うべきであると説明できる。

化のなかで明確化された、情報伝達の主体としての薬剤師の役割について検討する。

本節では、まず、FDCA が制定される前後における薬剤師の職能と義務を確認したうえで、1980年代以降、薬剤師の責任を問う訴訟において、不法行為法に基づく薬剤師の義務は警告義務を含まないという判断が裁判所において一般的であったこと、およびその根拠とされた理由を確認する。そこでは、根拠の 1 つとして、知識ある媒介者の法理が示されている。

次に、しかしながら、1990年代の末から、薬剤師は患者に対して警告義務を負わないというルールについて、徐々に例外事由を認める裁判例があらわれていったことを確認する。

第 3 に、同時期、連邦法における患者向けラベリングの推進の過程で、その重要な副産物として、1980年頃から薬剤師の権限と役割が拡大したこと、また、その他の連邦法によっても薬剤師の権限を拡大するようなその他の立法が行われたことを示す。

最後に、このような行政的な規律による薬剤師の役割の向上が、州判例法による薬剤師の警告義務に対して影響を与え、処方箋医薬品の情報伝達の過程において、薬剤師を主体化し、薬剤師と患者、薬剤師と医師との間のコミュニケーションを促していることを述べる。

1　薬剤師の職能の発展と原初的な義務

アメリカにおいて、医療や公衆衛生に関わる専門家としての「薬剤師」という職能が確立していったのはそう昔のことではなく、19世紀末頃のことである。序章でみたように、19世紀後半には、詐欺的な取引を防止するために医薬品の流通についての経済的な規制が必要であるとの認識が高まり、1906年には純正食品及び医薬品法が成立したが、同じ時期に、各州においては、他の小売業者とは異なる医療の専門家としての薬剤師が他の小売業者とは区別される職能として自主的に組織化されていくと共に、州政府も資格制度を整えていった。[109]

---

[109]　RICHARD R. ABOOD & KIMBERLY A. BURNS, PHARMACY PRACTICE AND THE LAW 380-381 (8th ed. 2015).

1938年に成立したFDCAのもとでの運用や、1951年のFDCA改正における処方箋医薬品と一般用医薬品の区別の法定は、処方箋を作成する医師の存在だけではなく、その処方箋に基づいて医薬品を調剤し患者に医薬品を提供する者の存在を前提としていたが、そこでの提供者は、州から資格を与えられた薬剤師だった。

薬剤師が負う義務は、医師による処方箋の指示に従った医薬品を提供しまたは調剤のうえ提供することであり、薬剤師が処方箋とは異なる医薬品を提供したり、調剤行為を誤ったりした結果として患者に被害が生じた場合には、過失の不法行為責任を負うこととなる[110)111)]。このような過失不法行為訴訟は、薬剤師の職能の確立と共にあらわれた。

2 薬剤師の警告義務の不存在

しかしながら、薬剤師が患者に対して負う義務は、医師による処方箋の指示に従って医薬品を提供しまたは調剤して提供することのみであって、それ以上でもそれ以下でもないとされた[112)]。薬剤師の責任を問う訴訟は、1980年代頃から更に多くみられるようになるが、この頃の裁判例では、原告による、薬剤師の患者に対する警告義務の主張はことごとく排斥されている。

【フィズ対ヘンリー薬局事件（1984）[113)]】

この事件は、鎮静睡眠薬であるクエールードを、医師の処方を受けて9年

---

110) *See, e.g.*, Lou v. Smith, 685 S.W.2d 809 (Ark. 1985); Forbes v. Walgreen Co., 566 N.E. 2d 90 (Ind. Ct. App. 1991); Walter v. Wal-Mart Stores, Inc., 748 A.2d 961 (Me. 2000); Brown v. Southern Baptist Hosp., 715 So.2d 423 (La. Ct. App. 1998); Schroeder v. Lester E. Cox Med. Ctr., 833 S.W.2d 411 (Mo. Ct. App. 1992).

111) なお、製造物責任法のもとでは、一般的に、製造業者のみならず商流の部分をなす販売業者も、製品の欠陥により被害を被った最終使用者に対して責任を負うものとされる。薬剤師は、処方箋医薬品を調合するという医療サービスを提供することに加えて、当該医薬品を患者に販売するという2つの側面を有することから、処方箋医薬品に欠陥があった場合の製造物責任を販売業者として負うかどうかが議論の対象とされたが、多くの州裁判所では製造物責任法の厳格責任を薬局・薬剤師には適用しないと判断されている。*See* NOAH, *supra* note 93, at 764.

112) Jennifer L. Smith, *Between a Rock and a Hard Place: The Propriety and Consequence of Pharmacists' Expanding Liability and Duty to Warn*, 2 HOUS. J. HEALTH L. & POL'Y 187, 191 (2002); Kimberly A. Burns & Alan R. Spies, *A Pharmacist's Duty to Warn: Promoting the Acceptance of a Consistent Legal and Professional Standard*, 47 DUQ. L. REV. 1, 3 (2009).

113) Pysz v. Henry's Drug Store, 457 So.2d 561 (Fla. Dist. Ct. App. 1984).

以上にわたって服用したことによりその中毒となった原告が、医師、薬剤師、製薬会社に対して過失責任に基づく賠償を請求したものである。原告は、薬剤師について、クエールードの長期間の服用が原告に身体的精神的な中毒症をもたらすことを知り、または知り得べきであったにもかかわらず、原告に対して中毒性に関する警告をしなかったことが過失に当たると主張した。これに対して、フロリダ州控訴裁判所は、本件が、薬剤師が正確な調剤を行うこと以上に、処方箋医薬品の危険性について患者に対する警告を負うか、また、処方箋医薬品についての患者の中毒症状を知りまたは知り得べき立場にあった薬剤師が、医師に対してその事実を告げる義務を負うかという2つの論点を含むとしたうえで、その両方について否定した。裁判所は、医師こそが処方箋医薬品の性質を知り、患者を監督すべき立場にあり、薬剤師は、患者に対する警告義務も、医師に対する連絡の義務も負わないと判示した。

【アドキンス対モング事件（1988）[114]】

この事件においても、中毒性のある睡眠薬の処方を6年以上にわたり受けた原告が、その中毒症になったとして医師と薬剤師を訴えたが、ミシガン州控訴裁判所は、以下のように判示して、薬剤師の警告責任を否定した。「薬剤師は、医師による処方箋がそれ自体として適切であり、医師も製薬会社も薬剤師に対して患者への警告を指示していない場合には、処方箋医薬品について患者に対して警告する義務を負わない。……薬剤師は、その義務を果たすのに高い水準の注意義務を負い、その違反については不法行為責任を負う。しかしながら、通常、薬剤師は、医師による処方箋に沿った調剤を適切に行った場合に責任を負うものではない。」

このように、薬剤師は患者に対して、処方箋医薬品についての警告義務（または説明義務）を負わないという裁判例は、その理由として、医師こそが患者に対する説明を行う立場にあるから、とのみ述べている[115]が、この警告義務の不存在の理由について、製造物責任法における「知識ある媒介者の法理」を挙げる判例もあらわれた。

---

114) Adkins v. Mong, 425 N.W.2d 151（Mich. Ct. App. 1988）.
115) *See also* Stebbins v. Concord Wrigley Drugs, Inc., 416 N.W.2d 381（Mich. Ct. App. 1987）.

【マッキー対アメリカン・ホーム・プロダクツ社事件（1989）】[116]

この事件では、食欲抑制剤であるプレギンの長期服用により中毒に陥った原告が、同薬剤を長期間にわたり調剤していた薬剤師に対し、同薬剤の中毒性についての警告を怠ったとして、警告義務違反に基づく損害賠償請求を行った。これに対して、ワシントン州最高裁判所は、薬剤師は患者に対する警告義務を負わないと判示し、その理由として以下のように述べた。まず、医師・患者・製薬会社の関係を規律する知識ある媒介者の法理は、医師・患者・薬剤師の関係にも同様に当てはまり、いずれの関係性においても、医師こそが患者の身体の特質に合わせて医薬品の性質を関連づけて処方を行うのであるから、患者は医師の助言を聞かねばならず、医師こそが患者がいつ医薬品を服用するか、そして、いつどのように患者に対して医薬品のリスクと利益を説明するかを判断する、最適な立場にある。[117] また、製薬会社も薬剤師も、医師患者関係に侵入するような法的義務を課されることを正当化するような、医学教育も患者の病状についての知識も持ち合わせていない。[118] 更に、患者に対する不必要な警告は、患者に根拠のない恐怖を与え、医師に対する不信感を生じさせるものであり、医師患者関係を危険にさらし、患者の治療の妨げになる可能性がある。[119]

この判示において理由として述べられているのは、知識ある媒介者の法理が薬剤師の警告義務の存否についても及ぶこと、薬剤師に警告義務を課すことは、医師患者関係を阻害し、患者の治療の妨げとなることという点である。このように、薬剤師が患者に対する警告義務を負わないことの理由づけとして、知識ある媒介者の法理の前提とした理由を述べる判例がその後増加していった。[120]

裁判例においては、薬剤師に警告義務を課すとすると、薬剤師が医薬品を提供する前に患者のカルテにアクセスしなければならないこととなるが、そ

---

116) McKee v. Am. Home Prods. Corp., 782 P.2d 1045 (Wash. 1989).
117) *Id*. at 1050.
118) *Id*. at 1051.
119) *Id*. at 1054.
120) 知識ある媒介者の法理を、薬剤師について拡大した裁判例を挙げているものとして、Smith, *supra* note 112, at 194 n.45.

のようなアクセスを認めることは、医師と患者との間に薬剤師を不適切に介在させることとなる、また、薬剤師が医師の処方について再度の判断を行うこととなり、医師患者関係を阻害する、患者に対する医薬品の処方判断は、患者の状態と処方箋医薬品の性質との双方について理解している医師こそが可能であるという知識ある媒介者の法理の前提は、薬剤師の警告義務の有無についても当てはまる、等と論じられた。[121]

しかしながら、知識ある媒介者の法理は、製造物責任法における例外法理として発展したものであり、本来であれば、患者に対して製薬会社が負うはずの警告義務を、医師の患者に対する説明義務を根拠として、医師に対して向け換えるものである。すなわち、製薬会社の義務の内容（警告の相手方が誰か）がそこでは問題となっている。他方で、薬剤師の患者に対する警告責任については、製薬会社が義務を負う相手方ではなく、薬剤師についての不法行為法における注意義務の範囲と程度が問題となっており、知識ある媒介者の法理がそもそも果たそうとしたこと、すなわち、警告対象の対象の変更は問題にはならない。つまり、薬剤師の警告義務の存否を検討する際の前提事情と知識ある媒介者の法理の前提とが共通している（医師患者関係の存在とそれに基づく説明義務）のみであって、法的論理として、薬剤師の警告義務の問題と知識ある媒介者の法理は、そもそもあまり関係が無いといえる。このことは、薬剤師の注意義務の問題につき、特段知識ある媒介者の法理に触れずに判断している裁判例の存在や、後述するように、患者に対する警告義務の文脈では製薬会社の患者に対する警告義務（知識ある媒介者の法理の例外）がほとんど認められていないにもかかわらず、薬剤師の警告義務については、具体的な事実関係を前提に、少なからぬ例外が認められることにもあらわれている。

3 警告義務を肯定する例外的事情

このように、1980年代以降、薬剤師は患者に対する警告義務を負わないと

---

121) Burns & Spies, *supra* note 112, at 5-6; Roseann B. Termini, *The Pharmacist Duty to Warn Revisited: The Changing Role of Pharmacy in Health Care and the Resultant Impact on the Obligation of a Pharmacist to Warn*, 24 OHIO N.U. L. REV. 551, 553-555 (1998).

する裁判例が増加していったが、他方で、1990年代末からは、特別の事由が存在する場合に薬剤師の警告義務を認める判例があらわれ、少数派ながら、その数が増加していった。

(1) 処方箋の記載からして明らかな誤りがある場合

多くの裁判例によって例外とされた事由の1つは、医師による処方箋の記載自体から、明らかな誤りがある場合である[122]。この事由は、薬剤師の警告義務を否定する当初の裁判例においても、既に例外的事由として認められていたものである。

例えば、リフ対モーガン・ファーマシー事件[123]においては、頭痛薬であるカフェルゴットの最大服用量を超えて服用した患者が、副作用による足の動脈血栓によって足に障害が残ったところ、最大服用量とそれを超えた場合の副作用についての説明や警告がなされなかったとして、医師および薬剤師に対して損害賠償を求めた。ペンシルベニア州控訴裁判所は、薬剤師の責任について、薬剤師がその専門家として適切な注意義務を負うものであり、患者に重大なリスクをもたらす処方箋の記載上の明らかな過誤について、患者に対しての警告または医師に対しての通知を行う義務があるとして、薬剤師の義務を肯定した[124]。

(2) 薬剤師が患者の状態について認識していたまたは認識可能性があった場合

裁判例のなかには、薬剤師が患者のアレルギーや他の薬の服用等、患者の固有の事情について特に知識を有している、または有すべきであった場合に、患者に提供される処方箋医薬品の禁忌等について患者に警告する義務または医師に対して通知を行う義務を肯定するものがあらわれた。このような裁判例は、単に、このような場合は知識ある媒介者の法理の例外であると判示するものも、過失不法行為の枠組みに則って、薬剤師が専門家として通常求められる注意義務を負うことを前提に、患者についての特別の事情を認識していた場合に予見可能性があったとして、注意義務違反（警告義務違反）を認

---

122) Burns & Spies, *id*. at 7.
123) Riff v. Morgan Pharmacy, 508 A.2d 1247 (Pa. Super. Ct. 1986).
124) *Id*. at 1251-1252.

めるものも存在する。[125]

【ハッペル対ウォルマート社事件（2002）[126]】

　この事件では、医師により処方された医薬品が患者のアレルギーについて禁忌であったところ、患者のアレルギーを知っていた薬剤師が、患者または医師に対して警告義務を負うかどうかが問題となった。イリノイ州最高裁判所は、薬剤師は適切な注意義務を負っているところ、薬剤師が医薬品に対するアレルギーについての患者に関する固有の情報を有しており、医師による処方の指示のある医薬品がかかるアレルギーについて禁忌であることを知っていた場合には、薬剤師は、医師または患者に対して警告を行う義務を負うと判示した。[127] 同判決は、また、被告から主張された、知識ある媒介者の法理のもとで薬剤師は警告義務を負わないという議論に対して、本件の事実関係において薬剤師に対する義務を認めることは、薬剤師に対して患者の身体の状況について知り監督する義務を課すものではなく、また、医師患者関係を侵害するものではないから、本件は知識ある媒介者の法理の範囲外にあるとして排斥した。[128]

【ムーア対ガルフポート・メモリアル病院事件（2002）[129]】

　ハッペル対ウォルマート社事件と同様に、この事件においても、ミシシッピ州最高裁判所は、知識ある媒介者の法理が薬剤師の警告義務の存否についても当てはまり、原則として薬剤師は患者に対する警告義務を負わないとしたうえで、患者が自身の身体の状況等について薬剤師に伝えていた場合は同法理の例外とすべきであるとした。

【ドーレイ対エベレット事件（1991）[130]】

　この事件では、ぜんそく治療薬のテオフィリンと抗生物質のエリスロマイシンを併用した患者が、2種の医薬品の併用による副作用により脳性発作を生じた。この2種の医薬品の処方は、同じ医師によって数日異なった日に処

---

125) Smith, *supra* note 112, at 207-208.
126) Happel v. Wal-Mart Stores, Inc., 766 N.E.2d 1118 (Ill. 2002).
127) *Id*. at 1125, 1129.
128) *Id*. at 1127-1128.
129) Moore v. Memo'l Hosp. of Gulfport, 825 So.2d 658 (Miss. 2002).
130) Dooley v. Everett, 805 S.W.2d 380 (Tenn. App. 1990).

方され、また、同じ薬剤師によって数日異なった日に調剤されたものだった。原告は、薬剤師に対して過失不法行為に基づく損害賠償を請求し、薬剤師は、患者および医師に対して、2つの医薬品の併用による危険性を警告する義務を負うと主張した。

　テネシー州控訴裁判所は、薬剤師は、薬の調剤と販売に当たり、適切な注意を払って行動する義務を負うこと、専門家については、その専門家に要求される注意義務に従って行動したかどうかが判断されることを指摘したうえで、かかる義務の範囲に、医薬品の併用による副作用を発見し患者に対して警告を行う義務が含まれるかどうかについては争いがある事実問題であるとして、被告のサマリー・ジャッジメント（法律問題のみで判断できる場合に、申立てにより、事実審理を経ずに行われる判決）の申立てを却下した。[131]

　このように、裁判例のなかには、薬剤師が特定の患者について特別の知識をもっており、その患者に対して医薬品が副作用をもたらすことが予見できるような場合には、それが医師の処方に基づくものであったとしても、患者に対する警告義務を認めるものがあらわれ始めた。そして、かかる裁判例のなかには、患者に対する警告義務に加えて、薬剤師から医師に対する警告義務（通知義務）をも認めるものが存在した。

4　連邦法および州制定法による薬剤師の権限の拡大

　このように、州判例法である不法行為法において、薬剤師の患者に対する一般的な警告義務は無いとしつつも、薬剤師の個別具体的な患者の事情に対する認識や認識可能性をもとに、警告義務を例外的に認める裁判例があらわれる一方で、1990年代は、連邦法と州法に基づく行政的な規律によって、薬剤師の権限を拡大する動きがあった。

　本項では、このような行政的な規律が拡大した事実関係と背景を確認したうえで、それが、州判例法における薬剤師の警告義務の存否の議論にどう影

---

[131]　なお、1990年代以前にも、同様に、患者の既往症への禁忌や既に服用中の医薬品との併用の危険について、薬剤師が特に知っていた場合に、患者に対する警告義務を負うとしたものとして、Hand v. Krakowski, 89 A.D.2d 650（N.Y. App. Div. 1982）があるが、同時期にこのような例外を認めた裁判例はほとんど見当たらない。

響したのか、しなかったのか、裁判例を通して検討する。

(1) 包括的財政調整法（OBRA 1990）における医薬品の利用監督制度

投薬治療における薬剤師の役割の重要性を明確に示し連邦法において明示的に定めたのが、1990年に制定された包括的財政調整法（Omnibus Budget Reconciliation Act of 1990：OBRA1990）[132]において定められた医薬品の利用監督（Drug Use Review: DUR）システムと、薬剤師の権能（pharmacy mandate）である。

この立法は、患者による医薬品の適切な服用を担保する仕組みを整えることによって、患者の投薬治療の質を向上させることがその目標とされたが、かかる目標を支える意義としては、患者による不適切な服薬による事故を防ぐことにより、事故を起因とする損害を防止することや、メディケイド（Medicaid）の財源を節約することが示された。[133]医薬品利用監督システムにより示された、薬剤師がより積極的に患者の服薬のサポートを行うという考え方自体は新しいものではなかったが、それまで連邦法が薬剤師の行為についての直接の規律を行ったことはなく、薬剤師の行為に関する義務を初めて定めたOBRA1990は、薬剤師の権限に大きな変化をもたらすものだった。[134]

すなわち、OBRA1990では、処方箋医薬品に関しての薬剤師の権能が定められ、薬剤師が、患者へのカウンセリング、教育プログラム、記録管理、電子的な請求システム等を通じて、患者への投薬治療により主体的に関与することを求めることとなった。[135]アメリカでは、連邦議会の立法権限が合衆国憲法により定められている事項に限定されていることから、連邦法であるOBRA1990は、低所得者・身体障害者向けの連邦の公的医療保険であるメディケイドを受給する患者についての制度として、各州に対して医薬品利用監督システムを確立するよう義務付けるという限定的なものだった。しかし、実際には、このような仕組みはメディケイド受給者のみならず全ての患者に

---

132) Pub. L. No. 108-508, 104 Stat. 1388（as codified in 42 U.S.C. §1396r-8（2015））.
133) John C. West & David E. Smith, *A Prescription for Liability: The Pharmacy Mandate of the Omnibus Budget Reconciliation Act of 1990 and its Impact Upon Pharmacists' Common Law Duties*, 2 J. PHARM. & L. 127 at 129.
134) ABOOD & BURNS, *supra* note 109, at 307.
135) West & Smith, *supra* note 133, at 127.

対して提供されるべきであるという多くの論者による要請を受け、ほとんどの州は、全ての患者を対象とする医薬品利用監督システムを設ける結果となった。[136)137)]

医薬品の利用監督システムでの要求事項は、遡及的検討（prospective DUR）、薬剤師教育、および将来的検討（retrospective DUR）の3つで構成されている。遡及的検討においては、一定期間服薬後のデータを検討し、医薬品利用監督システム委員会によりそのデータを蓄積することが求められ、薬剤師教育では、遡及的検討の結果も踏まえた医薬品に関する教育を教材や講演会等の形で実施することが求められた。また、将来的検討においては、患者による服薬の潜在的な問題を見極めること、患者に対してカウンセリング提供の申し出をすること、個別患者のアレルギーや、医薬品への反応、医薬品の服用の履歴等の情報を獲得、記録し維持するよう合理的な努力を行うことを求めた。[138)]

また、OBRA1990以外にも、例えば、2003年に制定されたメディケア処方薬剤改善・近代化法[139)]において、薬剤師が患者に対して投薬治療マネジメント・サービスを提供することで、患者への投薬治療をより適切に助けることができる旨示されている。[140)]

(2) 患者向けラベリングの制度化の過程における薬剤師の役割の拡大

薬剤師の役割の重要性は、1970年代末からFDAが進めようとした、患者向けラベリングの制度の形成過程においても認識されるようになった。すなわち、本章Ⅱで述べたように、FDAにより提案された患者向けラベリング制度では、外来患者に対する患者向けラベリングは薬局（薬剤師）を通じて患者に提供されることが意図されていた。FDAは、1995年当時の患者向け

---

136)　*Id*. at 129; 60 Fed. Reg., *supra* note 26, at 44, 194.
137)　1993年の時点において、41州が全ての患者を対象としたプログラムを整えた。West & Smith, *supra* note 133, at 127.
138)　ABOOD & BURNS, *supra* note 109, at 309-311; Steven W. Huang, *The Omnibus Reconciliation Act of 1990: Redefining Pharmacists' Legal Responsibilities*, 24 AM. J.L. & MED. 417, 434-435 (1998).
139)　Medicare Prescription Drug Improvement and Modernization Act of 2003.
140)　Burns & Spies, *supra* note 112, at 4.

ラベリングの政策形成に当たって、OBRA1990によって策定された医薬品の利用監督システムのもとで、薬剤師から患者に対する情報提供が進んでいる状況を、患者向けラベリングを改めて制度化する理由として述べている。[141]

また、その後の、民間による患者向けラベリングの制度のもとでも、患者に対するラベリングは、薬剤師を通じて患者に対して提供されている。

5 薬剤師の権限拡大と州判例法における警告義務

OBRA1990による要求を実現するための各州法が制定された当時、薬剤師が患者に対してカウンセリングを行うといった州法における規定を根拠として、薬剤師が不法行為法上負う義務も拡大し、とりわけ、患者に対する警告義務を一般的に負うことになるのではないかと複数の論者から予測されていた。[142]

では、実際に薬剤師の過失不法行為に基づく訴訟で、裁判所は薬剤師の警告義務に関する判断を変えたのだろうか。

【モーガン対ウォルマート社事件（2000）】[143]

この事件では、抗鬱剤であるデシプラミンの副作用についての薬剤師の患者に対する警告義務が問題となった。テキサス州控訴裁判所は、多数派の州が知識ある媒介者の法理を理由として、薬剤師の患者に対する警告義務を否定していることを確認すると同時に、特殊な事実関係が存在する場合、すなわち、対象である処方箋医薬品が患者の既往症について禁忌であることを薬剤師が知っていた場合などの例外を指摘し、テキサス州においても、患者についての特別な知識がある場合等の特殊な場合に薬剤師が警告義務を負うことは別段、それを超えた薬剤師の警告義務を認めることはできないとした。[144] また、テキサス州薬剤師法に定められた、薬剤師の患者に対するカウンセリングの実施の規定に基づいて、薬剤師は警告義務を負うとの原告からの主張

---

141) 60 Fed. Reg., *supra* note 26, at 44, 183.
142) Michael J. Holleran, *The Pharmaceutical Access and Prudent Purchasing Act of 1990: Federal Law Shifts the Duty to Warn from the Physician to the Pharmacist*, 26 AKRON L. REV. 77, 79 (1992); Huang, *supra* note 138, at 433.
143) Morgan v. Wal-Mart Stores, Inc., 30 S.W.3d 455 (Tex. App. 2000).
144) *Id*. at 466.

については、医師患者関係に介入するものであること、薬剤師から警告を受けた患者が、処方箋医薬品の服用をやめてしまう危険性があること、薬剤師は医師と異なり、患者の病歴や状態についての知識を有していないことなどから、薬剤師の患者に対する一般的な警告義務を認めることはできない旨判示した。[145]他方、裁判所は、判決の傍論において、ここ20〜30年の間に薬剤師の役割が、単なる調剤師から患者の治療に当たっての不可欠な役割を果たす専門家として認識されるように変わってきたことを裁判所は認識しており、また、薬局において医薬品相互の作用や禁忌などを認識するような高度なコンピュータ・システムが利用されておりかかるシステムは奨励されるべきものであるとは述べつつも、知識ある媒介者の法理に照らすと、特別の事情がある場合を除き、薬剤師は患者に対する一般的な警告義務を負うものではないと述べている。[146]

【サカス対ウォーカー・ストリート薬局事件（2005）[147]】

この事件では、ミシガン州における1998年の立法において規定された、薬剤師が患者もしくは患者の介護者に対して、医薬品の安全かつ効果的な服薬についての適切な情報を提供しなければならないという条項を基礎に、薬剤師の患者に対する一般的な警告義務が認められるかどうかが問題となったが、ミシガン州控訴裁判所はこれを簡潔に否定している。[148]

他方で、明確な言及を避けているものの、州制定法に言及したうえで、不法行為法上、薬剤師の負う義務が拡大したことを示唆する判例も存在する。

【アーナー対スパリット事件（1999）[149]】

この事件では、医師が鎮痛剤であるプラシディルを通常の3倍の量を処方箋に記載したところ、これに気が付いた薬剤師が、調剤の提供の前に医師のクリニックに連絡した。だが、電話口に出た担当者が処方箋は問題ない旨回答し、そのまま調剤がなされたところ、患者が死亡した。ミズーリ州控訴裁

---

145) Id. at 466-467.
146) Id. at 469.
147) Saukas v. Walker St. Pharmacy Inc., 2005 WL 1846289（Mich. App. 2005）.
148) 同様の判決として、Deed v. Walgreen Co., 2004 WL 2943271（Conn.Supr. 2004）.
149) Horner v. Spalitto, 1 S.W.3d 519（Mo. Ct. App. 1999）.

判所は、OBRA1990 とこれに基づいて州薬剤師会において策定された規則に言及し、かかる規則のもとで、薬剤師は、薬剤師が入手可能な患者に関する情報をもとに、患者またはその介護者と安全かつ効果的な投薬治療について協議しなければならないと定めていることを明示した[150]。そして、薬剤師は、処方箋医薬品が通常の服用量を超えて処方指示されている場合にそれに気が付くことのできるだけの訓練と技能を有しており、処方を行った医師に連絡をとり、薬局における患者の記録に照らして、医師に対して処方量や禁忌について確認する、最良の立場にあるとした。更に、このような薬剤師によるリスクマネジメントは、医師と患者との関係を不相当に侵害するものではなく、むしろ、全体的な医療の質を向上させるものであると判示した[151]。本判決は、そのうえで、薬剤師がクリニックに電話で連絡した際に応答した者が医師なのかその他の者か等、薬剤師が義務を適切に果たしたといえるかどうかについての事実関係の詳細が明らかではないとして、判決を破棄し差し戻した[152]。

　このように、未だ、多数の裁判例においては、州制定法によって新しく定められた、薬剤師による患者のカウンセリング提供の義務やモニタリングの義務を根拠にして、不法行為法上、薬剤師による患者への警告義務を一般的に認める判断を下してはいない[153][154]。しかしながら、アーナー対スパリット事件にみられるように、少数派ながら、薬剤師の役割の向上と州における制定法や規則の存在を根拠として、薬剤師が患者に対して負う義務が拡大したという考え方が存在する。そこでみられるのは、薬剤師がとりわけ外来患者に対する投薬治療において、専門家として重要な位置を占めていること、医師患者関係は患者の医療において中核的なものではあるが、患者に対する適切な

---

150)　*Id*. at 523.
151)　*Id*.
152)　*Id*. at 524.
153)　Burnes & Spies, *supra* note 112, at 21.
154)　各州における1980年代から2015年までの間の薬剤師の警告義務に関する判例を簡潔にまとめたものとして、以下の文献がある。National Assoc. of Chain Drug Stores, *Pharmacists' Duty to Warn* (Last revised 3/19/15), *available at* http://www.nacds.org/pdfs/membership/dutytowarn.pdf (last visited Oct. 24, 2016).

医療を実現するために、薬剤師にも警告義務を含む広い義務を課すことが望ましいという考え方である。

　また、州制定法における薬剤師の権能を直接の根拠としない場合においても、OBRA1990 とそれに基づく州制定法によって、患者の服薬履歴を管理するコンピュータ・システムの導入やその機能の向上が進むにつれて、システム上、薬剤師が患者の既往症や既に服用している医薬品に関する情報を得られるようになってきており、薬剤師の警告義務が認められる特別の場合は特別ではなくなっていくと考えられる。[155]

　例えば、ベーカー対アーバー薬局事件[156]では、処方箋の記載上過誤が明らかな場合を除き、薬剤師が患者に対して警告義務を負うことはないと言明しつつも、本事件において、被告たる薬局が、処方箋医薬品の併用による副作用のために、患者の投薬治療をモニターするコンピュータ・システムを導入し宣伝していたという事実関係を捉え、薬局が自発的に義務を引き受けていたとして、かかる場合に薬剤師は患者に対する警告義務を負うとした。

6　まとめ

　本節では、医師患者関係に基づき医師こそが患者に対して処方箋医薬品についての情報を提供するものであるという理由により、薬剤師の警告義務が州判例法によって当初否定されつつも、その例外的な事由が認められ拡大しつつあること、そして、連邦法および州制定法もまた、薬剤師の役割を拡大する行政的な規律を形成していることを確認した。

　薬剤師の警告義務についてのこのような民事法における規律の変化と、行政的な規律の拡大は、処方箋医薬品の情報伝達というシステムのなかで以下のように意義づけられる。

　薬剤師の一般的な警告義務を否定しつつも、薬剤師が個別具体的な患者に対して有する認識をもとに警告義務を認める判例からは、医師患者関係に基づく医師の患者に対する説明を、患者に対する第一次的な情報伝達と位置づ

---

155)　Smith, *supra* note 112, at 213.
156)　Baker v. Arbor Drugs, Inc., 544 N.W.2d 727（Mich. App. 1996）.

けつつも、薬剤師もまた、専門家として患者に対する警告を求められる場合があることを示している。

そして、行政的な規律による薬剤師の権限拡大とそれに伴う具体的な仕組みの構築が進むことによって、薬剤師は個別具体的な患者の情報をより一層得られることとなり、このことは、民事法において薬剤師の警告義務を肯定する基礎となる、特別な事情が認められる根拠となっていくといえる。薬剤師が置かれた個別具体的な状況が未だ地域や規模によって異なることを考えると、行政規律における薬剤師の義務や役割を根拠として、直ちに不法行為法上の薬剤師の一般的な警告義務を肯定することはできないが、行政規律に促された、コンピュータによる患者情報の管理システム等の実際の仕組みが進展し充実するにつれて、薬剤師の警告義務が認められる特別な事由は、次第に特別ではなくなり、一般的になっていくことが考えられる。このことは、ベーカー対アーバー薬局事件において、コンピュータ・システムを薬局が使用していたことを根拠に、薬剤師による自発的な義務の引受けがあるとして、薬剤師の警告義務が認められたことにもあらわれている。

行政規律による薬剤師の権限の拡大は、従来の医師患者関係に基づく説明義務を第一義的なものとして尊重しつつも、薬剤師も、患者に対して、そして医師に対しての警告義務を負う者として主体化させるものであるといえる。そして、そのような情報の送り手としての薬剤師は、自身が直接に患者や医師とコミュニケーションを行うだけではなく、医師以外の情報源として患者に対して情報を提供することにより、患者から医師への問いかけをしやすくし、患者と医師との間のコミュニケーションをも促進するものである。また、薬剤師から医師に対するコミュニケーションによって、医師の過失による処方判断の誤りを正す機能もそこでは期待されている。このような、コミュニケーションの拡大が、患者にとっての適切な投薬治療を促すことになることは明らかである。

第 3 章

副作用情報の獲得・伝達と行政・民事規律の変化と協働

　本章では、食品医薬品及び化粧品法（FDCA）による処方箋医薬品についての規律と製造物責任法による規律が、処方箋医薬品の安全な使用という目的を十分に果たしていないことがあらわれた 2 つ目の問題、すなわち、処方箋医薬品の副作用情報が多くの場合事後的に発覚するにもかかわらず、それが適切に獲得され、伝達されていないという問題に、行政規律と民事規律がどう変化して対応したのかを検討する。

　まず、処方箋医薬品に関する情報のなかで最も重要である、副作用に関する情報が多くの場合に承認後市販された後に明らかになること、しかしながら、従来の FDCA におけるラベリングの規律ではかかる問題に十分に対処できなかったことを確認する。次に、他方、製造物責任法においては販売後における警告義務が発展していったが、FDCA の規律の存在により、実際には、製薬会社による事後的なラベリングの変更が効果的に行われない事態が生じていたことを検証する。

　そして、このような問題に対応するために、2007年の立法により FDCA が改正され、FDCA による行政規律の性格が転換されたことを確認する。そのうえで、新しい FDCA による行政規律と民事規律が、競合しつつ、販売後における副作用情報の獲得と伝達という目的に資するよう機能していることを論証し、処方箋医薬品の情報伝達システムにおける意義を述べる。

I　副作用情報の事後的な発覚

　20世紀前期から中期にかけて発展した FDCA の規律は、医師に対する情報提供手段としてのラベリング制度を確立した。処方箋医薬品のラベリングは、医療専門家、主として医師が適切な医薬品を選択し患者に対して投与で

きるよう、1960年以降義務化されたものであったが、当時、立法者により明らかにされたラベリングの意義は、食品医薬品局（FDA）の審査を経て承認された処方箋医薬品について十分かつ正確な情報を反映しているものである、という点だった。しかしながら、医薬品、とりわけ効果の強い処方箋医薬品の副作用や有効性に関する情報は、市販後に明らかになる場合が極めて多いこと、しかも、市販後に明らかになった情報がすぐには広く認識されず、医師のもとへ伝達されないという問題が明らかになった。

以下、ラベリングの制度について簡単に概観したうえで、なぜ、ラベリングに記載されていない処方箋医薬品の安全性や有効性に関する情報が市販後に多く発覚するのか、そして、それらの新しい情報がなぜすぐに認識されないのかについて確認する。

1　医師に対するラベリングの規則とその内容

FDCAにおいて、1951年に初めて処方箋医薬品と一般用医薬品との分類が法定され、1960年に処方箋医薬品に関する情報の医師に対する提供が「完全な開示」義務として求められることとなって以降、いかなる情報をいかなる形式で提供すべきかについてのルールが、連邦行政規則として発展していった。この、医師に対して処方箋医薬品の情報を提供する媒体は、FDCA上、「ラベリング」と呼ばれている。

FDCAの条文には、「ラベリング」について以下のように定義されている。

　　全てのラベルと、(1)物質（薬剤）もしくはその容器または包装紙上の、または(2)物質（薬剤）に伴う（accompanying）、筆記、印刷または描写された物をいう。[1]

また、「ラベリング」とは異なる概念としての「ラベル（label）」は以下のように定義されている。

　　物質（薬剤）の直接の容器上の、筆記、印刷または描写された表示をいう。[2]

すなわち、「ラベリング」とは、容器上の表示に加えて当該医薬品の医師向け説明文書を合わせた広い概念、「ラベル」は薬剤の容器上の表示を示す

---

1)　21 U.S.C. § 321(m) (2015).
2)　*Id*. § 321(k).

狭い概念である。そして、「ラベリング」については、前述したように、薬剤等に「伴う」の要件が裁判所により緩やかに解され、説明文書が処方箋医薬品に物理的に伴う場合に必ずしも限られず、「機能として」処方箋医薬品に伴う場合を含むと解釈されたことにより、かなり広範な媒体を含むこととなった。例えば、医薬品集（Physician's Desk Reference）と呼ばれる出版物、処方箋医薬品の大容量包装に入っている説明文書（Package Insert）、処方箋医薬品に関するブローシュア、冊子をはじめとする説明文書といったものがラベリングに含まれることとなる。

　この容器ラベルおよびラベリングの定義を受けて、医薬品および医療機器についての定めを置くFDCA第5節（Subchapter V）352条において、医薬品および医療機器の容器ラベルおよびラベリングの記載に関して、それが医薬品の「不正表示（misbranded）」とされる場合の定めが置かれている。同条には不正表示とされる様々な場合がa項からz項まで定められているが、なかでも本書と関係するのは、以下の条項である。

- 虚偽または誤解を招く（false or misleading）ラベリングの場合（a項）、
- ラベリングが適切な指示（adequate directions for use）および一定の場合における適切な警告（adequate warnings）を含んでいないとき（f項）、

---

3) Thomas A. Hayes, *Drug Labeling and Promotion: Evolution and Application of Regulatory Policy*, 51 FOOD & DRUG L. J. 57, 61 (1996).
4) 21 U.S.C. § 352 (2015).
5) 本文に記載したほか、352条では、医薬品に関しては、以下の場合等を「不正表示」として規定している。ラベルが製造業者に関する一定の情報等を記載していない場合（b項）、ラベリングに表示された語句や情報等が一義的に明白でない場合（c項）、ラベルが医薬品やその成分についての確立された名前を使用していない場合（e項）、公式のコンペンディアに記載されている医薬品の場合、そこにおける記載と一致していない場合（g項）、劣化する医薬品の場合その旨をラベルが記載していない場合（h項）、他の医薬品の名を模倣等している場合（i項）、ラベリングに記載された服用量、服用方法、服用頻度および服用期間に基づく服用が人体の健康に対して危険性を有するとき（j項）、食用色素を加えている場合、食用色素の表示方法に従っていない場合（m項）、本法に基づいて登録されていない製造業者等により製造等されている場合（o項）、本法に基づく連邦行政規則に違反するパッケージおよびラベリングの場合（p項）。
6) 21 U.S.C. § 352(a) (2015).
7) *Id*. § 352(f).

・処方箋医薬品の広告が一定のルールに反している場合（ n 項[8]）

そして、これらの条項の実施のために連邦行政規則を制定する権限を与えられた FDA は、連邦行政規則において、具体的に、ラベリングとして表示されるべき内容の詳細を規定している[10]。そこでは、ハイライトと詳細内容の2部に分かれて記載されるべき各項目やその内容、記載順序等に関するルールが定められているが、とりわけ、ハイライトとして示すべき事項とされているのは、以下の事項である[11]。

- 製品名およびその他の情報
- 囲みつき警告（Boxed Warning）
- 近時の主要な改訂（Recent Major Changes）
- 使用法（Indications and Usage）
- 服用量と服用方法（Dosage and Administration）
- 剤形と（効能の）強さ（Dosage Forms and Strength）
- 禁忌（Contraindication）
- 警告および注意（Warnings and Precautions）
- 有害作用（Adverse Reactions）
- 薬物相互作用（Drug Interactions）
- 特定の患者集団における使用の注意（Use in Specific Populations）

2　臨床試験とラベリングの限界

このような処方箋医薬品のラベリングに記載される具体的な情報は、新薬

---

8) *Id.* § 352(n).
9) *Id.* § 371(a).
10) 21 C.F.R. § 201 （2016）.
11) 連邦行政規則によって定められた、ラベリングの記載に関する詳細なルールは、ラベリングの記載方法および記載内容が長文化し、情報の重要性の軽重がわかりにくくなるという問題を受けて、パブリックコメントを経て、2006年に改正・施行された新しいルールである。71 Fed. Reg. 3, 922, 3, 922 (Jan. 24, 2006); INST. OF MED. OF THE NAT'L ACADEMIES, THE FUTURE OF DRUG SAFETY: PROMOTING AND PROTECTING THE PUBLIC HEALTH (2006) at 210. また、この改正においては、理論上のリスクではなく、科学的な証拠に裏づけられた警告が記載されるべきであるという、ラベリングに記載されるべき情報の性質についての FDA の立場が改めて確認された。Jill D. Jacobson & David Feigal, *Red Sky in the Morning: Modifying Prescription Drug Labels as a Result of Postmarket Surveillance*, 62 FOOD & DRUG L.J. 529, 529 (2007).

承認申請手続において製薬会社に対して証明が求められる、医薬品の安全性および有効性に関する情報に基づいている。すなわち、新薬承認申請手続においては、製薬会社が行った臨床試験に基づくデータがFDAに提出され、「当該医薬品のラベリングにおいて示された条件下での使用」について安全かつ有効である場合にのみ、FDAは当該新薬を承認する[12]。したがって、ラベリングに記載されるべき情報は、新薬承認申請手続において、当該医薬品自体と共に審査・承認された条件下での使用（対象疾患、服用量、服用方法、対象年齢等。通常、これを、医薬品の「適応」と呼ぶ）に関する情報となっている。

このように、厳格な手続と要件のもとで、医薬品の安全性と有効性が確認され承認されるのだが、医薬品の承認時においてはわからなかった副作用等の安全性に関する情報は、市販後に判明することが極めて多い。それは、新薬の承認申請手続が前提としている、臨床試験に内在的な限界があることによる。すなわち、臨床試験で得られる情報は、被験者数、新薬服用中に被験者の置かれる環境、被験者の病歴および医薬品の服用期間において、市販後の新薬が使用される環境と大きく異なっているがために、そこで得られる処方箋医薬品の副作用等に関する情報は、必然的に限定的なものとならざるを得ないからである[13]。

このことを、FDAにおける新薬の承認審査手続に沿って、もう少し詳しくみてみると以下のようになる。FDCA上、新薬の承認申請のために要求される臨床試験は、原則としてフェーズ1（第1層）からフェーズ3（第3層）までの3段階に分かれている。フェーズ1試験では、主として、代謝（metabolism）と人体内の薬理作用（pharmacologic actions of the drug in humans）、服用量の増加に伴う副作用、および可能であれば有効性に関する証拠を判定するために、20人から80人程度の健康な被験者を対象に行われる。フェーズ2試験では、有効性および短期的な副作用を評価するために、当該新薬が対象とする疾患を有する被験者を対象とし、被験者の数は数十人から

---

12) 71 Fed. Reg., *id*. at 3, 964. *See also*, 21 U.S.C. § 355 (2015).
13) Thomas N. Tiedt, *The Drug Safety System Conundrum*, 62 FOOD & DRUG L.J. 547, 553 (2007).

300人程度である。そして、最後のフェーズ3試験は、有効性と安全性に関する更なる情報を得、また、リスクベネフィット評価と適切なラベリングを可能にするために行われ、被験者の数は医薬品によって異なるが、数百人から3,000人程度の間である。ここからもわかるように、新薬の臨床試験では、合計で数百人から多くても数千人程度の被験者しか服用しないのに対し、市販後には数十万から数百万人規模の患者が服用することになる。そして、市販後に医薬品を服用する患者は、臨床試験の被験者として適格とされた患者よりも遥かに複雑な病歴を有していることが多く、また、服用期間中に医師のもとでの十分な監督下に置かれている被験者と異なり、置かれている医療環境も様々である。更に、服用期間も臨床試験における期間に比して長いものとなる。

このように、臨床試験において得られる医薬品の安全性に関する情報は、人数においても性質においても限られた被験者を対象として獲得されたものであることから、限界を有するものにならざるを得ない。もちろん、不適切な臨床試験や安全性の評価、更には製薬会社の情報隠ぺい等によって必要な情報がFDAに提供されなかったり、FDAの不十分な審査により新薬のリスクが見逃され、結果として市販後の有害事象につながったりするケースも存在する。しかしながら、そのような故意や過失によって明らかにされなかった情報に勝るとも劣らず、臨床試験と市販後の服用とがなされる環境の差異ゆえに、市販後に初めて明らかになる副作用等の情報が極めて多く存在するのである。

---

14) 21 C.F.R. § 312.21 (2014).
15) FDA, The FDA's Drug Review Process, *available at* http://www.fda.gov/Drugs/ResourcesForYou/Consumers/ucm143534.htm (last visited Aug. 30, 2016). *See also* LARS NOAH, LAW, MEDICINE, AND MEDICAL TECHNOLOGY 162 (3d ed. 2012).
16) Tiedt, *spura* note 13, at 553. Also, Jacobson & Feigal, supra note 11 at 531; Leslie Kushner, *Incentivizing Postmarketing Pharmaceutical Product Safety Testing with Extension of Exclusivity Periods*, 19 FORDUM INTELL. PROP. MEDIA & ENT. L. J. 519, 524 (2009); Roselie A. Bright, *Strategy for Surveillance of Adverse Drug Events*, 62 FOOD & DRUG L. J. 605, 606 (2007); Margaret Gilhooley, *Adressing Potential Drug Risks: The Limits of Testing, Risk Signals, Preemption, and the Drug Reform Legistration*, 59 S.C.L. REV. 347, 360-361 (2008).
17) FDAの要請により、アメリカ国立医薬研究所（Institute of Medicine: IMO）が医薬品の安全性に関して近年行った研究においても、このような臨床試験の有する内在的な限界が指摘されている。THE FUTURE OF DRUG SAFETY, *supra* note 11 at 38.

そして、この臨床試験の限界は、そのまま処方箋医薬品のラベリングの限界となる。先に述べたように、処方箋医薬品のラベリングは、新薬の承認申請の段階において判明している安全性および有効性に関する情報をもとに記載されているのであるから、かかるラベリング上の情報は、当該医薬品の服用によるリスクの全てを反映し切れてはいないことになる。

3　情報収集の限界

　以上のように、処方箋医薬品の安全性に関する新たな情報が市販後に明らかになることが多くあるにもかかわらず、そのような情報が判明したときに、従来のFDCAの規律のもとでは、かかる情報を迅速に収集し、医師に対してフィードバックを行うことがうまくできていなかった。

　FDCAにおいては、製薬会社は、市販された処方箋医薬品について有害事象が発生した場合にFDAに対して通知する義務を負い、製薬会社は、「深刻」かつ「予期されていない」有害事象について、その発見から15日以内に、FDAに対して報告すると共に、そのような有害事象についての市販後調査を速やかに行わなければならないとされる[18]。また、FDAに新しく承認された医薬品は、承認後3年間は四半期ごとに承認後3年以降の医薬品は1年ごとに全ての有害事象についての報告書を提出することとされている[19]。更に、FDAは、病院等医療機関、医師や患者からの自発的な報告を求める制度も構築してきた[20]。しかしながら、これらの報告制度は、もっぱら製薬会社からの報告に頼る受動的なものであり、情報収集の手段としては極めて脆弱なものだった。

　この制度のもとで製薬会社がFDAに対して有害事象の報告を行うためには、医師や患者から製薬会社に対して医薬品の服用に基づく有害事象が報告されることが前提となる。だが、従来、医師・医療機関によりなされる有害事象の報告数は、実際に発生している有害事象に比してごくわずかだった。医薬品の市販後、その服用により発生した有害事象について、最初にその情

---

18)　21 C.F.R. § 314.80 (2016).
19)　*Id*.
20)　Jacobson & Feigal, *supra* note 11, at 531.

報を獲得するのは製薬会社よりも、むしろ患者自身と患者を診察している医師や医療機関であるが、FDA に対してかかる情報が到達するまでには、有害事象が患者および医師により「認識」され、医療機関内で「報告」され、更に医療機関によりまたは製薬会社を通じて FDA に報告されなければならないところ、そのいずれの段階においても問題が存在する。すなわち、「認識」の段階においては医薬品の服用と有害事象の発生との間のタイムラグや、有害事象が医薬品の服用とは別の理由によって合理的に説明できることもあること等が、有害事象の認識を遅らせたり阻んだりする。[21] そして、医薬品と有害事象との潜在的な関係性が認識された場合であっても、その有害事象が解決されたかのようにみえたり、報告するほどには重大ではない、既に他の医療機関らが報告しているだろうなどとの医師や医療機関の判断により報告されなかったりする場合がある。[22] また、医薬品の服用による有害事象の発生について自分が責任を負うことになるのではないかという懸念も、医師の報告を阻む理由として挙げられている。[23] また、特に、医師・医療機関から FDA に対する直接の情報提供が行われにくい理由としては、医師・医療機関が、医薬品の使用による有害事象について、FDA に対して報告するものである、という意識そのものを欠いている、すなわち、医師・医療機関が FDA との間に結び付きを感じていないためという理由も挙げられている。[24]

　実際に、医療機関による報告実績が極めて低いことは、実証的な研究によっても明らかにされた。1987年に発表された研究では、重大な有害事象のうち、わずか1％程度しか FDA に対して報告されていないとの結果が出ている。[25] このような医薬品の使用に基づく有害事象の報告実績の低さを改善するため、FDA は1993年、医療機関による任意の報告のための制度として、MedWatch プログラムを開始した。しかしながら、この MedWatch プログ

---

21) Bright, *supra* note 16, at 609.
22) *Id*. at 610.
23) *Id*. at 610.
24) David A. Kessler, *Introducing MEDWatch. A New Approach to Reporting Medication and Device Adverse Effects and Product Problems*, 269 JAMA 2765, 2765 (1993); Bright, *supra* note 16, at 610.
25) Kessler, *id*. at 2765.

ラムのもとでも、医薬品に基づく有害事象の報告の実績が目立って改善されることはなく、その後の研究においても、全ての有害事象のうちの10％以下しか MedWatch を通じて報告されていないとの推定が発表された[26]。更に、MedWatch を通じるか否かを問わない場合でも、新薬の承認時から7年もの期間内に、深刻な有害事象のうちのわずか半数しか発見されず結果としてラベリングに反映されていないとの報告も存在している[27]。

更に、製薬会社または医師・医療機関から有害事象の報告がなされた場合であっても、その報告内容は不十分なものだった。すなわち、報告の内容が患者の病態や医薬品が使用された態様等についての詳細さを欠いており、また、有害事象の発生を把握した場合に報告するという報告制度そのものの性格からして、当該医薬品の全国的な服用・治療の実績や、有害事象の発生に比した服用・治療の成功例の割合等を FDA が把握できるような仕組みとはなっていなかった[28]。

また、以上のような有害事象の認識自体の困難さや報告の不完全性だけではなく、製薬会社による情報隠しの問題も存在し、報告制度を前提とする情報収集の仕組みは、その点でも限界を有していたのである[29]。

4 まとめ

本節では、やや詳しく、処方箋医薬品に関する情報が、市販された後に新たに明らかになる場合が極めて多いこと、しかしながら、このような情報が認識され、また医師にフィードバックするための正確な情報として分析されることが極めて困難だという問題の背景にある事実を確認した。更に、この

---

26) Karen E. Lasser, et al., *Timing of New Black Box Warnings and Withdrawals for Prescription Medications*, 287 JAMA 2215, 2215 (2002).
27) Kessler, *supra* note 24, at 2765
28) Bright, *supra* note 16, at 610.
29) 例えば、グラクソスミスクライン社による、糖尿病薬であるアヴァンディア服用による心臓発作発生率の増加という情報の秘匿について、*see* Gardiner Harris, *F.D.A. to Restrict Avandia, Citing Heart Risk*, N.Y. TIMES, Sep. 23, 2010 at A1. また、ジョンソン＆ジョンソンによる、胃炎等の治療薬であるプロパルシドについての小児の使用に関する副作用情報の秘匿について、*see* Gardiner Harris & Eric Koli, *Lucrative Drug, Danger Signals and the F.D.A.*, N.Y. TIMES, June 10, 2005, *available at* http://www.nytimes.com/2005/06/10/business/10drug.html?pagewanted=all (last visited Aug. 29, 2016).

問題に対して、従来のFDCAの枠組みでは有効に対処することができなかったことも明らかになった。

このことは、処方箋医薬品をめぐる医師患者関係と、医薬品についての行政規律という点から分析すると以下のようになる。

すなわち、まず、FDCAにおいて、製薬会社に対する規制としての医薬品の流通に関する規律は、医薬品の承認審査という事前規制に重きが置かれたものであり、医薬品が承認され市販された後の規律は極めて脆弱なものだった。それは、FDCAが、医師患者関係のもとで、または製薬会社のもとで判明する有害事象の情報を積極的に獲得するような規律を有していなかったことにあらわれている。

II 販売後の警告義務とFDCAの規律との不整合

本節では、処方箋医薬品が承認され市販された後に判明する情報が多く、とりわけ副作用等の安全性に関して新たに判明した情報を医師に対して伝達することが必要であるという課題に対して、製造物責任法が、連邦法の遵守をもって必ずしも製品の欠陥無しとはしないという原則と、販売後の警告義務の考え方を発展させることで対応しようとしたことをまず確認する[30]。次に、しかしながら、製造物責任法に基づく販売後の警告義務の発展はFDCAに基づくラベリング制度との関係で不整合を起こし、製薬会社による販売後の警告義務が実効的に果たされないという問題が生じていたことを明らかにする。

1 連邦法の遵守と製品の欠陥

製造物責任法においては、製品の安全性に関して定められている連邦法や連邦行政規則の規律を遵守しても、そのこと自体で製品に欠陥が無いとは必ずしもいえない、という原則が確立している。被告が連邦法を遵守している

---

30) 製造物責任法における製品市販後の義務の発展についての文献として、佐藤千晶『アメリカ製造物責任法』(弘文堂・2011) 107-134頁。

という事実は、製品の欠陥の有無を判断するについての証拠の1つにはなるが、それ以上ではないのである。製造物責任法におけるこの原則は、医薬品の警告義務についてのFDCAの規制に関しても同様に適用されてきた。

【バーソン対E.R. スクイブ＆サンズ社事件（1984）[31]】

　この事件は、妊娠中に医師から注射により処方されたホルモン剤であるデラルチンの副作用により胎児が重い障害を負って生まれた（その後死亡した）として、当該子の両親が訴訟のための後見人として原告となり、過失不法行為、保証責任および製造物責任を理由として賠償を求めて製薬会社を被告とし訴えた事件である。なお、デラルチンはFDAの承認を受け、1956年以降アメリカ国内で販売されていた。

　ユタ州最高裁判所は、医薬品の製造業者は、知りまたは知り得た医薬品の危険な副作用について、医師に対して適時かつ適切な内容の警告を行う義務を負うとし、連邦政府による規制を全て遵守していたとしても、製薬会社はなお責任を負うとして、過失不法行為を認めた控訴審裁判所の判断を維持した。

【ワグナー対ロシュ・ラボラトリーズ事件（1996）[32]】

　この事件では、難治性ニキビ治療薬のアキュテイン（イソトレチノイン）を処方された原告が、ミノサイクリンという抗生物質との併用により偽脳腫瘍を発症し、その治療のためのステロイド治療によって最終的に阻血性壊死を発症し外科的手術を受けるに至ったとして、医師および製薬会社に対して過失不法行為に基づく損害賠償を請求した（医師とは訴訟提起後に和解している）。原告は、被告製薬会社による本件医薬品の警告には、偽脳腫瘍との関連性や、特定の抗生物質との併用の危険性についての記載が無く、警告上の欠陥があったと主張した。なお、本件医薬品は、1982年にFDAから難治性ニキビを適応として承認がなされ、原告が処方を受けたのは、本件医薬品が販売開始されてから間もなくのことだった。

　販売当時、本件医薬品の単独使用や、ミノサイクリンとの併用による偽脳

---

31) Barson v. E.R. Squibb & Sons, Inc., 682 P.2d 832（Utah 1984）.
32) Wagner v. Roche Labs., 671 N.E.2d 252（Ohio 1996）.

腫瘍の症例報告は無かったが、原告は、本件医薬品がビタミンAと構造が似ており、ビタミンAの過剰投与と偽脳腫瘍との関連性について原告は認識していたのであるから、原告は本件医薬品と偽脳腫瘍との関連性について認識していたはずであると主張した。これに対して、被告は、本件医薬品の警告を含むラベリングの内容はFDAにより審査・承認されたものであり適切な警告であると主張した。

オハイオ州最高裁判所は、FDAによる審査承認は、製薬会社の提出した資料をもとに行われており、FDAが独自に審査を行っているわけではなく、製薬会社を責任から防護するものではないとした。そして、警告が適切であったかどうかは事実問題であるから、中間上訴裁判所による被告勝訴の指示評決には誤りがあるとして、破棄し差し戻した。

以上のような、州裁判所によって示された、FDAにより審査・承認されたラベリングを遵守していても必ずしも製造物責任法における警告責任を果たしたことにはならないという原則に対しては、製造物責任訴訟を誘発し、医薬品の開発を妨げるという批判もなされた。このような批判を受けて、ミシガン州は、連邦法の遵守自体を製品が安全であること（欠陥が無いこと）とするという制定法を立法した。また、製造物責任法一般について、連邦法や連邦法に基づく連邦行政規則の遵守は、製造物責任法のもとで製品に欠陥が無いという、反証可能な推定となるという制定法を立法した州もいくつかある（コロラド州、インディアナ州、カンザス州、ニュー・ジャージー州、テネシー州、ユタ州等）。しかしながら、このような州は少数派であり、大多数の州においては、医薬品の警告につきFDAによるラベリングの承認を受けていたとしても、必ずしも製造物責任法による警告責任を免れないとされている[33]。

なお、FDAによる医薬品やそのラベリングの記載内容の承認行為について、製薬会社による安全性の証明が不十分であったのにもかかわらず承認した、FDAによるラベリングの審査が不適切であり必要な警告の記載がなさ

---

33) 佐藤・前掲注30) 188-208頁、Note, Sean M. Basquill, *Prescription Drug Liability and Postmarketing Surveillance: A Modest Proposal*, 25 TEMPLE J. SCI. TECH. & ENVTL. L. 69, 79-81（2006）.

れなかった等の主張のもと、連邦政府に対する不法行為訴訟が提起されることはある。しかしながら、以下の理由により、FDA による医薬品およびそのラベリングの承認の違法性を認め、連邦政府に対して賠償責任が認められることはほとんどない。

すなわち、アメリカにおいては、伝統的な政府免責 (government immunity) の原則 (同意しない限り政府は不法行為訴訟の対象とならないというコモン・ロー上の原則) を変更し、1946年、連邦不法行為請求法 (Federal Tort Claims Act[34]) が制定され、公務員が職務範囲内で活動中に、過失ないし不法な作為・不作為により他人に人身損害・財産損害を与えた場合には被害者から連邦政府への損害賠償請求を行うことが認められた。しかしながら、裁判所は、FDA による医薬品やそのラベリングの承認行為は、同法に定められた例外事由の1つ、裁量機能の例外 (discretionary function exception[35]) に該当するとして、FDA の承認行為を理由として連邦不法行為請求法に基づく賠償請求訴訟が提起された場合には、連邦裁判所は事物管轄を有しないと判断している。[36][37]

2 製品販売後の警告義務の発展

製造物責任法は、欠陥のある製品を販売した製造業者に、その欠陥により被害者に生じた損害を賠償させる法制度である。したがって、製造業者は、販売時に欠陥が無く合理的に安全とされた製品によって生じた損害については責任を負わないことになる。しかしながら、販売時の科学技術の水準や知見では製品が安全だと判断されても、販売後に初めて製品の危険性が明らかになる場合がある。このように、販売後に初めて製品に不合理な危険性があ

---

34) 28 U.S.C. § 1346(b) (2014).
35) *Id.* § 2680.
36) *See, e.g.*, Gelley v. Astra Pharmaceutical Products, Inc., 466 F.Supp. 182 (D. Minn. 1979); Gray v. United States, 445 F.Supp. 337 (S.D.Tex. 1978). いずれも、FDA の承認したラベリングの記載内容につき、警告が不十分であったとして FDA の承認行為の違法性を原告が主張したケースである。*Also see*, Forsyth v. Eli Lilly & Co., 904 F.Supp. 1153 (D. Hawaii 1995).
37) 他方、ワクチンの承認行為に関しては、承認に当たっての詳細な定めがあることを理由に、必ずしも裁量機能の例外に必ずしも当たらないとの判断がなされている。Berkovitz v. United States, 486 U.S. 531 (1988).

ることが判明した場合に、製造業者の販売後の警告義務を認める考え方が発展していった。

製造物責任法における、このような製品販売後の警告義務は、1959年のコムストック対ジェネラル・モーターズ社事件[38]において初めて認められた。この事件では、あくまで販売時において「(隠れた) 欠陥のある製品」について、その欠陥を後で認識した製造業者に販売後の警告義務を課すものだったが、その後、販売時に合理的に安全で、警告を必要とする危険性が無くても、製造業者が販売後に判明した危険性を認識した場合についての警告義務を認める裁判例が拡大していった[39]。

Ⅰで確認したように、とりわけ人体への影響が大きく、個々の患者の状態の差異によって異なるリスクをもたらしうる処方箋医薬品については、販売前に厳しい審査がなされるにもかかわらず、臨床試験自体の限界によって、市販後において安全性に関する新たな情報が判明することは避けられない。

したがって、裁判所は、処方箋医薬品についての販売後の警告義務を積極的に認めてきた[40]。以下では、社会的に大きな問題となったクロロキン網膜症に関する裁判例と、経口避妊薬に関する裁判例における、販売後の警告義務について確認する。

【ヤロー対スターリング・ドラッグ社事件（1969）[41]】

この事件では、被告製薬会社の販売した、アラレン（リン酸クロロキン）を関節炎リュウマチの治療のために服用した原告が、その副作用によりクロロキン網膜症を発症し、視力の80％を失ったとして、製薬会社に製造物責任に基づく損害賠償を請求した。原告がアラレンを服用したのは、1958年１月から1964年10月にわたる期間だった（アラレンは、アメリカにおいて1946年からマラリアの治療薬として販売され、1957年からは関節炎リュウマチの治療薬と

---

38) Comstock v. General Motors Corp., 99 N.W.2d 627 (Mich. 1959).
39) 佐藤・前掲注30)。もっとも、不法行為法上の厳格責任が販売時の欠陥を要件の１つとし、製造業者の支配を離れた時に欠陥の無い製品については責任を課さないとしていること、販売後の警告義務を認めることは、この厳格責任に過失原理を持ち込むことになることを問題視し、販売後の警告義務を認めない州もある。同・前掲注30) 131-133頁参照。
40) NOAH, *supra* note 15, at 687; Kenneth Ross, *Post-Sale Duty to Warn*, 2004 A.B.A. Sec. Litig. Prods. Liab. Com. Rep. at 13.
41) Yarrow v. Sterling Drug, Inc., 408 F.2d 978 (8th Cir. 1969).

しても使用されるようになった処方箋医薬品である）。しかしながら、1957年に発表された医学論文において、アラレンと網膜または黄班部の変化との関係が示唆され、その後の研究により、アラレンがクロロキン網膜症を引き起こすことが明らかにされていった。

　被告は、アラレンの副作用に関する警告として、医師に配布される医薬品集の記載において、1958年から1961年は「視力障害」、1963年には「視力のぼやけ、角膜の変化、網膜の変化が、稀ではあるが不可逆的な症状として見られること、定期的な検査が推奨されること」を記載した。また被告製薬会社は、製品カードの記載も同時期に変更した。更に、1963年には、FDAにより医薬品の安全性に関する重要な情報を提供する医師宛レター（Dear Doctor Letter）に、定期的なアラレンの服用により、眼球の障害が発生すること、3ヶ月ごとの検査を推奨すること、また視力障害と網膜の変化についての報告を求める旨を記載した。

　しかしながら、被告のディテイラー（製薬会社による医療情報提供者）は、原告の主治医に対して、1957年の末にアラレンについての説明に赴き、その後も4～6週間ごとに医師のもとへ通っているにもかかわらず、アラレンについての警告文書は持参しなかった。

　第8巡回区連邦控訴裁判所は、これらの事実関係を認定のうえ、製薬会社の警告義務について以下のように判示した。医師が処方箋医薬品についての大量の情報を受け取りその全部に適切に目を通すことが必ずしもできないことからすると、医薬品の説明文書による警告だけでは、適切に警告を行ったことにならない。ディテイラーによる訪問が、医師に対する新しい処方箋医薬品の効果的なプロモーションの方法だとすれば、ディテイラーによる訪問はまた、医師に対する処方箋医薬品についての警告を行う最も効果的な方法である。本件の事実関係のもとで、ディテイラーが医師への訪問時に警告についての文書を渡さなかったことについては被告の警告義務違反が認められる。

　この裁判例では、製薬会社による警告の方法がより中心的な争点となっているが、製薬会社は処方箋医薬品の販売後に判明した副作用の情報について、適切な警告を医師に対して行わなければならないことを前提としている。

【ウッダーソン対オルト製薬会社事件（1984）[42]】

この事件では、被告が製造した経口避妊薬の服用によって原告が腎不全を発症し、そのために腎移植手術を受けるに至ったと主張された。本件においては、原告による経口避妊薬の服用当時、多くの医学論文において、被告による経口避妊薬の使用と溶血性尿毒症症候群、悪性高圧症、急性腎不全との関係を示唆する多くの医学論文が存在したにもかかわらず、被告による添付文書や医薬品集の記載にはこのような情報が記載されていなかった。

カンザス州最高裁は、この事実関係を認定のうえ、被告の警告義務について以下のように判示した。「処方箋医薬品の製造業者は、製薬会社自身がその領域でのエキスパートであることに鑑み、その研究、事例報告、科学技術の進展、その領域における文献をもとに、製薬会社が知り、知るべき理由があり、または知るべきであった処方箋医薬品の危険な副作用について、医師に対して警告する義務を負う。この義務は、継続的（continuing）なものである。[43]」

3　FDCAによるラベリングの承認制度と販売後の警告義務

このように、製造物責任法のもとでは、製薬会社は、一定の情報を記載したラベリングの内容と共に当該処方箋医薬品の販売がFDAに承認され、市販を開始した後にも、市販後に新たに判明した情報をもとに事後的継続的に警告を行わなければならないとされた。そして、同時に、製造物責任法においては、連邦法に基づくラベリング規制を遵守していたとしても、それ自体では製造物責任法上における欠陥が無いとはいえないという原則が確立していた。

製造物責任法におけるこのような規律は、市販後に判明する安全性に関する情報を、なるべく速やかに獲得し、それを適切に医師に伝達する動機づけを製薬会社に与えているといえる。しかしながら他方、FDCAによる行政規律のもとでは、処方箋医薬品のラベリングに記載すべき情報はFDCAによる審査と承認を得たものでなければ法律違反となり、また、製薬会社がラ

---

[42]　Wooderson v. Ortho Pharm. Corp., 681 P.2d 1038 (Kan. 1984).
[43]　*Id.* at 1057.

ベリングの内容を事後的に変更する手続も、使いやすいものにはなっていなかった。[44]

(1) FDCA のもとでのラベリングの変更手続

製薬会社が処方箋医薬品によると考えられる有害事象に関する情報を把握し、また、製薬会社や医療機関からその報告が FDA になされた場合でも、それだけでは、処方箋医薬品と有害事象との間の因果関係の存在を肯定できるとはいえず、因果関係の有無を含む処方箋医薬品の安全性に関するより詳細な情報は、更なる調査を行わなければ判明しない。しかしながら、処方箋医薬品がいったん FDA によって承認を受けてしまえば、深刻な副作用があるために承認の撤回等がなされる場合は別論として、製薬会社は市販を継続することができるため、製薬会社において、莫大な資金を要する臨床試験を、市販後に積極的に行う動機は極めて乏しい。また、FDA も、市販後に製薬会社に対して市販後調査を義務付ける権限は、有効性に関する審査を軽減された迅速承認手続によって承認を受けた医薬品の場合[45]等、ごく限定された例外を除いて、有していなかった。[46] FDA は、運用によって、新薬の承認の際に製薬会社との間で市販後調査に関する合意を締結し、その合意に基づいて製薬会社に市販後調査を行わせるという実務を確立してきたが、この実務もあくまで製薬会社との間の合意に基づくものであるうえ、製薬会社が合意に基づく市販後調査を行わなかった場合に FDA が制裁を行う権限も有していなかったため[48]、実効性は高くなかった。[49]

---

44) 21 U.S.C. § 355(e) (2015).
45) 21 U.S.C. § 356 (2015).
46) U.S. DEP'T OF HEALTH & HUM. SERV. FDA, GUIDANCE FOR INDUSTRY, REPORTS ON THE STATUS OF POSTMAKETING STUDY COMMITMENTS-IMPLEMENTATION OF SECTION 130 OF THE FOOD AND DRUG ADMINISTRATION MODERNIZATION ACT OF 1997 (Feb. 2006) at 3, *available at* http://www.fda.gov/downloads/Drugs/GuidanceComplianceRegulatoryInformation/Guidances/ucm080569.pdf (last visited Aug. 30, 2016).
47) Charles Steenburg, *The Food and Drug Administration's Use of Postmarketing (Phase IV) Study Requirements: Exception to the Rule?*, 61 FOOD & DRUG L.J. 295 (2006).
48) FDA 近代化法 (Food and Drug Administration Modernization Act of 1997) においては、合意に基づく製薬会社の市販後調査について、FDA がその進捗を監督する権限を与えられたが、これに反した場合の罰則等は制定されなかった。GUIDANCE FOR INDUSTRY, *supra* note 46.
49) Steenburg, *supra* note 47, at 361.

このように、市販後に新たに安全性に関する情報が出てきても、正確な情報となるまでには調査の実施を要し時間がかかることに加え、情報の確認と精緻化が行われた後についても、その情報をラベリング変更という形で反映することも必ずしも速やかには行われていなかった。それは、FDA の審査を経たうえでラベリングの記載内容を変更する手続には時間がかかること、また、FDA の審査を待たずに製薬会社が暫定的、自主的にラベリング内容の変更を行う例外的手続も広くは使用されてこなかったことが理由である。

　先に述べたように、新薬の承認申請手続においては、意図された使用法に基づく医薬品の安全性と有効性についての審査・承認と共に、安全性や有効性に関して必要十分な情報を医療専門家に対して伝えるためのラベリングの内容が審査・承認される。そして、理由のいかんによらず、製薬会社がいったん審査・承認を受けた処方箋医薬品のラベリングの記載内容を市販後に変更しようとする場合には、原則として、FDA に対する追加資料の提出とそれに基づく FDA による事前の承認が要求され、これには短いとはいえない時間がかかる[50]。もっとも、既にラベリング上に記載されている文言の「変更」、すなわち FDA による審査を既に一度受けた文言の変更ではなく、新たに判明した重要な情報に関してラベリングに新たな文言を「追加」する場合には、FDA による事前の承認を経たラベリングの変更方法に加え、製薬会社がラベリングの変更に先だって FDA に「通知」のみ行い、変更の後に改めて FDA が追加資料に基づく当該変更の審査と承認を行うという、CBE (Changes Being Effected) と呼ばれる変更方法が許容されている[51]。この CBE 手続に期待されているのは、FDA の審査・承認を経たラベリングの変更という時間のかかる手続を待たずに、暫定的にでもラベリングを変更し、製薬会社の主導で情報を医師へと伝達するという機能である[52]。

　しかしながら、製薬会社による主体的なラベリングの変更を促す CBE 手続は、市販後に明らかになる安全性に関する情報をいち早くラベリングに反映させることを可能とし、また、同時に製薬会社が負っている製造物責任法

---

50)　21 C.F.R. § 314.70（2014）.
51)　*Id*. § 314.70(c)(6)(iii).
52)　*Id*. § 314.70(c)(6)(iii)(C).

における市販後の警告義務を果たすことを可能にする望ましい制度であると考えられるにもかかわらず、FDCA 上の不正表示に関する規制との間で摩擦を生じ、実際には、その有効性が減殺されていた。なぜならば、CBE 手続に則って製薬会社が自主的にラベリング内容の追加的変更を行った後なお、追加資料に基づいて FDA に事後審査を請求しなければならないが、この事後審査において変更内容が承認されなかった場合には、製薬会社は変更されたラベリングを再度変更または現状に戻さなければならないからである。[54)55)]

このような手続的負担から、製薬会社は CBE 手続を利用してラベリングを変更しようとする場合にも、実際には変更を実施する前に FDA に対して事前相談を行うという、事前審査に近い実務が慣行化しており、CBE 手続を利用した迅速なラベリング内容の変更はあまり行われていなかった。[56)]

(2) FDA による市販後の情報提供制度の欠陥

FDA は、CBE 手続を利用した製薬会社の主体的なラベリングの変更による情報伝達が有効に機能しないことを懸念して、FDA 自らが（ラベリングの変更前の）暫定的な情報を発信する仕組みを作っていったが、アドホックに情報提供の媒体が増やされたことによって、情報伝達の実効性は低いものだった。

例えば、2007年の時点で、FDA が市販後の安全性を伝達するための手段として FDA が有していた仕組みは、公衆衛生アドバイス（Public Health Advisory）、医療者向け情報シート（Healthcare Professional Sheet）、患者向け情報シート（Patient Information Sheet）、患者向け情報シートおよび医療者向け情報シートに関するアラート（Alerts on Patient Information and Healthcare Professional Sheets）等多数のツールが存在した。[57)] 公衆衛生アド

---

53) *See* Jacobson & Feigal, *supra* note 11, at 535; Gilhooley, *supra* note 16, at 377.
54) 21 C.F.R. § 314.70(c)(7).
55) Jacobson & Feigal, *supra* note 11, at 535.
56) 71 Fed. Reg., *supra* note 11 at 3, 934; Jacobson & Feigal, *id*. at 535.
57) U.S. DEP'T. OF HEALTH & HUM. SERV. FDA, GUIDANCE DRUG SAFETY INFORMATION-FDA'S COMMUNICATION TO THE PUBLIC DRAFT GUIDANCE (Mar. 2012) at 8, *available at* http://www.fda.gov/downloads/Drugs/GuidanceComplianceRegulatoryInformation/Guidances/UCM295217.pdf (last visited Aug. 30, 2016).

バイスは、医療専門家に限らず広く一般に向けて重要な公衆衛生に関する情報を提供するものであり、その一部として、医薬品の安全性に関する新たな情報についても提供されてきた[58]。また、医療者向け情報シートは、「医師向けレター（Dear Doctor Letter）」に当たり、特に医薬品の安全性に関する新たな情報については、「警告」として記載され、医師に対して提供されてきたものである[59]。このように、多種の情報媒体が存在することで、逆に、情報の受け手である医師そして公衆（患者）にとって使いにくいものとなっていた。

また他方で、FDA による、医薬品の安全性についての暫定的な情報提供については、製薬会社から、有用であるかもしれない医薬品の使用について萎縮的な効果をもたらし、また、ラベリングという統一的な制度を中核とした医薬品の情報伝達の仕組みを掘り崩してしまうといった批判がなされた[60]。

4 まとめ

FDCA がラベリングに記載されるべき情報を厳格な審査を前提として事前に承認するという行政規制は、医薬品の安全な使用を確保することこそを目的として発展し、確立したものだった。しかしながら、このような行政の事前規制は、その厳格な手続ゆえに、市販後に初めて明らかになる副作用等の安全性に関する情報を速やかに伝達することを阻んでしまうという問題を生じさせた。

そして、製造物責任法が、販売後の警告義務という、事後的に明らかになる情報を製薬会社が獲得し伝達することを促す規律を発展させたにもかかわらず、FDCA のラベリング制度の規律が、販売後の警告義務についての製造物責任法の規律を有効に機能させることを阻むように働く状態が現出してしまったのである。

このような、行政規律が民事規律の障害となるという状態に対して、アメ

---

58) *Id*. at 8.
59) *Id*. at 9; Jacobson & Feigal, supra note 11, at 540.
60) Scott M. Lassman, *Transparency and Innuendo: An Alternative to Reactive Over-Disclosure*, 68 L. & CONTEMP. PROBS. 69, 77（2006）.

リカでは、行政規律の性格を変化させることにより、対応しようとした。これがⅢにおいて検討する、FDA 改正法における試みである。

Ⅲ　行政規制の性質の転換と民事規律との競合と協働

1　2007年 FDA 改正法とラベリング制度の転換

　2007年に連邦議会により制定された FDA 改正法（Food and Drug Administration Amendments Act of 2007: FDAAA）[61] は、FDCA の多くの点について改正を加えるものであったが、そのうちの１つが、処方箋医薬品の市販後に明らかになる安全性の情報をビッグ・データを用いて積極的に獲得し調査すること、また、情報伝達に関する FDA の役割を強化することだった。かかるラベリング制度の転換は、FDA の役割の重心を、ラベリングにより提供すべき情報の審査と承認に加えて、医薬品の市販後に明らかになる情報を取得し、かかる情報に基づいて製薬会社に医薬品の安全性に関する更なる調査を義務付けるという、情報の獲得の局面へと拡大するものであった。

⑴　**FDA による安全性情報の主体的な獲得**

　改革の第１点目は、FDA 改正法が、医薬品の安全性に関する情報を獲得するための電子情報システムを構築する権限を FDA に与え、膨大なデータを保持するデータベースから、FDA が能動的に副作用情報を獲得することを可能とした点である[62]。

　FDA 改正法は FDA に対して、医薬品の市販後における安全性に関する問題を識別するための全米的な電子情報システムを構築する権限を与えたうえで[63]、FDA が、公的機関、私的機関および学術機関との協力のもと、患者による医薬品の使用についてのデータベースへのアクセスを獲得し、市販後の医薬品のリスクの識別と分析を行う仕組みを構築すること、この仕組みは

---

[61]　Pub. L. No. 110-85, tit. IX, 121 Stat. 823, 922（codified as amended at 21 U.S.C. § 355（2010））.
[62]　Gilhooley, *supra* note 16, at 363.
[63]　Pub. L. No. 110-85, § 905(a), 121 Stat. 823, 944（codified as amended 21 U.S.C. § 355(k)(3)（2015））.

2012年7月までに1億人のデータの獲得を目指すことを規定した。[64]

　FDA改正法で与えられた権限に基づき、FDAは2008年、監視イニシアチブ（Sentinel Initiative）と名付ける仕組みを立ち上げ、まず、パイロットプログラムとしてミニ監視システム（Mini-Sentinel）を開始した。このFDAによる監視イニシアチブのもとでは、医療機関や医療保険等により集積された電子カルテや保険料の請求データ、医薬品の購入データ等がそのデータソースとなることが意図されており、[66] 医療機関や医療保険には、アメリカにおける公的医療保険制度であるメディケア、メディケイドや退役軍人医療局だけではなく、私的な医療保険も含まれるものとして考えられている。[67] 従来の報告制度においては患者の病歴や医薬品の服用環境等の補足的な情報が不十分であったのに対し、本制度のもとでは、患者のカルテ等へのアクセスをも対象としている点において、獲得される情報の内容についても充実しており、その後のFDAによる医薬品の安全性に関する審査を容易かつ有効にするものとなる。[68][69]

　2008年にはまず手始めに、メディケアおよび退役軍人医療局におけるデー

---

64) 21 U.S.C. § 355(k)(3)(B) (2015).
65) FDA改正法上は、市販後リスク識別・分析システム（postmarket risk identification and analysis system）と規定されている。
66) Barbara J. Evans, *Authority of the Food and Drug Administration to Require Data Access and Control Use Rights in the Sentinel Data Network*, 65 FOOD & DRUG L. J. 67 (2010) at 78; Richard Platt et al., *The New Sentinel Network-Improving the Evidence of Medical-Product Safety*, 361 NEW ENG. J. MED. 645, 645 (2009).
67) Evans, *id*.
68) 監視ネットワーク（Sentinel network）について、*see also* Bridget M. Kuehn, *FDA Turns to Electronic "Sentinel" to Flag Prescription Drug Safety Problems*, 300 JAMA 156 (2008); Richard Platt et al., *The U.S. Food and Drug Administration's Mini-Sentinel program: status and direction*, 21 PHARMACOEPIDEMIOL. DRUG SAF. 1 (2012); Melissa A. Robb et al., *The US Food and Drug Administration's Sentinel Initiative: Expanding the horizons of medical product safety*, 21 PHARMACOEPIDEMIOL. DRUG SAF. 9 (2012).
69) この仕組みは、FDAに対してとりわけ私的機関からの情報収集を可能とする権限を与えている点で、この権限の合衆国憲法上の根拠についての問題や患者の医療情報へのアクセスを制度の前提とする点での個人のプライバシー権との関係の問題等、法的問題も指摘されている。更に、法的問題をおいたとしても、匿名化した情報のうち必要な情報のみをFDAが獲得できるようなデータベースを構築することの技術上の問題や、そもそもアメリカにおいて、電子カルテの普及が未だ進んでいないこと等、実際上の問題も多く、制度を構築し有効に機能するまでには未だ少なからぬハードルが存在する。*See* Evans, *supra* note 66.

タへのFDAによるアクセスを容易にする制度的手当がなされ、25万人程度のデータへのアクセスが可能となったが、その後のデータ蓄積により、2015年8月の時点では、約1.93億人の患者（うち、0.39億人は現在進行形でデータが蓄積されている患者。また、うち、0.43億人は継続して3年以上のデータが蓄積されている患者）の情報が獲得されているという。パイロットプログラムであるミニ監視システムのもとでは、仕組みを運営するに当たっての科学的分析手法の進展、データインフラの整備、データのプライバシーや安全を保証するためのガバナンスの仕組み等についての問題点の発見と改善が行われている。

(2) 医薬品の安全性に関する市販後調査の義務付け制度

更に、FDA改正法は、それまでFDAが限定的にしか有してこなかった、市販後における製薬会社に対する医薬品の安全性に関する各種の試験の義務付け権限を与えた。このような試験の義務付けは、監視イニシアチブや従来からの報告制度に基づいてFDAが取得した医薬品の安全性に関する情報に基づいて、医薬品の安全性についてのより正確かつ詳細な情報を得るための仕組みであり、監視イニシアチブの創設と対をなして働くものである。

すなわち、FDA改正法により新たな条項としてFDCAに追加された505(o)(3)条のもとでは、医薬品の承認後の時点において、医薬品の市販後における安全性に関する新たな情報をFDAが得たとき、一定の目的に限って、製薬会社に対して臨床試験やその他の試験を義務付ける権限をFDAに与えている。一定の目的とは、医薬品の使用に関連する重大なリスクを評価するこ

---

70) http://mini-sentinel.org/about_us/MSDD At-a-Glance.aspx（last visited Aug. 30, 2016）.
71) Robb, *supra* note 68, at 9, 10（2012）. なお、医療安全に向けた全米的なシステムの構築を推進するに当たり、個人の医療情報の二次的利用を推進することを目的として、2009年に経済的及び臨床的健全性のための医療情報技術に関する法律（Health Information Technology for Economic and Clinical Health Act: HITECH Act）が、医療情報の保護に関する医療保険の携行性と責任に関する法律（Health Insurance Portability and Accountability Act）の部分的改正立法として成立し、これも、FDAによる監視イニシアチブでのデータ構築に寄与している。*See* e. g., Ryan Abbott, *Big Data and Pharmacovigilance: Using Health Information Exchanges to Revolutionize Drug Safety*, 99 IOWA L. REV. 225（2013）; Barbara Evans, *Sustainable Access to Data for Postmarketing Medical Product Safety Surveillance under the Amended HIPPA Privacy Rule*, 24 HEALTH MATRIX 11（2014）.
72) 21 U.S.C. § 355(o)(3)（2010）.

と、医薬品が重大なリスクを有することを示唆する兆候を評価すること、医薬品が重大なリスクを有する可能性があることを示すエビデンスがある場合にその予期しない重大なリスクを特定することとされている。

かかる義務を製薬会社に対して課すに当たっては、FDA はまず、自己が有する手段である、監視イニシアチブによる情報収集や有害事象についての報告制度によって十分な情報が取得できる場合には、まずかかる手段によらなければない。また、製薬会社に義務を課す場合も、観察試験によって安全性情報の十分な取得が期待できる場合には、FDA はまず観察試験を義務付けるものとされ、製薬会社に対して大きな金銭的負担を強いる臨床試験は、観察試験でも目的が達成されない場合の最後の手段として定められている。[73]

そして、FDA により命じられたかかる義務を製薬会社が履行しない場合には、当該医薬品の販売が禁じられるうえ、当該医薬品の表示は「不当表示」とされて巨額の罰金を科されるという強力な制裁が加えられる。[74]

また、このほか、FDA 改正法においては、医薬品の承認時または承認後において FDA が必要であると判断した場合に、製薬会社に対して、当該医薬品の効用がリスクを上回っているか否かを評価し確認するための、リスク評価・軽減戦略（risk evaluation and mitigation strategy: REMS）と呼ばれる計画を策定し製薬会社に実施を義務付けることができるとされた。[75][76]

更に、これらの製薬会社の市販後における調査義務に加えて、FDA 改正法では、それまで FDA に与えられていなかった、市販後に明らかとなった情報をラベリングに反映させるよう、製薬会社に義務付ける権限を明示的に与えた。[77]従来は、新薬と同時にそのラベリングの記載内容もいったん承認した後は、FDA は製薬会社にその内容の修正を義務付ける権限は有しておらず、FDA が有する医薬品の承認取消し等の権限を背景にして、製薬会社と

---

73) Barbara J. Evans, *The Ethics of Postmarketing Observational Studies of Drug Safety Under Section 505(o)(3) of the Food, Drug, and Cosmetic Act*, 38 AM. J.L. & MED. 577, 586-587（2012）.
74) *Id*. at 585.
75) 21 U.S.C. § 355(P)(1)(B)（2015）.
76) Gilhooley, *supra* note 16, at 364; Evans, *supra* note 73, at 583.
77) 21 U.S.C. § 355(o)(4)(A)-(G)（2015）.

の協議により改訂させる実務となっていたが、このような協議には時間がかかり、これもまた、迅速なラベリングの変更への障害となっていたためである。なお、この FDA の新たな権限が、従来の CBE 手続に変更を加えるものではないことも付記されている[78]。このラベリングの改訂義務についても、違反に対しては罰金という制裁が加えられる[79]。

(3) 医薬品の安全性に関する暫定情報の伝達

上述のように、FDCA では、医薬品の市販後の安全性情報について、その獲得と調査に関する FDA の権限を大幅に拡大したが、一方で、FDA による情報の発信についてもその範囲を拡大した。すなわち、FDA 改正法では、市販後に明らかとなった有害事象について、FDA によって承認後審査がなされている途中の医薬品について、暫定的な内容の情報のいち早い提供を FDA に対して義務付けた[80]。

このような暫定的な情報の FDA による提供は、FDA 改正法制定前も、連邦保健福祉省による政策で既に行われていたものであるが[81]、FDA 改正法はこのような政策を連邦法として規定し、市販後に明らかとなった有害事象により、FDA によって承認後審査がなされている途中の医薬品についての公衆への情報の提供を FDA に対して義務付けている[82]。すなわち、同改正で

---

78) *Id*. § 505(o)(4)(I).
79) Gilhooley, *supra* note 16, at 365-366.
80) 21 U.S.C. § 355(r)(2)(D) (2015).
81) 2005年2月に連邦保健福祉省（United States Department of Health and Human Services）長官から発表された「FDA 医薬品安全性構想（FDA's Drug Safety Initiative）」に基づく最終ガイダンスにおいて、FDA が従来使用してきた情報伝達手段を再確認すると共に、その伝達の対象の一部となる、市販後に判明する医薬品の有害事象に関する情報についても明確な定義が与えられた。すなわち、「医薬品の安全性に関する新たな情報（emerging drug safety information）」について、「FDA が現在観察または分析している、医薬品の処方や服用に関する判断に影響を与えるような、医薬品の安全性／危険性評価の変更を生じる可能性のある情報であって、分析または確認が完了していない情報」と定義された。U.S. DEP'T OF HEALTH & HUM. SERV., Press Release, REFORMS WILL IMPROVE OVERSIGHT AND OPENNESS AT FDA (Feb. 15, 2005), *available at* http://archive.hhs.gov/news/press/2005pres/20050215.html (last visited Aug. 30, 2016); U.S. DEP'T OF HEALTH & HUM. SERV. FDA, GUIDANCE; DRUG SAFETY INFORMATION-FDA'S COMMUNICATION TO THE PUBLIC (Mar. 2007) 5, *available at* http://www.fda.gov/downloads/Drugs/GuidanceComplianceRegulatoryInformation/Guidances/ucm072281.pdf (last visited Aug. 30, 2016).
82) 21 U.S.C. § 355(r)(2)(D) (2015).

は、新薬承認後18ヶ月または1万人による使用いずれか遅い時点までに、当該医薬品の有害事象に関して受けた報告の概略的な分析について（新たに判明した危険性や潜在的な危険性、および既に把握されていたが目立った人数の患者に発生したリスクを含む）、FDAは情報を提供しなければならないとされた[83]。この連邦法の規定に基づき、FDAは2010年6月から、ウェブサイト上でかかる情報の提供を開始した[84]。更に、かかるウェブサイト上の情報提供においては、それまで、複数の形態に分かれていた情報提供の媒体を一本化、情報伝達の明確性を高めることを明言すると共に、かかる一本化された情報提供手段は、医師向けまたは患者向けというように情報の受け手を限定せず、「公衆に対して」提供するものであるとしている[85]。

(4) 小括——FDA改正法がもたらした行政規律の性格の変化

FDA改正法による新しい規律をやや詳しくみてきたが、これらの規律は、従来のFDCAに基づく行政規制の性格を大きく変化させたものであるといえる。

まず、FDAの役割を、事前の規制から事後の情報獲得へとシフトさせた。これは、監視イニシアチブの構築によってFDAが市販後の有害事象の端緒を発見するための積極的権限が与えられたことにあらわれている。つまり、従来のFDCAの規律のもとでは、私人である医師（と患者）、製薬会社の自発性に任せてきた情報収集を、行政の権限として行うこととしたのである。このようなビッグ・データからの情報獲得は、個別の私企業たる製薬会社ではなく、行政主体であるFDAによってしかなし得ないことである。

次に、情報獲得の第2段階目である、調査による情報の精緻化については、FDAのみが中心として行うのではなく、FDAは製薬会社による精緻化を促進し監督する役割を担うものとした[86]。これは、製薬会社に市販後の調査を義務付ける権限をFDAが与えられたことに示されている。

---

83) Id.
84) GUIDANCE, supra note 81, at 8.
85) Id.
86) FDAによる製薬会社への市販後調査の義務付けは、「商業的な試験が公衆衛生の目的に資するもの」として機能する、「ハイブリット的な仕組み」と評価されている。Evans, supra note 73, at 585.

第3に、情報提供の場面においても、事後的な情報提供が重要であることを、行政規律自身が明らかにした。これは、第1点目と同様、事前規制を中心とした制度から、事後的なフォローアップにも行政の主体的な関与がなされるということである。これは、ラベリングの事前審査と承認を根幹とした従来の行政規律からの転換である。[87]

　事後的な情報獲得と伝達を重視するというこのような行政規律の性格の変化は、製造物責任法において製薬会社が求められる市販後の警告義務と歩調を合わせるものであり、製薬会社にとっては、FDCAによる行政規律が、事後的な警告義務を促進する障害になるどころか、むしろ事後的な警告義務を促すものになるといえる。

　しかしながら、FDCAによる規制と、製薬会社が自主的に行うラベリングの変更内容が一致しない場合はなおありうる。行政規律が事後的な情報獲得と伝達に主眼を置くことになったのであれば、民事規律は後に退いて、行政規律にのみ情報獲得と情報伝達の役割を任せればよいということにはならないか。これは、連邦法の規律が州判例法を専占するかという、合衆国憲法上の問題において議論されることとなった。

　これに対して連邦最高裁が下した判断は、行政規律を遵守していたとしてもなお、民事規律による責任が課されうる、というものだった。2ではこの最高裁判断と、行政規律と民事規律とが競合するとされたことの意義を検討する。

2　行政規律と民事規律の競合と協働──専占の否定とその意味

　本項では、連邦法による州法の専占に関する法理の原則と発展を簡単に踏まえたのち、連邦最高裁が、FDCAのもとでの行政規則による州判例法の専占を否定した判決を検討する。そして、行政規律と民事規律が競合するとされたことの、処方箋医薬品の情報伝達の文脈における意義を検討する。

---

87) Lassman, *supra* note 60, at 72. *See also* Lisa M. von Biela, *A Disclosure Dilemma: What You Don't Know Can Kill You, But So Can What You Do Know*, 65 FOOD & DRUG L.J. 317 (2010).

(1) 連邦法による州法の専占

連邦法による州法の専占（preemption）とは、連邦法と州法に抵触がある場合、連邦法がもっぱら適用され、その重なり合う限度で州法の適用を排除するという法理である[88]。この法理は、合衆国憲法の最高法規条項（Supremacy Clause）[89]から導き出されたものである。統治機構として連邦制度をとるアメリカ合衆国においては、連邦議会による立法権限が合衆国憲法に明示的または黙示的に定められている事項以外には及ばないことを前提として、連邦議会がこの限られた事項について連邦法の制定を行ったときには、連邦法は州法に優位し、連邦法と州法が抵触する場合には、連邦法がもっぱら適用されることになるのである。

この連邦法による州法の専占は、3つの状況のもとで認められるとされている。1つ目は、明示の専占（express preemption）であり、連邦議会が、連邦法の明文によって、または立法経緯によって、明確に州法を排除する旨の立法意図を示している場合である。この場合に、連邦法が州法を専占すること自体は明白であるが、州法が専占される範囲について明らかでない場合には、裁判所によってこれが判断されることとなる。2つ目は、黙示の専占（implied preemption）であり、連邦議会が明示的に専占の意図を示していない場合でも、連邦法がその規制範囲について独占的に規制する意図が黙示的に表明されている場合には、やはり、問題となっている連邦法は州法を専占すると考えられる。このような連邦議会の黙示的な意図は、連邦法の目的や構造から基礎づけられるとされる。黙示的専占は分野による専占（field preemption）も呼ばれ、連邦法による規制の構造からして、州法による規制を許さないことが必要とされると考えられている。3つ目は、抵触による専占（conflict preemption）であり、連邦法と州法が不可避的に衝突する場合に認められるとされる（なお、抵触による専占は、黙示の専占の下位カテゴリーとさ

---

88) 樋口範雄『アメリカ憲法』（弘文堂・2011）172頁、Robert S. Peck, *A Separation-of-Powers Defense of the "Presumption Against Preemption"*, 84 TUL. L. REV. 1185, 1189 (2010); Richard A. Epstein, *What Tort Theory Tells Us About Federal Preemption: The Tragic Saga of Wyeth v. Levine*, 65 N.Y.U. ANN. SURV. AM. L. 485, 485 (2010).

89) U.S. CONST. art. VI, cl. 2.

れる場合もある）。具体的には、連邦法と州法との両方を遵守することが物理的に不可能である場合と（一方の遵守が他方についての不遵守となる場合）、州法による規制が連邦議会による目的の達成および実施のための障害になる場合があるとされている。
[90]

　専占法理は多くの判決によって認められてきたが、そこでは専占法理における基本的な原則が確認されてきた。それは、連邦議会の意思が確実かつ明白でなければならないこと、反専占の推定（presumption against preemption）、および専占が認められる場合でもその範囲は狭く解釈されなければならないこと、というものである。連邦議会の意思の確実明白性は、とりわけ、伝統的に州の福祉権能（police power）の範囲に属してきた事項について重要であり、連邦議会の意思が確実に示されているときに限り、連邦法が州法を専占することができるとされる。また、反専占の推定とはこの裏返しであり、州の有する福祉権能は、連邦議会による明確かつ明白な目的が示されていない限りは、連邦法により優越されないというものである。
[91]
[92]

　専占法理は、連邦政府と共に合衆国を構成する州もまた主権を有するという連邦制度を基礎にしているが、アメリカ合衆国において産業と州際通商が発展するのと歩調を合わせて、連邦議会による産業や連邦全体にわたる事項についての立法は範囲を拡大し、このような立法によって州法が専占される範囲も拡大して行った。連邦法による州法の明示的な専占の背後には、産業規制や特定の分野において、合衆国内での統一的なルールを形成し、各州法に基づくルールの違いによって、州際における通商や活動が妨げられることを避けるという目的が存在した。産業規制のなかでも、とりわけ製薬業や金融業はこのような連邦法による統一的な規制が必要であると考えられてきた分野であった。
[93]
[94]

---

90) 樋口・前掲注88) 174-190頁、Peck, *supra* note 88, at 1190-1194; Epstein, *supra* note 88, at 485-486.
91) Anthony C. Coveny & Shelly A. Sanford, *Executive Activism Not Reciprrocated With Judicial Activism: Wyeth v. Levine and Cuomo v. Clearing House Return Preemption to the Legislative Branch*, 22 St. Thomas L. Rev. 362, 372-373 (2010).
92) Epstein, *supra* note 88, at 487.
93) Coveny & Sanford, *supra* note 91, at 370-372.
94) *Id.*

しかしながら、州法によりなされる産業規制は、必ずしも州議会の立法による規制に限られない。州法は、州判例法、すなわち私人により提起された訴訟を通じた事後的救済を求める裁判の場においても形成されるものである。このような、事後的かつ救済機能を有する州判例法をも連邦法が専占するかという問題は、アメリカにおいて、製品の欠陥に基づいて製造業者の消費者に対する賠償責任を肯定する製造物責任法が州判例法において発展したことにより、専占法理における大きな争点となった。[95)96)]

このような議論状況のなか、連邦法が州の判例法を専占するかという問題について、1992年、連邦最高裁はシポロン社対リゲット・グループ社事件で、[97)]初めて、連邦の制定法が州の製造物責任法に基づく賠償責任を専占することを認めた。この事件では、喫煙と公衆衛生に関する法律という連邦法において、ラベリングにおいてタバコの喫煙に伴う危険性を警告することが義務付けられると共に、明示的な専占規定が置かれていた。長年の喫煙の後に肺癌にり患して死亡した女性の遺族が原告となり、タバコ製造業者に対して警告上の欠陥を理由に損害賠償を請求したが、最高裁は、連邦法上の専占の規定が州判例法を除外していない（連邦法に定められている専占規定には、州判例法も含まれる）として、損害賠償請求を退けたのである。

連邦最高裁判所の判断によって連邦法による州判例法の専占が認められたこの判決の後、製造物責任訴訟の場において、被告とされた製造業者等はほぼ常に連邦法による専占の抗弁を主張するようになった。[98)]

(2) 製薬会社によるラベリング規制の専占の主張と連邦最高裁による否定

(a) **連邦行政規則による専占規定とその背景**　　FDAは、従前、製造物責任法のもとでの警告責任は、FDCAに基づいてFDAが実施する連邦行政規則に基づいたラベリングの規制の妨げにはならないという見方を示してきた。[99)]

---

95)　*Id*.
96)　製造物責任法における連邦法の専占の問題について、佐藤・前掲注30) 230頁以下。
97)　Cipollone v. Liggett Group, Inc., 505 U.S. 504 (1992).
98)　Michele E. Gilman, *Presidents, Preemption, and the States*, 26 CONST. COMMENT. 339, 372 (2010).
99)　David A. Kessler & David C. Vladeck, *A Critical Examination of the FDA's Efforts to Preempt Failure-to-Warn Claims*, 96 GEO. L.J. 461, 463, 473 (2008); Coveny & Sanford, *supra* note 91, at 398-399.

例えば、医師向けラベリングの記載内容に関する連邦行政規則の改正に当たって1979年に出されたパブリックコメントに対する回答では、ラベリングの内容を定めるに当たって行われるFDAと製薬会社との間の協議は、医師が適切な処方を行うための適切な情報をラベリングに反映するようにするためであり、「FDAは、製薬会社や医師に対する不法行為責任に対して影響を与えることは意図していない」と述べている[100]。また、1998年に、特定の処方箋医薬品について患者向けのラベリングを提供することを義務付ける旨の連邦行政規則の改正に当たって出されたFDAのコメントにおいても、「FDAは、州の不法行為法の発展が、行政機関（FDA）による規制と対立するような基準をもたらすとは考えていない。FDAの規制は、必要最小限度の基準を設定するものである」と述べている[101]。そして、本章Ⅱでもみたように、裁判所もまた、FDAによるラベリング規制を遵守していたとしても、なお、製薬会社は製造物責任法における警告責任を負いうるという判断をしてきた。

しかしながら、FDAは、このようなラベリング規制と製造物責任法の関係に関する考え方を2000年代に入ってから急に転換し、医師向けラベリングの記載内容に関する連邦行政規則の改正に当たって、連邦行政規則の前文として、連邦行政規則によるラベリング規制は、製造物責任法の警告責任を専占する旨の言明をするに至った[102]。

このようなラベリング制度についてのFDAの突然の見解の変化の背景には、製薬会社による政治的な活動が存在したといわれている。すなわち、ブッシュ政権は、製薬会社による政治活動への支援、共和党の立場に基づいた、不法行為訴訟を制限する方向への不法行為法改革、アメリカにおける医療費削減のための政策推進といった動きの一環として、ラベリング規制による州製造物責任法の専占を進めようとしたのである[103]。これを実現するために、ブッシュ政権では当初、連邦議会による立法をもってラベリング規制による製造物責任法の専占を規定しようとしたが、民主党の反対によって、議会を通

---

100) 44 Fed. Reg. 37, 434, 37, 437 (June 26, 1979).
101) 63 Fed. Reg. 66, 378, 66, 364 (Dec. 1, 1998).
102) 71 Fed. Reg., *supra* note 11, at 3, 968.
103) Coveny & Sanford, *supra* note 91, at 398-400.

じた政策の実現は困難であることが明らかとなったために、大統領指揮下にある行政機関を通じた政策の実現を行うに至ったのである[104]。ブッシュ政権下でのFDAは、州における製造物責任訴訟において、連邦法が州法を専占する旨の意見を述べるアミカス・キュリィ[105] (amicus curiae) としての書面を訴訟に提出するようになり、次いで、連邦行政規則の前文において、専占の文言を入れたのである[106]。

しかしながら、このような、製薬業界の要望とそれを汲んだ政策を打ち出す時の政権のもとで進められた、専占法理を手段とした製造物責任訴訟の回避策は、その後2009年にオバマ政権が始まるとすぐに転換させられると共に[107]、同年、ワイエス社対レヴァイン事件連邦最高裁判決によって完全に否定されることとなった。

　(b)　**ワイエス社対レヴァイン事件（2009）**　　ワイエス社対レヴァイン事件[108]の事実関係は、以下のとおりである。

抗ヒスタミン剤フェネルガンは、吐き気の治療薬として被告であるワイエス社により、1955年以降販売されていた処方箋医薬品である。フェネルガンの医師向けラベリングには、不注意による動脈内への注射が引き起こす壊疽とそれによる身体の切断に至る危険性が記載されていたが、動脈への侵入の危険性が高い、静脈への直接注射の方法を使用すべきではないという警告はなされていなかった。なお、フェネルガンのラベリングは1955年の新薬承認時にFDAにより承認され、その後の改訂もFDAにより承認されていたものであった[110]。

---

104)　*Id.* at 401, 404.
105)　裁判所に係属する事件について、裁判所に情報または意見を提出する第三者のこと。多くの場合、社会的・経済的・政治的影響のある個人・機関・組織等が裁判所の許可を得またはその要請によりアミカス・キュリィとなり、書面を提出する。
106)　Gilman, *supra* note 98, at 351.
107)　オバマ大統領は、就任後の2009年5月に、専占に関する政権の方針を示す文書を全ての行政機関宛てに発し、ブッシュ政権下での行政機関による専占の方針を転換させた。MEMO. FROM PRES. BARAK OBAMA, FOR THE HEADS OF EXECUTIVE DEPARTMENTS AND AGENCIES (May 20, 2009), *available at* http://www.whitehouse.gov/thepressoffice/Presidential-Memorandum-Regarding-Preemption (last visited Aug. 30, 2016).
108)　Wyeth v. Levine, 129 S.Ct. 1187 (2009).
109)　*Id.* at 1191-1193.
110)　*Id.*

原告は、片頭痛の治療のために医師を訪れ、そこで静脈直接注射の方法でフェネルガンの投与を受けた。投与に際して、看護師が誤って患者の動脈へとフェネルガンを投与し、その結果、患者の腕に壊疽が生じ、最終的に片手を切断することとなってしまった。原告は、ワイエス社に対し、警告義務の違反を理由とし、過失不法行為または厳格責任の法理のもとで損害賠償請求を行った。[111] なお、原告は、診察を行ったクリニックと医師との間では本訴訟の前に和解している。[112]

被告は、請求に対する抗弁として専占を主張し、その理由として、ラベリング規制と州製造物責任法における警告義務の両方を同時に遵守することはできない、また、製造物責任法の許容は連邦法に基づくラベリング規制の目的を妨げる、という理由をそれぞれ主張した。

裁判所は、判断に当たり、まず、専占法理における2つの基本的な原理は、連邦議会の意思(目的)と、州の伝統的な福祉権能は連邦議会の明確かつ明白な意思が無い限り専占されないという推定であると確認した。そして、連邦議会の意思の特定に当たり、連邦政府による医薬品とそのラベリングの規制の歴史をたどったうえで、直近におけるFDCAの改正である2007年FDA改正法を含め、医薬品およびそのラベリング規制の長い歴史にわたり、その機会があったにもかかわらず、法律上、一度も連邦法による州法の専占が認められてこなかったことを指摘した。[113]

そして、被告による連邦法と州法の同時遵守の不可能性ゆえの専占という主張に対しては、FDCAのもとでのCBE手続の存在を指摘し、[114] 被告は、同手続のもとで、FDAの事前承認を待たずに静脈への直接注射によるフェネルゲン投与の警告を追加するラベリングの修正を行うことができたはずであ

---

111) *Id.* at 1191.
112) *Id.*
113) *Id.* at 1194-1196.
114) 製薬会社の主導による、ラベリングの記載内容の変更手続のこと。新たに判明した重要な情報に関してラベリングに新たな文言を「追加」する場合には、FDAによる事前の承認を経たラベリングの変更方法に加え、製薬会社がラベリングの変更に先だってFDAに「通知」のみ行い、変更の後に改めてFDAが添付資料に基づく当該変更の審査と承認を行うという、CBE手続がFDCA上認められている。本章Ⅱ3に既述。

ると判示した。また、裁判所は、FDCAと連邦行政規則に基づく規制のもとでも、医薬品のラベリングについての根本的な責任は、FDAではなく製薬会社が負うものであると明示し、被告による主張を退けた。[115]

また、製造物責任訴訟を肯定することはFDCAによるラベリング規制の目的を妨げる、という被告の主張については、2006年にFDAから示された連邦行政規則の前文での専占の文言に言及し、FDAによるかかる専占の表明は、連邦議会の意思の擁護できない解釈であると共に、州法の専占についての行政機関の権力の広範過ぎる見解であるとしてこれを否定し、連邦議会により示されたラベリング規制の目的は製造物責任訴訟によって妨げられないと判示した。すなわち、2006年にFDAから示された見解は、この見解の表明に当たって利害関係者に告知聴聞を行わなかったこと等にも鑑みると本来的に疑わしく、また、FDCAの改正の歴史からみられる連邦議会の意思とも反し、従来からのFDAの見解の急な転換であると述べたのである。[116]

このようにして、FDCAに基づくラベリング規制が州製造物責任法に基づく警告責任を専占するという主張は、連邦最高裁判所により明確に否定されることとなった。そこでは、連邦議会の意思という専占法理の根本が重視された結果であるが、裁判所は、連邦議会の長年の意思として、そして、FDAによる薬事行政の過程において、製造物責任法上の警告責任に基づく損害賠償請求訴訟は、FDAによる薬事規制を補う機能を期待されてきたことを、明確に判示している。[117]

3 FDA改正法と製造物責任法

ワイエス社対レヴァイン事件により示された、FDCAのもとでのラベリング規制と製造物責任法に基づく警告責任が両立するとの判断は、処方箋医薬品の市販後の情報の獲得と伝達にFDAの役割をシフトさせ、製薬会社に情報の獲得の役割の一部を担わせることとしたFDA改正法の規律との関係で、どのような意味をもつか。

---

115) *Wyeth*, 129 S.Ct. at 1196-1199.
116) *Id*. at 1199-1202.
117) *Id*. at 1202.

FDA 改正法の規律によって、市販後に明らかになる処方箋医薬品の安全性に関する情報は、それまでよりも迅速に獲得され、製薬会社にはそれを調査により精緻化することが求められるようになった。安全性に関する問題が発生してから、その情報が獲得されるまでの時間が大幅に短縮され、また、FDA と製薬会社とに情報が共有されることで、ラベリングまたは FDA が提供するラベリング以外の媒体に新しい情報が迅速に反映されることになる。このような時間の短縮は、製薬会社が、ラベリングの記載内容を変更するに当たって情報を精緻化したり FDA と事前相談をしたりすることに相当程度の時間がかかるにもかかわらず、製造物責任法では速やかな警告を行う義務を課されるというジレンマを、相当程度解消することになる。

　そして、ワイエス社対レヴァイン事件判決において指摘されているように、FDA 改正法は、市販後情報の獲得と伝達の制度を強化したがためにそれで十分であるとして、FDCA による規制が製造物責任法における警告責任を専占する、という規定を置くということはしなかった。それは、行政規律が必ずしも理想的には働かない場合もあり、州の製造物責任法に基づく責任を競合して課すことによって、製薬会社に対して、市販後の新たな情報をできる限り迅速に獲得し伝達させようと連邦議会が考えたからといえるだろう。

　また、更にいえば、FDCA のもとで FDA によって製薬会社が市販後の調査を義務付けられたときには、そのような調査義務が課されたという事実により、処方箋医薬品の副作用について製薬会社は認識または認識可能性があったとされ、製造物責任法上の警告義務が基礎づけられることとなろう。

　FDA 改正法によって変化した行政規律と製造物責任法に基づく市販後の警告責任は、両者が協働することにより、処方箋医薬品の市販後における新たな情報を、FDA と製薬会社が役割分担をしつつ（FDA は情報の端緒を発見し、製薬会社はその情報を精緻化する）獲得することを可能にした。そして、このようにして獲得された情報が、FDA と製薬会社を通じて、より一層迅速に医師へと伝達されることを担保するよう、2 種の規律は機能している。

4　残された問題――後発医薬品

　最後に、残された問題として、後発医薬品（ジェネリック医薬品）につい

ての警告の問題を指摘して本章を閉じる。後発医薬品は、先発医薬品の特許期間が切れた後に、別の製薬会社から販売される、先発医薬品と同じ有効成分をもつ医薬品である。そして、後発医薬品は、それが後発品であるという理由から、先発医薬品についての新薬としての承認およびそのラベリングの承認とは異なる手続がFDCA上定められている。すなわち、後発医薬品は、既に承認を受けている先発医薬品との同等性を証明することがその承認の要件となっており、長い期間にわたる臨床試験を経て承認を受けることのできる先発医薬品とは異なり、迅速な承認が可能となっている。そして、後発医薬品については、それ自体の安全性と有効性を直接審査するのではなく、先発薬との同等性を審査するという承認手続がとられていることを前提として、そのラベリングについても、先発医薬品と同じ内容を記載することが義務付けられている。

　ワイエス社対レヴァイン事件判決の2年後に、連邦最高裁は、後発医薬品について、連邦法による製造物責任法の専占を肯定し、製造物責任法による責任を製薬会社が負わない旨の判決を下した。

　以下では、この最高裁判決を検討し、後発医薬品の警告が未だ残された問題であること、しかしながら、市販後の新たな副作用情報の発覚という意味では、実は、先発医薬品と比すると問題が相対的に小さいといえることを指摘する。

【プリヴァ社対メンシング事件（2011）】

　プリヴァ社対メンシング事件では、消化管異常治療薬であるメトクロプラミドについて、長期間にわたる使用によって引き起こされる副作用である、遅発性ジスキネジア（重篤な神経疾患）についての警告が、ラベリングにより適切になされていたかどうかが問題となった。メトクロプラミドの先発医薬品（医薬品の名称はレグラン）については、1980年にFDAによる新薬の承認を受けたが、その後、長期間の使用による副作用についての警告を強化するラベリングの変更が数度にわたり行われていた。

---

118)　21 U.S.C. § 355(j)(2)(A) (2015).
119)　Id. § 355(j)(2)(A)(v).
120)　Pliva, Inc. v. Mensing, 131 S.Ct. 2567 (2011).

Ⅲ　行政規制の性質の転換と民事規律との競合と協働　　121

　原告らは、メトクロプラミドについての後発医薬品の処方を受け、数年間にわたって服用を続けたところ、遅発性ジスキネジアを発症し、後発医薬品の製造業者である被告に対して、製造物責任法に基づく警告義務に違反したとして損害賠償を請求した。

　裁判所は、FDCAに基づくラベリング規制が州製造物責任法による警告責任を専占するかについて検討する前提として、まず、州製造物責任法により後発医薬品製造業者に課されている義務は、当該医薬品の使用者に対する危険性について、実際のまたは推定的な認識を有している場合に、かかる危険性を警告する義務であるとした。そのうえで、FDCAに基づく義務について検討し、FDCAのもとで、後発医薬品の製造業者は常に先発医薬品のラベリングと同じ内容をラベリングに記載する義務を負い、また、先発医薬品に認められているCBE手続は、後発医薬品には適用されず、むしろ、先発医薬品によるラベリングの変更が無いにもかかわらず後発医薬品がそのラベリングを独立して変更することは、FDCAのもとで義務違反となると述べた。

　裁判所は、更に、後発医薬品の製造業者は、CBE手続によるラベリングの変更はできないが、先発医薬品の製造業者をしてより強い警告を行うラベリングの修正をせしめるよう、FDAに対して提案する義務があるというFDAにより示された見解についても、正面からは認めないものの、仮にかかる義務を負うと仮定したとしても、FDCAのもとで後発医薬品の製造業者が負う義務と、製造物責任法により課された義務とにつき、その両者を同時に満たすことが不可能であると述べ、専占を肯定した。

　すなわち、裁判所によれば、後発医薬品の製造業者は、常に先発医薬品のラベリングと同じ内容をラベリングに記載する義務があり、CBE手続をもって独立してラベリングを変更することができないと共に、仮に、FDAに対して先発医薬品のラベリングを修正するよう働きかける義務を果たしたとしても、かかる義務の履行のみをもってしては、製造物責任法に基づく「警告義務」を果たしたということはできない。したがって、後発医薬品の製造業者は、一方に違反せずに他方を遵守することができない立場にあり、よって、FDCAに基づくラベリング規制は、州製造物責任法の警告責任を専占

すると判断した。裁判所は、副作用被害を受けた原告にとっては、先発医薬品の処方を受けたか後発医薬品の処方を受けたかの違いによって、製薬会社の責任を問えるか否かが異なるのは不合理であるとは認めつつも（しかも、本件においては、後発医薬品の処方は、後発医薬品の使用を促進するための州法に基づいて行われたものであった）、連邦法に定められた規制の仕組みが不適切であるかどうかを判断することは、裁判所の役目とはいえないと最後に述べている。

　プリヴァ社対メンシング事件判決は、後発医薬品と先発医薬品とのFDCAにおけるラベリング規制の違いを如実に反映し、専占に関する判断が真逆になったものであり、裁判所も述べるように、被害者救済という側面からの不当性が無いともいえない。

　しかしながら、後発医薬品は、先発医薬品の特許期間（20年。しかし、医薬品については、5年を限度とする延長が認められる場合がある）が切れた後に、先発医薬品と同じ有効成分をもつものとして他の製薬会社によって製造販売される医薬品である。したがって、先発医薬品が市販された後、一定の期間が経過しており、当該有効成分から引き起こされる副作用被害も、先発医薬品によって明らかになっている場合が多いと考えられる（後発医薬品は、先発医薬品についての安全性と有効性とが臨床試験に基づいて証明されているからこそ、後発薬自身の安全性と有効性ではなく、先発医薬品との同等性が証明と審査の対象となっているのである）。先発医薬品の安全性についての新しい情報は、市販後の情報獲得の仕組みが改善されることで、より一層迅速に獲得されることになる。

　プリヴァ社対メンシング事件の結果生じることとなった、先発医薬品により生じた副作用被害と、後発医薬品により生じた副作用被害の救済とのギャップについては、FDCAにおける後発医薬品の承認申請やラベリングのあり方を変更すべきであるとの提案がなされ[121]、連邦議会においても改正につい

---

121) Stacy B. Lee, *PLIVA v. Mensing: Generic Consumers' Unfortunate Hand*, 12 YALE J. HEALTH POL'Y L. & ETHICS 209, 252-262 (2012); Marie Boyd, *Unequal Protection Under the Law: Why FDA Should Use Negotiated Rulemaking to Reform the Regulation of Generic Drugs*, 35 CARDOZO L. REV. 1525, 1554-1570 (2014).

て複数の改正案が議論されている。[122][123]

　後発医薬品のラベリングについてのルールは未だ修正されていないものの、現在においては、FDA 改正法によって強化された市販後の情報伝達の仕組みのもとで、先発医薬品について、市販後に判明する安全性に関する情報の速やかな獲得がなされることによって、後発医薬品による副作用被害の発生が減じられる仕組みになっているということができる。

---

122)　Boyd, *id.* at 1540-1543.
123)　なお、後発医薬品の使用により副作用被害を被った患者が、当該後発医薬品についての先発医薬品の製造会社を過失不法行為（ネグリジェンス）に基づき訴えた訴訟において、先発医薬品の製薬会社には、医師が後発医薬品を処方するに当たり、先発医薬品についてのラベリング（処方箋医薬品集等）を参照することについての予見可能性があるとして、先発医薬品の製薬会社は後発医薬品を服用する患者に対する一般的な注意義務を負うとしたカリフォルニア州控訴裁判所の判例がある。Conte v. Wyeth, Inc., 168 Cal.App.4th 89（Cal. Ct. App. 2008）. しかしながら、この判例の考え方は、今のところ後続の裁判所による支持を受けていない。

第4章
プロモーション活動と多層的規律の生成

　本章では、処方箋医薬品の情報伝達における3つ目の問題、すなわち、製薬会社の医師に対するプロモーション活動によりもたらされる問題に対して、食品医薬品及び化粧品法（FDCA）に基づく行政規律がどのように対応しようとし、その結果としてどのような法的規律が生まれたかを検討する。

　まず、製薬会社の医師に対するプロモーション活動とは何かを具体的に確認し、その構造を分析すると共に、分析された構造のもとでプロモーション活動がいかなる弊害をもたらしていたかを検証する。次に、製薬会社のプロモーション活動がもたらす問題に対して、20世紀中期に確立したFDCAのもとでの規律を拡大することで対応しようとした食品医薬品局（FDA）の政策的挫折を検討する。FDAによる政策は、合衆国憲法における営利的言論の自由の法理によって違憲とされたのである。最後に、違憲判断を受け、行政規制は、情報の抑制から情報の公開の義務付けという規制方法に転換すると共に、それでも対処できない問題については、経済的観点からの連邦法による刑事訴追という最終手段をもった対応が行われたが、その結果として、製薬業界や医療界の自主規制の生成が促されることとなったことを示す。

　このような規律の変化と発展を追う過程で、それぞれの規律が処方箋医薬品の情報伝達のシステムにおいて有する意義を明らかにする。

I　医師に対するプロモーション活動とその弊害

　処方箋医薬品のプロモーション活動では、処方を決定するのは医師であることから、消費者である患者ではなく、医師に対する働きかけが長い間中心となってきた。

　FDCAのもとでの規律は、プロモーションとして提供される情報の内容

を規制する権限を FDA に対して与えていたが、製薬会社のプロモーション活動は単なる「広告」にとどまらない多様な形で展開されると共に、その手段も巧妙化し、処方箋医薬品に関する情報の生成から伝達の過程に、不可視的な形でプロモーション活動が入り込むという構造が出来上がっていった。

1　プロモーション活動の実際

　プロモーション活動の具体的なイメージをつかむために、まず、簡単に、アメリカにおいて、製薬会社がどのようにして医師に対する処方箋医薬品のプロモーション活動を行っているのかを概観し、そのうえで、プロモーション活動の構造について 2 で分析する。

　医師を中心とする医療専門家に対するプロモーション活動は、遅くとも1950年代前半には既に始まっていたといわれる[1]。しかしながら、近年における製薬業界の経済規模の巨大化や医療費の急速な高騰によって、改めてその問題点が取り沙汰されるようになった[2]。

　アメリカにおいて、製薬業界が医療専門家向けに行うプロモーション活動に費やされる金額についてはその対象や調査方法の違いにより諸説あるものの、いくつかの研究が指摘するところによれば、その年間総額は毎年120億ドルに上るとも[3]、200億〜300億ドルに上るともいわれる[4]。製薬会社によるこのようなプロモーション活動への巨額の投資を問題視した連邦議会によって2000年に検討された法案[5]においても、立法事実として、製薬会社は、新薬の研究開発にかかる支出の約 2 倍もの金額をマーケティング活動とその運営コストのために使用していること、製薬業界は年間110億ドルを医薬品のプロモーションに使用していること、製薬会社は医師 1 人当たりについて、年間

---

1)　Thomas L. Hafemeister & Sarah P. Bryan, *Beware Those Bearing Gifts: Physicians' Fiduciary Duty to Avoid Pharmaceutical Marketing*, 57 U. KAN. L. REV. 491, 491 (2009).
2)　*Id*. at 491–492.
3)　*Id*. at 492.
4)　Note, Joshua A. Weiss, *Medical Marketing in the United States: A Prescription for Reform*, 79 GEO. WASH. L. REV. 260, 261 n. 4 (2010).
5)　Save Money for Prescription Drug Research Act of 2000, H. R. 4088, 106th Cong. (2000). この法案は下院議院により否決され、成立しなかった。Hafemeister & Bryan, *supra* note 1, at 493.

8,000～1万3,000ドルをプロモーションのために支出していることが指摘されている[6]。

医師に対する製薬会社によるプロモーション活動の態様は多岐にわたるが、その態様からみると、大きくは以下のように分けられる[7]。

① 医学雑誌等における広告の掲載

② ディテイリング活動

製薬会社がディテイラーと呼ばれる医療情報提供者を個々の医師のもとへと派遣し、自社の処方箋医薬品についての説明を行うと共に、医薬品に関わるパンフレットや文献等を提供したりする[8]。ディテイリング活動は、製薬会社によるプロモーション活動である一方で、医師に対する処方箋医薬品の情報伝達のための重要な手段として社会的に認識されてきた[9]。

③ プレゼンテーション・カンファレンス等

ディテイリング活動が小規模なレセプションの形態をとり医師グループを対象として行われたり（例えば、一定程度の規模をもつ病院において、ある診療科の医師らを集めて病院内外での情報提供を行う等）、また、カンファレンス等において情報提供という形でプロモーションが行われたりする場合も多い。

④ 医師生涯教育（Continuing Medical Education: CME）への関与

これについては2に詳しく述べるが、医師の薬学教育を目的として1980年代以降に発展した、医師生涯教育として提供されるプログラムに対して、製薬会社が資金提供することを通じ、そこで提供されるレクチャーの内容を指示したり講師を派遣したりすることが行われる。

---

6) Hafemeister & Bryan, *id.*

7) *See, e.g.*, Timothy S. Jost, *Oversight of Marketing Relationships Between Physicians and the Drug and Device Industry: A Comparative Study*, 36 AM. J.L. & MED. 326, 332-334 (2010).

8) 本書において検討してきた判例にもディテイラーによる医師への訪問はたびたび言及されているが、ディテイリング活動は、第2次世界大戦後における医薬品産業の発展に伴い広く普及し、1968年までに、全米でおおよそ2万人のディテイラーが製薬会社に雇用されていたとするデータもある。Lars Noah, *Death of A Salesman: To What Extent Can the FDA Regulate the Promotional Statements of Pharmaceutical Sales Representatives?*, 47 FOOD & DRUG L.J. 309, 311 (1992).

9) 例えば、1973年当時のFDA長官は、ディテイリング活動は、医師の生涯医療教育における主要な手段であると言明している。Noah, *id.* at 311.

⑤　オピニオン・リーダーによる意見の提示

「キー・オピニオン・リーダー（Key Opinion Leader: KOL）」と呼ばれる一定の地域や分野で影響力をもつ医師との間でコンサルタント契約等を締結し、キー・オピニオン・リーダーによる他の医師に対する影響力を通じて製品のプロモーションが行われるものである。

⑥　臨床試験・医学論文の内容への関与

製薬会社は、臨床試験・臨床研究を自ら実施し、またはこれを実施する研究機関への資金提供を行う。その結果を自らに所属する研究者や資金提供を受けた外部の研究者が医学論文とする際に、その内容に関与し、製薬会社にとって有利な内容の論文を公表させることがある。更に、このような論文は、ディテイラー等を通じて、医師に対して積極的に配布される。

また、製薬会社は、これらのプロモーション活動を効果的に行うに当たり、医師や医療機関に対してしばしば経済的利益の提供を行う。利益提供の内容は、例えば、処方箋医薬品の名前が記載されたペンやノートといった文具等の配布から、食事の提供、コンサートやスポーツの観戦チケット等に至る娯楽品の提供、医薬品のサンプルの提供に至るまで様々なものが存在する。更に、医師生涯教育やカンファレンスへの参加を促すに当たり、その旅費や宿泊費のほとんどを製薬会社が負担することも広く行われてきた。[10]

このように、プロモーション活動には多様な形態が存在するが、そこでは、医師に対するプロモーション活動が、製薬会社から医師に対する情報伝達の側面と利益提供の側面との両面を併せ持っていることがわかる。

情報伝達の側面は、医師に対して処方箋医薬品の情報を提供し、投薬治療による医師の医療行為を助けるという、情報提供手段としての役割、医師に対する教育手段としての役割を担ってきた。

処方箋医薬品による投薬治療が患者に利益をもたらすためには、その前提として、医師が医薬品の存在自体を把握しているのはもちろんのこと、その性質や使用方法等について十分な知識を有していることが必要である。しか

---

10)　*See, e.g.*, Ashley Wazana, *Physicians and the Pharmaceutical Industry, Is a Gift Ever Just a Gift?*, 283 JAMA 373（2000）.

しながら、次々と開発される医薬品について、医師に対して詳しい情報を効果的に伝達することも、医師が時間を割いて自らこのような情報を得ることのどちらも、少なからぬ時間的および金銭的コストが必要となってくる。そこで、製薬会社が自らの経済的負担により自社製品のプロモーション活動を行うことは、かかる処方箋医薬品に関する情報を医師に対して提供するための手段として、効率的かつ経済的合理性を有すると考えられたのである。しかしながら、このような手段を利用することの長所は、あくまでも、そこで伝達される情報内容が適切なものであることを前提としている。だが、2に述べるように、伝達される処方箋医薬品の安全性や有効性に関する情報の多くは、適切さを欠いているものだった。

また、利益提供の側面については、処方箋医薬品について特有の問題、すなわち医師における利益相反の問題を生じさせる。

以下、情報伝達の側面における問題と、利益相反についての問題をそれぞれ分析する。

2　プロモーション活動の構造

製薬会社による医師に対するプロモーション活動が、処方箋医薬品の情報伝達においてもたらす最も大きな弊害は、その有効性を強調し、危険性を過小評価するような情報が医師に提供されることによって、処方箋医薬品についての誤った知識を医師にもたらし、それが不適切な処方判断と投薬治療につながることである。

しかしながら、処方箋医薬品のプロモーション活動の過程で提供される有効性や安全性の情報は、単に有効であることや安全であることを強調するだけでは役に立たない。情報を説得力あるものとするために、臨床研究や使用実績に関する具体的なデータを伴っている必要がある。また、そのような情報も、製薬会社によるディテイラーが直接提供するだけではなく、第三者である医師が提供するように製薬会社が働きかけることができればより説得力を増す。

---

11)　Hafemeister & Bryan, *supra* note 1, at 501; Jost, *supra* note 7 at 328.

このような、処方箋医薬品についての情報の特殊性から、製薬会社によるプロモーション活動では、他の製品にみられる宣伝活動とは異なる手法が採られることになった。それは、後述するように、FDA の行政規律による情報内容の規制や、民事規律による警告責任を適用してプロモーションの問題を解決していくことの障壁になった。

(1) 情報の生成における問題——臨床試験・医学論文への関与

処方箋医薬品の安全性と有効性を示す根拠となる具体的なデータは、臨床試験を含む臨床における事実の収集によって生み出される。そして、その結果をもとに、医学論文をはじめとする情報媒体が作成される。製薬会社によるプロモーション活動は、情報流通の最初の過程である、この臨床研究と医学論文の作成に関与することに至るようになった。

すなわち、1990年代以降、製薬会社は商業的な資金提供を通じ、臨床試験・臨床研究により積極的に関与すると共に、その結果を論文等により公表する過程において影響力を行使するようになった。[12]

例えば、製薬会社が研究機関や研究者に対して特定の臨床研究等を目的とする資金提供をする場合の契約においては、「口止め条項」と呼ばれる契約条項が存在することがあり、研究者が臨床試験により得られた結果を独立に分析・研究したり、製薬会社の同意なく当該臨床試験に関する研究成果を発表したりすることを禁じているという。[13] 更には、研究者により執筆された論文を製薬会社が事前にチェックしたり、[14] 論文自体を製薬会社からの委託を受けた者が執筆し、研究者が執筆者としての名義を貸すというゴーストライテ

---

12) なお、この動きは製薬業界における市場化とも関係しており、同時期には、営利研究機関 (Contract Research Organization) と呼ばれる主体が誕生・発展し、製薬会社の処方箋医薬品の開発に当たり、研究計画の策定、臨床試験の実施、データの分析、FDA への申請の代行、医学論文のドラフト等を行う実務が常態化していった。そして、これに競うようにして、大学を中心とするアカデミックな研究機関も、従来、製薬会社から受けていた資金提供を保持するための動機づけが生まれた。三瀬朋子『医学と利益相反』(弘文堂・2007) 65-69頁。

13) Robert Steinbrook, *Gag Clauses in Clinical-Trial Agreements*, 352 NEW. ENG. J. MED. 2160 (2005); Robert Steinbrook, *Wall Street and Clinical Trials*, 353 NEW ENG. J. MED. 1091, 1093 (2005).

14) Jenny White & Lisa A. Bero, *Corporate Manipulation of Research: Strategies Are Similar Accross Five Industries*, 21 STANFORD L. & POL'Y REV. 105, 114-115 (2010).

ィング[15]が行われたりすることも決して極端な例ではなかった。

　このような過程を経ることで、対象となる医薬品の安全性や有効性について否定的な結果が出たものについては公表されなかったり、臨床試験の結果が公表される場合に偏った解釈が行われて発表されたりし[16]、製薬会社にとって有利な内容の研究結果が社会に発表され、また、医学論文の内容が製薬会社にとってより有利な内容となるという状況が生まれた。この問題は、医学研究の科学的客観性・公正性を追求する研究者としての利益と、同時に第三者から受領する経済的利益を追求する個人としての利益とが、研究者において相反しているという利益相反の問題として議論されているが、その結果として、実際に、情報にバイアスがかかるという結果が生じていたのである[17]。

　製薬会社がスポンサーとなった臨床研究とその論文のバイアスに関する実証的研究や事例報告はアメリカにおいて多くなされている[18]。かかる実証的研究の結果は研究により同様ではないものの、例えば、非ステロイド系の関節炎抗炎症薬に関して、製薬会社がスポンサーとなった臨床研究に基づく論文の内容につき分析した研究においては、対象となった研究論文（製薬会社がスポンサーとなった、1987年から1990年までの間に当該種類の医薬品に関し行わ

---

15) White & Bero, *id.* at 114; Tim Mackey & Bryan A. Liang, *Off-Label Promotion Reform: A Legislative Proposal Addressing Vulnerable Patient Drug Access and Limitihg Inappropriate Pharmaceutical Marketing*, 45 MICH. J.L. REFORM 1, 20-23 (2011); Stephen R. Latham, *Speaking Off Label*, 40 HASTINGS CTR. REP. 9, 10 (2010); Xavier Bosch et al., *Challenging Medical Ghostwriting in US Courts*, 9 PLOS MED. 1 (2012); Natasha Singer, *Report Urges More Curbs on Medical Ghostwriting*, N.Y. TIMES, June 24,2010, *available at* http://www.nytimes.com/2010/06/25/health/25ghost.html.

16) Mackey & Liang, *id.* at 21; White & Bero, *supra* note, 14 at 112-119.

17) 更に、利益相反としては、臨床試験を行う医師／研究者において、医師の立場として第1に考えるべき患者の利益と、より好ましい研究成果を生み出したいという研究者としての利益という、利益の対立が生じうるという利益相反の問題が存在する。これについては、*see, e.g.*, Carey Goldberg, *Some seek to lift veil on research funding, Full disclosure urged on money sources*, B. GLOBE, Aug. 6, 2006, *available at* http://www.boston.com/news/local/articles/2006/08/08/someseektoliftveilonresearchfunding/?page=full (last visited Aug. 29, 2016); Robert Tomsho, RESEARCH CONFLICTS GO UNDISCLOSED, WALL ST. J., Jul. 13, 2004, *available at* http://online.wsj.com/articles/SB108967337655561782. なお、医学研究と医師／研究者における利益相反の問題に関する先行研究としては、三瀬・前掲注12）がある。

18) Jonathan A. C. Sterne et al., *Publication and Related Bias in Meta-Analysis: Power of Statistical Tests and Prevalence in the Literature*, 53 J. CLINICAL EPIDEMIOLOGY 1110 (2000).

れた全ての臨床研究とその論文）のほぼ全てにおいて、同種の医薬品に比して同等または優位の安全性および有効性を有すると結論づけられていると報告されている。[19]また、製薬会社に所属する者が執筆をほとんど行っているとされる、医学雑誌の付録（supplement）として提供される論文の質について分析した研究においては、対象とされた付録中に掲載された医学論文（American Journal of Cardiology, American Journal of Medicine, American Heart Journal における1990年1月から1992年12月までのうち調査対象としての基準を満たす242本の論文）について、医学雑誌の本体に掲載された論文に比して、質において劣るという結果が出たという。[20]また、事例報告としては、例えば、抗てんかん薬ガバペンチンについて、パーク・デイヴィス社（Parke-Davis）は2種の臨床試験を行い、一方については有効な結果が出、他方については服用量と有効性についての有意な結果が出なかったところ、FDAの新薬承認申請手続については両臨床試験を資料として提出したにもかかわらず、有効な結果が出た臨床試験についてしか公表しなかったことが後に明らかになったという例がある。[21]

このような臨床研究の選択的公表や試験結果の分析における偏りといった事象は、臨床研究の実施、結果についての論文執筆、公表の各過程における、製薬会社による様々な影響力の行使によって生じることになる。例えば、前述のガバペンチンの例では、研究者により執筆された論文について、パーク・デイヴィス社が事前のチェックを行い、書き直しを要請したり公表を取りやめたりしたことが明らかになっている。[22]

もっとも、医学論文については、医学雑誌に掲載され公表される前に行わ

---

19) Paula A. Rochon et al., *A Study of Manufacturer-Supported Trials of Nonsteroidal Anti-inflammatory Drugs in the Treatment of Arthritis*, 154 ARCH. INTERN. MED. 157 (1994). なお、この研究が関節炎に使用される非ステロイド系抗炎症薬を選択した理由は、アメリカにおいて最も頻繁に処方されている医薬品であり、かつ、副作用被害の25%を占める医薬品であるためであると説明されている。

20) Paura A. Rochon et al., *Evaluating the Quality of Articles Published in Journal Supplements Compared With the Quality of Those Published in the Parent Journal*, 272 JAMA 108 (1994).

21) White & Bero, *supra* note 14, at 118.

22) *Id*. at 114-115.

れる、ピア・レビュー（peer review）手続において評価・選別されることにより、一定程度は質の低い論文の公表が防止されることが制度的に期待されているはずである。しかしながら、医学雑誌のピア・レビュー手続も内在的な問題を抱えており、質の悪い論文を完全に排除することを期待するには不十分なものであった。[23]

　臨床研究に関する医学論文が医学雑誌等において発表されるまでには、執筆者たる研究者が雑誌に投稿し、雑誌編集者がレビューを行うと同時に、論文の対象とする分野の専門家である他の数人の研究者によりピア・レビューが行われる。ピア・レビューは無償および匿名にて行われ、ピア・レビュワーは、通常、論文の執筆者に対して質問を行うことはせず、当該研究を再現することは無く、レビューにかけられる時間はまちまちであるが、約4時間程度であるという報告が存在する。[24]また、ピア・レビューの方法や基準について統一的なルールは存在せず、医学論文のピア・レビュー手続全体を統括するような団体も存在していない。[25]

　そして、このようなピア・レビュー手続によっては、疑義のある省略や焦点の変更等といった欠陥を見抜くことができず、質の悪い論文を排除することができないことが、調査研究や事例報告により示されてきた。例えば、ピア・レビュー手続を経て公表されたものの、執筆者が後に欠陥を認めた論文18本をのちに再度調査したところ、そのうち16本について平均して12もの誤りが発見された。[26]また、別の調査においては、110の医学雑誌にダミーの盗作論文を投稿したところ、うち、わずか2誌が盗作の事実を発見したと報告

---

23) Lawrence K. Altman, *For Science's Gatekeepers, a Credibility Gap*, N.Y. TIMES, May 2, 2006, at F7; Michael Kranish, *Flaws are found in validating medical studies, Many see need to overhaul standards for peer review*, B. GLOBE, Aug. 15, 2005, *available at* http://archive.boston.com/yourlife/health/diseases/articles/2005/08/15/flawsarefoundinvalidatingmedicalstudies/ (last visited Aug. 29, 2016); Anna Wilde Mathews, *Worrisome Ailment in Medicine: Misleading Journal Articles*, WALL ST. J., May 10, 2005, *available at* http://online.wsj.com/news/articles/SB111567633298328568 (last visited Aug. 29, 2016). *See also* Lars Noah, *Sanctifying Scientific Peer Review: Publication as a Proxy for Regulatory Decisionmaking*, 59 U. PITT. L. REV. 677 (1998); Richard Smith, *Peer Review: A Flawed Process at the Heart of Science and Journals*, 99 J.R. SOC. MED. 178 (2006).
24) Kranish, *id*.
25) *Id*.
26) *Id*.

されている。このような、ピア・レビュー手続の抱える欠陥については、いくつかの主要な医学雑誌の編集者により、ピア・レビュワーの氏名やコメントの公表や、それに対応してのピア・レビュワーへの対価の支払いといった、ピア・レビュー手続自体の根本的な改革が提唱されているが、かかる改革は実現していない。[28]

(2) 情報発信の巧妙化──教育への関与と第三者の利用

(a) **情報発信の巧妙化**　製薬会社によるプロモーション活動の構造の次の問題は、プロモーションとしての情報発信の方法が複雑化し、製薬会社のプロモーションの動機が反映されているかどうかが明らかではない態様で情報発信が行われるようになったことである。

それは、主に3つの形態であらわれた。1つは、ディテイラーによる訪問において、口頭での説明や、製薬会社の作成した資料だけではなく、製薬会社に有利な内容の医学論文を医師に手渡すという方法である。次に、製薬会社は、医師に対する薬学教育の制度として発展した、医師生涯教育と呼ばれる制度への資金提供を通じて、教育プログラムの内容に関与することで、自社の処方箋医薬品を医師に対してより有効に伝えようとした。そこでもまた、自社に有利な医学論文を使用することが行われた。第3に、製薬会社は特定の医師（通常、その分野において影響力のある医師〔KOL〕が選ばれる）との間にコンサルタント契約を締結し、その医師が第三者として処方箋医薬品についての意見やメリットを述べることを通じてもプロモーション活動を行った。このような医師は、医師生涯教育の提供プログラムやその他のシンポジウム等でも、講演を行ったりすることになる。

すなわち、製薬会社は、製薬会社自身ではない第三者を通じて情報を伝達することにより、より説得的・効果的に自社の処方箋医薬品についての情報を医師に伝えようとしたのである。

以下では、このなかでも、医師に対する薬学教育にプロモーション活動が入り込むことによって解決がとりわけ困難となった、医師生涯教育について、

---

27) *Id.*
28) *Id.*

その確立の過程において、どのようにして製薬会社の影響力の行使が可能となったのかを確認する。

(b) **医師生涯教育**（Continuing Medical Education: CME）**への製薬会社の影響力行使**

医師生涯教育は、医師に対する継続的な教育プログラムとしてアメリカで広く普及しているものであり、多くの州では、医師免許資格の継続保有の要件として、一定の単位数を継続的に取得することが義務付けられている。医師が、医師免許を取得して以降も継続的に医療技術や医薬品等について学ぶことの必要性は以前から医師自身によって認識されていたが、このような生涯教育が制度的なものとして始まり、確立していったのは1970年代から1980年代にかけてである。医師生涯教育は医師が医学・医療についての新たな情報を得、学ぶための重要な手段であるが、他方で、製薬会社からの資金提供を通じ、教育の内容がプロモーション活動に利用されるという問題が生じた。

(i) 医師生涯教育の始まりと確立　既に述べたように、第2次世界大戦後の医薬品産業の急速な発展により、FDAに承認され使用可能となる処方箋医薬品の数は年を追って増大し、医師はそれについての知識を常に更新し続けることが必要となった。例えば、1951年から1961年の10年間に新たに市場に出た処方箋医薬品の数は4,562にも上るともいわれる。[29] また、このような処方箋医薬品の増大に伴って、製薬会社から医師団体や医療教育機関に対する資金提供も増加していった。例えば、1967年には、連邦保険福祉省は、アメリカ医師会（American Medical Association: AMA）およびその他の連邦、州および地域の医療団体の多くは製薬会社からの資金提供を受けていると報告している。[30] このような、製薬会社による医師団体等への資金提供と、それを通じた影響力の行使については、医師団体の内部においても反論を呼んだが、製薬業界との関係性の強化によって資金を増強したい考えをもつグループとの間での意見の相違もあり、医師団体自身によるこの問題への対応

---

[29] Scott H. Podolsky & Jeremy A. Greene, *A Historical Perspective of Pharmaceutical Promotion and Physician Education*, 300 JAMA 831, 831 (2008).

[30] Marc A. Rodwin, *Drug Advertising, Continuing Medical Education, and Physician Prescribing: A Historical Review and Reform Proposal*, 38 J.L. MED. & ETHICS 807, 808 (2010).

はなかなか進まなかった。[31)]

　このような状況のなかで、この問題は連邦議会の関心を呼び、1962年のFDCA改正に先だって行われたヒアリングでは、医師免許取得後の医師に対する薬事教育についても議論の俎上に上った。そこでは、製薬業界と学会との双方による「競争的な教育」によって医師の生涯教育が推進されるという考え方と、製薬業界によるプロモーションを動機とした医師生涯教育への影響を懸念して反対する考え方とが対立したが、最終的には、製薬会社によるプロモーションが一定の水準を満たし、医師の教育に役に立つ限りにおいて、プロモーションと教育はそれぞれ、別個の領分を担うものとして共存しうるという妥協的な考え方が提案され、大方の同意を得ることとなった。[32)]

　このヒアリング後間もない1968年に、AMAは、大学研究機関と共に、医薬品に関する医師生涯教育に対して専門的な監督を及ぼすものとして、公式に医師生涯教育を確立し、医師に対して、医師生涯教育の受講についての認証を与える仕組みを開始した。この仕組みは、すぐに、いくつかの州によって、州の医師免許システムと結び付けられ、州の医師団体はそのメンバーである医師に対して医師生涯教育の受講を義務付けるようになった。このようにして、医師生涯教育はアメリカ国内において徐々に普及していったが、それは同時に、製薬業界による医師生涯教育への関心の高まりを呼び、医師団体においても医師による受講料のみでは運営の継続が困難であることが明らかになるにつれて、医師生涯教育への製薬業界による資金提供は増加していった。[33)] このようにして、AMAが大学研究機関と共に開始した医師生涯教育は、皮肉にも、仕組みの確立と普及によって、製薬業界による影響力の行使を許してしまったのである。もちろん、このような状況は、更なる社会的関心と連邦議会の関心を呼び、例えば、1976年に連邦議会により行われたヒアリングでは、製薬会社が資金提供を通じて、医師生涯教育におけるテーマや講師の選定を行っている実態が明らかにされた。[34)]

---

31)　Podolsky & Greene, *supra* note 29, at 832.
32)　*Id*.
33)　*Id*.; Rodwin, *supra* note 30, at 809.
34)　Rodwin, *Id*.

医師生涯教育の提供機関の選定や公認については、1971年にAMAにより、医師生涯教育連絡委員会（Liaison Committee on Continuing Medical Education: LCCME）が設立されて、1980年、AMAは医師生涯教育連絡委員会を医師生涯教育認証評価機関（Accreditation Council for Continuing Medical Education: ACCME）に改組し、より多くの機関へと医師生涯教育の提供を認証する一方で、機関の認証に一定の基準を設けるようになったが[35]、提供される教育内容にまで審査を及ぼすものではなく、医師生涯教育への製薬会社の関与は、1980年代および1990年代を通じても続いた。

　(ii)　医師生涯教育の財源と製薬産業の影響　1980年に医師生涯教育認証評価機関が設立された時期には、製薬業界からの資金提供を受けていたとはいえ、ほとんどの医師生涯教育は大学医学部や医学会により提供されており、営利目的の提供機関はごく少数であった。また、この当時、医師生涯教育のプログラムを受講することが州医師会により義務付けられていた州は8州であった[36]。

　しかしながら、州の医師免許システムと結び付いた医師生涯教育の普及は進み、2002年には36州において医師生涯教育の受講が医師免許維持の要件となった[37]。そして、医師生涯教育への金銭的負担を軽減したい医師らの意図、更に、医師生涯教育を通じてプロモーション活動を行いたい製薬会社との意図とが相まって、営利目的の認証医師生涯教育提供機関はその後増加していき、1990年には10機関、2000年には68機関、2006年には158機関に上ることとなった。2006年におけるこの数は、提供機関全体（729機関）の20％以上を占める割合である[38]。また同時に、非営利目的の提供機関に対する製薬業界からの資金提供も増加していき、1998年には3.02億ドルであった製薬業界から認証医師生涯教育提供機関に対する合計資金提供額は、2006年には12億ド[39]

---

35)　Id.
36)　Id.
37)　Scott Hensley, *When Doctors Go to Class, Industry Often Foots the Bill*, WALL ST. J., Dec. 4, 2002, *available a*t http://online.wsj.com/news/articles/SB1038953904187251993 (last visited Aug. 29, 2016).
38)　Rodwin, *supra* note 30, at 809.
39)　Robert Steinbrook, *Financial Support of Continuing Medical Education*, 299 JAMA 1060, 1060 (2008).

ルにまで増加した。かかる資金提供により、2006年には、出版社および教育関連会社はその収入のうちの75.8％、大学医学部は61％、医師団体は23％を製薬業界からの商業的資金提供に依存し、これ以外にも、個々の医師生涯教育の提供プログラムにおける展示や広告収入を製薬業界から得る状態となった。[40)41)]

1990年代初頭には、医師生涯教育に対する製薬業界からの影響についての懸念から、ヒアリング（Kennedy Hearing Centre）が開かれ、製薬業界によるプロモーション活動のなかでも、とりわけ医師生涯教育に関する問題に注目が集まった。このヒアリングでは、医師生涯教育プログラムにおいては、製薬会社が自社に有利な見解をもつ医師を募集し講師として講義を開いたり、更には講義資料を製薬会社が肩代わりして作成したりする場合もある、また、製薬会社は、FDAによりプロモーション活動が禁止されている適応外使用についての宣伝活動を広く行っている、などという実態が明らかとなった。[42)] このような提供される講義内容のバイアスに関する問題のみならず、医師生涯教育の場においては、製薬会社から出席する医師に対する受講料の肩代わりや免除、交通費や宿泊費の提供、更には医師の家族の帯同費等の提供等によって医師の出席が促されることで、医師生涯教育のプロモーションの場としての利用は進められていった。[43)44)]

---

40) *Id.* at 1060; *see, also*, Robert M. Tenery, *Interactions Between Physicians and the Health Care Technology Industry*, 283 JAMA 391, 392（2000）.

41) 現在の認証医師生涯教育提供機関の名称や営利団体からの資金提供の有無等については、医師生涯教育認証評価機関のウェブサイトから確認することができる。*See* http://www.accme.org/news-publications/publications/lists-current-and-former-cme-providers/list-all-currently-accredited（last visited Aug. 30, 2016）.

42) Rodwin, *supra* note 30, at 809-810.

43) *Id.* at 810.

44) 近時の実証的研究には、調査対象となった医師の88％は、医師生涯教育への商業的な資金援助が教育内容にバイアスをもたらすことへの懸念を有している一方で、医師生涯教育についての商業的資金援助を排除すべきとの意見の医師はわずか15％、商業的資金援助を排除または減少させるために医師の自己負担分を増やすことに意欲的な医師は42％であるという結果が示されている。Jeffrey A. Tabas et al., *Clinician Attitudes About Commercial Support of Continuing Medical Education*, 171 ARCH. INTERN. MED. 840（2011）.

3 プロモーション活動の利益提供的側面——医師の利益相反
(1) 理論的問題

2では、製薬会社のプロモーション活動の構造を確認し、医師に対して提供される情報は生成される段階でバイアスがかかりうるうえ、外形上、発信主体が製薬会社ではない第三者としてあらわれることにより、より効果的に医師に受容されるような構造となっていることを示した。

このような医師に対する情報の伝達は、それ自体が医師の知識と判断を誤らせるが、それだけではなく、製薬会社のプロモーション活動の利益提供的側面は更に深刻な問題を生じさせる。それは、医師における利益相反の問題である。

すなわち、序章で確認したように、医療における絶対的な原則として、医師は、医師患者関係に基づいて患者に対して信認義務を負っているとされ、この義務に基づき、医師には、患者の最善の利益のみを念頭に置くこと、医師患者関係から利益相反を排除することが求められる[45]。しかしながら、製薬会社からのプロモーション活動の多くは、医師に対する物品やサービス、金銭といった経済的利益の提供を伴っているものであることから、このような経済的な誘因によって、医師の処方判断が影響を受け、患者の最善の利益のみを念頭に置くという信認義務に反する事態が生じうるのである[46]。

利益相反により影響されうる医師の処方判断は、必ずしも、副作用の可能性が高い医薬品の処方や有効性が疑われる医薬品の処方といった、医薬品の質、すなわち医薬品の安全性と有効性に関わる判断のみならず、同様な複数の投薬治療の選択肢がある場合に、経済的コストの面において患者の負担が最も軽いものを必ずしも選ばないという判断となってもあらわれる。後者の問題は、処方箋医薬品の選択においては、選択を行う立場にある医師がその選択の結果である医薬品の対価を支払う立場にないことにより、消費者による合理的選択という購買活動に関する前提が成り立たないことも相まって、

---

45) Hafemeister & Bryan, *supra* note 1, at 520.
46) Troyen A. Brennan, *Health Industry Practices That Create Conflicts of Interest, A Policy Proposal for Academic Medical Centers*, 295 JAMA 429, 430 (2006).

更に深刻化しうる。[47)48)]

　このように、処方箋医薬品の医師に対するプロモーション活動は、プロモーション活動が得てして利益提供を伴うこと、そして医師はプロモーション活動の対象となる一方で患者に対する信認義務を負っている立場にあることから、常に、利益相反の可能性を孕んでいることとなる。

　この、利益相反の問題は、処方箋医薬品の情報伝達という文脈からみると、医師における、情報の「適用（個別具体的な患者に対する処方判断）」に及ぶ弊害の問題として捉えることができる。

(2) 利益相反の具体的なあらわれ

　医師が自らの経済的利益を優先した結果、個別の患者にとって最適ではない医薬品を処方するというように、利益相反が具体的な問題となってあらわれることについては、医師は高度な医学知識と経験を有した専門家であり、医療倫理に基づいて患者を診察するのであるから、経済的な誘引によって、科学的な判断や患者の最善の利益を図るという倫理的な判断が影響されることは無い、という反論がなされる。実際、製薬会社によるプロモーション活動によって医師の信認義務違反が生じるという一般的な懸念に対しては、多くの医師によって異議が唱えられており、医師自身は、製薬会社のプロモーション活動が自身の医薬品の処方判断に対して影響を及ぼすことはないと認識しているという。[49)]

---

47) *See* Füsun F. Gönül et al., *Promotion of Prescription Drugs and Its Impact on Physicians' Choice Behavior*, 65 J. MKTG. 79 (2001).

48) もっとも、かかる点については、1970年代以降にアメリカにおいて発展し現在に至る、マネジドケアシステムのもとで、医療に関する厳しいコスト管理がなされるようになったことから、医師が処方箋医薬品の選択につき広い裁量を有し、また、最終的に医療保険および患者の負担することになる薬剤費に意識を払わないというような、従来のあり方は当てはまらない、という指摘もある。Bruce N. Kuhlik, *The FDA's Regulation of Pharmaceutical Communications in the Context of Managed Care: A Suggested Approach*, 50 FOOD & DRUG L.J. 23, 27-28 (1995). しかしながら、現に、医師に対する処方箋医薬品のプロモーション活動は未だ激しく行われていることは、マネジドケアシステムのもとにおいても、なお、医師の利益相反の問題を引き起こしていることを示しているといえる。

49) Wazana, *supra* note 10, at 378; Puneet Manchanda & Elisabeth Honka, *The Effects and Role of Direct-to-Physician Marketing in the Pharmaceutical Industry: An Integrative Review*, 5 YALE J. HEALTH POL'Y L. & ETHICS 785, 787 (2005); Cyril T. Zaneski, *Medical sales reps arrive bearing gifts, Pharmaceuticals: The medical profession is taking a closer look*

しかしながら、数々の研究や、処方箋医薬品の大々的なプロモーション活動の影響を受けた医師の処方が原因となって起こった、避け得たはずの副作用被害の発生は、このような医師の自己認識とは反対の現実を示していた。

例えば、医師と製薬会社またはそのディテイラーとの間の相互関係が医師の知識、医薬品に対する態度および処方等の行動に対して与える影響の有無、程度および態様の全体像を調査するために、かかる点に関連して1994年から2000年の間に行われた全研究のメタ分析を行った研究では、以下のような結果が示されている。すなわち、いくつかの積極的な結果も存在するものの、ほとんどの研究により、製薬会社と医師との間の相互関係が否定的な結果をもたらすことが判明しており、この結果は、医師の知識への影響（投薬治療に関する誤った情報を認識することができなくなる）、医師の態度への影響（製薬会社のディテイラーに対する肯定的な態度、新薬を好んですぐに処方しようとする態度）、医師の処方行動（既存の医薬品とほぼ変わらない効能の医薬品をフォーミュラリー〔formulary. 医療機関において処方可能な医薬品集〕に加える旨のリクエスト、非合理的な処方行動、処方率の増加、後発医薬品ではなく、高価かつ新しい、しかしながら既存の医薬品とほぼ変わらない効能の医薬品の処方をより頻繁に行う）という内容が示されている[50]。また、金銭的動機が個人の判断に与える影響についての社会科学的研究を前提に、製薬会社の医師に対する何らかの物品等の贈与と医師の判断への影響につき論じた研究においても、いかに少額の物品の贈与であったとしても、無意識かつ非意図的なバイアスにより医師の判断に対して影響を及ぼすことが論じられている[51)52]。

---

at inducements for doctors to prescribe certain drugs, BALTO. SUN, June 17, 2004, available at http://articles.baltimoresun.com/2004-06-17/news/04061701471drug-reps-sales-reps-drug-industry（last visited Aug. 29, 2016）.

50) Wazana, id. at 378.
51) Jason Dana & George Loewenstein, A Social Science Perspective on Gifts to Physicians From Industry, 290 JAMA 252（2003）.
52) 製薬会社と医師との間の相互関係による医師への影響に関するその他の研究として、see, e. g., Eric G. Campbell et al., A National Survey of Physician-Industry Relationship, 356 NEW ENG. J. MED. 1742（2007）; Dana Katz et al., All Gifts Large and Small, 3 THE MIT PRESS 39（2003）; William Schaffner et al., Improving Antibiotic Prescribing in Office Practice, 250 JAMA 1728（1983）. また、Wazana, supra note 10, at 374 において、当該研究が対象とした研究群が全て列挙されている。

II FDA の行政規律と民事法的規律の限界

本節では、前節で検討したプロモーション活動がもたらす問題が、従来のFDCAのもとでの行政規律と民事規律によっては対応できなかったことを明らかにする。

1 プロモーション態様の巧妙化とFDA の規制の齟齬
(1) FDCA のもとでの行政規律

1962年の法改正によりFDCA に規定された広告規制[53]は、処方箋医薬品の「不正表示（misbranded）」に関する規制のうちの１つとして位置づけられていた。すなわち、医薬品が不正表示とされる場合を列挙した条文において、容器ラベルやラベリングの内容が不正表示とされる場合を示した条項と並び、処方箋医薬品の「広告（advertisement）」の内容が不正表示とされる場合を示した条項が追加され、処方箋医薬品の広告は、処方箋医薬品の名前、成分、および連邦行政規則により詳細が定められるところの、副作用、禁忌および有効性に関する情報の要約を、広告の内容としてまたはその他の文書により含んでいなければ、かかる広告は不正表示に当たることとされた（簡潔な要約の要件：brief summary requirement）[54]。また、FDCA に基づいて詳細を定めた連邦行政規則においては、副作用、禁忌、有効性に関する記載が偏りの無い公正なバランスを有していなければならないと定められた（公正なバランスの原則：fair balance doctrine）[55]。更に、FDCA 改正がなされたすぐ後には、FDA は、連邦行政規則により、製薬会社による広告内容の範囲について、新薬の承認においてFDA による審査を経て認められたところの、ラベリングに記載された適応に限るとする新たな規制を創設した[56][57]。

---

53) 第１章Ｉ２参照。
54) 21 U.S.C. § 352(n) (2015).
55) 21 C.F.R. § 202.1(e)(5)–(7) (2016).
56) Id. § 202.1(e)(4)(b)(1), (2), (3) (repealed).
57) Thomas A. Hayes, *Drug Labeling and Promotion: Evolution and Application of Regulatory Policy*, 51 FOOD & DRUG L.J. 57, 61-62 (1996).

他方で、「広告」の定義に関する条項は設けられなかったが、この条項に基づいて後に FDA が定めた連邦行政規則においては、「広告」は学会誌、雑誌、その他の論文、新聞、およびラジオ、テレビ、電話等の媒体を通じての放送を含むものと定められ、広告規制の対象は放送メディアをも含む広いものとして意図された。

 FDA は、処方箋医薬品に関して、ラベリングと広告に関する 2 つの規制権限を基礎として、製薬会社によりなされるプロモーション活動の規制を行っていった。FDCA における処方箋医薬品の「不正表示」規制の違反に対する制裁として、FDA は、処方箋医薬品自体の販売差止め命令や差押えといった強力な制裁を行う権限を有していたが、実際には、警告レターによって問題となった広告を撤回しまたは修正のための書面を送付することを製薬会社に要求する手法が主として採られた。FDA によるこのような規制は、1960年代、1970年代には、製薬会社による主として文書を媒体としたプロモーション活動の規制として、ある程度の効を奏してきた。

(2) **FDA の規制の間隙**

 しかしながら、このような FDA の規制権限は、処方箋医薬品の医師に対するプロモーション態様の変化によって、1980年代以降、3 点においてその

---

58) Vicki W. Girard, *Punishing Pharmaceutical Companies for Unlawful Promotion of Approved Drugs: Why the False Claims Act is the Wrong RX*, 12 J. HEALTH CAREL. & POL'Y 119, 123 (2009).

59) 21 C.F.R. § 202.1(1)(1) (2016).

60) なお、この処方箋医薬品の広告に係る規定は、規定が新設された1962年当時に問題となっていた、医師に対して向けられた広告を念頭にして規定されたものであるが、文言上、広告が向けられた対象を限定している訳ではなかった。そしてその後、1980年代以降に、患者向け広告が出現・増加し、規制の必要性が認識されることとなった際に、当該規定は、患者向け広告を規制すべく改正されることになる。かかる患者向け広告の出現と増加に対応する本規定の改正とその内容については第 5 章 I において説明する。

61) David A. Kessler & Wayne L. Pines, *The Federal Regulation of Prescription Drug Advertising and Promotion*, 264 JAMA 2409, 2410 (1990); Ruth C. Edelson, *Overview: Regulation of Prescription Drug Promotion*, 1980 N.J. LAW 33, 33 (1980); Arthur K. Yellin, *FDA Prescription Drug Enforcement Policies and Techniques*, 42 FOOD DRUG COSM. L.J. 552, 555-557 (1987).

62) Charles J. Walsh & Alissa Pyrich, *FDA Efforts to Control the Flow of Information at Pharmaceutical Industry-Sponsored Medical Education Programs: A Regulatory Overdose*, 24 SETON HALL L. REV. 1325, 1347 (1994).

欠陥が露わになった。

　第1に、FDA が有するラベリングや広告の規制権限が、口頭による情報提供をその規制対象として含んでいなかったことから、ディテイラーによる口頭での情報提供について対応できなかった[63)64)]。第2に、ディテイラーによって医師に提供される文書について、製薬会社により作成されたものは FDCA における「ラベリング」または「広告」に該当するが、第三者の名義によって作成された医学論文等は規制対象とすることが難しいと考えられた[65)]。ディテイラーによる個別の医師への訪問は以前から行われていたが、製薬会社により作成された文書の医師への提供に代わり、ディテイラーは、口頭による説明を中心とすると共に、製薬会社の作成した文書の提供に代わり、自社の処方箋医薬品を論じた医学論文の抜き刷りを医師に提供することが盛んに行われるようになったのである。そして、第3に、FDA による規制は、プロモーション活動の情報提供の側面のみを規制の対象としていたため、製薬会社による医師個人への利益提供や、医師生涯教育等への資金提供といった、プロモーション活動の利益提供の側面については規制を行うことができなかった。

(3) 適応外使用（off-label use）についての情報提供

　以上のように、FDA の規律がプロモーションの態様との間で齟齬を生じ、実効的な規制を及ぼすことができないばかりでなく、提供される情報の内容に関しても、製薬会社のプロモーション活動が FDCA の行政規律をかいくぐる事象が生じた。それが、「適応外使用（off-label use）」に関する情報提供である。これは、FDCA による行政規律が、医師による医療行為自体を対象としない（できない）ことに関係する問題である。

　(a) **医師による医療行為の行政規律からの「不可侵性」と適応外使用**　　適応外使用とは、医薬品について、FDA による審査と承認を受けた「適応（対象

---

63)　Walsh & Pyrich, *supra* note 62, at 1344.
64)　1960年代後半からは、ディテイラーによる過度の宣伝活動の問題が連邦議会の議論の俎上にも上るようになり、1973年には、口頭でのプロモーション活動を規制の対象にする旨の FDCA の改正案が提案されたが、この法案が成立することはなかった。Noah, *supra* note 8, at 313-315.
65)　Kessler & Pines, *supra* note 61, at 2412.

疾患・疾患の程度、用量、対象となる患者集団等）」以外の方法で処方（使用）されることをいう。

　すなわち、第 3 章においてみたように、新薬の承認申請手続においては、FDA は製薬会社の実施した臨床試験の結果をもとに医薬品についての安全性と有効性を審査し承認するが、審査と承認の対象となるのは、ものとしての医薬品と当該医薬品が使用される方法である「適応」である。したがって、FDA の承認は、用途を問わないものとしての医薬品ではなく、特定の適応に使用される医薬品に対して与えられ、ラベリングにはその適応が記載されることとなる。FDCA 上、同じ医薬品であっても異なる適応であれば、FDA の承認を経ていない医薬品（新薬）として考えられているのである。

　しかしながら他方、ある処方箋医薬品が FDA によっていったん承認を受け、市場を通じて医師に渡り、医師による処方が行われるに当たっては、ラベリングに示された適応の範疇にとどまらない、いわゆる適応外使用が医療行為として認められると解されている[66]。そして、実際の医療現場における処方箋医薬品の使用においては、適応外使用は極めて広く行われており、その必要性があると認識されている。

　適応外使用は、医薬品の安全性と有効性の根本であるはずの FDA による医薬品の承認手続を経ずに、承認された適応以外の適応について、医師による患者への使用を許容するものであるが、そもそもなぜこのような行為が認められているのだろうか。

　その理由は、医師による医療行為（practice of medisine）は、医師の知識と経験を前提とした技としての行為であるところ、医薬品の使用もこの医療行為に該当する。そして、医師が知識や経験を前提として、患者の治療を目的として医薬品の適応外の使用を行うこともやはり医療行為にほかならず、

---

66) *See, e.g.*, Nicole Ansani et al., *United States Medical Practice Summary, Innovative Off-Label Medication Use*, 21 AM. J. MED. QUAL. 246（2006）. なお、医薬品の適応外使用が、治療目的ではなく試験を目的として行われる場合には、臨床試験としてみなされ、臨床試験としての厳格な手続が課されることとなるが、ここで論じるのは、医療行為としての適応外使用の問題である。医療行為と臨床試験との区別については以下の文献も参照。*See* Nancy M.P. King, *The Line Between Clinical Innovation and Human Experimentation*, 32 SETON HALL L. REV. 573（2002）.

医薬品に関する行政規則による制約を受けるものではないからと説明される[67]。1938年のFDCA立法の際にも、1962年FDCA改正の際にも、FDAは、医薬品というものと、ものに関する情報を規制することを目的とするが、医師の医療行為については規制しないという原則を確認してきた[68]。

実際に、医療現場において患者の診察を行う医師は、専門的知識と経験を有する医学研究者としての側面をも有するといえるところ、ある処方箋医薬品が特定の疾患に対して効果を有する機序を前提として、医師が適応外使用を試みることにより、当該医薬品についての新たな発見が促されることにもなるといわれている[69]。医療現場において医師が行う適応外使用は、医師の専門的知識に基づき、薬効分類別の薬理作用に関する推定、承認されている適応の軽症型への拡大、関連する症状への拡大（例えば、抗ぜんそく薬の慢性閉塞性肺疾患への使用）、生理学的関連を共有する特定の症状への拡大（例えば、抗糖尿病薬の多嚢胞性卵巣症候群への使用）、承認された適応の症状と同様の症状に対する拡大といった形で行われる[70]。そして、個別の患者を診察する医師は、患者の状態を観察しながら処方箋医薬品の適応外使用を試み、患者の治療に有益な使用方法を見出すこととなりうるのである[71]。医師らの立場からも、医薬品の承認申請においては、製薬会社は商業的動機に基づいて、最も早くかつ効率的に承認を得られる適応を選択しているのであり、製薬会社が承認申請を行わない適応について当該医薬品の有効性と安全性が認められないことを意味しない、また、製薬会社の承認申請に依拠して医薬品の使用の可否が決まるとするのは、医師の医療行為を制約するものであり、患者が治療を受ける利益を制約すると主張されている[72]。

---

67) John Archer, *Instrument or Impediment? The Regulatory Monograph in Medical Communications*, 220 JAMA 1474, 1477 (1972).
68) 37 Fed. Reg. 16, 503, 16, 503 (Aug. 15, 1972).
69) Latham, *supra* note 15, at 9; Randall S. Stafford, *Regulating Off-Label Drug Use-Rethinking the Role of the FDA*, 358 NEW. ENG. J. MED. 1247, 1247 (2008).
70) Stafford, *id*. at 1427.
71) Mackey & Liang, *supra* note 15, at 13.
72) David A. Kessler, *Regulating the Prescribing of Human Drugs for Nonapproved Uses Under the Food, Drug, and Cometics Act*, 15 HARV. J.ON LEGIS. 693, 724-726 (1977); William L. Christopher, *Off-Label Drug Prescription: Filling the Regulatory Vacuum*, 48 FOOD & DRUG L.J. 247, 250 (1993).

実際に、妊婦、小児、高齢者等の比較的脆弱な身体状態や社会的立場に置かれている患者集団は、新薬の臨床試験の被験者からは多くの場合除かれており、これらの患者が対象となるような処方箋医薬品の適応は極めて少ないといわれる[73]。これらの患者集団が臨床試験から除かれている理由は、臨床試験は被験者（患者）の同意に基づいて行われることが原則であるところ、同意能力の有無につき疑義の生じる小児を対象とする臨床試験は、その実施における法的および倫理的な障壁が高いこと[74]、妊娠により生理学的機序が大幅かつ複雑に変化するため、妊婦についての臨床試験の実施は困難であること[75]、更に、かかる患者集団の脆弱性ゆえに、臨床試験における事故が生じた場合の法的責任や社会的批判が通常よりも拡大することを製薬会社が恐れること[76]等である。実際に、処方箋医薬品のうちの75％は小児の使用についての適応が存在せず、かかる処方箋医薬品については不可避的に適応外使用となっているとも推定されている[78]。更に、希少疾患を有する患者についても同様の状況が当てはまり、製薬会社の新薬開発に向けた経済的インセンティブが働きにくいことから、かかる疾患の治療に関しては既存の処方箋医薬品の適応外使用が行われることが極めて多くなる。アメリカにおいて、3,000万人いるといわれる希少疾患の患者の約90％は、処方を受けている医薬品のうち少なくとも1つは適応外使用であると言われている[79]。仮に適応外使用が認められないとすれば、これらの患者に対する処方箋医薬品を用いた治療は行うことができなくなってしまうのである。

(b) **製薬会社による商業的動機**　このように、適応外使用の許容性や必要

---

73) Latham, *supra* note 15, at 9; Mackey & Liang, *supra* note 15, at 16-17; Rebecca Dresser & Joel Frader, *Off-Label Prescribing: A Call for Heightened Professional and Government Oversight*, 37 J.L. Med. & Ethics 476, 476 (2009).
74) 人を対象とする医学研究についての原則を定めた、ヘルシンキ宣言（1964年に世界医師会により採択）において明確にされた。ヘルシンキ宣言については、例えば、樋口範雄「ヘルシンキ宣言を読む」同『続・医療と法を考える』（有斐閣・2008）第2章等。
75) Mackey & Liang, *supra* note 15, at 16.
76) *Id*. at 17.
77) Latham, *supra* note 15, at 9.
78) Mackey & Liang, *supra* note 15, at 16; Adriane Fugh-Berman & Douglas Melnick, *Off-Label Promotion, On-Target Sales*, 5 PLoS Med. 1432, 1432 (2008).
79) Mackey & Liang, *id*. at 15.

性が、患者の治療を受ける利益やそれを支える医師の専門的知識と経験により説明されるのに対して、製薬会社が非適応を適応にするような追加的承認申請を行わない動機は、医師による適応外使用が許容されていることを前提とした極めて明白な商業的動機である。

　まず、製薬会社の事情としては、新薬の申請にかかる時間および金銭的コストとの関係が問題となる。すなわち、製薬会社が新薬を市場において販売することができるようになるまでには、その基礎研究、前臨床試験から始まり、臨床試験を経てFDAへの申請を行い、FDAにおける審査・承認を得るという、長い期間と多大な資金が必要となる。そして、製薬会社は新薬の研究開発と平行してその特許申請を行い、販売独占権を確保しようとするところ、特許法下における特許期間は20年である（医薬品については、FDAによる審査期間によって特許権の実施ができなかった期間について、5年を限度として特許権の延長が認められる）[80]。よって、製薬会社には、特許権の保護を受けて販売することのできる期間を最大限確保するため、できる限り早く、FDAにおける新薬の承認を得たいという動機が生じる。それゆえ、製薬会社は、臨床試験において申請のための安全性および有効性に関する情報を最も有効かつ容易に得られるような適応に絞ってデータを集め、申請を行うことになるのである。そして、上に触れたように、ある特定の適応に関してFDAによる新薬の承認を得てしまえば、当該適応に限らず、医師による適応外使用をも見込んで、当該医薬品を市場において売り出すことができるようになる[81]。例えば、がん治療においては、製薬会社において、全ての種類のがんについての臨床研究を行い新薬の申請を行うことは時間およびコストの面では現実的ではなく、ある特定のがんに絞って臨床試験を行うと共に新薬申請を行うことが極めて多いことが典型的な例である[82]。

　もちろん、FDCAでは、ある適応に基づいて新薬の承認が得られた場合において、その後、同じ処方箋医薬品についての適応を増やし、適応使用としてラベリングに追加するための追加的新薬承認申請手続が認められている。

---

80) 35 U.S.C. § 156 (2015).
81) Latham, *supra* note 15, at 9.
82) *Id*.

しかしながら、ある特定の適応について FDA の承認を得られれば、医療現場において適応外使用が可能であるという現実がある以上、適応外使用についての臨床試験を新たに実施し FDA に追加的新薬承認申請を行うという、金銭的コストのかかる手続を製薬会社が踏むインセンティブは低い[83]。このようにして、ある処方箋医薬品が潜在的に有する適応を全てカバーするような新薬の申請を製薬会社に期待することが難しいのである。

(c) **適応外「使用」についての現状肯定** このようにして、製薬会社、医師および患者それぞれの動機や利益を背景にした適応外使用は、医療現場において広く普及している。2006年に発表された調査研究においては、一般に処方されている医薬品のうちの21％は適応外使用であると推定されている[84]。

そして、アメリカにおける編集医薬品集（compendia）においては、医薬品の適応のみならずこのような適応外使用についても記載されており、広く普及している編集医薬品集において記載されている適応外使用については、連邦医療保険制度であるメディケイドやメディケアをはじめ、その他の私的医療保険においても保険の対象とされている[85][86]。例えば、アメリカ社会医薬品健康機構（American Society of Health-System Pharmacists）によるアメリカ病院医薬局薬品処方集サービス医薬品情報（American Hospital Formulary Service Drug Information）、トムソン社の一部門であるマイクロメデックスによるアメリカ薬局方医薬品情報（U.S. Pharmacopeia Drug Information）、

---

83) Stafford, *supra* note 69, at 1247.
84) 適応外使用の有無や割合は医薬品ごとまたは薬剤分類ごとに大きく異なっており、一定の抗痙攣剤、抗精神病薬および抗ヒスタミン薬においては50％を超えているとされる。David C. Radley et al., *Off-label Prescribing Among Office-Based Physicians*, 166 ARCH. INTERN. MED. 1021, 1025 (2006). 同様の結果は2003年に発表された別の調査研究においても報告されており、そこでは、15の主たる薬剤分類それぞれにおける主たる3つの薬剤を対象として行った調査において、その約21％が適応外使用であり、最もその割合が高いものが抗痙攣剤で74％、次に抗精神病薬の60％、抗生物質の41％であるとされている。Stafford, *supra* note 69, at 1247. 更に、患者集団ごとにみると、希少疾患患者や小児患者における適応外使用の割合が極めて高いことは上述のとおりである。
85) Fugh-Berman & Melnick, *supra* note 78, at 1434.
86) 医療保険の保険対象範囲からは、通常、「実験的医療」は除かれており、適応外使用がおよそ根拠を欠き実験的とみなされる場合には保険対象には含まれないが、一定の根拠や実績が認められる場合には、保険対象に含まれることとなる。Christopher, *supra* note 72, at 256-257.

ドラッグデックス（DRUGDEX）等がかかる編集医薬品集に該当する。[87]

このような処方箋医薬品の適応外使用については、比較的長い期間にわたり適応外使用が行われており、医療現場における使用実績の蓄積や適応外使用についての研究が進んでいるものから、比較的短い期間しか行われず、使用実績や研究が蓄積されていないものまで様々であるが、2001年に行われた調査によれば、適応外使用のうちの73％がその有効性に関するエビデンスを欠いており[88]、27％についてのみその有効性を裏づけるエビデンスが存在するという結果が発表されている。

更に、医療事故訴訟の局面においても、医師による処方箋医薬品の処方が事故の原因とされる場合でも、医師の過失については、適応について使用されているかどうかという点だけではなく、地域における標準的な医療水準に従っているかどうか、という基準により判断され、適応外使用であるから過失が認められるという判断はなされていない。[89]また逆に、適応外使用が有効な治療方法として確立しているような場合には、かかる治療方法を採らなかったことが標準的な医療水準に反するとして過失が認められる場合もありうるとも指摘されている。[90]

しかしながら他方、ある医薬品の使用が適応外使用か否かについての情報を患者に対して伝えるべきかどうかという問題については、肯定する意見、否定する意見との対立が存在し、2004年に行われた調査によれば、実際問題として、約50％の患者が、そもそも処方箋医薬品の適応外使用という事実について知識を有していないことが明らかになっている。[91][92]

---

87) *Id.*
88) Dresser & Frader, *supra* note 73, at 482.
89) *Id.* at 476; Christopher, *supra* note 72, at 254; Philip M. Rosoff & Doriane Lambelet Coleman, *The Case for Legal Regulation of Physicians' Off-Label Prescribing*, 86 NOTRE DAME L. REV. 649, 666 (2011).
90) James M. Beck & Elizabeth D. Azari, *FDA, Off-Label Use, and Informed Consent: Debunking Myths and Misconceptions*, 53 FOOD & DRUG L.J. 71, 80 (1998).
91) Margaret Z. Johns, *Informed Consent: Requiring Doctors to Disclose Off-Label Prescriptions and Conflicts of Interest*, 58 HASTINGS L.J. 967, 968 (2007).
92) 適応外使用に関して患者に対するインフォームド・コンセントが不要であるとする立場からは、インフォームド・コンセント法理のもとでは、治療方法としての投薬治療の性質、目的、リ

(d) **適応外使用の弊害**　このように、医療現場および医療保険制度を含む医療制度において認められ、かつ、司法判断においても一定の尊重をされている適応外使用であるが、容易に想像できるように、その否定的側面が存在する。

本節冒頭にも触れたように、医薬品は、製薬会社による臨床試験に基づく資料をもとに、FDAによる安全性と有効性に関する厳格な審査を経て承認されるところ、臨床試験、審査および承認というプロセスではあくまで当該医薬品の適応について行われているのであり、適応外使用についてはかかる手順が踏まれていない、すなわち科学的根拠に基づく審査という担保が存在しない。[93] 適応外使用についての臨床試験とそれに基づく追加ラベリングの申請を可能にする追加的新薬承認申請手続も、処方箋医薬品の適応外使用を認めるという医療現場の実務そのものによって、意義が減殺されてしまっている。[94]

また、FDAによる、科学的根拠に基づく安全性と有効性の審査が無いにもかかわらず、医療現場で適応外使用が認められている理由は、医師の専門家としての知識および経験、治療目的の使用であり患者の利益を図るものであること、更に、適応外使用といえども、一定の科学的根拠が認められること等であるが、これらのセーフガードは必ずしも常に理想的には働かない。既にみてきたように、医師の時間的制約や医薬品に関する情報量の増大は、

　　スク等について患者に告げることが必要と考えられているが、患者に対する説明が必要なのはその医薬品のリスクや効果そのものについてであって、適応外使用であることがすなわち危険性を有するということにはならず、適応外使用であることをもって患者への説明が必要であるとはいえないことが指摘されている。Beck & Azari, *supra* note 90 at 72. また、医薬品の使用方法に関するFDAによる承認の有無に関する事実について、医師が説明義務を有するか否かという点について判断した数少ない裁判例においても否定的に解されている。他方、処方箋医薬品の適応外使用は、その性質上、FDAによる安全性と有効性に関する審査が行われていないことや、安全性や有効性を基礎づける十分な医学研究がなされていない場合にはリスクの可能性が存在すること等に鑑みれば、合理的な患者基準に照らして医師の説明義務が肯定されるべきであるという意見も主張されている。Johns, *supra* note 91, at 1012-1023; Dresser & Frader, *supra* note 73, at 481-482.

93)　Latham, *supra* note 15, at 10; Fugh-Berman & Melnick, *supra* note 78, at 1432; Dresser & Frader, *id*. at 477.

94)　Mackey & Liang, *supra* note 15, at 18-19.

医師が処方箋医薬品の適応外使用の可否を適切に判断することを妨げ[95]、また、特許期間中に少しでも多くの売上げを獲得したい製薬会社は、処方箋医薬品のプロモーションを激しく行い、かかるプロモーションは医師の利益相反を生み出し医師の処方判断に影響を与えると共に、商業的動機によってプロモーション内容にバイアスが生じる場合がある。このようにして適応外使用を支える根拠が掘り崩されることによって、適応外使用は、処方箋医薬品の副作用による事故という形となってあらわれることにもなりうるのである。特に、製薬会社による様々な形態でのプロモーション活動により促進された適応外使用によって生じる医療事故の数は少なくない。

更に、幸いにも副作用による事故という形であらわれなかったとしても、適応外使用は有効性に関する担保を欠いているため、効果の無い適応外使用が行われることにより、医療費が無駄に費消されるという結果ももたらしうる[96]。

例えば、比較的早い時期における大規模な副作用事故としては、ワイエス社によるフェンフルラミンによるものがある。食欲抑制作用をもつ抗肥満薬として1973年にFDAの承認を受けたポンディミン（フェンフルラミン）は、適応における服用期間を超えた長期間の服用（適応外使用）がなされたことに加え、向精神薬として承認された別の処方箋医薬品であるフェンテルミンの適応外使用（食欲抑制作用をもつことから抗肥満薬として適応外使用された）と併用されたことにより、心臓弁膜症という重大な副作用を引き起こし、最終的に、1997年に市場から排除した[97]。また、生物製剤の例であるが、メドトロニック社により開発され、2002年にFDAの承認を受けた骨形成タンパク質（BMP-2）は、その適応外使用の結果、異所性骨形成という致死的な合併症を引き起こし、FDAは、承認から6年後にかかる重大な副作用についての医師宛てレターで警告を出すこととなった。かかる骨形成タンパク質

---

95) Latham, *supra* note 15, at 10.
96) Stafford, *supra* note 69, at 1428.
97) Fugh-Berman & Melnick, *supra* note 78, at 1432; *see also* Beck & Azari, *supra* note 90, at 82-85.

の適応外使用は、その全使用の85％にも上るといわれている。[98]

　(e) **製薬会社による適応外使用のプロモーションとFDCAの解釈**　このように、適応外使用が医師に許容される医療行為であること、医療行為にはFDAによる行政規律が及ばないという制度的前提を利用することで、製薬会社は、医師に対して、適応外使用の情報提供を行うことで、その使用を促進しようとした。これが、適応外使用のプロモーションの問題である。製薬会社は、適応外の使用形態について、製薬会社自身が作成したブローシュアや添付文書といった「ラベリング」に該当する文書を提供することによる情報提供を行うことはできないことから、医学論文の内容に影響力を行使して、適応外使用について自社の製品に有利な内容の医学論文が公表されるように働きかけ、その論文を、ディテイラーを通じて医師に参考として渡すことで、プロモーションを図ったのである。また、製薬会社が提供する医師生涯教育への資金提供を通じて、自社製品の適応外使用についての講義が医師の「教育」として行われるように働きかけた。[99]

　(f) **まとめ**　適応外使用のプロモーション活動は、FDAによる医薬品（もの）の流通に関する事前の承認審査の制度にもかかわらず、適応外使用が医師の医療行為に属するものとしてFDAの行政規律の対象外にあること、そして、第三者の名義による医学論文の提供や医師生涯教育における講義が、製薬会社によるプロモーションとは必ずしもみなされず、医師への教育的情報提供とされることを利用するという、二重の意味で、FDCAにおける行政規律をかいくぐったプロモーション活動であった。

2　民事規律による対応──過剰広告による警告の無効化

　製薬会社による過剰なプロモーションがもたらす弊害について、民事法の

---

98) John Fauber, *Complications rise along with off-label use of BMP-2*, J. SENTINEL, Aug. 28, 2010, *available at* http://www.jsonline.com/news/health/101732923.html (last visited Aug. 29, 2016); John Fauber, *Fallout from back surgery product case prompting reforms*, J. SENTINEL, Dec. 29, 2011, http://www.jsonline.com/news/health/fallout-from-back-surgery-product-case-prompting-reforms-v43bov3-136360958.html (last visited Aug. 29, 2016).
99) Fugh-Berman & Melnick, *supra* note 78, at 1433-1434.

規律も機能しなかった訳ではない。製造物責任法の知識ある媒介者の法理のもとで、製薬会社が医師に対して（FDA の承認した内容による）ラベリングを提供し、その内容自体は適切だったとしても、ラベリングではない手段で製薬会社が過剰なプロモーションを行った場合には、製薬会社から医師に対するコミュニケーションの全体に照らして、警告義務が果たされないと判断されることを認めていた。

【ラブ対ウルフ事件（1964）[100]】

ラブ対ウルフ事件は、被告製薬会社が行った宣伝を理由に、製薬会社による警告が不適切となりうることを認めた初期の代表的な事件である。この事件では、医師の処方した抗生物質（クロロマイセチン）によって深刻な貧血症に陥った原告が、医師および製薬会社（パーク・デイヴィス社）に対して、過失不法行為責任と製造物責任法上の警告責任の違反を理由に損害賠償を請求した。

この事件では、貧血症が、クロロマイセチンの有害な副作用のうちの一種であることについて、被告は FDA の指示に従い、20万通の医師宛レター、医療雑誌への広告の掲載等によって行っており、その警告には、程度の低い感染症への安易な使用を控えること、計画的にリスク管理を行うこと、という指示が記載されていた。また、医師はこれらの警告を読み、その内容について認識していた。他方で、製薬会社のディテイラーは、クロロマイセチンが FDA と国立研究諮問機関（National Research Council）の承認を得て、クロロマイセチンが服用されるどのような疾患についても、使用上の制約は無いとされている旨伝えており、クロロマイセチンの効用を激賞し（extol）、その危険を過小に伝えていた。

このような事実関係のもと、カリフォルニア州控訴裁判所は、以下のように判示した。仮に、過剰なプロモーションが医師をして（既に医師に対してなされていた）警告を軽視するよう仕向けたと合理的にいうことができた場合には、既に行われていた警告は、撤回されたまたは取り消されたということができる。そして、製薬会社の広告やディテイラーが実際に当該医薬品の

---

100) Love v. Wolf, 38 Cal. Rptr. 183 (Cal. Dist. Ct. App. 1964).

使用を推奨した疾患について、医師がかかる疾患を治療するために当該医薬品を処方したということを認定することができれば、患者に対して副作用被害をもたらしたという医師における過失と共に、医師の過失を誘発したことを理由とする製薬会社の過失が認められる。

もっとも、裁判所は、医師が製薬会社の過剰なプロモーションによる影響を受けたという医師による証言は、「差し引いて（with a grain of salt）」評価されるべきと付言している（なお、本事件は、原告代理人の不正行為のため、評決を破棄し差し戻し、再度のトライアルを命じている）。

ラブ対ウルフ事件で問題となった、クロロマイセチンの過剰なプロモーションと警告義務については、そのほか、スティーブンス対パーク・デイヴィス社事件[101]、サーモン対パーク・デイヴィス社事件[102]においても同種の判断がなされている。サーモン対パーク・デイヴィス社事件でも、第4四巡回区連邦控訴裁判所は、被告製薬会社がFDAの指示に従って添付文書等のラベリングに警告の記載を行っていた一方で、医師に配布する製品名入りのカレンダー等では警告の記載を怠っていたとの事実を認定した。そのうえで、裁判所は、クロロマイセチンほどの重大な副作用をもつ処方箋医薬品の広告に警告を怠っていたことが、さもなければ適切だったかもしれない警告を無効化する（nullify）だけの過剰なプロモーションであると、陪審が推論することはありうるとして、事件を事実審に差し戻している。

また、やや特殊な事実関係であるが、以下の事件でも、ディテイラーによる口頭での説明が、適切であったはずのラベリングの警告を減殺し、全体として警告上の欠陥があると判断されうること言明されている。

【ブラウン対グラクソ社事件（2000）[103]】

この事件は、グラクソ社の製品であるイミトレックスの副作用による心臓発作で死亡したブラウン夫人の夫であるブラウン氏が原告となり、グラクソ社および医師を訴えた事件である。イミトレックスのラベリングには、心臓に関連する事故によって患者が死亡する場合がごく稀にあることが記載され

---

101) Stevens v. Parke, Davis & Co., 507 P.2d 653 (Cal. 1973).
102) Salmon v. Parke, Davis & Co., 520 F.2d 1359 (4th Cir. 1975).
103) Brown v. Glaxo, Inc., 790 So.2d 35 (La. Ct. App. 2000).

ており、ブラウン夫人がイミトレックスを処方された時点における警告として、このラベリングは適切であると判断された。しかしながら、グラクソ社のディテイラーは、医師およびブラウン氏（ブラウン氏は薬剤師であり、ブラウン夫人の担当医師の処方箋に従い、ブラウン夫人にイミトレックスを提供していた）それぞれに対して、イミトレックスの服用により胸の痛みが生じることがあるが、ほとんどの場合に心臓とは関係が無いという説明を口頭でしていた。

ルイジアナ州控訴裁判所は、グラクソ社のラベリングによって医師になされた適切な警告が、同社のディテイラーから薬剤師であるブラウン氏に対してなされた口頭での説明により遮断され、取って代わられると陪審が合理的に判断することはありうるとして、原判決を一部破棄し差し戻した。

他方で、製薬会社による過剰なプロモーションがあったとしても、医師が製薬会社による警告を目にし、処方箋医薬品の危険性を認識していた場合には、警告にもかかわらず処方を行った医師の過失行為は、製薬会社の行為と患者に生じた被害との間の因果関係を中断し、患者の被害についての独立かつ唯一の主原因となるとした判例もある。

【フォーメラ対チバ・ガイギー社事件（1980）[104]】

この事件では、原告が、骨関節炎治療のために処方されたタンデリールによって、再生不良性貧血を生じたとして、製薬会社に対して、警告上の欠陥を理由に過失不法行為に基づき損害賠償を請求した。原告は、チバ・ガイギー社による過剰プロモーションを立証するための証拠を排除したことの違法を主張したが、ミシガン州控訴裁判所は、原告の主治医が、1回目の処方時に処方箋医薬品集を見たのみでその後一度も参照していないこと、タンデリールの相当期間の服用によって再生不良性貧血を生じるということを医師が認識していたこと、にもかかわらず、原告について血液検査をしなかったことを認定したうえで、医師による行為は、製薬会社の行為と患者の被害との間の因果関係を中断するとして、原告の主張を認めなかった。

以上みてきたように、製造物責任法においては、製薬会社の過剰な広告に

---

104) Formella v. Ciba-Geigy Corp., 300 N.W.2d 356 (Mich. Ct. App. 1980).

より、FDAにより承認されたラベリング自体が適切であったとしても、全体として適切な警告が無かったものとする判断が存在した。このような判断は、製薬会社が、自身のプロモーション活動によって医師が問題となっているような不適切な処方を行うことを予測できたといえる場合には、医師による過失行為（適切な内容の警告を顧みた処方を行わなかったこと）は、製薬会社のプロモーション行為と患者の被害との間の因果関係を中断しないとして、医師と製薬会社との共同不法行為責任を認めるものである[105]。

しかしながら、このような過剰広告を理由として警告上の欠陥を認める法理も、資金提供を通じた医師生涯教育での第三者によるプレゼンテーションや、医学論文の配布を通じた情報提供といった、巧妙な構造のもとでの製薬会社によるプレゼンテーションに対応することは難しい。

また、過剰なプロモーションがもたらしうる、（副作用被害は発生しなかったとしても）有効性の認められない処方や、医師における利益相反の問題を解決することは困難であった。

3　まとめ

本節では、製薬会社によるプロモーション活動の形態が社会において複雑に構造化し、20世紀中期におけるFDCAの規律、すなわち、FDAが製薬会社による情報伝達に働きかけるという二者間における直接的な規制方法や、製造物責任法における警告責任では容易に解決できない様相を呈したことが明らかとなった。

とりわけ、製薬会社による適応外使用のプロモーションは、FDCAの規律が医師による医療行為を規制することができないこと、そして、FDCAが製薬会社以外の第三者による情報を直接に規制していなかったことという、FDCAのもとでの規制の間隙を縫って行われたが、それが、FDAによる審査と承認を経ていない処方箋医薬品についての偏った情報を提供し、その使用を促進しうるものである点で、最も重大かつ対応が求められる問題だと認

---

[105]　Note, Phillip J. Wininger, *Pharmaceutical Overpromotion Liability: The Legal Battle Over Rural Prescription Drug Abuse*, 93 KY. L.J. 269, 277-278（2004）.

識された。

　FDAは、これに対して従来の行政規律を拡大する、すなわち、情報内容の事前規制を強化することで対応を試みた。しかし、FDAによるこの規制方法が奏功することはなく、行政規律はその規律方法の変更を余儀なくされ、結果として新たな性格を有する規律が生まれることとなった。どのような過程をたどり、どのような新しい規律が誕生したのか。III以降で検証する。

III　情報伝達の事前規制と営利的言論の自由の壁

　本節では、まず、FDAが、従来の規制手段、すなわち、製薬会社による情報発信を制約するという方法を何とか駆使することにより、適応外使用のプロモーションを直接規制しようとしたこと、また、連邦議会もこのようなFDAの規制を後押しする規制立法を行ったこと、しかしながら、これらの規制が全て、裁判所によって、合衆国憲法上保障された営利的言論の自由の法理を根拠に違憲とされた過程を確認する。

　そして、営利的言論の法理の確立の過程を簡単にたどり、この法理を支える理念を確認したうえで、この理念を踏まえて、再度、違憲判決が示した理由を検討し、FDAによる規制を違憲とした司法判断について、処方箋医薬品の情報伝達という観点から見出すことのできる意義を述べる。

1　適応外使用のプロモーション規制と違憲判決
⑴　FDAによるFDCAの解釈

　適応外使用のプロモーションがFDCAの規律に投げかけた2つのジレンマに対して、医療行為の規制権限を有しないFDAは、適応外使用自体を規制することは不可能だったことから、プロモーションを通じて伝達される情報について規制を行おうと試み始めた。すなわち、第三者の名義による情報提供を通じて行われる製薬会社のプロモーションを、FDAの有する「ラベリング」に関する規制権限を根拠として、規制しようとしたのである。

　FDAは、まず、その前提として、FDCAによっては明示的には禁止されていない、適応外使用に関する製薬会社による宣伝を禁止する解釈を提示し

た。それは、FDCA の 2 つの規定、新薬の承認と流通に関する規定と不当表示に関する規定の以下のような解釈である。[106]

すなわち、FDCA においては、未承認の「新薬」を州際通商に置くことが禁止されている。[107] 逆に言えば、FDA による新薬申請承認手続のもとでの承認を得た新薬のみが、アメリカ国内における販売を許される。そして、FDCA における「新薬」の定義は、「処方され、推奨され、またはラベリングのもとで言及されている条件における使用が、医薬品の安全性と有効性の評価についての科学的訓練および経験を有する専門家によって、安全かつ有効であると未だ確認されていない医薬品」をいうとされ、[108] その定義上、「新薬」とみなされるかどうかはラベリングの記載によって判断される。[109] そして、既述したように、「ラベリング」の定義は、「全てのラベルと、(1) 薬剤もしくはその容器または包装紙上の、または(2) 薬剤に伴う（accompanying）、筆記、印刷または描写されたもの」であるところ、薬剤に「伴う」の要件は、薬剤に物理的に付属しているかどうかではなく、（ラベリングの）文面の上での関係（textual relationship）が重要であると判例法により解釈されてきた。[111] そこでは、問題となる医薬品とそれに関する文書等の配布が、当該医薬品の総合的な販売計画の一部をなしているかどうかが重視されてきた。[112] したがって、適応外使用のプロモーション活動が医学論文の記載物の頒布等を通じて行われるような場合には、かかる記載物は「ラベリング」に該当し、かかる「ラベリング」が FDA による審査と承認を経ていない場合には、当該医薬

---

106) Michelle M. Mello et al., *Shifting Terrain in the Regulation of Off-Label Promotion of Pharmaceuticals*, 360 NEW ENG. J. MED. 1557, 1558 (2009); Mackey & Liang, *supra* note 15, at 5; Johan E. Osborn, *Can I Tell You the Truth? A Comparative Perspective on Regulating Off-Label Scientific and Medical Information*, 10 YALE J. HEALTH POL'Y L. & ETHICS 299, 308 (2010).
107) 21 U.S.C. § 331(d) (2015).
108) *Id.* § 321(P).
109) Mello et al., *supra* note 106, at 1558; Allison D. Burroughs et al., *Off-Label Promotion: Government Theories of Prosecution and Facts that Drive Them*, 65 FOOD & DRUG L.J. 555, 559 (2010).
110) 21 U.S.C. § 321(m) (2015).
111) Kordel v. United States, 335 U.S. 345 (1948).
112) Burroughs et al., *supra* note 109, at 561.

III 情報伝達の事前規制と営利的言論の自由の壁　159

品は未承認の「新薬」に該当し、アメリカ国内における流通が禁止されるものであると解釈したのである。[113]

　また、FDA が依拠したもう１つの条項である「不正表示」は以下のように解釈された。すなわち、FDCA においては、医薬品のラベリングが「使用に関する不適切な指示」[114]を掲載している場合、およびラベリングが「虚偽または誤解を与えるものである場合」[115]に、当該医薬品は不正表示に当たると規定している。「使用に関する適切な指示」については、連邦行政規則においてその詳細が定められており、「当該指示のもとで、一般人が、当該医薬品が意図された目的のために安全に服薬できるような指示」[116]であり、「意図された目的」は広く解釈され、医薬品のラベリング、製薬会社による広告や口頭または文書によるプロモーション等から判断されるとされる。[117]これらの条項から、製薬会社が適応外使用に関するプロモーション活動を行った場合には、適応外使用が「意図された目的」であるにもかかわらず、その使用に関しての適切な指示が無いものとして、FDCA 上の「不正表示」に当たるという解釈を導くことができるというのである。[118][119]また、「虚偽または誤解を与える」ラベリングとして不正表示とされるかどうかは、表現や図等によって示される表示のみならず、ラベリングまたは広告が、当該医薬品の使用の結果との関連において重要な情報の表示を怠っている場合も考慮されるとされる。[120]したがって、適応外使用に関するプロモーション活動は、かかる使用

---

113)　*Id*. at 559.
114)　21 U.S.C. § 352(f) (2015).
115)　*Id*. § 352(a).
116)　21 C.F.R. § 201.5 (2016).
117)　*Id*. § 201.128 (2016).
118)　Burroughs et al., *supra* note 109, at 562-563.
119)　もっとも、第１章Ⅰで述べたように、「使用に関する適切な指示」の要件は、処方箋医薬品については医療専門家に対する「完全な開示」がなされている限りにおいて、適用されないとされており、したがって、適応外プロモーションについて、「使用に関する適切な指示」の欠如を理由とした不当表示の規制を理由にしては禁止できないのではないか、という指摘がある。*Id*. at 563-565. かかる指摘はもっともであるとも思われるが、深く議論がされるに先だって、後述するように、FDA による適応外使用に関するプロモーション活動の規制は営利的言論の自由を侵害するものとして合衆国憲法上違憲であるとされたため、現存する論点としては議論されていない。
120)　21 U.S.C. § 321(n) (2016).

の結果に関する表示がラベリングにおいてなされていないものとして、「不正表示」に当たると解釈したのである。[121]

(2) FDA ガイダンスと FDA 近代化法 (FDAMA)

(a) **FDA ガイダンス**　FDA による適応外使用のプロモーション活動の規制への取り組みは、1992年に公表された、商業的資金提供に基づく科学的および教育的活動に関する政策綱領ドラフト (Draft Policy Statement on Industry-Supported Scientific and Educational Activities)[122] から始まる。[123]この政策綱領において、FDA は、製薬会社によるプロモーション活動を通じた医薬品情報の医師に対する提供と、医師生涯教育におけるような独立した科学的および教育的活動による医薬品情報の医師に対する情報提供という区別を前提として、この両者共に、医師に対して重要な情報を提供するものであるが、前者の情報提供は FDCA における「ラベリング」または「広告」としてその規制に服するのに対して、後者の情報提供は科学的・教育的な情報交換として政府によって規制されるものではないという点で両者の区別が重要であることを改めて確認した。このことは、特に、適応外使用についての情報が提供されるときに、ラベリングまたは広告であればそれが禁止されるのに対して、独立した科学的な情報交換であれば規制されないという点で重要性を有する。[124]しかしながら、製薬会社による医師生涯教育を始めとする医師の教育への資金提供と、教育内容への影響力の行使が進むにつれて、両者の区別が難しくなりつつあるため、FDCA のラベリングおよび広告規制のもとに置かれるか否かという点を明らかにするために、製薬会社による医師生涯教育への資金提供が、FDCA におけるラベリングまたは広告に該当しないための条件を明らかにすることが政策綱領の目的であるとした。[125]

政策綱領ドラフトでは、製薬会社による医師生涯教育への資金提供が、FDCA 上のラベリングまたは広告に該当しないための条件として、製薬会

---

121)　Burroughs et al., *supra* note 109, at 565-567.
122)　57 Fed. Reg. 56, 412（Nov. 27, 1992）.
123)　LARS NOAH, LAW, MEDICINE, AND MEDICAL TECHNOLOGY 416 (3d ed. 2012).
124)　57 Fed. Reg., *supra* note 122, at 56, 413.
125)　*Id*.

社と医師生涯教育の提供主体との間で、文書による合意を結び、かかる合意において、教育プログラムの目的が科学的・教育的なものであり宣伝を目的としないこと、医師生涯教育の提供主体が教育プログラムの内容、講師について完全なコントロール権を有すること、製薬会社からの資金提供について教育プログラムのなかで開示を行うこと、製薬会社が教育プログラムの内容、焦点の当て方等について一切影響力を行使しないこと、等の9つの条件を列記した。[126]

このように、政策綱領ドラフトでは、従来FDAのラベリングや広告規制の権限の範囲が及ばないと考えられてきた、第三者による処方箋医薬品の医師に対する情報提供について、製薬会社が資金提供を通じて提供される情報の内容に影響を及ぼす点を捉えることによって、ラベリングや広告に該当するとして、自身の規制権限に基づきその情報内容を規制しようとしたのである。そして、このようなFDAの政策の背景には、医師生涯教育の場を利用した、製薬会社による適応外使用の情報提供を禁止しようという目的が存在した。

FDAによるこの政策的意図を示すように、政策綱領ドラフトの公表と時を同じくして、FDAは、製薬会社による論文の抜き刷りの医師に対する配布に関して警告レターを出し始め、適応外使用に関するプロモーション活動に関する規制活動を強めていった。[127]

この政策綱領ドラフトに示されたFDAの政策目的は、1996年における2つのガイダンス、すなわち、特定の公刊情報の抜き刷りの配布に関する産業界向けガイダンス（Guidance to Industry on Dissemination of Reprints of Certain Published, Original Data）、業界資金援助に基づく参考書籍の配布に関するガイダンス（Guidance for Industry Funded Dissemination or Reference Texts）[128]と、続いて翌年に公表された、業界資金援助による科学的及び教育的活動に関する最終ガイダンス（Final Guidance on Industry-Supported Sci-[129]

---

126)　*Id*. at 54, 613-54, 614.
127)　Mello et al., *supra* note 106, at 1559.
128)　61 Fed. Reg. 52, 800, 52, 801（Oct. 8, 1996）.
129)　*Id*.

entific and Educational Activities)[130] に結実することとなった。[131]

　1996年に公表された特定の公刊情報の抜き刷りの配布に関する産業界向けガイダンスでは、製薬会社が医薬品の有効性についての試験結果に関する論文の抜き刷りを医師に対して配布する行為について、かかる抜き刷りがラベリングに記載されていない適応外使用につき論じている場合、抜き刷りの配布がFDAによるラベリングまたは広告規制の対象とされないための一定の条件を示した。かかる一定の条件とは、①論文の主題が当該医薬品の適応への使用に関するものであること、また、ピア・レヴュー手続に基づき公刊されたものであり、FDAの承認を受けた適応に関する原データを報告しているものであること、②当該抜き刷りは、善意かつピア・レヴューを経た医学雑誌に基づくものであること、③当該論文が適応外使用に関する事項を含むものである場合には、当該抜き刷りはその冒頭に、その内容が当該医薬品の適応に関するものではないことを明記すること、④当該抜き刷りは、全ての重要な事実を開示し、虚偽または誤解を招くものではないこと、というものである。[132]

　また、これと同時に公表された業界資金援助に基づく参考文献の配布に関するガイダンスは、参考書籍、すなわち、医学教科書や編集医薬品集について、かかる参考文献はその性質上、特定の医薬品に焦点を当てたものではないものの、適応外使用に関する事項を含んでおり、製薬会社により医師に対して配布される場合には、やはり、FDCAにおけるラベリングおよび広告に関する規制に服すると考えられるとして、かかる参考書籍の配布がラベリングおよび広告規制に服しないとされるための一定の条件を示した。この一定の条件とは、①当該参考書籍が特定の製薬会社のために、またはその要請によって執筆され、編集され、抜粋され、または公刊されたものではないこと、②当該参考書籍の内容が、特定の製薬会社によって監修され、編集され、またはその著しい影響を受けていないこと、(ただし、製薬会社により執筆、

---

130)　62 Fed. Reg. 64, 074 (Dec. 3, 1997).
131)　Mello et al., *supra* note 106, at 1559; Burroughs et al., *supra* note 109, at 568-569.
132)　61 Fed. Reg., *supra* note 128, at 52, 801.

編集または公刊された参考書籍であっても、その内容について適切なバランスが取れているものについては、以下の③〜⑥の要件を満たす限りにおいて、①および②の条件の例外として認められる)、③当該参考書籍が、製薬会社のみにより、または主として製薬会社によって配布されるものではないこと、④当該参考書籍が、特定の医薬品に焦点を当てたものではないこと、医薬品の適応外使用に特別な焦点を当てたものではないこと、また、製薬会社による監修のもとに置かれたものではないこと、⑤特定の医薬品に関する情報(ラベリングにおける内容を除く)が当該参考書籍に添付されていないこと、⑥製薬会社のディテイラーが、いかなる形態でいかなる時点においても、当該参考書籍における医薬品の適応外使用について言及しないこと、というものであった。

　もっとも、いずれのガイダンスについても、FDAの現在の考えを述べたものに過ぎず、法的効果を有するものではないとの注意書きがなされた。[133]

　更に、1992年の商業的資金提供に基づく科学的及び教育的活動に関する政策綱領ドラフトの最終版として1997年に公表された、科学的及び教育的活動に関する産業界向けガイダンス (Guidance for Industry, Industry-Supported Scientific and Educational Activities) においては、1992年政策綱領ドラフトにおける製薬会社と医師生涯教育提供機関との間の書面による合意を中心とした条件に代えて、商業的資金提供がなされている医師生涯教育の場における情報提供がFDCAにおけるラベリングまたは広告に該当しないと考えられるための12の考慮要素を掲げた。[134]この考慮要素は、政策綱領ドラフトにおいて合意書面に記載すべき事項として挙げられたものを基本的に踏襲しており、医師生涯教育の提供主体が教育プログラムの内容、講師の選定等について完全なコントロール権を有していること、教育プログラムの場において資金提供の事実について開示すること、医師生涯教育の提供主体の意図が純粋に科学的教育的なものであること、教育プログラムの内容が一定の医薬品に偏っていないこと、といった事項が掲げられた。[135]本ガイダンスについても、

---

133)　*Id.*
134)　62 Fed. Reg., *supra* note 130, at 64, 093.
135)　*Id.* at 64, 097-64, 099.

FDA の現状における考え方を示すものに過ぎず、法的拘束力を有するものではないという注意書きがなされた[136]。

(b) **1997年FDA近代化法（FDAMA）**　このように、FDAによるガイダンスを通じた規制の強化と並行し、連邦議会も、適応外使用のプロモーション活動のうち、製薬会社による医師への文献等の配布についての規制立法を検討し、1997年に制定されたFDA近代化法（Food and Drug Administration Modernization Act of 1997: FDAMA）においては、製薬会社が医師に対して医学論文を配布することが許容されるための一定の要件を新たに定めた[137]。かかる要件として規定された内容は、1996年に公表された、上述の特定の公刊情報の抜き刷りの配布に関する産業界向けガイダンス、および業界資金援助に基づく参考書籍の配布に関するガイダンスにおける規律に取って代わるものであったが、その内容は、FDAによるガイダンスよりも更に厳しいものであった。なお、同条項はその制定と共に発効するのではなく、同法の制定から1年以内またはFDA長官による同条項の施行のための連邦行政規則の制定により発効すると定められていた。また、同条項については、サンセット条項が併せて規定され、2006年9月30日またはFDA長官による同条項に関する連邦行政規則制定から7年後のいずれかのうち遅い時に効力を停止するとされた。

FDA近代化法において定められた、製薬会社による医学論文や参考書籍の配布が許されるための要件とは、①当該医薬品自体が、既に承認されているまたはその他の理由により合法的に販売されているものであること、②提供される情報が、要約されておらず、虚偽または誤解を招くものではなく、また、公衆の健康に対し重大な危険性を及ぼすものではないこと、③当該情報は、配布を行う製薬会社の許可無く、他の製薬会社により行われた臨床試験の結果から得られたものではないこと、④製薬会社は、当該文献の配布に先だって、FDAに対してその複製を、臨床試験の結果に関する情報または臨床試験に関する情報と共に提出すること、⑤製薬会社は、当該適応外使用

---

136) *Id*. at 64, 094.
137) Pub. L. No. 105-115, 111 Stat. 2296, 2356-2365 (to be codified at 21 U.S.C. § 360aaa *et seq*. repealed 2006).

に関して追加的新薬承認申請手続の申請を既に行っていること、または、必要な臨床試験を終え、追加的新薬承認申請手続の申請を当初の文献の配布から6ヶ月以内に行うべきこと（もしくは、必要な臨床試験が完了していない場合には36ヶ月以内に行うべきこと、ただし、本要件は、臨床試験が極めて高額またはその実施が非倫理的であるときは要求されない）、⑥提供される情報が、他の製薬会社の臨床試験の結果に基づくものではなく、科学的に適切な臨床試験に基づくものであること、⑦提供される情報が、FDAによる承認を受けたラベリング、当該適応外使用に関連する文献の完全な目録（不利な研究結果に関するものを含む）およびかかる使用の危険性に関するリスクに関する他の入手可能な情報と共に提供されること、⑧当該使用が、FDAの承認を受けていない適応外使用に関するものであることを明確に開示すること、⑨当該文献に関し、要約されていない完全なものを提供すること、いかなるプロモーション的文書も添付されていないこと、製薬会社のディティラーが当該適応外使用につき口頭の説明を行わないこと、⑩当該情報が、ピア・レヴューを経た科学または医学雑誌に掲載され、製薬会社により資金提供を受けた特別増刊や出版のなかで提供されているものではないこと、というものであった。[138]

このように、FDA近代化法においては、FDAが示した各ガイダンスが定めた内容のうち、医師に対する医学論文等の配布が許容される要件を定めたが、その要件はFDAガイダンスで示されたものよりも厳しく、かつ、FDAのガイダンスとは異なって、要件の不充足が「禁止された行為」として罰則の対象となるものであった。[139]

(3) 裁判所の違憲判断

(a) **WLF対フリードマン事件（Ⅰ）——FDAガイダンスの違憲性**　このような、医師生涯教育への製薬会社による資金提供と、製薬会社から医師への医学論文や参考書籍の配布を制約する旨のFDAガイダンスおよびFDA近代化法は、その公表後間もなく、適応外使用に関する製薬会社のプロモーション活

---

138)　21 U.S.C. §§ 360aaa-360aaa-3, 111 Stat. at 2356-2361 (repealed in 2006). *See also* Mello et al., *supra* note 106, at 1560.
139)　Burroughs et al., *supra* note 109, at 570.

動を制約するものであり、それゆえ合衆国憲法上保護された表現の自由の一部である、営利的言論の自由を侵害するものだとして、合憲性判定の挑戦を受け、違憲の判断を受けることとなった。ワシントン・リーガル・ファンデーション[140]（Washington Legal Foundation: WLF）が原告となったこの一連の訴訟のなかで最初に提起されたものが、WLF対フリードマン事件(I)[141]である。

1998年に提起され、コロンビア地区連邦地裁により判断されたこの訴訟では、1996年および1997年に出されたFDAの3つのガイダンスが、適応外使用に関する製薬会社のプロモーション活動を制約するものであり、かかる制約が合衆国憲法上認められた表現の自由を侵害するという違憲の確認と、ガイダンスに基づくFDAによる規制の実施の差止めが求められた。なお、連邦法であるFDA近代化法もこの時点で既に制定はなされていたものの、未だ発効していなかったため、同事件の判断対象とはならなかった[142]。

以下、長くなるが、次項以降の検討の前提となるため、本判決の内容を紹介する。

【WLF対フリードマン事件(I)（1998）】

・行為の規制か、言論の規制か

まず、FDAによりなされた、本件規制が「行為」の規制であり、「言論」の規制ではないとの主張、および「言論」であるとしても本件で対象となる言論は、FDCAに基づく連邦の広範な規制権限下にある行為であるから、言論の自由の保障は及ばないという主張に対して、コロンビア地区連邦地裁はそれぞれ、以下のように否定した。持続性のあるものの配布と、医薬品の適応外使用について講演し、または促進するような医師生涯教育への資金援助は「言論」である。また、営利的言論の自由に関する連邦最高裁判決により、連邦による厳格な規制がなされている一定の領域における言論につき、表現の自由による保障が及ばないという考え方は、既に最高裁判所によって

---

140) WLFは、自由市場主義、企業優先主義の立場を採る非営利団体であるが、医薬品・医療規制のみならず、環境規制や言論規制その他の政府規制に関する運動および訴訟提起を行っている。
141) Wash. Legal Found. v. Friedman, 13 F.Supp.2d 51 (D.D.C. 1998).
142) Id. at 58-59.

採られていない。[143]

・純粋言論か営利的言論か

次に、合憲性判定基準との関係で、本件の対象となる言論が、純粋言論（pure speech）か営利的言論（commercial speech）かという点については、本件の言論が営利的言論と非営利的言論の複雑な混合であるため判断が困難であるとしたうえで、純粋言論としての性格を有する科学的学問的言論がいかなる場合に営利的言論としての性格を帯びるかについて述べた。

まず、完全に独立した第三者により作成された情報へと注意を向けることによって、営業主体がその商品の購入を誘引することは十分にあり得、情報の作成者が独立した第三者であることは営利的言論であることを否定する理由とはならないとした。処方箋医薬品の使用の決定を行うのは医師であるところ、科学的研究結果についての情報を医師へと伝達することが製薬会社のマーケティング手法となること、医師は患者の治療のため、いかなる医薬品が安全かつ有効であるかについての情報を必要としていること、製薬会社はこれらを十分に自覚したうえで、医薬品の有効性に関する科学的情報を医師のもとへと伝達しようとしていることから、製薬会社は、適応外使用に関する医学論文の配布と、適応外使用を論じる医師生涯教育への資金提供を行うに当たり、医薬品の売上げの増大を意図していることは明らかである。[144]

そして、最も重要な問題は、科学的かつ／または教育的言論として完全に保護される言論が、その言論に言及されている製品の売上げを増加させるために営業的主体がかかる言論を配布するという事実のみをもって、営利的言論に変換させられるのかどうかという問題であるとした。この点について、最高裁判所は先例において、営利的取引を誘引する言論と他の言論との間の「常識的差異（'commonsense' distinction）」にその基礎づけを置いてきたとして、先例に示された3つの要素をもって判定されるとした。3つの要素とは、当該言論が明白に広告であること、当該言論が特定の製品に言及するものであること、言論の発信者が言論に当たり経済的動機を有することの3点であるところ、本件では、製薬会社が文献の配布や医師生涯教育への資金提供を

---

143) Id. at 59-61.
144) Id. at 63.

通じて適応外使用についての医師の関心を惹くことを意図しているため広告に当たる、これらの文献や医師生涯教育における講演は特定の製品に言及している、製薬会社がかかる言論に当たり経済的動機を有していることは明らかであることから、3つの要素が満たされ、したがって、本件言論は営利的言論に当たると結論づけた。[145]

また、営利的言論の自由の法理の一般的な目的が、誤解を招く、詐欺的なまたは強引な販売手法から消費者を守ることにあるところ、本件は、製薬会社の医薬品に関する有利不利いずれの情報もあるなかで、製薬会社が自らに有利な情報を述べた研究結果を医師に提供することにより、誤解を招く潜在性とそれに基づく害悪が存在することからも、かかる結論が支持されるとした。[146]

・セントラル・ハドソン・テスト(Central Hudson Test)

上記のように、本件言論は営利的言論に当たることから、本件規制の合憲性判断基準は、営利的言論に対して用いられるセントラル・ハドソン・テストであるとして、裁判所はその4要件について以下のように判示した。

第1に、言論が違法な行為に関するものではないこと、また、本質的に誤導的な性質のものではないことという要件については、処方箋医薬品の適応外使用自体が合法的行為であること、また、適応外使用に関する文献の配布や医師生涯教育における適応外使用の講義が製薬会社とは関係のない第三者からなされた場合に、それが本質的に誤導的であるとの考えをFDA自身も採っていないことから、本件言論は本質的に誤導的なものではないとした。[147]

第2に、政府が主張する規制利益が重要なものであること、という要件について、裁判所は、FDAが主張した2つの利益、すなわち、適切な情報に基づく処方判断を行うことができるよう、医師が正確かつ偏りの無い情報を受け取ることを保障する利益、および適応外使用について製薬会社が追加的新薬承認申請を行い、ラベリングに反映するようインセンティブを与える利益のうち、前者を否定し後者を肯定した。そもそも、政府は、市民の健康と

---

145) *Id*. at 64.
146) *Id*. at 65.
147) *Id*. at 65-69.

安全を保護する重要な利益を有するところ、かかる一般的な利益のなかに、FDAの主張する2つの利益が含まれるかどうかが問題である。そして、1つ目の利益に関しては、営利的言論について、公衆が、真実かつ誤導的ではない営利的情報を愚かに使用するかもしれないという、政府によるパターナリスティックな仮定は、かかる言論を規制するための正当化事由にはならないという原則がある。そして、この原則は、本件で言論を受け取る立場にある者が、科学的根拠に基づき正確な生死の判断を行う能力を有する医師であることから尚更当てはまる。なお、FDA自身も、適応外使用に関する情報が製薬会社以外の第三者から医師に対して提供されたり、医師からの要請で文献等が製薬会社から配布されたりする場合については問題視していないことから、医師の判断能力それ自体に疑問を差し挟んでいるわけではないこと明らかである。次に、製薬会社に追加的新薬承認申請手続のインセンティブを与えるという利益については、かかる手続を要求することの金銭的手続的負担と、適応外使用に基づいて患者が得る利益との均衡において、追加的新薬申請手続を製薬会社に義務付けることが賢明な政策であるかどうかによる。そして、このような判断は、司法府ではなく、立法府の政策的判断に適するところ、連邦議会が1997年のFDA近代化法を制定したことは、かかる政策が必要であるという判断にほかならず、当該利益は重要な規制利益として認められる。[148]

　第3に、本件規制が政府の重要な規制利益を直接推進するものであること、という要件については、以下のように判示し肯定した。製薬会社が適応外使用についての追加的新薬承認申請手続を行いたがらない理由は、FDAによる審査・承認期間が長いこと、追加的新薬承認申請手続のために行う臨床試験は高額であるところ、承認を得た後の当該医薬品の売上げがかかるコストを上回ると予想されない限りかかる試験を行うインセンティブは低いこと、とりわけ、当該医薬品の特許が切れていた場合には、安価な後発医薬品により、追加的新薬承認の利益がフリーライドされることである。そして、かかる製薬会社の動機に鑑み、また、当該医薬品自体が、適応についての承認を

---

148)　*Id*. at 69-71.

得、既に市場に流通しているという事実に鑑みると、製薬会社に追加的新薬承認申請手続のインセンティブを与える方法は、適応外使用のプロモーションを規制するほかないことから、本件規制は、政府の重要な規制利益を直接促進させるものである。[149]

しかしながら最後に、裁判所は、セントラル・ハドソン・テストの4つ目の要件である、当該規制が規制利益を達成するために必要以上に広範ではないこと、という要件を本件規制は満たしておらず、したがって、違憲であると判断した。裁判所は、最も明白な負担の軽い代替的な規制として、完全な開示という方法があるとし、かかる方法はより効果的でもあるとした。その理由としては、まず、完全な開示を行うことにより、伝達される情報が本質的または潜在的に誤導的であったり、または医師がかかる言論により騙されたり誤導されたりするという懸念を緩和させることができる。次に、かかる代替的な手段を採ることにより、製薬会社に適応外使用のプロモーション活動を行う余地を与えたとしても、ラベリングに記載された適応に関するプロモーションと、適応外使用に関するプロモーションとの間には本件規制以外の規制についても大きな差異があり、かかる差異は製薬会社に適応外使用についての追加的新薬承認申請手続を促すインセンティブとなる。第3に、医師が医薬品の使用方法についてFDAの承認を経ているかどうかを処方の判断において鑑みる限り、また、不法行為法のもとでの訴訟が、医療基準を判断する際にFDAによる医薬品の承認の有無を鑑みる限り、ここにも製薬会社が追加的新薬承認申請手続を行うインセンティブがある。第4に、適応外使用自体は合法であるのみならず、一定の患者にとっては必要な手段であるところ、本件規制によって一定の患者の救命や治療のために必要な真実の情報の伝達までも制約される可能性がある。最後に、言論の自由に関する連邦最高裁判所の立場は、潜在的に問題のある情報について、それを制約するのではなく、より多くの情報を流通させることにより対処しようとするものだからである。[150]

---

149) Id. at 71-72.
150) *Id*. at 72-74.

結論として、裁判所は、FDAガイダンスにおける言論の制約は、重要な言論に対して不当な負担を課すものであり、合衆国憲法第1修正の定める言論の自由に反すると宣言した。また、差止めについて、仮に適応外使用について論じるものであったとしても、ピア・レビューがなされる善意の医学雑誌に掲載された処方箋医薬品に関する医学論文の配布について、FDAは、製薬会社に対していかなる形においても禁止し、制約し、制裁を科してはならない、仮に適応外使用に関する情報に焦点を当てた部分等があったとしても、善意の独立した出版者により出版され一般的に入手可能な参照書籍またはその一部の配布を、製薬会社に対していかなる形においても禁止し、制約し、制裁を科してはならない、医師生涯教育やその他のシンポジウムに関して独立した教育プログラムの提供者に対して、その内容や講師について関与することを、製薬会社に対していかなる形においても禁止し、制約し、制裁を科してはならない、と判示した。[151]

(b) **WLF対ヘニー事件(I)――FDA近代化法の違憲性** WLF対フリードマン事件(I)判決によりFDAによるガイドラインについての違憲判断がなされて間もない、同1998年11月末に、FDA近代化法における適応外使用のプロモーションに関する規制条項が発効した。これを受けて、WLF対フリードマン事件(I)判決における被告であるFDAは、FDA近代化法およびこれに基づく連邦行政規則の合憲性判断と、WLF対フリードマン事件(I)判決において出された差止め命令の対象から、FDA近代化法により具体化された規制を明示的に除外すべく変更することを求めて訴訟を提起した。[152]

---

151) *Id*. at 74.
152) WLF対フリードマン事件(I)判決が出され、FDA近代化法が発効した後、WLF対ヘニー事件(I)が訴訟提起される前、FDAはWLF対フリードマン事件(I)判決について、その変更と執行停止を求める訴訟を提起している（WLF対フリードマン事件(II)）。Wash. Legal Found. v. Friedman, 36 F.Supp.2d 16 (D.D.C. 1999). この事件では、WLF対フリードマン事件(I)判決における判断は、製薬会社による医療情報の頒布に対するFDAの立場の合憲性を評価するに当たり、FDAによる3つのガイダンスの背後にある政策を考察したものであり、かかる政策が製薬会社の言論の自由に対し違憲的な負担を課すものであると判断されたものであるとし、WLF対フリードマン事件(I)判決で出された差止め命令を、FDAによる3つのガイダンスに厳格に限定するような修正は許されないとした。もっとも、FDA近代化法とそれに基づく連邦行政規則がいかなる範囲・程度においてかかる（違憲とされた）FDAの政策を永続化させるものであるかは、当事者の追加的な主張を無くしては判断できないとした。

しかしながら、このWLF対ヘニー事件(I)[153]においても、コロンビア地区連邦地方裁判所は、WLF対フリードマン事件(I)と同様の理由づけにより、FDA近代化法は違憲であると判断し、WLF対フリードマン事件(I)判決により出された差止め命令につき、FDA近代化法およびそれに基づく連邦行政規則の違憲性を明記すべく変更した。特に、セントラル・ハドソン・テストの第4の要件である、当該規制が規制利益を達成するために必要以上に広範ではないこと、という要件に関しては、FDA近代化法により採られた規制手段のうち、処方箋医薬品の適応外使用に関する言論を行った製薬会社に、追加的新薬承認申請手続を義務付ける点については、合衆国憲法上認められた表現の自由の行使について条件づけをするに等しく、このような言論に対する重大な規制は明らかに違憲であるとした。[154]

(c) **WLF対ヘニー事件(II)――FDAの「退却」**　FDAは、WLF対ヘニー事件(I)についてコロンビア地区連邦控訴裁判所に控訴したが、控訴裁判所での審理においても、FDA近代化法およびそれに基づく連邦行政規則が違憲とされる可能性が高いことは依然として変わらなかった。[155] このような状況に置かれ、FDAは、「製薬会社による情報頒布」の刑罰化という初の試みが違憲無効と判断されることを避けるべく、「戦略的な退却」を行った。[156] すなわち、FDAは、FDA近代化法の文言上、一定の要件を満たさない適応外使用に関する文献の配布を違法としているにもかかわらず、FDA近代化法における規制および医師生涯教育への資金提供に関するガイダンスは、[157] 特定の言論や行為を規制しているのではなく、そこに示された要件を満たしたうえで製薬会社により行われる文献の配布や医師生涯教育への資金提供という行為が、FDAが従来から有する規制権限を用いた不当表示に関する規制の対象とされないという、「セーフ・ハーバー」を示したものに過ぎないこと、ま

---

153) Wash. Legal Found. v. Henney, 56 F.Supp.2d 81 (D.D.C. 1999).
154) *Id*. at 87.
155) Wash. Legal Found. v. Henney, 202 F.3d 331 (D.C. Cir. 2000).
156) Burroughs et al., *supra* note 109, at 570.
157) 1997年に公表された業界資金援助による科学的及び教育的活動に関する最終ガイダンスを指す。前述のように、1996年に公表された文献配布に係る2つのガイダンスは、FDA近代化法とそれに基づく連邦行政規則の発行により取って代わられた。

た、FDA 近代化法における規制および医師生涯教育に関するガイダンスは、言論の禁止または制裁の権限を FDA に与えるものではないことを、法的拘束力ある約定として訴訟上言明したのである。これに対して、原告である WLF は、FDA によるかかる言明を前提とすれば、FDA 近代化法および医師生涯教育に関するガイダンスの合憲性に関する異論は無いと言明し、これに基づいて、連邦控訴裁判所は FDA による控訴を棄却し、連邦地方裁判所による判決および差止め命令（WLF 対フリードマン事件(I)、(II)、および WLF 対ヘニー事件(I)）を、FDA 近代化法および医師生涯教育に関するガイダンスを違憲と判断している限りにおいて破棄した。なお、本判決は、FDA からの強い要請によって、「間違いなく営利的宣伝に当たる行為」は不当表示に関する FDA の規制活動における「証拠」となりうるが、他方、製薬会社も、これに対して、表現の自由に対する侵害であるとの主張を行うことができると判示し、FDA による適応外使用のプロモーション活動に対する規制について、わずかの余地を与えた。

　WLF 対ヘニー事件(II) の結果、適応外使用に関するプロモーション活動の規制について、いかなる範囲の規制が許容され、いかなる規制が合衆国憲法上違憲とされるのかの明確な境界線が極めて曖昧なまま残されることとなった。

　　(d) **違憲判決への評価と検討**　　WLF 対フリードマン事件 (I) をはじめとする各判決から見て取れるのは、医師の判断に基づく処方箋医薬品の適用外使用が必要性と許容性のもとで認められていることを前提としたときに、かかる適応外使用に関する情報を製薬会社がプロモーション活動の一環として医師に提供した場合に、医師はこの情報の内容を、自らの専門的な知識と経験によって取捨選択や判断することができるという医師の役割への信頼と、情報提供を禁止することによって医師の知識取得が阻まれ、ひいては患者の

---

158)　*Wash. Legal Found. v. Henney*, 202 F.3d, at 335.
159)　*Id*. at 337.
160)　*Id*. at 336.
161)　Burroughs et al., *supra* note 109, at 570.
162)　Dresser & Frader, *supra* note 73, at 478.

治療の範囲を狭めることになることへの懸念である。とりわけ、WLF 対フリードマン事件 (I) においてセントラル・ハドソン・テストの第 3 要件該当性判断に関し、医師に対して伝達される情報が本質的または潜在的に誤導的であったり、または医師がかかる言論により騙されたり誤導されたりすることを防ぐという、FDA が主張した規制利益を否定するに当たって、裁判所は、明確に、医師は自らの能力において情報を取捨選択できると述べている。

しかしながら他方、医師生涯教育における教育プログラムや、医学論文の内容が製薬会社の商業的な意図を反映した内容のものであること、膨大な量の情報を受け取った医師においてその評価と選別を適切に行う能力や時間が限られているという現実があること、情報の提供と共に医師に対して利益提供がなされる場合には、医師における利益相反が発生し医師の判断能力にはとりわけ疑いが生じることに鑑みると、裁判所が依拠する医師の判断への信頼は、説得的ではないという指摘もある。[163]

(e) **2009年 FDA ガイダンス**　　WLF 対ヘニー事件 (II) 判決の後、FDA ガイダンスや FDA 近代化法による医師生涯教育への資金提供や医学論文等の配布の規制について、いかなる規制が合衆国憲法上違憲となるかについての境界線が曖昧な状態が続き、連邦議会による FDA 近代化法に関する修正等の手当てがなされないまま、2006年 9 月、サンセット条項に基づき FDA 近代化法における適応外使用の文献配布に係る条項が失効した。[164] これによって生じてしまったルールの空洞を再び埋めるため、FDA は、2008年のドラフトガイダンスとこれに対するパブリックコメントを経たうえで、2009年、承認医薬品・医療機器の適応外使用に関する医学雑誌記事及び医学科学的参考文献の配布の適切な実践に関する産業界向けガイダンス（Guidance for Industry on Good Reprint Practice for the Distribution of Medical Journal Articles and Medical or Scientific Reference Publications on Unapproved New Uses of Approved Drugs and Approved or Cleared Medical Devices）[165] と題した

---

163) *See, e.g.*, Aaron S. Kesselheim, *Off-Label Drug Use and Promotion: Balancing Public Health Goals and Commercial Speech*, 37 AM. J.L. & MED. 225 (2011).
164) Mello et al., *supra* note 106, at 1559; Burroughs et al., *supra* note 109, at 571; Mackey & Liang, *supra* note 15, at 8.
165) 74 Fed. Reg. 1694 (Jan. 13, 2009).

最終ガイダンスを公表し、適応外使用に関する文献配布についての新たなルールを設定した。

2009年に公表したこの最終ガイダンスについて、FDAは、適応外使用の文献配布に関する正式な規則制定ではなく、むしろ、FDAの現在の考え方を示すものであるとしたうえで、FDA近代化法において示された（セーフ・ハーバーとしての）ルールに比し、緩やかな条件のもとで適応外使用に関する文献の配布を許容するルールを公表した。すなわち、前述したFDA近代化法において示された条件のうち、製薬会社が当該文献の配布に先だって、臨床試験の結果に関する情報または臨床実験に関する情報と共に文献の複製をFDAに提出すること、および、製薬会社は、当該適応外使用に関して追加的新薬承認申請手続の申請を既に行っていること、または、必要な臨床試験を終え、追加的新薬承認申請手続の申請を当初の文献の配布から6ヶ月以内に行うべきことという、2つの重要な条件が外されたのである。[166] このように、FDA近代化法に比して緩やかな内容の新たなガイダンスが発表された背景には、当時のブッシュ政権下におけるFDA長官が製薬業界寄りの立場を採っており、大統領の交代を予期して政権交代の間際に製薬会社に有利な内容となるガイダンスをFDAが立て続けに公表しようとしたことといった理由が指摘されている。[167] このようなルールの緩和に対しては、消費者団体や医療保険業界からの反対がなされたほか[168]、アメリカ医師会からの医学論文の質に対する懸念が示された。すなわち、現状における医学論文のピア・レヴュー手続は適切に機能しておらず、不正確、偏った内容の論文を排除することはできていないため[169]、緩和されたルールでは、医師に対する適切な内容の医学論文の提供を保障することができないという批判である。[170]

---

166) Mello et al., *supra* note 106, at 1559-1561; Burroughs et al., *supra* note 109, at 571-572.
167) Michael Jon Andersen, *Bound Guidance: FDA Rulemaking for Off-Label Pharmaceutical Drug Marketing*, 60 CASE W. RES. L. REV. 531, 544 (2010).
168) Mello et al., *supra* note 106, at 1561.
169) Andersen, *supra* note 167, at 543.
170) なお、適応外使用については、その情報流通に関する政策だけではなく、製薬会社に対して追加的新薬承認申請手続を行う経済的な動機づけを与える政策も進みつつある。1994年に連邦行政規則の制定により発足した、医薬品の小児に対する適応外使用についての製薬会社へのデータ評価の要求と追加的新薬承認申請手続の要求の制度は、その後、1997年のFDA近代化法により

(4) ディテイラーによる適応外使用の宣伝と違憲判決

　WLFを原告とする一連の事件は、製薬会社がプロモーション活動として第三者の名義による論文等を配布することを、製薬会社の言論の自由を侵害する規制であるとして違憲としたものであったが、その後、更に進んで、製薬会社のディテイラー自身が適応外使用について医師に宣伝する行為を規制することもまた、営利的言論の自由を侵害するものとして違憲とする判決が連邦控訴裁判所によってなされた。そこでは、適応外使用のプロモーション活動についてこれまでFDAが行ってきたFDCAの解釈をも否定する判断がなされることとなった。

立法化され、新薬のみならず既にFDAの承認を得ている医薬品および新薬の双方に関して、小児に関する臨床試験を自発的に行った製造業者に対して、180日間の特許の延長を認めるものとされた。また、同法は、FDAに対して、既に承認されている医薬品のうち、小児に関する追加的な臨床研究が行われることが望ましいと考えられる医薬品についてのリストを開示することも義務付けることにより、小児の使用に関する臨床試験の実施を促進しようとした。2002年、FDA近代化法における当該規定に改めて根拠を与えると共に、さらに5年間の規定の延長を定める小児最良医薬品法（Best Pharmaceuticals for Children Act: BPCA）Pub. L. No. 107-109, 115 Stat. 1408 (2002)（codified as amended in scattered sections of 21 U.S.C. and 42 U.S.C.）が制定され、2003年には、小児臨床試験衡平法（Pediatric Research Equity Act: PREA）(Pub. Law No. 107-155, 117 Stat. 1936 (codified in scattered sections of 21 U.S.C. *et seq*.)が制定され、FDAが新薬の申請を行う製薬会社に対して、小児の使用に関する安全性と有効性に関するデータの提出も同時に義務付ける権限が与えられた。小児最良医薬品法においては、①特定の医薬品につき小児臨床試験の実施が有益であるとの判断のもと、②製薬会社に対して文書による臨床試験の実施の要請を行い、③製薬会社が定められた期間内における臨床試験の実施とその結果のFDAへの報告に合意し、④FDAがかかる臨床試験の結果を受領した場合に、180日間の特許期間の延長が認められるとされた。また、同法においては、製薬会社がFDAの要請に基づく臨床試験の実施を行わない旨決定した場合に、FDAが第三者機関に対して同医薬品の臨床試験の実施を委託することができる旨の権限もFDAに与えられた。これら2つの連邦法は、2007年のFDA改正法（Food and Drug Administration Amendments Act: FDAAA）により、改めて根拠づけが与えられて現在に至る。もっとも、このような経済的インセンティブを利用した制度には不可避的に生じる欠点も存在し、特許期間の延長という利益を得るために、製薬会社がFDAに働きかけを行い、小児用に使用されることの少ない医薬品についても臨床試験が行われる例が存在すること、既に特許期間が終了し後発医薬品が市場に参入している医薬品については製薬会社のインセンティブが働かず、製薬会社による臨床試験はほとんど実施されないことといった問題が指摘されている。Barbara A. Noah, *Just a Spoonful of Sugar: Drug Safety for Pediatric Populations*, 37 J.L. MED. & ETHICS, 280, 282 (2009); Mitchell Oates, *Facilitating Informed Medical Treatment Through Production and Disclosure of Research into Off-Label Uses of Pharmaceuticals*, 80 N.Y.U. L. REV. 1272, 1303 (2005); Ralph F. Hall & Tracy A. Braun, *Leaving No Child Behind? Abigail Alliance, Pediatric Products and Off-Label Use*, 8 HOUS. J. HEALTH L. & POL'Y 271, 289-291 (2007).

【アメリカ合衆国対カロニア事件（2012）】[171]

　この事件は、オーファン・メディカル社（現ジャズ製薬会社）の販売する中枢神経抑制薬ザイレムについて、同社にディテイラーとして雇用されたカロニアが、適応外である患者集団や疾病に関する使用を促進する口頭での宣伝を医師に対して行った行為が、FDCAの不正表示に該当するとして、FDCAの罰則規定により訴追されたものである。本節の冒頭で確認したように、FDCAには適応外使用のプロモーションそのものを直接禁止した規定は無いところ、FDAは、製薬会社のプロモーション活動で適応外使用の宣伝がなされた事実は、当該医薬品の「意図された目的（使用方法）」を示す一証拠となり、FDCA上、「意図された目的」のための使用に当たっての適切な指示をラベリングに記載していない場合には「不正表示」に該当する、したがって、適応外使用についてはまさにラベリングに適切な指示が記載されていないため「不正表示」に該当し違法であるという解釈を展開した。

　第2巡回区連邦控訴裁判所は、FDCAが（FDAの主張のように）適応外使用のプロモーション一般を禁止しているという解釈は、合衆国憲法第1修正の言論の自由に関する疑義を生じさせるため、かかる解釈を前提とする判断は行わず、FDAによるFDCAの解釈とそれに基づくカロニアの訴追が合衆国憲法上の営利的言論の自由に反し違憲かどうかという点に限定して判断を行った。裁判所は、FDAによるFDCAの解釈は、言論の内容および言論主体に着目した規制であり、より厳しい合憲性判定基準が適用されるべきと言明したうえで、なお、中間的合憲性審査基準であるセントラル・ハドソン・テストを適用した[172]。そして、同テストの第3要件である、政府の重要な利益を直接に促進しているかという点につき、適応外使用のプロモーションを禁じる一方で、医師による適応外使用を許容しているのであるから、患者への適応外の処方を減じたり、FDAへの新薬承認申請手続を促進したりするという政府の利益を直接に促進しているとはいえないとして否定した。また、

---

171)　United States v. Caronia, 703 F.3d 149（2d Cir. 2012）.
172)　Id. at 164-165. 違憲性審査基準に関するこの判示は、2011年に連邦最高裁判所から出されたIMSヘルス対ソレル事件判決を前提としている。同判決については、本章Ⅵ2(2)(b)で言及する。

裁判所は、適応外使用自体を許容する一方で、適応外使用のプロモーションを禁じることは、医師の能力や患者が治療に関する情報を受け取ることを制限してしまうと述べている。さらに、第4の要件についても、政府の規制利益を促進するためには、例えば、適応外使用についての警告や開示システム、適応と適応外とを区別するような新たな仕組み、適応外使用の件数に上限を設ける等の仕組み、適応外使用が医療過誤訴訟における過失となりうることをFDAが医師や製薬会社にアナウンスすることといったような、言論の自由を制約するのではない他の手段がありうると述べた。

　このようにして、適応外使用に関するプロモーション活動は、それが第三者により執筆された医学論文の配布という間接的な形ではなく、製薬会社のディテイラーが口頭にて行うという、より直接的な形で行われる場合であったとしても、FDAがそれを一律に規制することは、なお、営利的言論の自由を侵害するものとして違憲であるという判断がなされた。それは、適応外使用のプロモーション規制に関してそれまでFDAが採ってきたFDCAの解釈すら否定するものであり、プロモーション活動自体を直接的に規制することはますます困難となった。[173][174]

---

173)　もっとも、アメリカ合衆国対カロニア判決では、適応外使用のプロモーションのなかには、明らかに誤導的・不適切なものがあるが、本件はそのようなケースではないと言及していること等から、その射程については広いものではないとする見解もある。Marcia M. Boumil & Kaitlyn L. Dunn, *Off-Label Marketing of Pharmaceutical Products in the Wake of United States v. Caronia and United States v. Harkonen*, J. HEALTH & MED. 11 L. 385 (2014) at 431.

174)　更に、近時、適応外使用のプロモーションにつき、FDAと製薬会社との間で注目すべき和解がなされたという。アマリン社の販売するヴァセパという医薬品について、同社が適応拡大の申請をFDAに対して行ったもののこれを却下された。FDAは却下に当たり、却下された適応についてのプロモーションを同社が行うことは、FDCA上の不当表示に当たるという警告文を付したことから、同社は、ヴァセパの適応外使用プロモーションはFDCA上の不当表示に当たらないとして、仮差止めを求める訴えをニューヨーク州南地区連邦地方裁判所に提起し、同裁判所はカロニア判決に依拠し、これを認める判決を下した。Amarin Pharma, Inc. v. FDA, 119 F. Supp.3d 196 (S.D.N.Y. 2015). 第1審判決後、FDAは、本件に限り、アマリン社によるヴァセパの適応外使用に関するプロモーション活動を認める旨の和解を行ったという。FDAは、あくまで本件に限るという立場を採っているが、今後、適応外使用のプロモーションに対するFDAの規制権限行使がなされた場合には、同様の主張が製薬会社からなされることになるだろう、と指摘されている。Katie Thomas, *F.D.A. Deal Allows Amarin to Promote Drug for Off-Label Use*, N.Y. TIMES, March 8, 2016, at B1.

2　医師の役割と違憲判決の積極的意義

　WLFを原告とする一連の事件と、その後のアメリカ合衆国対カロニア事件は、適応外使用のプロモーション活動に対する行政による事前規制——情報伝達を事前に抑制する規制——を違憲とするものだったが、この判断は、適応外使用のプロモーションに限らない、FDAによる製薬会社へのプロモーション活動の規制一般について、大きな転換をもたらさざるを得ないものだった。なぜならば、情報のなかに誤導的なものがあるかもしれないという理由によって、FDAがプロモーション活動に付随する情報提供一般を一律に事前規制するという手段は、原則として採ることができないことが明らかにされたからである。

　この、事前の一律的・情報伝達抑制的な規制方法の原則的な禁止は、プロモーション活動の規制について、2つの新しい方向への転換を生み出すこととなる。新しい方向とは、行政規律は事前規制ではなく開示の義務付けを行うこと、そして、プロモーション活動の利益提供の側面に着目し悪質な個別事案について事後的規制として刑事訴追を行うことである。

　この、2つの新しい動きについての議論を始める前に、営利的言論の自由の法理によって、FDAによるプロモーション活動に対する一律的・情報伝達抑制的な規制方法が禁止されるという結論それ自体がもつ意義を、営利的言論の自由の法理の理念を確認しながら、本項において検討する。

(1)　アメリカにおける営利的言論の自由の法理の確立とその意義

　(a)　**営利的言論の自由の法理の確立**　アメリカにおいて、営利的言論は長らくの間、合衆国憲法が保護する表現の自由の埒外であるとされ、憲法上の保護は否定されてきた。連邦最高裁がそれまでの判断を覆し、営利的言論の法理を認めるに至ったのは、1976年のヴァージニア州薬事局対ヴァージニア市民消費者委員会事件においてである。[175] この訴訟では、薬剤師に対して課せられていた医薬品の販売にかかる価格表示の禁止規制が違憲とされた。ここに営利的言論の自由の法理が確立したのであるが、この判決において、医薬品の宣伝にかかる規制が違憲とされたのは偶然のことではない。営利的言論

---

175)　Va. St. Bd. of Pharmacy v. Va. Citizens Consumer Council, Inc., 425 U.S. 748 (1976).

の自由の法理の出現と発展をみれば、提供される商品やサービスの公共性ゆえに、その宣伝により公共にもたらされる弊害が大きいと考えられる商品・サービスに対する規制の合憲性判断を中心として発展してきたことが見て取れるのである。しかしながら同時に、営利的言論の自由に対して表現の自由の一環としての保護を与えることについては、ヴァージニア州薬事局対ヴァージニア市民消費者委員会事件判決の当初から、営利的言論が経済的動機に基づくものであり規制の必要性があることや、営利的言論に表現の自由の一部として保護を与えることは政府による経済活動に関する実効的な規制の実施を阻むこととなるなどとして、その正当性を疑問視する意見が存在した。[176]

営利的言論の自由の法理に関する議論の出発点とされるのは、1942年のヴァレンティン対クレステンセン事件である。[177]この事件では、商業およびビジネスの広告を目的とするチラシの配布を禁止するニューヨーク州のゴミの投げ捨て禁止条例によって、戦争でかつて使用された潜水艦の公共展示についてのチラシ配布を警察に禁じられた原告が、州警察長官に対して訴えを提起したものである。連邦最高裁は、純粋に商業目的の広告に関し、合衆国憲法は政府による規制に対して何らの制約も課していないとした。[178]また、この事件では、当初宣伝チラシの配布を禁じられた原告が、それならばと表面に宣伝を、裏面にニューヨーク州のかかる規制に反対する政治的な意見を記したチラシを再度配布しようとし、これも禁止されたため訴訟に及んだものであったが、最高裁は、仮に裏面に政府の政策に反対するような言論を記載したとしても、結論は変わらない旨指摘した。[179]このようなヴァレンティン対クレステンセン事件が示したルール、すなわち、商業的な取引を提案する言論は何らの憲法上の保護も与えられないというルールは、その後おおよそ30年の間にわたり合憲性判定の挑戦を受けることなく通用することとなった。[180]

---

176) *See, e.g.*, Steven H. Shiffrin, *The First Amendment and Economic Regulation: Away from a General Theory of the First Amendment*, 78 Nw. U. L. Rev. 1212（1983）.
177) Valentine v. Chrestensen, 316 U.S. 52（1942）.
178) *Id*. at 54-55.
179) *Id*.
180) David C. Vladeck, *The Difficult Case of Direct-to-Consumer Drug Advertising*, 41 Loy. L.A. L.Rev. 259, 265（2007）.

Ⅲ 情報伝達の事前規制と営利的言論の自由の壁　*181*

　だが、このルールが通用しないことは、1975年のビゲロー対ヴァージニア事件[181]により明らかにされる。そして翌1976年には、ヴァージニア州薬事局対ヴァージニア市民消費者委員会事件判決によって、営利的言論の自由の法理が確立されるに至る。

【ビゲロー対ヴァージニア事件（1975）】

　この事件では、中絶へのアクセスを促すような出版物の販売や配布を禁じるヴァージニア州法により罰せられたニュース誌の編集長が原告となり、同法の違憲性を主張し州を訴えた。連邦最高裁は、ある言論が商業的な広告という形態であるかにみえることのみをもって、表現の自由による保護を奪われるとはいえず[182]、また、ある表現が商業的な側面を有していることをもって、表現の自由の保護を奪われるものではないとした。そして、本事件で問題となった言論が単に商業的取引を提案するものではなく、明らかな公共的関心に関する事実を含んだものであるとして、本原告に適用される場合において、本件州法は違憲であると判断した。また、最高裁は、ヴァレンティン対クレステンセン事件により示されたルールは、全ての商業的広告に関する規制が合憲性の判断を免れるというものではなく、また、広告が広告であることのみをもって表現の自由の保護を与えられないという立場を示したものではない、として[183]、同事件により示されたルールを限定的に解する見解を示した。

【ヴァージニア州薬事局対ヴァージニア市民消費者委員会事件（1976）[184]】

　この事件では、登録薬剤師が処方箋医薬品の価格に関する広告を行う行為を、職業倫理に反する行為として定めていたヴァージニア州法について、消費者団体が原告となり、当該州法が表現の自由を侵害し違憲であるとして州薬事局を訴えた。この事件において、連邦最高裁は初めて明確に、商業的取引を誘引することのみを目的とする言論も表現の自由による保護の対象になると述べ、また、個人の消費者にとって、商業的な情報の自由な流通に対する関心は、差し迫った政治的言論に対する関心に勝るとも劣らず高いもので

---

181)　Bigelow v. Virginia., 421 U.S. 809（1975）.
182)　*Id*. at 818.
183)　*Id*. at 819-820.
184)　*Va. St. Bd. of Pharmacy*, 425 U.S. 748.

あるとした。また、被告ヴァージニア州の主張する公共の利益、すなわち広告を許容した場合に起こるだろう処方箋医薬品の価格競争を避けて薬剤師の専門性と消費者の保健衛生を維持するという利益については、それゆえに広告自体を禁じることはパターナリスティックであり、自由な情報流通を認めることで個々人の最善の利益が実現する、情報流通を抑制することの弊害と、情報の自由な流通を認めることで情報が誤用されることにより生じる危険性との間で合衆国憲法第1修正（表現の自由）によってなされた選択（は後者）であるとした。また、本判決において最高裁は、営利的言論が表現の自由による保護を受けるとはいっても、他の言論と全く差異が無いとはいえず、商業的取引を誘引するに過ぎない言論とその他の言論には「常識的な差異」が存在すると述べた。そして、営利的言論はそれゆえ他の言論より価値が低いというものではないが、営利的言論は他の言論と比してその真否が確認しやすいこと、商業的動機に基づくゆえ他の言論に比してその制約に対する耐性が強いことから、異なるレベルの保護が必要であると述べたが、具体的にいかなる基準をもって営利的言論の規制の合憲性を判断すべきかについては述べるに至らなかった。

【セントラル・ハドソンガス電気会社対ニューヨーク公共サービス委員会事件（1980）】

　ヴァージニア州薬事局対ヴァージニア市民消費者委員会事件判決の4年後には、セントラル・ハドソンガス電気会社対ニューヨーク公共サービス委員会事件判決によって、残されていた課題であった営利的言論の自由の規制立法に関する合憲性判定基準が示されるに至った。この事件では、1973年の冬に電気供給量の不足に至る可能性があるとして、電気事業者に対して電気の使用を促進する全ての広告を禁じるニューヨーク州の命令の合憲性が争われた。同事件において最高裁は、営利的言論の自由を制約する立法の合憲性についての基準、いわゆる「セントラル・ハドソン・テスト」を確立した。す

---

185)　*Id*. at 762-763.
186)　*Id*. at 764-765.
187)　*Id*. at 772 note 24.
188)　Cent. Hudson Gas & Elec. Corp. v. Pub. Serv. Comm'n of N.Y., 447 U.S. 557 (1980).

なわち、問題となっている言論が誤導的でもなく違法な行為に関連するものでもないこと、主張された政府の利益が重要な（substantial）ものであること、当該規制が政府の利益を直接推進するものであること、当該規制は最も謙抑的な規制手段であること、という4段階のテストである。

セントラル・ハドソン・テストは、この後、営利的言論の規制立法に対しての合憲性判定基準として、現在まで使われている。これにより規制が違憲と判断されたケースのほとんどの場合は、同テストの4つ目のテスト、すなわち、より謙抑的な他の手段が存在するためという理由によるものであった。[189] また、とりわけ、近時においては、連邦最高裁はセントラル・ハドソン・テストをより厳しく適用する傾向となり、今や、最も厳格な審査基準とほぼ同様になっているとも指摘されている。[190]

(b) **営利的言論の自由の法理の意義**　1976年に確立した営利的言論の法理は、ヴァージニア薬事局対ヴァージニア市民消費者委員会事件判決に示されているように、その意義として、情報の受け手における自己決定や自己実現を理由としてきた。[191] すなわち、表現の自由一般の意義としては、「自由な言論の下で、あらゆる権威を検証し議論を積み重ねることで真理に到達する可能性を見いだすことが肝要であり、その民主主義的過程を保障すること、さらに個人が自由にその考えを表現しまさに個性を主張すること」であるとされるが、[192] このように説明される意義の複数の側面のなかでも、とりわけ、情報の受け手における自己実現が、営利的言論の法理を支える意義とされたのである。[193]

このような意義を実現するために守られるべき営利的言論の自由は、それ

---

189) Tamara R. Piety, *"A Necessary Cost of Freedom"? The Incoherence of Sorrell v. IMS*, 64 ALA. L. REV. 1, 5, 40-41 (2012); Alexander D. Baxter, *IMS Health v. Ayotte: A New Direction on Commercial Speech Cases*, 25 BERKELEY TECH. L.J. 649, 658 (2010).
190) Vladeck, *supra* note 180, at 268-269.
191) G. Edward White, *The Evolution of First Amendment Protection for Compelled Commercial Speech*, 29 J.L. & POL. 481, 495.
192) 樋口範雄『アメリカ憲法』（弘文堂・2011）323頁。
193) もっとも、1990年代以降、営利的言論の法理に関する判決において、情報の受け手ではなく、送り手の利益に重きが置かれるようになっていると指摘されている。Piety, *supra* note 189, at 40-48.

でもなお、他の言論との「常識的な」差異を理由として、他の言論に認められる厳格な合憲性審査基準ではなく、中間審査基準が採用されるべきであるとされた。

しかしながら、営利的言論の法理については、そもそも、表現の自由が保護すべき対象は政治的過程に関する言論であるから、商業的取引を目的とする言論は保護の対象とされるべきではないという批判や、営利的言論はその性質上、言論主体の経済活動と密接に関係するところ、経済活動については政府による広範な規制が認められていることと相反するという批判がなされてきた。特に、後者については、高度に情報化が進み、経済活動のあらゆる局面において情報が不可欠な要素として組み込まれている現代においては、情報に働きかけるような形態での経済活動に関する規制が、営利的言論に関する規制としてすべからく中間審査基準による違憲審査を受けるべきだとすれば、基本的人権を制約する立法については厳格な合憲性審査を行う一方で、経済活動に関する規制に対しては政府に広い裁量を与えるとしたカロリーン・プロダクツ事件判決以降の連邦最高裁の立場とは相いれないのではないか、とも指摘されている。

しかしながら、営利的言論の自由の法理は、ビゲロー対ヴァージニア事件判決が「ある表現が商業的な側面を有していることをもって、表現の自由の保護を奪われるものではない」と指摘しているように、プロモーション活動

---

194) Shiffrin, *supra* note 176, at 1225–1239.
195) Ernest A. Young, *Sorrell v. IMS Health and the End of the Constitutional Double Standard*, 36 Vᴛ. L. Rᴇᴠ. 903（2012）.
196) United States v. Carolene Prods. Co., 304 U.S. 144（1938）.
197) Young, *supra* note 195, at 903, 920–921.
198) このような懸念は、セントラル・ハドソンガス電気会社対ニューヨーク公共サービス委員会事件判決におけるレーンキスト判事の反対意見で既に指摘がなされ、医師による処方情報の収集・売買と製薬会社によるその情報のマーケティングへの利用についての州規制が問題とされたIMSヘルス対ソレル事件（この事件については、本章Ⅵ 2 (2)(b)において検討する）においても、ブレイヤー判事の反対意見に見て取ることができる。反対意見は、問題となった規制を違憲とした多数派の意見に対して、営利的言論の自由を理由として当該規制を違憲とすることは、ロックナー時代、すなわち、連邦最高裁が、実体的デュープロセスに基づき、政府による社会福祉政策立法を経済的自由に対する侵害として違憲としていった時代への回帰となってしまう、と強く批判している。*Cent. Hudson Gas & Elec. Corp.*, 447 U.S. at 589（Rehnquist, J. dissenting）; Sorrell v. IMS Health Inc., 131 S.Ct. 2653（2011）, 2679（Breyer, J. dissenting）.

が経済的誘因を目的としていることをもって、プロモーション活動の情報伝達の側面において見出される意義を失うものはないこと、そして、情報の受け手にとって、「商業的な情報の自由な流通に対する関心は、差し迫った政治的言論に対する関心に勝るとも劣らず高い」ことをその理由としている。つまり、プロモーション活動が、表現者の経済的取引を補助し促進させるという経済的側面をもつ（そして、その結果として、経済活動自体の規制にも影響を及ぼしうる）からといって、情報の受け手の利益である自己決定の利益を剥奪すべきではないという点こそをその意義として確立されたものだった。

(2) 処方箋医薬品プロモーション規制の違憲判決の意味

このように、情報の受け手の自己決定をその意義として出発した営利的言論の自由の法理は、処方箋医薬品のプロモーションの文脈においては、以下のような意義を有するということができる。

WLFを原告とする一連の事件において、被告たるFDAは、規制により達成される目的として、適切な情報に基づく処方判断を行うことができるよう、医師が正確かつ偏りの無い情報を受け取ることを保障する利益、および適応外使用について製薬会社が追加的新薬承認申請を行い、ラベリングに反映するようインセンティブを与える利益を主張したが、裁判所は前者を否定し、後者を肯定した。すなわち、1つ目の利益に関しては、一般的に、営利的言論を受け取った公衆が、それ自体として真実かつ誤導的ではないにもかかわらず営利的であることをもって、その情報を愚かに使用するかもしれないという仮定は、パターナリスティックであり政府による規制の正当化事由にはならないという原則があるとしたうえで、この原則は、本件では、言論を受け取る立場にある者が、科学的根拠に基づき正確な生死の判断を行う能力を有する医師であることからこの原則が尚更当てはまるとしたのであった。そのうえで、裁判所は、後者の利益を実現する手段としては、情報伝達を事前に抑制するのではなく、「開示」することによって、同様の目的を達成することができるとした。

すなわち、処方箋医薬品の医師に対するプロモーション規制においては、情報の受け手が、受け取った情報をもとに患者に対して医療を提供する医師であることから、自ら情報の価値や有用性を判断する能力にとりわけ優れて

おり、情報を規制するのではなく広く提供することこそが受け手の利益に資するという考え方が尚更当てはまる。処方箋医薬品の医師に対するプロモーション規制の文脈では、情報の受け手である医師が情報を取得し、取捨選択したうえで患者に適用することを通じて、患者に対するより適切な投薬治療が行われるようになることが、情報伝達を通じて達成される具体的な利益として存在する。このような裁判所の考え方は、専門的な知識と経験に支えられた医師という専門家の役割をその必須の前提としているといえる。

しかしながら、医師に対して処方箋医薬品の使用方法に関する情報が提供されることが意義のあることだとしても、処方箋医薬品のプロモーション活動が複雑に構造化しており個々人の医師による選別が容易ではないこと、そして、不適切な情報が患者の生命の安全に直接に重大な影響をもたらすことから、情報の制約という規制手段が適切ではないとしても、それ以外の手段によって情報の適正化をなすことはやはり必要ではないか。この問題について、アメリカが採った規制手段はどのようなものかを以下Ⅳにおいて論じる。

Ⅳ　行政規律の転換──医学論文の質の向上に関する制度の発展

FDAによる情報伝達を事前に抑制する規制方法は禁止されるという、裁判所が提示した結論を受けてもたらされたものの1つ目は、行政規律による規制方法の変更である。すなわち、FDCAに基づくプロモーションの規律は、情報伝達の規制から、情報開示義務付けに変化し、開示に基づく公開監視によって情報の内容の是正を図るという方向へと転換した。

開示的規制のうちの1つが、臨床試験の公開登録制度である。

1　臨床試験公開登録制度と医学雑誌による自主ルール

アメリカにおいて、医薬品の臨床研究に関する情報の連邦レベルの公開制度は、1997年のFDA近代化法によって創設された、「重大または致死的な疾病および症状」のための医薬品の有効性に関する臨床試験の登録公開制度[199)200)]に始まった。しかしながら、一定の医薬品に関する臨床試験の登録公開制度が立法化された当初の目的は、情報の公開を通じて医学論文の質を向上させ

ることではなく、アメリカにおいて現在進行形で実施されている医薬品の臨床試験、とりわけ重大な疾病のための医薬品についての臨床試験の存在を公開することにより、かかる疾病患者の臨床試験へのアクセスを容易にすることにあった。このような目的のもと、FDA 近代化法はこの公開登録制度を実施するために、アメリカ国立衛生研究所 (National Institute of Health: NIH) に対して、登録および公開のための公的制度を作ることを義務付け、これを受けたアメリカ国立衛生研究所は、2000年、ClinicalTrials. gov という公開登録のためのウェブシステムを発足させた。アメリカにおいては、当時、個々の製薬会社の自発的な取組みにより、臨床試験の公開登録を実施する場合もあったものの、その範囲は限られており、ClinicalTrials.gov という、全米的な臨床試験の公開登録制度が発足したこと自体の意義は大きかった。しかしながら、この制度が発足した当初の目的とも関連し、登録および公開の対象となる情報は限られ、したがって公開登録制度の実効性も限定されていた。すなわち、FDA 近代化法において登録および公開が義務付けられた臨床試験は、上述のように重大な疾病のための医薬品に関する臨床試験のみであり、更に、登録および公開される内容は臨床試験の目的、被験者適格および臨床試験の行われる場所といった情報で、被験者のデータや結果、スポンサー名についての公開登録は要求されていなかった。更に、登録・公開義務に違反した場合の制裁は科されていないことから、その実効性は高いものとはいえなかった。現に、このような限定的な対象に向けられ、また、義務違反に対する制裁を欠く登録公開制度は、発足から数年の間は、製薬会

---

199) Pub. L. No. 105-115, 111 Stat. 2296, 2310, (codified at 42 U.S.C. 282(j) (2015)).
200) Deborah A. Zarin & Tony Tse, *Moving Toward Transparency of Clinical Trials*, 319 SCIENCE 1340, 1340 (2008).
201) Robert M. Califf et al., *Characteristics of Clinical Trials Registered in ClinicalTrials.gov, 2007-2010*, 307 JAMA 1838, 1838 (2012).
202) James Dabney Miller, *Registering Clinical Trial Results, The Next Step*, 303 JAMA 773, 773 (2010).
203) http://clinicaltrials.gov/ (last visited Aug. 30, 2016).
204) Shanker Vedantam, *Journals Insist Drug Manufacturers Register All Trials*, WASH. POST, Sep. 9, 2004 at A02.
205) Miller, *supra* note 202.

社による遵守の割合も、公開登録される情報の内容の適正さも芳しいものではなかった。

しかしながら、このように小さなものとして始まった公開登録制度は、臨床試験の公開登録制度のもつ情報開示機能に着目した医学雑誌団体の自主的ルールの設定と、医学雑誌の動きに呼応して（当初の目的から大きく拡大し）情報開示機能を強化させることを意図する FDA 改正法によって、情報公開によって情報の内容を公開し監視する制度へと変化した。

2　医学雑誌編集者国際委員会の自主ルールと FDCA
(1)　医学雑誌編集者国際委員会によるルールの設定

2005年9月、The Lancet、JAMA, New England Journal of Medicine 等が加盟する医学雑誌編集者国際委員会（International Committee of Medical Journal Editors: ICMJE）は、医学雑誌への臨床試験に関する論文について、論文の対象である臨床試験が一定の基準を満たした公開登録機関に登録されていることを雑誌掲載の必要条件とすることを表明した。このような自主的なルールが策定された背景には、本章Ⅰで述べたように、否定的な結果となった臨床試験結果の隠蔽や非公表等といった選択的出版や試験結果の偏った分析等に起因する、医学雑誌に掲載される論文の質の問題についての従来からの問題意識が存在したが、とりわけ契機となったのは、2004年、グラクソスミスクライン社による、抗うつ剤パキシルに関する小児・思春期の患者の副作用データの隠ぺい事件であった。この事件により再び顕在化した医学論

---

206) Vedantam, *supra* note 204; DEP'T OF HEALTH & HUM. SERV., Section 113: Status Report on Implementation, (Aug. 2005) *available at* http://www.fda.gov/downloads/ForConsumers/ByAudience/ForPatientAdvocates/ParticipatinginClinicalTrials/UCM148894.pdf (last visited Sep. 30, 2014).

207) Zarin & Tse, *supra* note 200, at 1340; International Committee of Medical Journal Editors Update on Trials Registration: Clinical Trial Registration: Looking Back and Moving Ahead, *available at* http://www.icmje.org/updatejune07.html (last visited Sep. 30, 2014); Deborah A. Zarin et al., *Issues in the Registration of Clinical Trials*, 297 JAMA 2112, 2114 (2007).

208) Vedantam, *supra* note 204.

209) Miller, s*upra* note 202, at 773; Barry Meier, *For Drug Makers, a Downside to Full Disclosure*, N.Y. TIMES, May 23, 2007, at C1.

文の質に関する問題に対処する方法として、医学雑誌団体は、制度化されつつあった臨床試験の公開登録制度を利用し、雑誌に掲載される論文が対象とする臨床試験が医師および公衆による一般的な監視のもとに置かれることで、医学論文の質の向上を図ろうと考えたのである。このような臨床試験の公開登録制度の監視機能は、医学雑誌の出版主体が従来から着目してきたものでもあった。[210]

ICMJE の策定した自主ルールでは、公開登録が義務付けられる臨床試験の範囲に限定が設けられている FDA 近代化法（および次に述べる FDA 改正法）とは異なり、論文公表の条件として、いかなる臨床試験であってもそれが公開登録されていなければいけないというように、範囲の限定がなされていない。このような、医学論文の雑誌掲載に臨床試験の公開登録を条件とするという、世界的な医学雑誌団体によるルールの策定は、翻って、アメリカにおいても、FDA 近代化法に基づいて発足した ClinicalTrials.gov への臨床試験の登録率を飛躍的に高めることとなった。[211]

このような、医学雑誌による自主的なルールと協働した公開登録制度の遵守率の向上を背景に、2007年の FDA 改正法においては、公開登録制度の対象となる臨床試験の範囲が拡大され、また、公開登録が義務付けられる情報の範囲についても、FDA 近代化法から大幅に拡充された。[212] また、FDA 近代化法のもとでは FDA に与えられていなかった強制力も付与され、より実効性の高い規律となった。

(2) **FDCA と自主ルールの協働**

ICMJE により医学論文公表のために公開登録が条件とされる臨床試験は、その対象に限定が設けられておらず、介入の種類、臨床試験のフェーズ（フェーズ1〔第1相〕からフェーズ3〔第3相〕試験までのどの段階か）、臨床試験等が行われる地域にかかわらず、原則として、全ての介入試験について、その公開登録がなされていなければ、医学雑誌に掲載することはできないと

---

210) Vedantam, *supra* note 204.
211) Zarin & Tse, *supra* note 200, at 1340, Miller, *supra* note 202; Zarin et al., *supra* note 207, at 2114.
212) Pub. L. No. 110-85, 121 Stat. 823, §801 (codified at 42 U.S.C. 282(j)(2015)).

されている。また、ICMJE により公開登録が要請される場合の公開登録機関は、必ずしも ClinicalTrials.gov である必要はないが、ICMJE が認証した機関であることが必要であり、ClinicalTrials.gov のほか、オーストラリア・ニュージーランド臨床試験登録、ISRCTN 登録（The International Standard Randomised Controlled Trial Number Register. WHO 等の支援を受けて非営利団体により運営されるサイトである）、大学病院医療情報ネットワーク（日本）、オランダ臨床試験登録、ヨーロッパ臨床試験データベース等が登録機関として指定されている。

他方、FDA 改正法により拡大された ClinicalTrials.gov による公開登録の義務付けの対象からは、フェーズ 1 試験は除かれていると共に、アメリカ国内で行われるかまたはアメリカにおいて新薬承認申請手続がなされている医薬品に限られている。しかしながら、FDA 改正法下での登録公開対象である情報内容は ICMJE の自主ルールよりも広く、着目すべきは一定範囲で試験結果の報告と公開が義務付けられていることである。試験結果として報告が義務付けられているのは、被験者フロー、ベースライン特性、評価基準と統計解析および有害事象の 4 要素として示されている科学的情報と、コンタクト先といった管理情報であるが、このような情報の公開登録が義務付けられたことは、ClinicalTrials.gov を通じた医学論文の一般的監視機能を強化させるものとして期待されている。

---

213) Deborah A. Zarin et al., *The ClinicalTrials.gov Results Database–Update and Key Issues*, 364 NEW ENG. J. MED. 852, 853 (2011); Elaine Wong & Rebecca J. Williams, *ClinicalTrials.gov: Requirements and Implementation Strategies*, REG. FOCUS, May 2012.
214) Australian New Zealand Clinical Trials Registry, http://www.anzctr.org.au (last visited Aug. 30, 2016).
215) http://www.isrctn.org (last visited Aug. 30, 2016).
216) http://www.umin.ac.jp/ (last visited Aug. 30, 2016).
217) Nederlands Trial Register, http://www.trialregister.nl (last visited Aug. 30, 2016).
218) European Clinical Trials Database (EudraCT), https://eudract.ema.europa.eu/ (last visited Aug. 30, 2016).
219) Zarin et al., *supra* note 207; Wong & Williams, *supra* note 213.
220) Tony Tse & Rebecca J. Williams, *Reporting "Basic Results" in ClinicalTrials.gov*, 136 CHEST 295, 296 (2009); Miller, *supra* note 202, at 773.
221) Zarin & Tse, *supra* note 200, at 1340.

FDA改正法による公開登録制度の対象拡大については、フェーズ１試験を対象としていないことや、新薬承認申請手続のもとで、初めて承認される新薬（従来いかなる適応についても承認を受けていない新薬）に関する臨床試験については、FDAによる承認を受けて以後30日までは試験結果のClinicalTrials.govへの報告を延期できる等の例外が認められており、制度の有効性について疑問視する見解もある。また、ClinicalTrials.govへと提出されたデータは、一般公開がなされる前に、必要事項の欠如等についてまず自動的なチェックが行われ、その後個別的な審査が行われるが、審査者が原データを有しているわけではないことから、情報の正確性についての審査には限界がある。また、臨床試験の結果の公開登録については、異なる観点ではあるが、知的財産の公開に当たり、競合他社による情報の取得とそれによる医薬品の競争力の低下を招くとして、製薬会社からの批判の声も上がっている。

　このような批判はあるものの、FDA改正法による義務付けとICMJEによる自主的ルールが協働することによって、ICMJEに加盟する医学雑誌において医学論文を発表するためには、フェーズ１試験であったとしても公開登録がなされていない限りは公表できないことになり、FDA改正法において義務が課される範囲を超えた臨床試験について事実上の公開登録が要請される状況が現出すると共に、FDA改正法のもとで要求されることとなった臨床試験の結果の情報公開によって、より有効に、一般的な監視機能が図られるようになりつつある。

3　公的研究における利益相反の管理

　また、医学研究に対する製薬会社等商業主体からの資金提供が、製薬会社による医学研究への影響力行使の原因となっていることから、医学研究の中立性・公正性を保つために、研究に携わる研究者における利益相反管理のた

---

222)　Zarin & Tse, *id*. at 1342; Miller, *supra* note 202, at 773.
223)　Zarin et al., *supra* note 213, at 854.
224)　Zarin & Tse, *supra* note 200.
225)　Hall & Braun, *supra* note 170, at 297-298.

めの連邦法および連邦行政規則も制定された。もっとも、連邦議会に与えられている立法権限が限定されていることから、その対象は連邦が資金提供する研究に限られていた。すなわち、連邦保健福祉省の研究資金配分部署である公衆衛生局（Public Health Service）から公的な研究資金を受領する研究について、当該研究に参加する研究者についての金銭的利益相反（第三者から提供される金銭的利益）を、所属研究機関に対し開示・申告させ、所属研究機関が適切に管理することを義務付ける規則である。この規則は2011年に全面的に改正され、より詳細かつ厳格なルールとされた。[226][227]

4　まとめ

以上のように、連邦法により創設された臨床試験の公開登録制度は、医学雑誌団体の自主ルールと相互補完的に働くことによって、より有効に運用されるという望ましい結果が生じている。Ⅲでみたように、製薬会社から医師に対する医学論文の配布という形態をとった、「プロモーション活動」に対する連邦政府の規制は、営利的言論の自由の観点から違憲とされ実質的に撤回を余儀なくされたが、そのことこそが、配布される論文の質を向上させるような仕組みの形成と発展を促したといえる。この動きは、処方箋医薬品に関する情報伝達という観点からみれば、臨床試験に関する情報の公開登録という、社会へのより多くの情報の公開と、公開された情報の医師および公衆による監視を通じて情報内容の適正化を促すという、アメリカにおける言論の自由の基本的原則を体現しているようにも思われる。

また、公的研究に携わる研究者における利益相反の管理の義務付けは、研究者に対する商業的主体からの資金提供が、研究成果を分析し論文として公表する場合の圧力の原因となったり、バイアスをもたらしたりするという問題意識から、研究者から研究機関に利益相反状態を開示させ、研究機関にそれを管理させることで、論文内容の客観性に資そうとするものであり、かかる行政規律も、情報の開示を通じて生み出される情報の適正化を図ろうとす

---

226)　三瀬・前掲注12) 116-118頁。
227)　42 C.F.R. §§ 50.601-50.606, 45 C.F.R. §§ 94.1-94.6（2016）.

るものである。

V　利益提供に関する新たな規律——刑事訴追と自主規制の促進

1　プロモーション活動に伴う利益提供とその規制

　IVまでにみたように、FDA は、FDCA が従来から有してきた製薬会社の広告についての規制（虚偽または誤導的な広告の禁止）に加えて、医学論文の公開登録制度という公開の仕組みを通じて、製薬会社から医師に対して伝達される情報提供の内容について、その是正を図る仕組みを形成した。

　しかしながら、個別具体的な事例における、過剰なプロモーション活動の実施それ自体を抑制することは、これらの仕組みだけでは難しい。また、プロモーション活動において行われる利益提供から引き起こされる問題、すなわち、医師における利益相反や、利益相反がもたらす医師による情報の適用（医師による処方箋医薬品の選択に関する判断）への不適切な影響という問題は未だ残ったままである。しかしながら、営利的言論の自由の法理によって、FDA による情報抑制的な事前規制は許されない。そうであれば、利益提供の側面に着目した事後規制にその役割を見出せないか。

　それが、プロモーション活動において行われる利益提供に照準を当て、1990年代末から極めて悪質なプロモーション活動を対象として行われた、虚偽請求規制法、反キックバック法等の連邦法に基づく連邦検察による刑事訴追である。そして、その主体は、FDA ではなく、米国司法省（Department of Justice）だった。なぜなら、FDCA が規制権限を有してきたのは、あくまでも、医薬品に関する情報（ラベリングおよび広告）を含む、医薬品に関する事柄であり、製薬会社の医師に対する利益提供行為についての直接の規制権限は有しないからである。

　そして、このような刑事訴追は、製薬業界や医療界に対する脅威となり、製薬業界、医療界における自主規制の形成を促すことになった。

　更に、医師に対する利益提供についての問題関心は、連邦検察による刑事訴追と業界による自主規制と相前後して、利益提供の内容についての公開義務付けの州立法、そして最終的には連邦法の立法を実現させることとなった。

2 連邦法に基づく刑事訴追

(1) 反キックバック法

　反キックバック法（Anti-Kickback Statute）[228]は、連邦の関わる医療保険システムであるメディケアおよびメディケイドについて、不正な診療報酬の請求等がなされることを防止するために、1972年に制定された連邦法である。反キックバック法は、個人および機関の医療提供者間における金銭的な相互関係に起因して起こりうる不正と乱用の防止を対象としており、同法が規制[229]する対象は、製薬会社の医師に対するプロモーション活動には限られない広い範囲を含んでいる。同法では、「メディケアまたはメディケイドもしくは連邦により資金供給されるその他の医療保険制度によりその支払いがなされる、医薬品の処方、購入、関連するサービス、診療または物品の推薦との引き換えに、直接的または間接的に、明示的または黙示的に、金銭によりまたは同種のものにより、故意および進んで支払いまたは受領する」行為が禁止されている[230]。そして、同法はその違反者に対して、刑事罰を科している[231]。

　このように、その規定上広い規制対象をもつ同法であるが、1972年の制定以降、約20年間、連邦検察は、医療提供者による行為を促す意図が明確であるようなケース、——例えば、製薬会社のディテイラーが特定の医療機関について、その優先的な医薬品提供者になることの対価として月額の支払いを行うようなケース——にのみ同法を適用し訴追を行うという運用をしてきた[232]。

　しかしながら、1990年代前半になると、本法が訴追のために要求している意図の要件に関して、合法的な意図と違法な意図の双方が併存する場合に、前者の存在により必ずしも違法な意図が否定される訳ではないという点が指

---

228)　42 U.S.C. § 1320a-7a, 1320a-7b (b) (2015).
229)　Keri Tonn, *HPSA and the Anti-Kickback Safe Harbor: Are We Sending Doctors to the Right Neighborhoods?*, 16 ANNALS HEALTH L. 241, 244 (2007).
230)　Hanna Lundqvist et al., *Health Care Fraud*, 49 AM. CRIM. L. REV. 863, 873 (2012).
231)　*Id*. at 878; David M. Studdert et al., *Financial Conflicts of Interest in Physicians' Relationships with the Pharmaceutical Industry-Self-Regulation in the Shadow of Federal Prosecution*, 351 NEW ENG. J. MED. 1891, 1892 (2004).
232)　Studdert et al., *id*. at 1892.

摘されるようになった。また、同時期には、(2)で論じる虚偽請求規制法との併合的な適用により、訴追の端緒が極めて拡大されることになった[234]。更に、以下に述べるように、反キックバック法の違反が、私人による制裁金取立てを認める刑事的民事訴訟（qui tam action）を定めた虚偽請求規制法のもとで、虚偽請求の根拠の１つとして認められるという形で虚偽請求規制法と同時に適用されることによって、摘発が促進されることとなった[235]。

(2) 虚偽請求規制法

反キックバック法と共に、1990年代後半以降における、製薬会社から医師に対するプロモーション活動に伴う利益の供与についての連邦検察による訴追を促進したのが、同じく連邦法である虚偽請求規制法（False Claims Act）[236]である。

虚偽請求規制法の歴史は古く、制定されたのは南北戦争中の1863年に遡り、連邦政府に対する虚偽の請求を行った者を取り締まることを目的として制定されたものであったが[237]、その後、この法律の対象はメディケアやメディケイドといった公的医療保険制度のもとでの医師から政府に対する保険請求にも及ぶこととなった。

虚偽請求規制法のもとで、メディケアやメディケイドに対する虚偽請求を理由とする訴追を行うためには、原告は、被告が医療サービスまたは医療用品の保険償還請求を政府に対して行ったこと、かかる請求が虚偽、架空、または詐欺的なものであること、被告が当該請求の虚偽性について認識し請求の意図を有していたこと、という要件を立証しなければならないとされている[238]。虚偽請求規制法に基づく製薬会社のプロモーション活動の訴追においては、製薬会社が適応や適応外の使用に関する虚偽の内容の「医学」情報を

---

233) *E.g.*, Unites States v. McClatchey, 217 F.3d 823 (10th Cir. 2000). *Also see Id*.; Lundqvist et al., *supra* note 230, at 876.
234) Studdert et al., *supra* note 231.
235) Stephanie Greene, *False Claims Act Liability for Off-Label Promotion of Pharmaceutical Products*, 110 PENN. ST. L. REV. 41, 56-57 (2005).
236) 31 U.S.C. §§ 3729-3733 (2016).
237) Greene, *supra* note 235, at 55.
238) Lundqvist et al, *supra* note 230, at 910.

提供したり、医師に対して自社の処方箋医薬品、とりわけその適応外の使用を促すために多大な利益を提供したりする行為を捉えて、製薬会社（および医師）が「虚偽の請求」を行ったとして上記の要件を充足するとされたのである。[239]

虚偽請求規制法はその違反について刑事罰を科すと共に、[240]内部告発と内部告発者による訴訟追行を認めている。すなわち、内部告発者は連邦政府を代理して私的訴追を行うことができるが、政府は、私的訴追がなされた後に捜査を行い、係属している私的訴追に取って代わることもできる。政府が介入しない場合には、そのまま私的訴追が継続される。そして、かかる訴追の結果として、政府または内部告発者が勝訴した場合には、政府が得た金額の15％〜25％の額が内部告発者に支払われる仕組みとなっている。[241]

虚偽請求規制法のもとで認められている内部告発と私的訴追制度は、不正の当事者、関係者による告発を促進することで大きな効果を発揮するが、更に、反キックバック法と併せて適用することで、連邦検察による不正な診療報酬請求の訴追を多大に促進することとなった。すなわち、比較的広い範囲の行為を対象としうる反キックバック法のもとで、医師に対して自社の処方箋医薬品を使用することを直接的に促すための利益供与は同法違反となるところ、このような反キックバック法違反の行為が存在することが、虚偽請求規制法のもとでの「虚偽の請求」を基礎づけるものとして認められたからである。[242] これによって、内部告発や私的訴追の制度をもつ虚偽請求規制法のもとで、製薬会社の行為のうち広い範囲を規制対象とする反キックバック法に基づく違法性を主張することで、それぞれの法の「強み」を同時に使うことが可能となったのである。[243] もっとも、虚偽請求規制法の虚偽の請求の理由として、反キックバック法違反を認める点については、有力な反論も存在し、未だ、司法における確定的な解決はついていない。[244]

---

239) Girard, *supra* note 58, at 153-157.
240) Studdert et al., *supra* note 231, at 1892; Lundqvist et al., *supra* note 230 at 869.
241) Lundqvist et al., *id*. at 925.
242) *See, e.g.*, United States ex rel. Bidani v. Lewis, 264 F.Supp.2d 612（N.D. Ill. 2003）.
243) *Id*.
244) *Id*. at 925 n. 450.

(3) 処方箋医薬品販売管理法

　また、不正な金銭や物品等の提供を対象とした反キックバック法や虚偽請求規制法とは異なり、製薬会社によるプロモーション活動のうち、処方箋医薬品のサンプルの提供についてのみ問題となる連邦法である、処方箋医薬品販売管理法（Prescription Drug Marketing Act）[245]も、製薬会社に対する刑事訴追の局面で使用された。

　処方箋医薬品販売管理法は、処方箋医薬品の販売における流通の大量化や広域化を背景として、偽薬、不純薬、効力の弱い薬、期限の切れた医薬品等が流通することを防止するために、1987年に制定された法律であり、FDCAの一部となる形でFDCAを改正した[246]。同法においては、処方箋医薬品のサンプルの配布について規制を定めているほか、アメリカで製造された処方箋医薬品の逆輸入、医療機関等で購入した処方箋医薬品の再販売、処方箋医薬品の卸売に関する規制を定めている[247]。同法およびこれに基づく連邦行政規則では、医薬品のサンプルの配布について、製薬会社によるプロモーション活動の一環としてその必要性を認める一方で、配布を行う者を製造業者または登録された販売業者に、受領する者を免許を有した医療従事者に限定すると共に、配布の方法、サンプルの保管、FDAへの報告、サンプル配布の実施の記録等を義務付ける手続的な要件を課している[248][249]。これらの規定に違反した場合には、FDCAにおける違反行為として刑事罰および行政罰が科されることとなっている[250]。

　同法は、質の悪い処方箋医薬品が流通することによる健康被害等の弊害を防止することにその立法目的があったが[251]、製薬会社の医師に対するプロモー

---

245) Pub. L. No. 100-293, 102 Stat. 95 (1988) (codified as amended 21 U.S.C. §§ 331, 353, 381 (2015)).
246) Robert T. Angarola & Judith E. Beach, *The Prescription Drug Marketing Act: A Solution in Search of a Problem?*, 51 FOOD & DRUG L.J. 21, 21 (1996).
247) *Id*. at 22.
248) 21 U.S.C. § 353(c)(1) (2015).
249) *See* Jennifer A. Romanski, *The Final Sampling Regulations of the Prescription Drug Marketing Act are Alive and Well: Is Your Sampling Program Compliant?*, 58 FOOD & DRUG L.J. 649 (2003).
250) Angarola & Beach, *supra* note 246, at 45.
251) *Id*. at 21

ション活動の一環としての処方箋医薬品のサンプルの提供により、製薬会社から医師に対する不正な利益の提供がなされる場合に適用される形で、プロモーション規制としての役割の一端も担うこととなった。

(4) **具体的な訴追事例**

本章冒頭にみたように、製薬会社の医師に対するプロモーション活動とそれに起因する問題に関する社会的および医療界自身からの関心は、1990年代以降より一層高まり[252]、FDAによる実効的な規制ができないことや、反キックバック法における解釈の変化と虚偽請求規制法の改正も後ろ盾にして、1990年代後半以降、連邦検察は、医師と製薬会社との間の相互関係について、両方を適用した訴追を広く行うようになっていった。この背景には、医師の利益相反による患者への不利益という点だけではなく、不適切なプロモーション活動によって、メディケアおよびメディケイドのコストが増大化することへの連邦政府の懸念もあった[253]。

かかる連邦検察による訴追で耳目を集めた事件は1990年代後半以降少なからず存在するが、初期の頃の大きな事件としては、前立腺がん治療のための医薬品である、リュープリンに関する、タップ製薬会社（武田製薬とアボット・ラボラトリーズのジョイントベンチャー）と、一定の泌尿器科医師の間の癒着に関するものがある[254]。この事件は、1997年、健康維持機構（Health Maintenance Organization: HMO）に所属していた泌尿器科医とタップ製薬会社の副社長による、虚偽請求規制法のもとでの内部告発制度に基づいた告発によって明るみに出た。訴訟の過程では、タップ製薬会社が医師に対して無料の医薬品サンプルを大量に提供し、医師がメディケアに対して「架空の」請求を行うことを可能にさせることによって、医師によるリュープリン

---

252) Studdert et al., *supra* note 231, at 1891.
253) Robert Pear, *Drug Industry Is Told to Stop Gifts to Doctors*, N.Y. TIMES, Oct. 01, 2012, available at http://www.nytimes.com/2002/10/01/us/drug-industry-is-told-to-stop-gifts-to-doctors.html (last visited Aug. 29, 2016).
254) Studdert et al., *supra* note 231, at 1893; Jill Wechsler, *CDC supports HMO research*, MANAGED HEALTHCARE EXEC., Nov. 2001 at 9-10; J. Stephen Immelt, *Drug company anti-kickback case has hospital implications*, 38 ANA NEWS 4, 4 (2002).

の処方を継続させようとしたことが明らかとなった。また、医薬品サンプルの提供のみならず、タップ製薬会社は医師に対し、リュープリンの処方を促すために、無料の旅行やカンファレンスへの招待、事務管理費の肩代わり、「教育助成金」の支払い等を行っていたとされた[255]。このような事実関係をもとに、連邦検察は、タップ製薬会社が虚偽請求規制法、反キックバック法および処方箋医薬品販売管理法に違反したとして訴追を行い、8億7,500万ドルの罰金の支払いによって2001年に和解が成立すると共に、かかる和解とは別に、個別の医師および同製薬会社の従業員に対する訴追が行われるという、製薬業界および医師にとって衝撃的な結果となった[256]。

　タップ製薬会社事件における訴追の成功は、製薬会社の不正なプロモーション活動についての連邦検察による更なる訴追を促し、2003年にはアストラゼネカ社がゾラデックスのプロモーションについて3億5,500万ドルの罰金を支払い[257]、2004年には、シェリング・プラウ社がイントロンAのプロモーションについて3億5,000万ドルの罰金を支払った[258]。

　また、同時期における同様の訴追が行われ、サマリー・ジャッジメントが下された事件として、アメリカ合衆国対パーク・デイヴィス社事件がある[259]。この事件では、被告であるパーク・デイヴィス社が行った、ニューロンチンの適応外使用についての著しいプロモーション行為が、虚偽請求規制法および反キックバック法に反するものとして訴追された。内部告発を行った関係人は被告会社に「医療リエゾン」として雇用されていた者であったが、その主張によれば、被告は、てんかんの補助療法を適応とするニューロンチンについて、痛み止め、てんかんの単独療法、双極性疾患、注意欠陥障害等の適応外使用に関するプロモーションを行い、その方法は、「医療リエゾン」と

---

255) Jill Wechsler, *HMO shares in TAP settlement*, MANAGED HEALTHCARE EXEC., Nov. 2001 at 10.
256) Immelt, *supra* note 254.
257) Studdert et al., *supra* note 231, at 1893.
258) *Id.*; Gardiner Harris, *As Doctor Writes Prescription, Drug Company Writes a Check*, N. Y. TIMES, June 27, 2004, *available at* http://www.nytimes.com/2004/06/27/us/medical-marketing-treatment-incentive-doctor-writes-prescription-drug-company.html (last visited Aug. 29, 2016).
259) United States ex rel. Franklin v. Parke-Davis, 147 F.Supp.2d 39（D. Mass. 2001）.

呼ばれる販売担当者を通じ、適応外使用についての安全性や有効性についての虚偽の説明を行うというものだった。また、被告は医師に対して、ニューロンチンの処方と引き換えに、「コンサルタント報酬」、「医学研究」の名目で金銭を支払っており、さらには、適応外使用について医師が医療保険の報酬請求を行うに当たり、処方が適応外であることを示す証拠を破棄する方法等を具体的に指示していたと主張された。[260]

　被告によるサマリー・ジャッジメントの申立てを却下した裁判所は、適応外使用に関する虚偽の情報の提供が医師による適応外使用を促すものである点を捉えて、虚偽請求規制法における虚偽の請求を製薬会社が引き起こしたといいうるとした。なお、反キックバック法については、関係人による主張が特定性を欠くとして認められなかったが、裁判所は、反キックバック法の違反がすなわち虚偽請求規制法の違反の根拠となるものではないと述べつつも、反キックバック法違反が虚偽請求規制法の違反を構成する場合について言及した。[261]

　更に、より最近の例では、ファイザー社による、抗炎症薬ベクストラの適応外使用に関するプロモーション活動が挙げられる。ファイザーは、2009年9月、ベクストラに関する適応外使用プロモーションに加え、抗精神病薬ジオドン、抗生物質ザイボックスおよび抗てんかん薬リリカについて、医師に対する不正な利益提供を含む、不適切なプロモーション活動を行ったとして、合計23億ドルにも及ぶ罰金および賠償金を支払うこととなった。このうち13億ドルは、ベクストラの適応外使用に関するプロモーション活動がFDCA違反に当たるとされたことに基づく罰金であり、残りの10億ドルは、これら4種の医薬品についての虚偽請求規制法にかかる和解金と、反キックバック法にかかる民事和解金であった。ベクストラに関する適応外使用のプロモーションについては、ディテイラーが医師に対し、異なる服用量の適応外使用を勧め、医師の処方行動に影響を及ぼすためのマーケティング戦略を組んで実施していたこと、同医薬品の適応外使用の安全性について疑問を差し挟ん

---

260)　*Id*. at 45-46.
261)　*Id*. at 54.

だ被用者は解雇処分を受けていたこと等が明らかとなった。なお、ベクストラはその安全性に関する疑義から、2005年にファイザーが自主的に販売を中止した。[262)263)]

このような2000年代に入って以降の連邦検察による更なる訴追は、2003年に成立したメディケア処方薬剤改善・近代化法（Medicare Prescription Drug Improvement and Modernization Act of 2003）[264)]により、メディケア受給者について処方箋医薬品の保険の補償範囲が格段に広がったことによる、メディケアのコスト増加への懸念も後押ししているといわれる。[265)]同法のもとで新しく創設されたメディケア・パートDプランは、それまで保険対象とされていなかった処方箋医薬品をその対象とすることとなった。このような、メディケアのもとでの処方箋医薬品の保険範囲拡大は、製薬業界にとってその市場の飛躍的な拡大をもたらすものであったため、同法の成立に当たっては、製薬業界からの激しいロビーイングが行われ、保険範囲の拡大が実現すると共に、併せて検討された、政府による処方箋医薬品の価格の管理や後発医薬品へのアクセスの容易化といった制度は実現されなかった。このような立法により、連邦政府は新法のもとでのメディケアのコストの増大化を強く懸念することとなったのである。[266)]

3 製薬業界・医療界における自主規制

1997年に始まるタップ製薬会社の訴追は、製薬業界および医療界に大きな衝撃をもたらした。処方箋医薬品のプロモーション活動について、このよう

---

262) Mackey & Liang, *supra* note 15, at 28-29.
263) 最も近時の例では、鎮痛剤であるオピオイドの適応外使用に関連し、インシス・セラピューティクス社のディテイラーが経済的利益の供与を行っていたとして、反キックバック法に基づいて訴追された。被告人となったディテイラーは、有罪の答弁を行ったと報道されている。Ed Silverman, *Former Sales Rep for Opioid Drug Maker Pleads Guilty to Kickbacks*, PHARMALOT, Feb. 22, 2016, *available at* https://www.statnews.com/pharmalot/2016/02/22/insys-therapeutics-sales-rep-opioid-kickbacks/ (last visited Aug. 29, 2016).
264) Pub. L. No. 108-173, 117 Stat. 2066 (codified at 42 U.S.C. §§ 1395w-101 to 1395w-154 (2015)).
265) Studdert et al., *supra* note 231, at 1891; Harris, *supra* note 258.
266) *See* Enrich Andreas Drotleff, *The Medicare PartD Prescription Drug Benefit: Who Wins and Who Loses?*, 8 MARQ. ELDER'S ADVISOR 127 (2006).

な大規模な刑事訴追、しかも法人のみならず、製薬会社の役員・従業員や医師個人もが対象とされることは初めてのことだったからである。

アメリカにおける主だった製薬団体および医師団体は、製薬会社から医師に対するプロモーション活動に関する新たな自主規制を俄かに策定し、これに対応しようとした。また、FDAを含む連邦保健福祉省内における行政を監視・監督する省内の独立機関である監察総監室（Office of Inspector General: OIG）[268]も、これに対応し、反キックバック法および虚偽請求規制法遵守のために製薬会社内で定められるべきコンプライアンスについてのガイダンスを策定、公表した。

(1) 製薬業界における自主規制

製薬業界において最も影響力の大きい団体である、アメリカ研究製薬工業協会（Pharmaceutical Research and Manufactures of America: PhRMA）は、2002年に、医療従事者との交流に関する規定（the PhRMA Code on Interactions with Healthcare Professionals）[269]を策定した。この2002年PhRMAコードでは、医師とのコンサルタント契約に基づく報酬、医師に対する物品等の供与、教育助成金の提供、第三者機関による医師生涯教育への資金提供等についての規定が置かれた。医師に対する物品の提供については、主として患者の利益のためとなる物品であり、かつ、高価ではないもの（約100ドルまたはそれ以下）の提供が許容されること、主として医療従事者の業務にかかる少額の物品（文具等）であり物品の提供が許容されること、医療従事者の個人的な娯楽に係る物品の提供は許容されないこと、金銭もしくはその代替物の提供は許容されないこと、が示された。また、医師との間のコンサルタント契約については、合理的な報酬と、合理的な費用償還（交通費、宿泊費、

---

267) Studdert et al., *supra* note 231, at 1898.
268) 監察官制度は、1987年に制定された連邦監察官法に基づいて、連邦行政機関の行政の執行を監督するための省内の独立機関として各省に設置されたものである。*See, e.g.*, James R. Richards & William S. Fields, The Inspector General Act: *Are Its Investigative Provisions Adequate to Meet Current Needs?*, 12 GEO. MASON U. L. REV. 227 (1990).
269) Pharm. Res. & Mfrs. of Am., THE PHRMA CODE ON INTERACTIONS WITH HEALTHCARE PROFESSIONALS (2002) (superseded 2009).

食事代等）が許容されるとした。また、このガイダンスにおいては、利益供与だけではなく、医師生涯教育についての資金提供に関する自主規制も定められたが、医師に対する直接の利益提供とは異なり、医師生涯教育に対する商業的資金提供と、教育プログラムにおいて提供される講演等の内容とを切り離す限りにおいて商業的資金提供が許容されるという内容となっている。

このような自主規制は、従前行われていたプロモーション活動の慣行からすれば大きな変化ではあったが、それでも、少額の利益の供与であっても医師の処方判断に影響を及ぼすという問題点の認識を欠いていると共に、規制としては最低限のラインを定めたものに過ぎないと評価された。また、このような自主規制は倫理的な定めに過ぎず、違反があったとしても強制力に欠くという問題も指摘された。

PhRMAによる自主規制は、その後、プロモーション活動に伴う利益提供に関するルールの甘さや、対象とする活動の不十分さといった点についての批判を受け、2009年に改訂され、より詳細かつ厳しいルールに変化した。

そこでは、例えば、ディテイラーによる飲食の提供を禁止はしないものの、病院内またはオフィス内で行うことを推奨し、外出を伴う飲食の提供は控えるべきとされた。また、娯楽や旅行の提供についても、2002年PhRMAコードとは異なって、全面的に禁止すべきとした。更に、医師生涯教育への資金提供については、2002年PhRMAコードより遥かに詳細な規定を定め、医師生涯教育への資金提供の担当とマーケティング部署とを分けなければならないこと、医師生涯教育に対する資金提供が、善意の教育的プログラムであり、特定の製品の使用や推薦の誘因とはならないことを確保するための、

---

270) *Id.*; Studdert et al., *supra* note 231, at 1894-1897.
271) THE PHRMA CODE, *supra* note 269.
272) Studdert et al., *supra* note 231, at 1898.
273) *Id*. at 1898.
274) Howard L. Dorfman, *The 2009 Revision to the PhRMA Code on Interactions with Healthcare Professionals: Challenges and Opportunities for the Pharmaceutical Industry in the Age of Compliance*, 31 CAMPBELL. REV. 361, 362 (2009); Rebecca Dresser, *Pharmaceutical Company Gifts: From Voluntary Standards to Legal Demands*, 36 HASTINGS CTR. REP. 8, 9 (2006).
275) Studdert et al., *supra* note 231, at 1898; Hafemeister & Bryan, *supra* note 1, at 511.

資金提供に関する客観的な基準を設けなければならないこと、資金提供は、個々の医師に対してではなく、医師生涯教育提供機関に対して行わなければならないが、医師生涯教育提供機関は全ての参加者の受講料を減ずべくかかる資金を提供することができること、製薬会社は医師生涯教育提供機関の独立した判断を尊重しなければならず、医師生涯教育認証評価機関において定められた基準に従わなければならないこと、製薬会社が医師生涯教育提供機関に資金提供を行う場合には、内容、講師、教育方法、題材、開催地の選択に関する責任と権限は、医師生涯教育認証評価機関の基準に従い、医師生涯教育の開催者に属さなければならないこと、製薬会社は、資金提供を行った特定の教育プログラムについて、医師生涯教育提供機関に対し、いかなる助言、監督もしてはならず、仮に医師生涯教育提供機関からこれらを求められた場合でも同様であること等が定められた。金銭提供については、非講師（受講者等）に対しては、交通費、宿泊費またはその他の個人的出費について、直接的な提供も医師生涯教育提供機関を通じた間接的な提供もなされてはならないことを定めた[276]。このような、2009年 PhRMA コードに示された医師生涯教育に対する資金提供に関するルールは、また、医師生涯教育認証評価機関における最新のルールを取り込んでいる点も着目される[277][278]。

(2) 医療界における自主規制

また、医療界においても、製薬会社からのプロモーション活動に伴う利益提供に関する倫理についての規程が整備された。アメリカにおける最も大きな医療団体であるアメリカ医師会では、その医療倫理規程において、製薬会社からの利益提供に関する規定を1996年および1998年に改訂し、詳細な定めを置いた[279]。

---

276) Pharm. Res. & Mfrs. of Am., THE PHRMA CODE ON INTERACTIONS WITH HEALTHCARE PROFESSIONALS (2009), *available at* http://www.phrma.org/sites/default/files/pdf/phrmamarketingcode2008.pdf (last visited Aug. 30, 2016).
277) ACCREDITATION COUNS. CONTINUING MED. EDU., STANDARD FOR COMMERCIAL SUPPORT: STANDARDS TO ENSURE INDEPENDENCE IN CME ACTIVITIES, *available at* http://www.accme.org/requirements/accreditation-requirements-cme-providers/standards-for-commercial-support (last visited Aug. 30, 2016).
278) Dorfman, *supra* note 274, at 365.
279) AM. MED. ASS'N, OPINION 8.061-GIFTS TO PHYSICIANS FROM INDUSTRY (superseded

そこにおいては、例えば、以下のような規定が置かれている。(1)医師が個別的に受け取る利益は、主として患者に利益をもたらすものでなければならず、大きな価値をもつものではならない。したがって、教科書、適切な飲食、その他の利益提供は、それが真に教育的機能をもつものであれば許容される。現金の提供は認められない。(2)医師生涯教育やカンファレンス等は患者の医療の発展に役立つものであるため、これらへの資金提供は許容される。しかし、製薬会社から医師個人への利益提供は、その製薬会社の製品の使用の有無についての影響をもたらすものであるため、資金提供は、プログラムのスポンサーに対してなされ、スポンサーを通じて受講料の減額がもたらされるようにしなければならない。(3)製薬会社からの医師生涯教育やカンファレンスへの資金提供は、医師の交通費、宿泊費、その他医師個人の出費に対して直接的または間接的に使用されてはならない。(4)いかなる利益提供も、「ひも付き」のものは許容されない。

(3) OIG ガイダンス

連邦検察による製薬会社のプロモーション活動に関する訴追を受けて、製薬業界、医療界による自主規制と相前後して、連邦保健福祉省監視総監室が2003年に策定・公表したガイドラインが、OIGコンプライアンスプログラムガイダンス（OIG Compliance Program Guidance for Pharmaceutical Manufacturers）[280]である。

2016); see also Studdert et al., supra note 231, at 1894-1897. なおアメリカ医師会の倫理規程は2016年に全面的に改定された。最新版の倫理規程においては、製薬会社から医師に対する利益提供について、以下のような規定が置かれている。

(1)医師は、医師の治療に関する推薦に直接の関係を有する主体からのいかなる額の現金も拒絶しなくてはならない、(2)医師は、相互の利益関係が明示的または黙示的に存在するようないかなる利益も拒絶しなくてはならない、(3)提供される利益が、患者の直接の利益（患者の教育を含む）にかなうものである場合および最小限の価値のものである場合にのみ、そのような利益を受領すべきである、(4)学術機関や研修プログラムは、学生、レジデント、フェローによる専門的・教育的な会議への出席を支援するために、受講生の代わりに資金を受領してよい。ただし、独立した機関の基準に基づき、当該プログラムが利益の受領者を特定していること、資金提供者への「ひも付き」無く提供されること。AM. MED. ASS'N, OPINION 9.6.2-GIFTS TO PHYSICIANS FROM INDUSTRY, http://www.ama-assn.org/ama/pub/physician-resources/medical-ethics/code-medical-ethics.page

280) 68 Fed. Reg. 23, 731 (May 5, 2003).

このガイダンスは、不正と乱用の防止、医療機関・医療者による医療提供機能の促進、医療の質の向上、および医療費の削減を目的として、製薬会社が定めるべきコンプライアンスプログラムの仕組みのあり方や要点について示したものだった。なかでも、製薬会社から医師に対する利益の供与に関して、反キックバック法および虚偽請求規制法における不正な行為とされるに当たり判断される要素として、供与等の行為が、①医師による医療判断を歪める可能性の有無、フォーミュラリー（医療機関において処方可能な医薬品集）の医学的な整合性を掘り崩す可能性の有無、および情報提供を伴う場合には、その情報が完全、正確かつ誤解をもたらすものかどうか、②連邦医療保険制度においてそのコストを増大化させる可能性の有無、③医薬品の過大な利用をもたらす可能性の有無、④患者の安全と医療の質に問題を及ぼす可能性の有無が挙げられた。[281] また、医師生涯教育に対する資金提供についても言及し、製薬会社による関与の形態が、教育プログラムの内容や講師についての限定や条件を加えているものでない限りは、余程特殊な場合でない限り、不正や詐欺に当たるリスクは小さいと述べられている。[282]

また、本ガイダンスは2002年 PhRMA コードによる自主規制についても言及し、かかる自主規制の遵守自体をもって反キックバック法に抵触しないとはいえないものの、同法下における不正や乱用行為の危険性を大幅に減少させるものとして考慮されるとした。[283]

このように、連邦行政機関によって、プロモーション活動に関する一定のガイドラインが示された意義は小さくは無かったものの、OIG ガイダンスも OIG 自身が「提案」と表現しているように、[284] 強制力を欠く、製薬会社の自主的な行動に期待するものである点にその限界があった。[285]

(4) まとめ

このようにして、プロモーション活動の利益提供の側面に着目し、反キックバック法や虚偽請求規制法による極めて悪質なプロモーション活動の刑事

---

281) Id. at 23, 734.
282) Id. at 23, 738.
283) Id. at 23, 737.
284) Id. at 23, 731.
285) Hafemeister & Bryan, *supra* note 1, at 511.

訴追といういわば最後の「劇薬」を使った製薬会社のプロモーション活動に対する規制は、非常にドラスティックなものであったが、製薬業界や医療界における自主規制の制定を促進することとなった。ここで定められた自主規制は、法的拘束力は無いソフト・ローであるが、医師に対する利益提供のみならず、医師生涯教育に対する資金提供についてをも詳細な規定を置くものであり、違憲判決により道が閉ざされたFDAによる医師生涯教育に関するガイドラインやFDA近代化法による規律の一部が新たに製薬業界の自主規制としてルール化された。そして、更に、かかる自主規制の遵守を担保するものとして、連邦法に基づく刑事規制が機能している。[286]

4 州法・連邦法による開示義務付け立法
(1) 州の開示義務付け立法

製薬業界および医療界の自主規制やOIGガイダンスの策定に呼応して、2000年代には、各州においても、製薬会社のプロモーション活動に伴う医師への利益提供に関する州法が検討され、立法されていった。

例えば、2005年にカリフォルニア州における立法（California Health and Safety Code 119402）[287]では、製薬会社に対し、製薬業界における自主規制およびOIGガイダンスに適合するコンプライアンスプログラムを策定することを義務付け、医師に対する利益提供に関する具体的な金額の基準を設けると共に、コンプライアンス実績について年次報告することを義務付けた。[288]同法では製薬業界における自主規制の改訂に伴って、改訂から6ヶ月以内に企業内のコンプライアンスプログラムも改訂することを義務付けている。[289]また、同様に、ネバダ州においても、製薬会社に対して、最新のPhRMAコードに従った社内規定を設けることにより同州法上のコンプライアンスに関する

---

286) ソフト・ローの生成、強制とハードローの関係に関する研究としては、以下の論文がある。瀬下博之「ソフトローとハードロー――何がソフトローをエンフォースするのか」中山信弘＝藤田友敬編『ソフトローの基礎理論』（有斐閣・2008）169頁、加賀見一彰「ハードローからソフトローへの権限委譲」前掲書195頁。
287) CAL. HEALTH & SAFETY CODE, §§ 119400, 119402 (Thomson Reuters 2014).
288) Dorfman, *supra* note 274, at 374-375; Hafemeister & Bryan, *supra* note 1, at 513.
289) Dorfman, *id*. at 374-375.

要件を満たす旨の立法が行われた。これらの州法は、強制力の無い産業界における自主規制を、強制力のある州法として取り込む形をとっている。

また、マサチューセッツ州における2008年の立法では、同州の公衆衛生省において、製薬会社のマーケティングコンプライアンスに関する規定を制定することを義務付け、かかる規定はPhRMAコードよりも緩和されたものであってはならないと定めた。

更に、製薬会社から医師に対して供与された利益の内容についての公開を義務付ける立法を行った州も存在する。内容の規制と共に公開も義務付けるカリフォルニア州のほか、ミネソタ州、メイン州、ヴァーモント州、ウエスト・バージニア州、およびコロンビア特別地区において公開を義務付ける立法がなされた（なお、ミネソタ州、メイン州、ウエスト・バージニア州の立法は、次に述べる連邦法〔サンシャイン・アクト〕の制定によって、廃止されている）。例えばヴァーモント州では、医師や医療機関に対する全ての贈与、報酬、支払い、補助金およびその他のマーケティング活動に関する金額、性質および目的について、州司法長官に対し年次報告を行うことを義務付けている。これらの州のうち、ヴァーモント州およびミネソタ州においては、一般への公開をも認めている点で、製薬会社のマーケティング活動に対する監視の度合いは高かったが、実際に公開請求した際のアクセスは容易ではなく、また公開される内容の質についても不十分であると指摘されていた。

(2) サンシャイン・アクト（sunshine act）

1990年代以降における、製薬会社の医師に対するプロモーション活動に伴う利益提供の問題についての社会的な関心の高まりと、これに対する連邦検察による訴追やいくつかの州における立法を受けて、連邦議会においても、

---

290) *Id.*
291) Hafemeister & Bryan, *supra* note 1, at 513.
292) MASS. GEN. LAWS ANN. ch. 111N, §2 (Thomson Reuters 2014).
293) Hafemeister & Bryan, *supra* note 1, at 514; Dorfman, *supra* note 274, at 375-376.
294) Joseph S. Ross et al., *Pharmaceutical Company Payments to Physicians, Early Experiences With Disclosure Laws in Vermont and Minnesota*, 297 JAMA 1216, 1216-1217 (2007).
295) Dresser, *supra* note 274, at 8; Hafemeister & Bryan, *supra* note 1, at 514.
296) Ross, *supra* note 294; Troyen A. Brennan & Michelle M. Mello, *Sunshine Laws and the Pharmaceutical Industry*, 297 JAMA 1255, 1255-1256 (2007).

プロモーション活動に関する規制立法の必要性が論じられるようになった。このようにして、製薬会社から医師に対する利益の提供に関する情報の集約と報告および公開を求める法律が、初めて連邦議会において提案されたのは2007年のことである。2007年に「医薬品及び医療機器業者贈与開示法(Drug and Medical Company Gift Disclosure Act)」として提案されたこの法案は、最終的には、当初の提案から内容も改訂され、医療改革法(Patient Protection and Affordable Care Act: PPACA. いわゆる「オバマ・ケア」)のなかの一条項として制定されることとなった。製薬会社に対して定められた情報の開示を求める同条項は、通称「サンシャイン・アクト(sunshine act)」と呼ばれている。

サンシャイン・アクトでは、メディケア、メディケイドおよび児童医療保険プログラムの対象となる医薬品、医療機器、生物製剤および医療用品の製造業者に対して、医師および医療機関に対して支払ったまたは移転した何らかの価値物について、連邦保健社会福祉省に対して、年次の報告を義務付けると共に、同省はかかる報告に基づく情報をウェブページ上で公開することを義務付けている。

同法のもとでは、「支払いまたはいかなる価値の移転」も報告の対象となり、製薬会社から連邦保健社会福祉省に報告されるべき内容としては、支払い等の対象の医師、医療機関名、住所、医師の専門および医療機関登録番号(National Provider Identifier: NPI)、支払い等の日にち、支払い等に関連する医薬品等、支払い等の形態および性質が定められている。なお、かかる報告の対象とされない支払い等としては、価値が10ドル以下の支払い等、直接

---

297) Hafemeister & Bryan, *supra* note 1, at 515; Alexandros Stamatoglou, *The Physician Payment Sunshine Act: An Important First Step in Mitigating Financial Conflicts of Interest in Medical and Clinical Practice*, 45 J. MARSHALL L. REV. 963, 976 (2012).
298) Hafemeister & Bryan, *id*.
299) Pub. L. No. 111-148, 124 Stat. 119.
300) 42 U.S.C. §1320a-7h (2015).
301) *Id*. (c)(1)(C). なお、サンシャイン・アクトでは1128G(a)(2)項において、製薬会社等における医師の株式保有等に関する情報の報告と効果についても同様に定めを置いているが、本書の対象とする製薬会社の医師に対するプロモーション活動との関係性は低いため、説明を割愛する。
302) 42 U.S.C. §1320a-7h (a)(1)(A) (2015).

に患者の利益のためとなる教材、製品サンプル等が掲げられている[303]。そして、これらの規定に定められた義務の違反については、行政罰が科されることとなっている[304]。なお、製薬会社のプロモーション活動に関して、既に同種の公開義務を定めている州法との関係については、サンシャイン・アクトが専占するとの明示の規定が設けられている[305]。

　医療改革法における各種の条項の発効時期はそれぞれ異なっているところ、サンシャイン・アクトの発効は2013年3月31日とされており、これに先だって、同条項の実施に関する連邦行政規則が2013年2月8日に公表された[306]。サンシャイン・アクトの発効後、2013年8月に情報の集積が開始し、開始から5ヶ月間のデータについて、2014年10月1日にメディケア・メディケイド・サービス内の医師利益提供透明化プログラム（National Physician Payment Transparency Program: NPPTP）によりウェブサイト上で一般公開された。そこでは、対象期間である5ヶ月間について、計440万件、合計額35億ドルの支払いが報告されている[307]。

(3) 開示規制の限界とサンシャイン・アクトへの期待

　サンシャイン・アクトによる報告と公開を旨とした製薬会社の医師に対するプロモーション活動の規制の実績はこれから徐々に明らかになっていくといえ、現時点でその評価は難しい。

　しかしながら、利益相反の開示規制の効果については、既にいくつかの消極的見解も提示されている。患者との関係では、サンシャイン・アクトによる透明性の確保は説明責任を果たすものであり、医師への利益提供についての情報を得ることで、患者がより適切に自己決定できるようエンパワメントするものであると説明されるが、そもそも、医師に対して利益提供がなされているという情報があったからといって、医療に関する専門的知識を欠く患者にとっては情報をどのように使用すればよいかわからない、開示規制は、

---

303)　*Id*. (e)(10)(B).
304)　*Id*. (b).
305)　*Id*. (d)(3).
306)　78 Fed. Reg. 9, 458, 9, 520-9, 528（Feb. 8, 2013）.
307)　Katie Thomas et al., *Detailing Finantial Links of Doctors and Drug Makers*, N.Y. TIMES, Oct. 1, 2014 at B1.

利益相反へどう対処するかという問題の責任を患者に転嫁しているだけではないか、という批判がある。また、医師との関係では、前述したように、医師の処方行為に対する影響はそもそも無意識的なものであるから、利益相反が開示されることで医師の利益相反に対する意識が高まったとしても、やはり処方判断へのバイアスがかかることは防止できないのではないか、医療専門家社会において、医師に対する利益提供はあまりに自明かつ広範であるため、利益提供の事実が公開されたからといって、利益提供を受けた医師による発言や論考を他の医師が疑わしいものとしてみることは無いのではないか、等の批判がなされている。連邦行政規則の公表と共に示された連邦保健福祉省の見解にも、公開のみによっては、製薬会社・医師／医療機関の適切な経済的関係とは区別される、医師の利益相反をもたらす不正な利益提供の全て明るみに出し、防止するには十分ではないと言及されている。

　公開義務付けという規制手段についてのこれらの批判はいずれも否定しがたいようにも思われるが、批判的論者も、公開の義務付け自体に反対しているわけではない。公開の義務付けによって安堵するのではなく、公開された情報をもとに、医師への利益提供とそれがもたらす処方行動へのバイアスを低減するための政策を引き続き検討することが必要になるものと思われる。また、情報開示は患者に対して利益相反の対処の責任を転嫁する理由とするのではなく、情報が広く公衆に公開されることにより、製薬会社の医師に対するプロモーション活動に伴う不適切な利益提供に対する一定程度の抑止力になることや、医師自身が医療専門家としての処方判断の正確性・科学性につき意識的な注意を払うことが期待される。

⑷　まとめ

　連邦検察からの刑事訴追を契機とした製薬業界による自主規制は、医師に

---

308)　Mark Wilson, *The Sunshine Act: Commercial conflicts of interest and the limits of transparency*, 8 OPEN MED. 10（2014）at 11.
309)　*Id*. at 10.
310)　Sergio Sismondo, *Key Opinion Leaders and the Corruption of Medical Knowledge: What the Sunshine Act Will and Won't Cast Light On*, 1 J. LAW, MED. & ETHICS 635（2013）at 639.
311)　78 Fed. Reg. *supra* note 306, at 9, 459.

対する利益提供についての定めを従来ないほどに詳細に規定したものであったが、法的拘束力が無いことや、実際に何がどの程度誰に提供されたのかについての開示は、個々の製薬会社に任されており、その実効性にはおのずと限界があった。サンシャイン・アクトは、このような利益提供に関する自主規制の進展を背景として、利益提供の報告義務を課しその内容を公開するという、公的開示の制度として発足したものであり、利益提供自体を規制しない反面、利益提供の公開を義務付け、その違反について行政罰を科すことで実効性を担保しようとしている。このような開示を旨とする連邦法の制定は、処方箋医薬品のプロモーション活動の一環として、長い間、公衆の目の届かないところで行われてきた利益提供を、公衆に開示することを強制するものであり、本章Ⅳで論じた、行政規律が公開を義務付けるという規制方法への変化のあらわれの1つとして位置づけられるといえる。

Ⅵ　プロモーション活動における多層的な規律

1　多層的な規律の情報伝達における意義

　本章では、現代において、巧妙に構造化した処方箋医薬品の医師に対するプロモーション活動に対する規制について、従来からの行政規律を拡大するというFDAの政策は営利的言論の自由の法理によってとどめられたこと、しかしながら、そのことが、行政規律の規制方法の転換をもたらすと共に、利益提供に着目した事後規制としての刑事訴追の発動と、それに促された自主規制の生成という、多層的な規律がもたらされたことが明らかになった。

　医師に対するプロモーション活動が、処方箋医薬品の情報伝達の過程にもたらしていた問題は、医師と製薬会社との間の密室的な関係を前提として、製薬会社から医師に対する情報伝達の偏りと、医師に対する利益提供により生じるこの偏りの増幅と処方判断への影響（利益相反）であった。このような、製薬会社と医師との間に存在した密室的情報伝達に対し、行政規律は、情報伝達の一部を一律に抑制するのではなく、情報の公開を義務付けることで、公開監視を通じて内容を是正することにその役割を見出した。さらに、利益提供を伴うことで生じる情報伝達と情報適用の歪みについては、刑事訴

追という脅威が存在することを背景に、第一次的には製薬業界と医療界との自主的な規制による是正を図るというように、事前の情報抑制的規制に代わり、自主規制と刑事的事後的規制を共に機能させることとなった。

　このような、自主的規制と公開監視を通じて適正化した情報を制約することなく医師へと伝達する仕組みは、医療の専門家であり、かつ、個別の患者にその個別性に応じた医療判断を行う医師を通じて、患者に対するより適切な投薬治療が促されることを担保するように機能している。

2　データ・マイニング活動の規制に関する違憲判決

　本章を閉じるに当たり、2011年、医師の処方情報の商業的使用に関する州規制と、これに対して連邦最高裁から下された違憲判決について簡単に触れる。ここで問題となった規制は、「情報提供」に直接関わるものではなかったが、個別の医師に対する製薬会社からのディテイリング活動を効果的に行うための、製薬会社による処方情報の使用が問題となった。だが、この違憲判決からもまた、上述した、アメリカにおけるプロモーションの規律の現在におけるあり方を確認することができる。

⑴　処方情報のデータ・マイニング

　データ・マイニングと呼ばれる活動は、以下のような一連の過程を経て、個別特定の医師の、患者に対する処方行動についてのデータを集積し、製薬会社に対してこれを販売する活動である。

　医師が処方箋医薬品を患者に対して処方する場合、通常、医師は患者に対して処方箋を渡し、患者は薬局において処方された医薬品を受け取ることになる。このようにして薬局にはどの処方箋医薬品がどの医師により処方されたか、という処方情報が蓄積されることになるが、かかる薬局の有する処方情報を買い取り収集するのが、いわゆる、医療情報機関と呼ばれるデータ・マイナーやデータ・ベンダーである。処方情報には、処方者である医師名、服用量、処方量、処方日および場所、患者の年齢および性別が含まれており、患者の個人名は除かれているものの、患者には特定の識別番号が割り振られているため、データ・マイナーは、個別の医師、処方と患者とを結び付け、時間を追って個別の医師の個別の患者に対する処方のパターンを負うことが

可能になる。他方で、アメリカ医師会は同会に所属していない医師を含むアメリカ全体の医師をカバーする、「医師マスター・ファイル」と呼ばれる医師の情報リストをデータ・マイニング会社に売っており、データ・マイナーは、薬局から得られた処方情報の分析結果と、医師に関する情報とを突き合わせることによって、各医師の処方情報ファイルを完成させるのである。このようにして完成された情報ファイルを、データ・マイナーは製薬会社に対してライセンスし、製薬会社はかかる情報ファイルに示された各医師の処方情報から得られる情報をもとに、ディテイラー対して各医師への効果的なプロモーション活動を行わせる。[312] 本章冒頭で既にみたように、ディテイラーは個別の医師を訪問し、自社の処方箋医薬品に関するプロモーションを行うのであるが、かかる訪問に際して、事前に医師の処方傾向を把握しておくことで、より効果的・効率的なプロモーション活動が可能となる。

このようなデータ・マイニング活動は、ディテイラーによる過大なプロモーション活動を招く懸念があるとして問題視されるようになった。

アメリカ医師会は、データ・マイナーである会社らとの間での合意に基づき、2006年、処方情報制限プログラムと呼ばれる、個別の医師がこのプログラムに登録することにより、データ・マイニングからオプトアウトできる仕組みを発足させた。かかるプログラムのもとで、製薬会社は、マーケティングや研究を目的として処方情報にアクセスすることが可能であるが、製薬会社は処方情報をディテイラーに対しては提供しないものとされた。アメリカ医師会は、医師に対してこのプログラムへの登録を勧誘したものの、医師自身のこのプログラムへの関心は低く、2009年4月までの間に、わずか4％の医師がプログラムに登録したに過ぎなかった。[313] このような低い登録率の原因は、医師がディテイリングによるプロモーション活動をそこまで問題視していないことのほか、そもそも、3分の1の医師しか、自己の処方情報がデー[314]

---

312) Marcia M Boumil et al., *Prescription Data Mining, Medical Privacy and the First Amendment: The U.S. Supreme Court in Sorrel v. IMS Health Inc.*, 21 ANN. HEALTH L. 446, 450 (2012); David Orentlicher, *Prescription Data Mining and the Protection of Patients' Interests*, J.LAW. MED. & ETHICS 74, 74-75 (2010).
313) Orentlicher, *id.* at 77-78.
314) *Id.* at 78.

タ・マイニング活動によりディテイリングに使用されていることを知らないという点も指摘されている。[315]

　アメリカ医師会による、医師の自主性に任せたこのようなプログラムが作られる一方で、いくつかの州では、データ・マイニング活動を規制する州法を立法した。2006年から2010年までの間に、かかる立法を検討した州は26州にも上るとされるが、最初に立法にこぎつけたのは2006年のニュー・ハンプシャー州であり、翌年である2007年には、ヴァーモント州およびメイン州において規制立法が成立することになった。[316] これらの立法は、その規制内容においてそれぞれ異なるものだったが、いずれの立法も、立法から間もないうちに、データ・マイナーや製薬会社により営利的言論の自由を侵害するものだとして違憲訴訟が提起された。3州の立法は、その規制内容も相違し、違憲訴訟の結果は、メイン州、ニュー・ハンプシャー州の立法については連邦控訴裁判所において合憲となったが、最後に判決が下されたヴァーモント州法については、連邦最高裁において違憲判決が下されることになった。

(2) 州法による規制と最高裁違憲判決

　(a) **各州法と2つの合憲判決**　裁判所の違憲審査の対象とされた、メイン州、ニュー・ハンプシャー州およびヴァーモント州いずれの州法においても、公衆衛生の保護、医師のプライバシーの保護及び医療費上昇の抑制が目的とされていたが、[317] その規制の詳細はやや異なっていた。すなわち、ニュー・ハンプシャー州法は、3つの州法のうちで最も規制対象を広くかつ網羅的なものとしている一方で、メイン州法の仕組みのもとでは、現状維持を前提とし[318]

---

315) Boumil et al., *supra* note 312, at 452.
316) *Id.* at 453.
317) IMS Health Inc. v. Ayotte, 550 F.3d 42, 47 (1st Cir. 2008); IMS Health Inc. v. Mills, 616 F.3d 7, 12 (1st Cir. 2010).
318) 　ニュー・ハンプシャー州法では、全ての「患者の特定および医師の特定が可能なデータを含む、処方情報に関連する記録」のいかなる商業目的に基づく利用等を禁じる内容となっていた。そして、「商業目的」とは、広告、マーケティング、プロモーション、または医薬品の売上げまたは市場シェアに影響を与えるため、個別の医療従事者の処方行動に影響を与えるまたはそれを評価するため、または医薬品のディテイリング活動の効果を評価するために使用されうるいかなる行為をも含むものと規定された。そして、かかる広い規制対象から、薬局の費用償還、処方集の遵守、ケア・マネジメント、医療従事者による使用状況調査、医療研究または法により認められたもの、といった限られた目的に限り、処方情報に関する記録の使用を例外的に認める旨規定

て、秘密保護の申請を行った処方者については処方情報の使用を禁じるという新たな制約を課すという、最も緩やかな規制となっていた。[319]

　３つのうち唯一、連邦最高裁まで争われ、そして営利的言論の自由を害するとして違憲判決を下されたヴァーモント州法は、上記２つとは異なり、処方者が同意しない限り、処方箋医薬品のマーケティングおよびプロモーション目的での処方情報の移転を禁じるという、オプトインの仕組みを採っていた。更に、ニュー・ハンプシャー州法およびメイン州法と際立って異なっていたのは、同２つの州法も禁じている、薬局等によるマーケティングのための処方情報の売却等の行為のみならず、医師の同意が無い限り、製薬会社および医薬品販売業者は処方情報をマーケティングまたはプロモーションのために使用してはならないと、製薬会社等による特定の目的のための処方情報の使用の禁止を明示的に定めていた点であった。[320]

　これら３つの州法のうち、ニュー・ハンプシャー州法とメイン州法の合憲性が争われた各事件は、管轄の連邦地裁で違憲判断がなされた後にいずれも第１巡回区連邦控訴裁判所に控訴され、同裁判所においてそれぞれ合憲の判断が下された。

　ニュー・ハンプシャー州法の合憲性が争われたIMSヘルス対エイヨット事件では、ニュー・ハンプシャー州地区連邦地裁による、本件規制は営利的言論の自由の規制立法であり合憲性の判定基準であるセントラル・ハドソン・テストを満たさないとして違憲とした判断に対して、第１巡回区連邦控訴裁判所は、法の規制対象は、表現ではなく行為であるとし、合衆国憲法が保護する表現の自由の保障は及ばないとして、原告の請求を棄却した。すなわち、裁判所によれば、同法は、データ・マイナーが特定の商業目的のために情報を蓄積し移転することを制限するに過ぎず、その意味で「行為」の規

していた。また、医師を含む医療従事者に対して、自身の処方情報の商業目的への利用に関する同意の余地を与えない形となっていた。N.H. REV. STAT. ANN. § 318: 47-f（West 2014）.

319）　メイン州法では、保険会社、薬局または処方箋医薬品の媒介業者に対し、秘密保護の申請を行った処方者について特定可能な処方情報の、マーケティング目的によるライセンス、使用、売却、価値物との移転または交換を禁じる内容となっていた。

320）　VT. STAT. ANN. TIT. 18, § 4631(d) (2009), *invalidated by* Sorrell v. IMS Health Inc., 131 S.Ct. 2653（2011）.

制である、換言すれば、本件の事案においては情報それ自体が「商品」となっている。そして、原告はかかる商品を採取し、精錬し、売却するというビジネスを行っているのであり、その「商品」がビーフジャーキーではなく、情報であるということをもって、その規制立法が言論の規制に当たると判断せよと要求しているに過ぎない。また、裁判所は、仮に、本件での州法の規制対象が営利的言論の自由であるとしても、かかる州法による規制は、セントラル・ハドソン・テストによる中間審査基準に照らして合憲であるものと述べた。[322]

この判決が下された2年後に、同じく第1巡回区連邦控訴裁判所に控訴され、メイン州法の合憲性が争われたIMSヘルス対ミルズ事件でも、裁判所は、IMSヘルス対エイヨット事件と同じ理由、すなわち、メイン州法による規制対象は行為であり表現ではないため合衆国憲法による保護は及ばないこと、仮に営利的言論の自由として保護対象であったとしても、セントラル・ハドソン・テストに照らして合憲であると述べて、メイン州法を合憲とした。

(b) **IMSヘルス対ソレル事件違憲判決**　しかしながら、同じくデータ・マイニング活動を規制するために立法されたヴァーモント州法は、連邦最高裁まで争われ、6対3で違憲と判断された。また、IMSヘルス対エイヨット事件、IMSヘルス対ミルズ事件では、いずれもデータ・マイナーである会社が自身の権利が侵害されていると主張し原告となって訴訟を提起したが、本件においては、このようなデータ・マイナーのみならず、製薬団体も自身の権利が侵害されているとして原告となった。[323]

連邦最高裁は、ヴァーモント州法による規制が、言論の規制ではなく、経済活動の規制、情報へのアクセスの規制または行為の規制であるという被告ヴァーモント州の主張を退け、本規制が、営利的言論の規制であるのみならず、言論内容と言論の主体に着目した規制であると述べた。[324] すなわち、本規

---

321) *Ayotte*, 550 F.3d at 52-53.
322) *Id*. at 55-56.
323) *Sorrell*, 131 S.Ct. at 2661.
324) *Id*. at 2664-2667.

制においては、購入者の言論の内容、すなわち、製薬会社のディテイラーによるマーケティング活動への使用のための情報の売却が禁止されていること、先発医薬品の製薬会社がマーケティングのために当該情報を使用すること自体を禁じていることから、同法はマーケティングすなわち特定の内容を伴う言論を劣遇しており、更には、特定の主体すなわち製薬会社を劣遇しているものと指摘し、それゆえ、同法はその文言上、（政府の）好まない主体による、（政府の）好まない言論を規制しているものであるとした。更に続けて最高裁は、このように、同法が特定の内容に基づく言論規制を課している以上、かかる立法の合憲性の判断には厳格な審査基準が適用されるべきであるとした。[327]

　もっとも連邦最高裁は、本件では営利的言論の法理についての中間審査基準が適用されても、より厳しい審査基準が適用されても、結論は同じだとして、中間審査基準を適用して合憲性を判断した。[328]最高裁は、ヴァーモント州法が主張した立法目的、すなわち、医師の医療行為に関するプライバシー保護やプロモーション活動による医師へのハラスメントの防止、公衆医療の向上と医療費の削減のいずれによっても、本件の規制は正当化されないとした。まず、第1点目については同法が処方情報の利用等について多くの例外を許

---

325) *Id*. at 2663, 2667.
326) また、判決は、いくつかの州において、州の予算による「カウンター・ディテイリング」という活動についてデータ・マイナーにより収集された処方情報を使うことが行われていることを指摘している。カウンター・ディテイリングとは、処方箋医薬品についての中立的・客観的な情報を医師に対して伝えて、製薬会社によるディテイラーにより伝えられる情報に対して「対抗（counter）」するために、薬剤師免許を有している者等を医師のところへ派遣するプログラムである。現在、ペンシルバニア州、ミシガン州、ウェスト・ヴァージニア州等がカウンター・ディテイリングのプログラムを行っているようであるが、本件で問題となったヴァージニア州では行われていないと判決は述べている。

　カウンター・ディテイリングについては、以下の文献を参照。Marc Kaufman, *Doctors Hear Alternatives To Drug-Firm Sales Pitches*, WASH. POST, Aug. 5, 2002, *available at* http://www.semissourian.com/story/84070.html; Corny L. Andrews, *The Rise of the Pharmaceutical Un-Sales Force*, FORBES, Apr. 25, 2011, *available at* http://www.forbes.com/sites/docket/2011/04/25/the-rise-of-the-pharmaceutical-un-sales-force/ (last visited Aug. 29, 2016); Mike Mitka, *New Physician Education Initiatives Seek to Remove the Devil from the Detailing*, 306 JAMA 1187 (2011).
327) *Sorrell*, 131 S.Ct. at 2664, 2667.
328) *Id*. at 2667.

容していることに鑑みれば、医師の医療行為に関するプライバシー保護という目的は本州法による規制を正当化できない。また、製薬会社のプロモーション活動によりハラスメントを感じる医師がいるとしても、そのような、自分の好まない言論を我慢せねばならないというのは、自由を享受するための必要なコストであり、正当化理由とはならない[329]。次に、公衆医療の向上という目的自体は正当なものかもしれないが、特定の言論内容と特定の言論主体を規制するという手段は許容範囲を超えているものである。正しい情報を与えられたら、公衆が好ましくない判断をするかもしれないことを恐れて情報を提供しないというような規制については、そもそも懐疑的であるべきであり、このことは、情報の受け手が医師という「洗練かつ鍛錬された」消費者の場合には、尚更当てはまる[330]。営利的言論の自由を含む言論の自由の根本的な原則は、政府ではなく、言論主体および公衆が、情報の価値について判断するというものである[331]。

最後に連邦最高裁は、ヴァーモント州法が、仮に、処方情報の売却や使用が狭い例外的事由の場合にしか許されない、というような規制方法であったとしたならば、ヴァーモント州の合憲の主張はより強いものであったかもしれないが、そのような規制方法とはなっていないと付言している[333]。

(3) まとめ

このようにして、メイン州、ニュー・ハンプシャー州における規制と異なり、ヴァーモント州法によるデータ・マイニング規制は連邦最高裁判所により違憲との判断がなされたが、ヴァーモント州法が明らかに製薬会社のディテイリング活動をターゲットとしたものだったことなどから、その射程を限定的に捉える向きもある。また、同判決が、営利的言論について、内容規制であるゆえに厳格な審査基準が妥当すると判示しつつも、実際には中間審査基準であるセントラル・ハドソン・テストを適用して判断した点も、営利的

---

329) *Id.* at 2668.
330) *Id.* at 2669-2670.
331) *Id.* at 2670-2671.
332) *Id.* at 2672.
333) *Id.*

言論についての従来の裁判例から離れるものであり、評価は定まっていないようである。[334]

しかしながら、処方箋医薬品の情報伝達についての規制という点で着目すべきは、連邦最高裁が、先に論じた、アメリカにおける処方箋医薬品のプロモーション活動に対する規制の態度をこの判決においても示していることである。すなわち、最高裁判決では、製薬会社によるプロモーション活動（ディテイリング活動）が、医師に対する情報伝達において一定の有用な意義を果たしていること、医師はその専門的な知識と経験によって、情報の適否を判断できる者であること、したがって、情報伝達を抑制することで情報伝達からもたらされる意義を一掃してしまうのではなく、情報を提供し、医師に判断の役割を担わせることで、患者の利益を図るという目的を達成すべきであることについての認識が示されているのである。

---

334) この点については、同判決のブレイヤー判事（Breyer J.）の反対意見において、経済活動に関連した政府の規制は、規制対象となる産業の特性等に鑑みて、特定の産業のみを対象としたり、特定の経済活動を対象としたりするのが通常であるところ、これらが経済活動の情報に関わる側面についての規制である場合に、言論に対する内容規制であるとして厳格審査基準が適用されるべきとするのは不合理であると指摘されている。

第5章

プロモーションの新たな形態
―― 患者向け広告

　本章では、処方箋医薬品の情報伝達における比較的新しい問題である、処方箋医薬品の患者に対する直接の広告（患者向け広告[1]）のもたらすものについて検討する。患者向け広告は、1990年代から増加した、製薬会社による新しいプロモーション手段であり、論者によれば、有効性や安全性までも宣伝されている患者向け広告の形態は、世界の国々のなかでも、アメリカとニュージーランドでしかみられないといわれる[2]。このような患者向け広告に対しては、FDAによる新たな規制を求める意見が多くの論者から出される一方で、食品医薬品局（FDA）は規制方法についての基本的な態度を変えていない。それはなぜか。

　本章では、まず、患者向け広告の実態を事実に基づいて確認し、それがどのような「問題」を引き起こすと考えられているかを検討する。そこからは、患者向け広告の有する多義的な側面が明らかになる。次に、患者向け広告に対し、FDAが、従来からの規律をもって対応し、行政規律において新たな規制方法は試みられていないことを確認する。そのうえで、他方、民事法における規律のもとで、患者向け広告の増加がどのように捉えられているかを判例の分析により確認する。

　最後に、患者向け広告がもたらす情報提供手段としての役割と医師患者関係にもたらす変化を検討し、アメリカにおいて患者向け広告が許容されてい

---

[1]　医師向け「プロモーション」が多種多様な形態をとって行われ、FDCAに規律される単なる「広告（advertisement）」の定義に収まらないのに対して、患者向けのプロモーション活動は、FDCA上の「広告」の定義のもと規制される態様によるものが大部分を占め、アメリカにおいても通称、"Direct-to-Consumer Advertisement" と呼ばれている。したがって、本章においては、患者向け「プロモーション」ではなく「広告」という語を用いることとする。

[2]　処方箋医薬品の具体名を出さない疾病啓発広告や、処方箋医薬品名のみを挙げその安全性や有効性について述べないような広告についてはここでは含まれていない。LARS NOAH, LAW, MEDICINE, AND MEDICAL TECHNOLOGY, 423 (3d ed. 2012).

る背景にある政策的意図が、本書においてみてきた、処方箋医薬品に関わる情報を受け取る主体を拡大するというアメリカにおける大きな流れの一部として位置づけられることを論じる。

I 患者向け広告——何が問題といわれているのか

1 患者向け広告の出現と増加

　処方箋医薬品の患者向け広告がアメリカにおいて出現したのは、1980年代初頭のことである。処方箋医薬品は、その性質上、医師こそが医薬品の選択を行うものであるため、処方箋医薬品に関するプロモーション活動が増加して以降も、製薬会社は医師のみをそのターゲットとしてきた。また、1962年における食品医薬品及び化粧品法（FDCA）改正によって処方箋医薬品に関する規制権限がFDAに委譲されて以降、FDAにより実際に規制されていた対象も、製薬会社の医師に対するプロモーション活動であった。[3]

　このように、処方箋医薬品と一般用医薬品との区別が明確になされて以降、みられることのなかった患者向け広告であるが、1980年代初頭から姿をあらわすようになる。1981年になされたイギリスに本拠を置くブーツ製薬のアメリカ支社により行われたブルフェンの印刷広告を始めとして、更に同年には、メルク社により患者向け印刷広告が行われ、他の製薬会社もこれに続く動きがみられた。[4]

　この後、後述するように、1985年に、FDAが従来からの処方箋医薬品についてのFDCAのもとでの規律を、患者向け広告に対しても適用すると表明して以降、製薬会社による患者向け広告は増加の一途をたどった。とりわけ、1990年代末には、放送媒体による広告の規制が実質的に緩和されたことにより、その後はテレビコマーシャルによる広告が増加していった。

　患者向け広告の経済的な規模については、米国会計検査院（U.S. Govern-

---

3) Victor E. Schwartz et al., *Marketing Pharmaceutical Products in the Twenty-First Century: An Analysis of the Continued Viability of Traditional Principles of Law in the Age of Direct-to-Consumer Advertising*, 32 HARV. J.L. & PUB. POL'Y 333, 344 (2009).

4) Francis B. Palumbo and C. Daniel Mullins, *The Development of Direct-to-Consumer Prescription Drug Advertising Regulation*, 57 FOOD & DRUG L.J. 423, 424 (2002).

ment Accountability Office: GAO）による報告書でも引用されている、IMSヘルスによる推計によれば、1997年から2005年の間にアメリカにおける患者向け広告の経済的規模は11億ドルから42億ドルへと増加したとされる。また、その他の研究においても相違は多少あるものの、ほぼ同様の結果が報告されており、ある研究によれば、別の研究によれば、1996年における支出9億8,500万ドルが2005年には42億3,700万ドルにまで増加したと報告されている。もっとも、近時では、患者向け広告への支出はやや減少し、2010年には39億7,000万ドルが支出されたという。

このような急激な増加は、1996年から2005年までの期間のみをみても増加率は3倍を超えるものであり、1980年代に患者向け広告が行われるようになってから短期間の間でその量が激増していったことがわかる。もっとも、このような患者向け広告の増加も、第4章でみた製薬会社の医師向けプロモーションに比すればその経済的な規模は小さいものであり、2005年における製薬会社による処方箋医薬品のプロモーションに係る支出全体に占める患者向け広告に関する支出はある調査研究によれば14%である。

このように、処方箋医薬品の患者向け広告は年を追うごとに増加しているが、その全体的な量とは別に、広告が行われる医薬品の種類や性質についてみてみると、医師に対するプロモーションとは異なり、ごく一部の特定の種類の処方箋医薬品がターゲットとなっている。

すなわち、医薬品の種類をみてみると、患者向け広告の対象とされる処方

---

5) U.S. Gov't Acct. Office, Prescription Drugs Improvements Needed in FDA's Oversight of Direct-to-Consumer Advertising（Nov. 2006）at 12, *available at* http://www.gao.gov/products/GAO-07-54（last visited Aug. 30, 2016）.
6) Julie M. Donohue et al., *A Decade of Direct-to-Consumer Advertising of Prescription Drugs*, 357 New Eng. J. Med. 673, 676（2007）.
7) Deborah F. Spake et al., *Do Perceptions of Direct-to-Consumer Pharmaceutical Advertising Vary Based on Urban Versus Rural Living?*, 31 Health Marketing Q.31, 32（2014）.
8) もっとも、2000年代後半以降の増加率はやや低下し、2008年には前年に比して8%支出が減少したという報告がある。Keith J. Winstein & Suzanne Vranica, *Drug Firms' Spending on Consumer Ads Fell 8% in '08, a Rare Marketing Pullback*, Wall St. J., Apr. 16, 2009, *available at* http://www.online.wsj.com/news/articles/SB123983651029422787（last visited Aug. 29, 2016）.
9) Donohue et al., *supra* note 6, at 675.

箋医薬品は、慢性疾患の症状緩和のための医薬品や、その性質上大きな売上げを挙げることのできる医薬品に偏っており、わずか20種の処方箋医薬品についての患者向け広告が、患者向け広告全体のうちの約60％を占めているとされる。かかる患者向け広告が特に集中的に行われる処方箋医薬品は、関節炎、抗アレルギー薬（抗ヒスタミン剤）、勃起障害薬、抗コレステロール薬、抗炎症薬、抗うつ剤等である。

また、FDAによる新薬としての承認の時期との関係でみてみると、患者向け広告は、FDAによる承認後間もないうちに集中的に行われており、患者向け広告が行われている種類の処方箋医薬品のうちのほとんどは、FDAによる承認後１年以内に行われていると報告されている。

2 患者向け広告の多義性
(1) 情報の伝達と投薬治療の増加

患者向け広告が増加したという事実を前に、そして、広告内容がその性質上、患者の購買意欲に直接働きかけるような表現形態（写真イメージや映像の使用）をとっているがゆえに、患者向け広告はそれ自体として妥当ではなく、規制されるべきという議論がなされることが多い。

しかしながら、処方箋医薬品の情報伝達という観点から考えると、患者向け広告の増加は、誇大広告が行われ患者を誤導しうるという消極的側面の前に、患者に対して情報が提供されるという側面を有する。そして、患者に対して情報が提供されることにより、投薬医療の絶対数が増加する可能性がある。

投薬医療の増加は、患者向け広告によって、患者（消費者）の病識が高まり、医薬品の使用により改善しうる疾患の治療の可能性を高めることと、逆に、過剰な広告により人為的に処方箋医薬品に対する需要を作り出し、必ず

---

10) *Id.* at 676; Matthew F. Hollon, *Direct-to-consumer advertising: A haphazard approach to health promotion*, 293 JAMA 2030, 2030 (2005); Meredith B. Rosenthal, *Promotion of Prescription Drugs to Consumers*, 346 NEW ENG. J. MED. 498, 501 (2002).
11) Hollon, *id.*
12) Rosenthal, *supra* note 10, at 501-502.
13) Donohue et al., *supra* note 6, at 676.

しも必要のない処方箋医薬品の使用を招くということの双方の事態を意味しうるが、そのどちらが生じるのかは明らかではない。[14]

例えば、ある実証研究においては、研究の対象とされた64の処方箋医薬品について、患者向け広告に費やされる費用1ドル当たり、2.2ドルの売上の上昇があると報告されている。[15]

しかしながら、処方箋医薬品の使用数の上昇が、治療を要する患者による投薬治療を促進しているのか、それとも、必ずしも必要ではない処方箋医薬品の使用につながっているのか、という点について知ることは難しい。[16]例えば、ある研究によれば、高コレステロールに関する処方箋医薬品の患者向けのテレビコマーシャルによって、高コレステロールとの診断を受け、その投薬治療が功を奏した患者数が上昇したことが報告されている。[17]また、別の研究によれば、抗うつ剤に関する処方箋医薬品の患者向け広告が、うつ病を抱える患者への投薬の開始数に影響を与えているものの、投薬治療を開始した患者の投薬期間の長さには有意な影響を与えていないという結果が報告されている。[18]他方で、抗うつ剤の患者向け広告と投薬治療を受ける患者の増加に関する別の調査によれば、患者向け広告は投薬による治療が有効である患者の受診を促進すると同時に、比較的症状の軽い患者による受診数と処方数をも増加させ、かかる患者について抗うつ剤の副作用の可能性と較量したときの処方の必要性には疑問があるとも指摘されている。[19]

---

14) PRESCRIPTION DRUGS IMPROVEMENTS NEEDED, *supra* note 5, at 16; Richard K. Kravitz et al., *Influence of Patients' Requests for Direct-to-Consumer Advertised Antidepressants, A Randomized Controlled Trial*, 293 JAMA 1995, 1995 (2005); Julie Appleby, *Prescriptions up as drugmakers spend more on ads*, USA TODAY, Feb. 21, 2001.

15) David Gascoigne & John Busbice for IMS, DTC ROI: The Latest Findings (presented at the DTC National Conference, Washington, D.C., Apr. 26, 2006, cited at PRESCRIPTION DRUGS IMPROVEMENTS NEEDED, *supra* note 5 at 15. その他の患者向け広告と処方箋医薬品の処方量との関係についての実証的研究としては、例えば、Woodie M. Zachry III, et al., *Relationship Between Direct-to-Consumer Advertising and Physician Diagnosing and Prescribing*, 59 AM. J. HEALTH-SYS. PHARM. 42 (2002).

16) Zachry III, et al., *id*. at 47.

17) John E. Calfee et al., *Direst-to-Consumer Advvertising and the Demand for Cholesterole-Reducing Drugs*, 45 J. L & ECON. 673 (2002).

18) Julie M. Donohue et al., *Effects of Pharmaceutical Promotion on Adherence to the Treatment Guidelines for Depression*, 42 MED. CARE 1176 (2004).

19) Kravitz, et al., *supra* note 14 at 1996.

また、この点と関係して、患者向け広告によってもたらされる投薬治療数の増加が、社会における医療費を増大させるという指摘もある。患者向け広告により宣伝される処方箋医薬品は、通常、製薬会社に大きな売上げをもたらしうる先発医薬品であり、後発医薬品に関する患者向け広告は行われないという[20]。医療費の増加に関するこのような懸念は、とりわけ、メディケアやメディケイドといった公的医療保険に関する費用を負担する連邦政府や私的医療保険業界から示されている[21]。特に、連邦政府による懸念は、2006年から開始したメディケア・パートDプランによる、メディケアの保険対象となる処方箋医薬品の拡大により、より大きなものとなっている[22]。

(2) 医師患者関係への影響

また、処方箋医薬品の患者向け広告は、医師患者関係に対して影響を与えるともいわれている。

患者向け広告につき肯定的な意見では、患者向け広告は患者の病識を高め、医師による受診を促進するのみならず、患者向け広告を通じて処方箋医薬品についての情報を患者が知ることにより、受診時の医師患者間のコミュニケーションが促進されるというメリットがあるという[23]。このような意見は、広告活動を促進したい製薬会社から聞かれることは勿論であるが[24]、製薬会社のみならず、医師においてもかかるメリットに着目し、患者向け広告を支持する声もある[25]。

他方で、患者向け広告は、FDCAおよび連邦行政規則に従っていたとし

---

20) Matthew N. Strawn, *Recent Developments in Direct Consumer Advertising of Attention Disorder Stimulants and Creating Limits to Withstand Constitutional Scrutiny*, 19 J. CONTEMP. HEALTH L. & POL'Y 495, 507 (2003).
21) Palumbo & Mullins, *supra* note 4, at 437.
22) Donohue et al., *supra* note 6, at 674.
23) Schwartz et al., *supra* note 3, at 351; Hollon, *supra* note 10, at 2031; Joel S. Weissman et al., *Physicians Report on Patient Encounters Involving Direct-to-Consumer Advertising*, 2004 HEALTH AFF. W4-219, W4-220 (2004); Alan F. Holmer, *Direst-to-Consumer Prescription Drug Advertising Builds Bridges Between Patients and Physicians*, 281 JAMA 380 (1999).
24) Palumbo & Mullins, *supra* note 4, at 436-437.
25) Weissman et al., *supra* note 23, at W4-224. この調査研究によれば、調査対象となった医師のうちの40％が患者向け広告が患者および医師の診察に対して積極的な効果をもたらしたとし、30％が消極的な効果をもたらしたと感じているという。

ても、その内容はしばしば医薬品の有効性を強調する内容となっていることから、患者が処方箋医薬品の有効性を過大に信頼がちである[26]。そして、患者によるこのような「誤解」によって、医師から患者に対する当該医薬品の利益・不利益に関する説明により多くの時間がかかったり、患者が医師による処方判断や服用についての指示の重要性を軽んじるようになったりし、結果として医師患者関係が害されるという批判も、医師からなされている[27]。このような見解は、2001年に、アメリカ医師会によって患者向け広告の禁止を求める投票が試みられたという事実にもあらわれている[28]。

⑶　新薬承認後のプロモーション活動と医薬品の安全性

第3に、患者向け広告については、とりわけ、FDAによる承認直後間もなく激しい広告が行われるところ、承認直後の処方箋医薬品は明らかとなっていない副作用のリスクが高いことから、このようなリスクの高い処方箋医薬品の投薬を促進するという指摘がある。

このような指摘は、テレビコマーシャルを中心として患者向け広告が激しく行われた、メルク社の関節炎治療薬バイオックスについての副作用に関する情報の隠ぺいとその後の市場からの撤退という事件により、強くなされるようになった。バイオックスは、1999年に関節炎治療薬としてFDAにより承認を受けて販売が開始されたが、その1年後に、安全性を確認するためにメルク自身により実施された臨床研究によって、心筋梗塞リスクの高い患者集団において心筋梗塞の発生率を約5倍にも上昇させるリスクを示唆する結果が得られた。しかしながら、メルク社は、この臨床結果はバイオックス自体によるリスクではなく、別の原因によるものであるとして、その後も更にバイオックスの販売を継続した[29]。この間、メルク社は医師に対するプロモー

---

26) FDAによる調査によれば、75%の患者が患者向け広告により、処方箋医薬品の有効性を過大評価しているという。Shoshana Speiser & Kevin Outterson, *Deductions for Drug Ads? The Constitution Does Not Require Congress to Subsidize Direct-to-Consumer Prescription Drug Advertisements*, 52 SANTA CLARA L. REV. 457, 488 (2012).

27) Weissman et al., *supra* note 23, at W4-224.

28) Strawn, *supra* note 20, at 507.

29) Ronald M. Green, *Direct-to-Consumer Advertising and Pharmaceutical Ethics: The Case of Vioxx*, 35 HOFSTRA L. REV. 749, 751-756 (2006).

ションのみならず、テレビコマーシャルを中心とする極めて大規模な患者向け広告を実施し、販売開始から約2年間で、患者向け広告に費やした金額は約1億4,500ドルに上り、結果としてバイオックスの売上げを3倍にも伸ばしたとされる。[30] しかしながら、メルク社は、バイオックスについてFDAから心筋梗塞リスクについての警告掲載を強く求められると共に、2002年に行った別の臨床試験において、一定の患者集団における心筋梗塞リスクの上昇が再度確認されたことから、2004年に会社自ら市場から製品を回収し、販売を中止するに至った。[31]

バイオックスの副作用については、臨床試験結果や有害事象についての製薬会社の情報隠ぺいや報告義務の懈怠も当然大きな問題とされたが、とりわけ、患者をターゲットとするテレビコマーシャルが大々的に行われていたことから、患者向け広告の弊害と結び付けられて非難されることとなった。

(4) まとめ

患者向け広告は、1990年代に増加して以降、賛否をめぐる多くの議論が交わされているが、その議論の内容をみてみると、広告であることから有する患者への情報提供の機能がもたらす投薬治療の増加や、医師とのコミュニケーションを、有益なものとしてみるのか、それとも無益（または有害）としてみるかによって意見が分かれており、具体的にいかなる弊害をもたらしているのか必ずしも明らかではない。

それを反映するかのように、FDAによる対応も、患者向け広告自体を肯定しつつ、その内容についての監督は実施するという両義的なものとなった。

---

30) R. Stephen Parker & Charles E. Pettijohn, *Ethical Considerations in the Use of Direct-to-Consumer Advertising and Pharmaceutical Promotions: The Impact on Pharmaceutical Sales and Physicians*, 48 J. BUS. ETHICS 279, 280 (2003).
31) Green, *supra* note 29, at 756.

II　FDA による対応

1　FDA による規制
(1)　既存の規制の適用とテレビコマーシャルについての規制緩和

　1980年代に患者向け広告という、従来みられなかった態様の処方箋医薬品のプロモーション態様があらわれた後、FDA はこれに対していかなる規制をもって対応するかの検討を迫られた。FDA は、約 2 年間の検討期間を設定し、規制のあり方について調査検討した後、1985年、処方箋医薬品の広告について、FDCA における（医師を対象とすることを念頭に置いた）従来からの広告の規律を適用することで十分であるとして、既存の規律を適用することとした。[32)33)]

　1985年以降、処方箋医薬品の患者向け広告は年々増加していったが、FDCA のもとで処方箋医薬品の広告に課せられた、当該医薬品のラベリングに記載されている全ての副作用、禁忌、警告および注意についてその要約を記載しなければならないという要件（「簡潔な要約」の要件〔brief summary requirement[34)]〕）の存在により、テレビを主とする放送媒体による広告を行うことは事実上難しく、患者向け広告の大部分は印刷媒体による広告だった。[35)36)] なぜならば、「簡潔な要約」の要件は、新聞広告や雑誌広告等の印刷媒体に

---

32)　50 Fed. Reg. 36, 677, 36, 677（Sep. 9, 1985）.
33)　既述のように、1962年の FDCA 改正により処方箋医薬品の広告に関する規制権限を与えられた FDA は、FDCA およびこれに基づく連邦行政規則によって処方箋医薬品の広告を規制してきたところ、これらの規制は、文言上、広告の対象者が医師等の医療専門家であるか一般大衆であるかを区別していなかった。21 U.S.C. § 352(n) (2015), 21 C.F.R. § 202.1 (2016).
34)　21 U.S.C. § 352(n) (2015), 21 C.F.R. § 202.1 (e)(1) (2016).
35)　60 Fed. Reg. 42, 581, 42, 583（Aug. 16, 1995）.
36)　なお、FDCA および連邦行政規則によって定められている広告に関する要件は、処方箋医薬品の広告のうち、リマインダー広告（特定の医薬品の製品名に言及するが、その使用に関する指示、医薬品の有効性および服用量の推奨等についての情報を含まない広告）、疾病啓発警告（特定の症状や疾病を有する患者に対して医師の診断を受けるよう推奨したり、一般的な治療方法を示したりするもので、特定の医薬品について言及しない広告）については、対象外として、規律の対象とはなっていない。21 C.F.R. § 202.1 (e)(2)(i) (2016). *See also* 60 Fed. Reg., *supra* note 35, at 42, 582; PRESCRIPTION DRUGS IMPROVEMENTS NEEDED *supra* note 5 at 2.

おいては、その媒体に記載を行うことで満たすことが可能だったが、他方、テレビコマーシャルやラジオ等の放送媒体の場合には、放送に与えられた短い時間内で、副作用等の「簡潔な要約」を伝達することが事実上不可能だったためである。連邦行政規則には、放送媒体の広告について、「簡潔な要約」の代わりに「適切な対策」を行うことをもって足りるという規定も存在したが、この「適切な対策」がいかなるものであるかについては明らかにはされていなかった。[37)38)]

かかる状況のなか、テレビコマーシャルによる広告を行いたい製薬会社はFDAに対して働きかけを行い、これを受けてFDAは、1999年、ガイダンスを策定・公表し、放送媒体による広告に要求される要件を実質的に緩和した。[40)] ガイダンスにおいて、放送媒体による広告に関して、簡潔な要件に代わることのできる「適切な対策」がいかなるものかについて以下のように示されたこと[41)]で、製薬会社による放送媒体での広告の実現を可能としたのである。

すなわち、放送媒体による広告について、①広告内において、当該医薬品のラベリングに関する情報を得られるフリーコール番号を示し、かかるフリーコールに基づいて、消費者がラベリングを速やかに郵送にて受領する、または電話口においてラベリングの内容の読み聞かせを受ける、といういずれかの手段を選べるようにすること、②広告内において、消費者が当該医薬品の印刷媒体による広告を得られる方法に言及すること、③広告内においてラベリングに関する情報が得られるインターネットのウェブサイトを開示すること、④薬剤師、医師等への照会により当該医薬品に関する追加的な情報が得られることを開示すること、という条件を全て満たすことにより、適切な

---

37) 21 C.F.R. § 202.1(e)(1) (2016).
38) David E. Dukes et al., *What You Should Know about Direct-to-Consumer Advertising of Prescription Drugs*, 68 DEF. COUNS. J. 36, 42-43 (2001).
39) Schwartz et al., *supra* note 3, at 345.
40) 64 Fed. Reg. 43, 197 (Aug. 9, 1999).
41) 60 Fed. Reg., *supra* note 35; 62 Fed. Reg. 43, 171 (Aug. 12, 1997); 64 Fed. Reg., *supra* note 40; U.S. DEP'T OF HEALTH & HUMAN SERV. FDA, GUIDANCE FOR INDUSTRY: CONSUMER-DIRECTED BROADCAST ADVERTISEMENTS (Aug. 1999), *available at* http://www.fda.gov/RegulatoryInformation/Guidances/ucm125039.htm (last visited Aug. 30, 2016); Dukes et al., *supra* note 38, at 43.

対策の要件を満たすことができるとされたのである。このガイダンスは、FDA の見解を示したに過ぎず、法的拘束力をもつものではないとされたが、FDA がテレビコマーシャルの許容される条件について連邦行政規則の解釈を示したものとして、製薬業界に一定の指針を与えるものとなり、その後、テレビコマーシャルによる患者向け広告の数は増加していった。

(2) **インターネットメディアの出現と現状維持**

テレビコマーシャルによる患者向け広告に関して規制が緩和された1990年代末は同時に、社会におけるインターネットの普及が急速に進んだ時期でもあり、テレビコマーシャルの規制に関する議論と共に、インターネットによる処方箋医薬品に関する広告規制も議論の俎上に上るようになった。

インターネットにおける広告は、従来の印刷媒体や放送媒体とは異なる特徴を有し、それゆえ FDCA のもとで広告に関して課せられている要件との関係でも別途の考慮を要する。FDA もかかる特徴を踏まえた規制の必要性を強く認識し、製薬会社、消費者、医療従事者、インターネット業者、広告業者等から広く意見を募ったが、インターネット媒体における広告手段が加速度的に増加するのを傍目に、インターネット媒体の広告の特徴に応じた新たな連邦行政規則の制定には至っておらず、印刷媒体および放送媒体を対象とした現状の FDCA、連邦行政規則およびガイダンス等をインターネット媒体の広告にも適用している。

インターネット媒体における処方箋医薬品の情報提供（ここでは、主として、製薬会社の処方箋医薬品に関するウェブページを想定している）において、根本的かつ最も重要な問題点は、インターネットにおける広告は、全ての人がアクセスすることができるという性質上、その受け手が医療専門家であるか一般消費者であるかを区別できないがゆえに、FDCA 上、医療専門家のみを受け手として規定されたラベリングに関する規制と、前述のように一般

---

42) GUIDANCE FOR INDUSTRY, *id*.
43) Meredith B. Rosenthal et al., *Promotion of Prescription Drugs to Consumers*, 346 NEW ENG. J. MED. 498, 498 (2002).
44) 61 Fed. Reg. 48, 707 (Sep. 16, 1996); 74 Fed. Reg. 48, 083 (Sep. 21, 2009).
45) Crystal Richardson, *Chasing Technology: A Call for FDA Regulation of Pharmaceutical Internet Marketing*, 8 HEALTH & BIOMED. L. 249, 281-282 (2012).

消費者をも受け手として想定した広告に関する規制とのいずれが適用されるかが明らかではないという点である。すなわち、製薬会社のウェブサイトは、処方箋医薬品に関する情報が掲載される場として最もよく想定される媒体の１つであり、医療専門家向けの情報も一般消費者向けの情報も記載されうるが、医療専門家を読み手としたページは、一般消費者でもアクセスできるにもかかわらず、ラベリングに関する規制しか適用されないこととなる。

この点について、インターネットにおける処方箋医薬品のプロモーションがいかなる場合にラベリングまたは広告と考えられるかについて疑義が存在し、FDA は、かかる疑義の存在を認めているにもかかわらず、インターネットよる処方箋医薬品の情報提供については、FDCA 上の広告に関する規制を適用する態度を示しているようである。

更に、インターネットが一般社会に普及した当初に比べ、現在ではインターネットを使用した多種多様な情報交換ツール（個人のブログやソーシャルメディア等）が存在し、これらのツールを使ってインターネット上伝播される情報のどこまでについて製薬会社が責任を負うかという問題が存在する。FDA は、ソーシャルメディアにおける情報のシェアについても警告文を発する等、アドホックな対応を行っていたところ、2014年、インターネット上

---

46) Justin Lee Heather, *Liability for Direct-to-Consumer Advertising and Drug Information on the Internet*, 68 DEF. COUNS. J. 412, 414（2001）.
47) Emile L. Loza, *FDA Regulation of Internet Pharmaceutical Communications: Strategies for Improvement*, 55 FOOD & DRUG L.J. 269, 287-288（2000）.
48) 74 Fed. Reg. 48, 083, 48, 084-48,085（Sep. 21, 2009）.
49) *Id*. at 48, 085-48, 086.
50) 例えば、2010年には、ノバルティス ファーマが処方箋医薬品タシグナについて、フェイスブックシェアを使用して情報を提供しようとした行為について、FDA から警告文書が発せられている。この事件では、ノバルティス ファーマのウェブサイト上のタシグナに関する情報提供ページには、閲覧者がクリックできるボタンがあり、それをクリックすることにより当該閲覧者個人のフェイスブックページにおいて、閲覧者がタシグナに関するコメントを記載たりタシグナに関するノバルティス ファーマのウェブサイトページに移動するためのハイパーリンクがあらわれるようになる機能がついていた。ここでは、閲覧者は自らのフェイスブック上に自分でタシグナに関するコメントを記載することは可能であるが、ノバルティス ファーマにより提供される情報自体を改変することはできないような仕組みになっていた。この警告文書の送付に当たって、FDA は、同様の問題を提起するものとして、情報共有機能を有する他のソーシャルメディアにもこの警告文書は該当する旨明らかにしている。Richardson, *supra* note 45, at 289.

の双方向メディアにおいて伝達される情報について製薬会社が責任を負う場合についての考え方を示すドラフトガイダンスを提示したが、現在においてドラフトの段階にとどまっている。

このような FDA の規制方法については、明確なルールの不在ゆえ予測可能性に欠けており、また、適切な規制が行われないことにより、インターネット広告がもたらす一般消費者に対する悪影響を防止できていないといった批判を受けている。

2 FDA による広告の監視

FDA は、患者向け広告の内容が、FDCA および連邦行政規則による規律を遵守しているかどうかについて、従来の枠組みを維持しながら監督を行っているが、増え続ける広告に対し、十分な監督が行われているとはいいがたい。

処方箋医薬品の広告に関しては、FDCA における特別の規定が無い限り、FDA に対する広告内容の事前の提出や承認は要求されず、製薬会社は、かかる広告を現に実施すると同時にその内容を FDA に提出することとされている。もっとも、FDA は、1993年に製薬業界向けに公表した通知によって、これ以降、FDA に対する自発的な事前の広告内容の提出を求めてきた。かかる事前の提出を通じて、FDA は広告の内容をチェックし、製薬会社に対してコメントを行うという仕組みが事実上出来上がった。また、全てのテレビコマーシャルについては、全て FDA に対し事前に提出するよう、最大

---

51) U.S. Dep't of Health & Human Serv. FDA, Guidance for Industry: Fulfilling Regulatory Requirements for Postmarketing Submissions of Interactive Promotional Media for Prescription Human and Animal Drugs and Biologics Draft Guidance (Jan. 2014). *available at* http://www.fda.gov/downloads/drugs/guidancecompliance regulatoryinformation/guidances/ucm381352.pdf (last visit Aug. 30, 2016).
52) Richardson, *supra* note 45, at 252.
53) Loza, *supra* note 47, at 275-276.
54) 21 C.F.R. § 314.81(b)(3)(i) (2016).
55) ただし、迅速承認手続のもとで承認された新薬の広告については、FDA に対する事前の提出が義務付けられている。21 C.F.R. § 314.550 (2016).
56) 70 Fed. Reg. 54, 054, 54, 055 (Sep. 13, 2005); Schwartz et al., *supra* note 3, at 347.

手の製薬業界団体であるアメリカ研究製薬工業協会（PhRMA）によっても、加盟会社に対して働きかけられてきた。

　更に、テレビコマーシャルについては、2007年におけるFDA改正法（FDAAA）において、製薬会社に対して全てのテレビコマーシャルを事前に提出することを要求する権限がFDAに対して与えられた。かかる権限に基づく事前審査のプログラムの実施については、FDAによる最低予算の獲得が条件となっていたところ、FDAはかかる予算の獲得ができなかったことから、テレビコマーシャルの事前審査のプログラムが実施できないといわれてきたが[57]、2012年には、承認後間もない医薬品やリスクの高い医薬品等一定のカテゴリーの医薬品について、FDAへの事前の提出を要求する旨のドラフトガイダンスが出されている[58]。

　FDAは、その広告内容に違反を発見した場合には、それが事前の提出によるものであれば製薬会社に対してコメントを行って内容の修正を促す。他方、患者向け広告の実施と同時にFDAに提出される患者向け広告の内容に規律違反が存在した場合には、是正が無ければ強制手続に至る違反については警告レター（Warning Letter）、その程度に及ばない違反については違反通知レター（Notice of Violation Letter）を製薬会社に対して送付することにより広告内容の是正を求めている[59]。

　しかしながら、FDAによるこのような監視体制については、以前から、それが適切なレビュー機能を果たしていないという批判がなされてきた。すなわち、米国会計検査院による2006年の報告書によれば、FDAは大量に提出される患者向け広告のごく一部についてのみレビューを行っているところ、2002年から2005年にかけて、レビュー対象である広告数は倍増しており、

---

57) Schwartz et al., *id.*
58) U.S. Dep't of Health & Human Serv. FDA, Guidance for Industry: Direct-to-Consumer Television Advertisements — FDAAA DTC Television Ad Pre-Dissemination Review Program Draft Guidance (Mar. 2012), *available at* http://www.fda.gov/downloads/Drugs/GuidanceComplianceRegulatoryInformation/Guidances/UCM295554.pdf (last visited Aug. 30, 2016).
59) Prescription Drugs Improvements Needed, *supra* note 5, at 11. *See also* http://www.fda.gov/AboutFDA/CentersOffices/OfficeofMedicalProductsandTobacco/CDER/ucm090142.htm (last visited Aug. 30, 2016).

2005年にはトータルで約1万5,458もの患者向け広告の提出を受けているが、レビューを行う人数の増加はなされなかったという。更に、提出された大量の患者向け広告のなかから、どのレビューを優先的に行うのかというプライオリティーに関しても明確な基準が無い。FDAによれば、公衆衛生に対する影響の大きさに基づき、新たに承認されたもの、リスクが重大であるもの、過去に違反があった医薬品に関するもの、消費者等からの苦情があったもの、広範囲に及ぶキャンペーンが行われているものといった非公式の基準によっているというものの、正式な基準とその基準に基づくレビューの実施についての監督は行われておらず[60]、よりレビューの必要性が高い患者向け広告が果たして本当にレビューの対象となっているかどうか疑わしいとされていた[61]。

このような、FDAによる患者向け広告の監視体制について、米国会計検査院による2006年のレポートも明らかに示しているように、主として人的資源の不足により実効的な監視体制が欠如していることが問題視され、体制の変化等を行うべきであるという批判がなされてきた。そこで、FDAは2011年に内部の組織再編を行い、監督体制を強化したが、この成果については未だ明らかにはなっていない[62]。

3 患者向け広告制限法案と営利的言論の自由

上述したように、患者向け広告はとりわけFDAにより新たに承認された処方箋医薬品を対象として行われ、他方で、新薬については明らかになっていない副作用が存在する可能性が高いことから、新薬については販売後、数年の間のモラトリアム期間を設定し、その間は広告を制限すべきという提案がなされている。このような提案は、FDAの委託を受けて実施された研究

---

60) PRESCRIPTION DRUGS IMPROVEMENTS NEEDED, *id*. at 19-20; Thomas W. Abrams, Director of Office of Prescription Drug Promotion, presentation at the DIA Annual Meeting, OPDP Update on Oversight of Prescription Drug Promotion (June. 25, 2013).

61) PRESCRIPTION DRUGS IMPROVEMENTS NEEDED, *id*. at 17-21. このような指摘は、米国会計検査院が2006年に先だつ2002年において行った同様の調査報告においても指摘されていた。U.S. GOV'T ACCT. OFFICE, PRESCRIPTION DRUGS FDA OVERSGHT OF DIRECT-TO-CONSUMER ADVERTISING HAS LIMITATIONS (Oct. 2002), *available at* http://www.gao.gov/new.items/d03177.pdf (last visited Aug. 30, 2016).

62) Abrams, *supra* note 60.

に基づき2006年に公表されたアメリカ医学研究所（National Institute of Medicine: IOM）によるレポートや、連邦議会における立法案においてなされている。

しかしながら、これらの法案に対しては、表現の自由を侵害するものとしてその合憲性を疑問視する意見が法学者および業界団体から出され、連邦議会はその合憲性ついての懸念を払拭し切れず、立法には至らなかった。その妥協案として、前述したように、テレビコマーシャルについて、その広告内容をFDAに対して事前に提出する義務を製薬会社に課す条項がFDCAに新設された。

他方、患者向け広告に対する批判的な社会的関心の高まりを受け、製薬業界自体も、新薬の患者向け広告についてのモラトリアムの必要性を認識しつつある。例えば、2005年に、PhRMAは、医療専門家が新薬についての十分な知識を得るまでの間、新薬についてのプロモーション活動を控えることを推奨するコメントを提出したが、かかるコメントはあくまで提案に過ぎず、いかなる期間のモラトリアムが望ましいかについての具体的なコメントは示されていない。また、製薬会社のなかにも、自主的に新薬についての患者向け広告を控える動きもみられ、2006年の時点では、ブリストル・マイヤーズ・スクイブ社が承認後1年間、ファイザー社が承認後6ヶ月間の間の自主的なモラトリアム期間の設定をアナウンスするにとどまっている。

---

63) INST. OF MED., THE FUTURE OF DRUG SAFTY: PROMOTING AND PROTECTING THE HEALTH OF THE PUBLIC（2006）at 158-159.
64) Mark I. Schwartz, *To Ban or Not to Ban-That Is The Question: The Constitutionality of a Moratorium on Consumer Drug Advertising*, 63 FOOD & DRUG L.J. 1, 2-3（2008）.
65) *Id*.
66) モラトリアム期間の設定のほか、患者に対して一定の情報を提供していない患者向け広告については、かかる広告費用についての所得税課税控除を認めないとするような法案の提案もなされているが、処方箋医薬品に関する広告を狙い撃ちにしたこのような税法についても、やはり、表現の自由に関してその合憲性に疑義があるとされ、現在に至るまで実現はしていない。
Palumbo & Mullins, *supra* note 4, at 435; Speiser & Outterson, *supra* note 26, at 476-480.
67) Donohue et al., *supra* note 6, at 679.
68) THE FUTURE OF DRUG SAFTY, *supra* note 63, at 163.

4　まとめ

　製薬会社から患者に対して直接情報を提供する患者向け広告について、FDA は内容の監督的規制という既存の規制方法をもって対応している。しかしながら、患者向け広告の増加と、閲覧者を制約しない双方向メディアであるインターネットの発達により、処方箋医薬品についての情報を患者が直接得るという事象を制限することはほぼ不可能に近い。

　では、事後規制としての民事規律は患者向け広告にどう対応したのか。Ⅲにおいて検討する。

Ⅲ　患者向け広告と知識ある媒介者

　Ⅱでみたように、FDCA による行政規律が患者向け広告を制約せず、また、その内容の監視をできないのであれば、民事的事後規律としての製造物責任法がその役割を担うべきではないか。このような主張は、訴訟において、再び、製造物責任法における知識ある媒介者の法理の例外を認めるべきであるとの原告による主張にあらわれた。更に、1990年代以降、患者向け広告が処方箋医薬品のリスクについて過小に、または有効性について過大に情報を伝えたことにより、副作用被害を被った、または無益な投薬治療を受けた結果、経済的損失を被ったとして、州の制定法である消費者保護法に基づく訴訟が提起され始めた。

　本節では、まず、これらの裁判例の検討に先だって、1998年に公表された、製造物責任法第 3 次リステイトメントにおいて、知識ある媒介者の法理の例外が認められる場合がありうることが明記されことを確認する。この例外がリステイトメントに記されたことで、知識ある媒介者に法理の患者向け広告の例外を認めるように裁判所が動くと論者により予想された。

　次に、製造物責任法および州の消費者保護法のそれぞれに関する裁判所による判断を、判例を通して確認する。そこでは、第 3 次リステイトメントの公表にもかかわらず、製造物責任訴訟において多くの裁判所は知識ある媒介者の法理の例外を認めていないこと、また、州消費者保護法に基づく請求についても、知識ある媒介者の法理が適用されることが示されたことが明らか

になる。

そして、最後に、患者向け広告の文脈において、知識ある媒介者の法理が果たす役割を確認する。この確認は、処方箋医薬品の情報伝達に関する法システム全体において知識ある媒介者である医師が果たす役割の再確認である。

1 患者向け広告と製造物責任訴訟
(1) 製造物責任法第3次リステイトメント

知識ある媒介者の法理については、第2章にみたように、1970年頃から1980年代にかけて、予防接種ワクチンと避妊薬に関する例外についての議論がなされた。しかしながら、予防接種ワクチンについてはその特殊性ゆえに製造物責任法による解決は適切ではないとして立法により対応され、避妊薬については、多数派の裁判例において、主張された特殊性よりも他の処方箋医薬品との共通性が重視され、知識ある媒介者の法理が維持されることとなった。

しかしながら、1990年代末、知識ある媒介者の法理の例外に関する議論をめぐり、大きな影響を及ぼす変化が生じた。それは、1998年の製造物責任法第3次リステイトメント[69]の策定と公表である。製造物責任法に関する新たなリステイトメントの策定は、1965年に第2次リステイトメントが策定・公表されて以来のことであり、その後、とりわけ判例法の発展がみられた警告上の責任についての準則の文言化が期待されていた[70]。また、第3次リステイトメントでは、製造物責任が問題となる様々な製品のなかでも、他とは異なる特殊性を有すると考えられてきた処方箋医薬品と医療機器に関する準則を明確化することも目指され、最終的には、処方箋医薬品と医療機器に関して述べる、第6条が規定されることとなった[71]。

第6条においては、製造上の欠陥、設計上の欠陥に続いて警告上の欠陥に関して定める(d)項において以下のように規定されている。

---

69) RESTATEMENT (THIRD) OF TORTS: PRODUCTS LIABILITY (1998).
70) Michael J. Wagner & Laura L. Peterson, *The New Restatement (Third) of Torts—Shelter From the Product Liability Storm for Pharmaceutical Companies and Medical Device Manufacturers?*, 53 FOOD & DRUG L.J. 225, 227 (1998).
71) *Id*. at 228.

(d) 処方箋医薬品または医療機器は、予見可能な危害のリスクに関する合理的な指示または警告が以下に規定する者に提供されていない場合には、不適切な指示または警告ゆえに合理的な安全性を欠く；

(1) 当該指示または警告に基づいて当該危害を軽減する地位にある処方を行うまたはその他の医療従事者、もしくは、

(2) 何らの医療従事者も当該指示または警告に基づいて当該危害を軽減する地位にいないことを、製造業者が知りまたは知るべき理由がある場合には、患者[72]

　第6条(d)項(1)は、従来判例法により認められてきた知識ある媒介者の法理について述べたものであるが、これに続く(d)項(2)において、製造業者である製薬会社が患者に対して警告義務を負う場合として、処方箋医薬品の使用について医師が介在しない場合の例外を規定したのである。(d)項(2)に関して付された注記（comment）eにおいては、医療従事者による患者の診断や監督無しに処方箋医薬品が使用される場合には、製薬会社から患者に対する直接の警告が保障されるべきであり、その典型的な例は、予防接種ワクチンの場合であると述べている。

　注記においては、更に、知識ある媒介者の法理は裁判所により広く受容されてきたが、予防接種ワクチンの場合以外にも、2種の場合において、製薬会社が患者に対する適切な警告を行わなかった場合には、製薬会社に不法行為責任を課すことについて、裁判所は検討しなければならないと述べた。2種の場合とは、連邦行政規則によって製薬会社による患者に対する直接の情報提供が義務付けられている場合で、避妊薬に関する患者向け添付文書（Petient Package Insert. 患者向けラベリングの一形態である）に示されるような場合と、患者向け広告がなされている場合である。注記eは、このような患者に対する直接の警告義務が認められるかどうかは、判例法の発達にゆだねられると述べている[73]。

　このような、第3次リステイトメントにおける患者向け警告に関する第6

---

72) RESTATEMENT (THIRD) OF TORTS: PRODUCTS LIABILITY § 6 (1998).
73) Id. § 6, cmt. e.

条(d)項(2)と、この規定に付された注記eのなかでも、とりわけ患者向け広告が実施される場合の患者に対する直接の警告義務に関しては、当時、これを認めた裁判例が無く、第3次リステイトメントのドラフトの過程においていくつかの論文しかその根拠として示されていなかったこと等から、強い反論を呼び、同項はその策定・公表の時点から論争の的となった。[74]

患者に対する直接の警告義務を支持する論者は、第3次リステイトメントにおける新しい規定とそのコメントが置かれたことにより、裁判所が知識ある媒介者の法理のの例外を認める動きが広まることを期待したが、事態はそうは動かなかった。

(2) 患者向け広告の例外を肯定する裁判例の出現

製造物責任法第3次リステイトメントにおける患者に対する警告義務の規定を受け、また、処方箋医薬品の患者向け広告の激増という社会的な変化を受け、少数の裁判所は、患者向け広告がなされた場合における、知識ある媒介者の法理の例外（不適用）を認めるに至った。これを認めた最初の裁判例が、1999年にニュー・ジャージー州最高裁判所により下されたペレス対ワイエス社事件判決である。[75]

ペレス対ワイエス社事件が示した、知識ある媒介者の法理における患者向け広告の例外に対する反響は大きかった。しかしながら、その後、現在にわたるまで、知識ある媒介者の法理の例外を認める旨判示した州は、2007年のジョンソン&ジョンソン対カール事件判決を下したウェスト・ヴァージニア州のみである。[76] 本項では、まず、知識ある媒介者の法理の例外を認めなかった裁判例に先だって、これら少数派の裁判例の示した根拠を確認する。

【ペレス対ワイエス社事件（1999）】[77]

ペレス対ワイエス社事件では、原告は、避妊薬カプセル（ノープラント）の皮下インプラントを行った結果、体重の増加、頭痛、眩暈等の多数の症状

---

74) Wagner & Peterson, *supra* note 70.
75) Perez v. Wyeth Lab. Inc., 734 A.2d 1245 (N.J. 1999).
76) なお、Centocor, Inc. v. Hamilton, 310 S.W.3d 476 (Tex. App. 2010) において、患者向け広告の場合の知識ある媒介者の法理の不適用が判示されたが、上級審であるテキサス州最高裁において破棄されている。Centocor, Inc. v. Hamilton, 372 S.W.3d 140 (Tex. 2012).
77) *Perez*, 734 A.2d 1245.

に見舞われた、また、本件避妊薬の販売に関して、被告が患者に対するテレビや雑誌を通じた大々的な広告を行っていたが、広告には本件避妊薬の危険性についての警告はなされていなかったとして、被告製薬会社の警告義務違反に基づく損害賠償を請求した。

　ニュー・ジャージー州最高裁は、患者向け広告の激増や医師患者関係の変化により、もはや知識ある媒介者の法理を支える根拠は妥当しないとして、同法理の適用を否定した。裁判所は以下のように述べる。知識ある媒介者の法理の前提は、①医師患者関係に対する悪影響、②医師が最もよく知っている、というインフォームド・コンセント法理への認識の欠如、③製薬会社から患者に対して直接に情報提供を行うことの不可能性、④処方箋医薬品に関する情報の複雑性、である。しかしながら、現在では、(1)パターナリスティックな医師患者関係をもとにした牧歌的な医師のイメージはもはや存在せず、インフォームド・コンセント法理を前提とした患者中心の判断が求められること、(2)マネジドケアの導入により、医師が患者を診察する時間は極めて短いものとなり、医師が医薬品の利益と不利益について患者に対して説明を行う時間も短いものとなったこと、(3)製薬会社による患者向け広告の激増により、製薬会社が患者に対する情報提供を行う手段が無いとは到底いえなくなったこと、更に、かかる広告により、①患者は自らが受ける医療の判断により積極的に参加するようになったこと、②患者向け広告が行われている以上、患者に対する直接の情報提供が医師患者関係を害するという前提はもはや不合理であること、③患者向け広告が行われている以上、処方箋医薬品に関する情報が患者に対しては複雑過ぎるということはできず、むしろ、患者は製薬会社によりなされる広告上の警告を適切なものとして信頼するであろうことから、知識ある媒介者の法理を支える前提は既に存在せず、かかる法理は適用されない。[78)]

　そして、裁判所は、患者向け広告についてはその内容につき連邦行政規則による規制がなされているのであるから、患者は、かかる広告においては適切な警告が行われているだろうと合理的に推測すると考えられ、したがって、

---

78) *Id.* at 1255-1256.

製薬会社による最終的な使用者である患者に対する警告義務が肯定されるとした[79]。しかしながら他方、同裁判所は、この場合の製薬会社の患者に対する警告義務の水準として、製薬会社による広告がFDAの規制を遵守したものであれば、製造物責任法上の警告義務も遵守されているという事実上の推定が働くとした[80]。

更に、裁判所は、原告が実際に被告による患者向け広告に影響されたかどうかの主張を行っていないこと、また、仮に影響があったとしても、医師の処方行為の介在が、製薬会社による患者に対する警告義務違反と患者に生じた損害との間の因果関係についての介在事情となり、因果関係が切断されるという、因果関係に関する被告の主張に対して、以下のように判示した。すなわち、前者の事実的因果関係の有無については、原告による主張がなかったとしても、本件の医薬品に関して被告が患者向け広告において提供した情報がFDAの規制を遵守していたかどうかについて十分な証拠が示されているか、また、仮にFDAの規制の不遵守があった場合にそれが原告の損害をもたらした原因かどうかについては、陪審により判断すべき事項である[81]。また、後者の介在事情については、確かに説得力のある反論ではあるが、患者向け広告に影響された患者が医師に処方を要請し、医師が警告対象である患者の既往症を確認せずに処方を行ってしまうこともありうることから、患者向け広告の事例においては、医師、製薬会社いずれも、患者に対する警告義務を完全に免除されるべきではないとし、製薬会社の警告義務違反と患者の損害との間に因果関係が認められるか否か、認められるとして医師と製薬会社との損害の分担はどうなるかについては、陪審の判断にゆだねられるべき事項であるとして事件を破棄し差し戻した[82]。

このように、ペレス対ワイエス社事件においてニュー・ジャージー州最高裁は、患者向け広告の行われた事例で知識ある媒介者の法理の例外を認めるという判断を示したが、判示にもあるように、製薬会社の広告がFDCAと

---

79) Id. at 1256.
80) Id. at 1259.
81) Id. at 1260.
82) Id. at 1262-1263.

それに基づく連邦行政規則を遵守していた場合には、警告義務が果たされていたことを推定（反証可能な推定）すると述べており、実際には、同法理の例外を認めた意義は大きいものではなかった。

更に、ニュー・ジャージー州最高裁判所は、のちのバナー対ホフマン・ラ・ロシュ社事件[83]において、知識ある媒介者の法理が適用されないとされる患者向け広告の例外は、テレビ、ラジオ、雑誌、新聞等における大衆広告について適用されるものであり、病院等で患者向けに提供されている処方箋医薬品の説明ブローシュアについてはかかる例外は適用されないと判示し[84]、患者向け広告の例外が適用される事例の範囲に限定を加えている。

このように、知識ある媒介者の法理の患者向け広告の例外を認めたニュー・ジャージー州自身が、かかる例外に基づいて患者の請求が認められる場合を極めて限定しており、その意義は小さいものになっている[85]。

【ジョンソン＆ジョンソン対カール事件（2007）[86]】

ペレス対ワイエス社事件の約8年後である2007年、患者向け広告の激増という社会的な変化を1つの根拠として、同法理の適用そのものを全面的に否定する判決があらわれた[87]。それがジョンソン＆ジョンソン対カール事件である。

本事件では、プロパルシドを服用した患者がその副作用により服用の3日後に死亡したとして、患者の相続財産管理人が製薬会社および医師を相手として、それぞれ、製造物責任法上の警告義務違反および過失不法行為に基づく損害賠償訴訟を提起した。

本事件の管轄となったウエスト・ヴァージニア州では、従来、知識ある媒介者の法理自体を明確に採用していなかったため、ウエスト・ヴァージニア

---

83) Banner ex rel. Banner v. Hoffmann-La Roche Inc., 891 A.2d 1229（N.J. 2006）.
84) *Id.* at 1236.
85) *See* William A. Dreier, *Liability for Drug Advertising, Warnings, and Frauds*, 58 RUTGERS L. REV. 615（2006）（ニュー・ジャージー州高等裁判所元判事による論文である）.
86) State ex rel. Johnson & Johnson v. Karl, 647 S.E.2d 899（W. Va. 2007）.
87) Timothy S. Hall, *Regulating Direct-to-Consumer Advertising with Tort Law: Is the Law Finally Catching Up with the Market?*, 31 W. NEW ENG. L. REV. 333, 348（2009）; Richard B. Goetz & Karen R. Growdon, *A Defense of the Learned Intermediary Doctrine*, 63 FOOD & DRUG L.J. 421, 429（2008）.

州最高裁は、同法理をそもそも適用すべきかという点から判断することとなった。[88] 同裁判所は、知識ある媒介者の法理の適用を否定した下級審の判断を認めるに当たって、以下の理由を示した。

第1に、製薬産業における大きな社会変化、とりわけ、患者向け広告の出現とその激増やマネジドケア制度の導入、これらによる医師患者関係への影響、およびインターネットによる医薬品の処方や調剤提供に鑑みると、知識ある媒介者の法理はもはや時代遅れである。[89] 第2に、知識ある媒介者の法理が、複数の例外を認めるような法理であり、また、実際にも、製薬会社が直接患者に対して警告を行うことが可能な状況にあるのであれば、製薬会社が患者に対して一般的に警告を負うとすべきである。第3に、処方箋医薬品の販売により利益を得、また、処方箋医薬品の潜在的な危険性についての知識を有しているのは製薬会社であり、その一方で、その使用による健康上のリスクを負うのは患者なのであるから、製薬会社は患者に対して処方箋医薬品に関して直接の警告義務を負うとしても不合理とはいえない。[90]

(3) 知識ある媒介者の法理への支持の存続

しかしながら、ペレス対ワイエス社事件以降、同事件およびジョンソン＆ジョンソン対カール事件を下したニュー・ジャージー州およびウエスト・ヴァージニア州を除き、患者向け広告の激増という社会的な変化を背景として知識ある媒介者の法理の例外や不採用を認める州は今のところ存在しない。[91] 患者向け広告が行われている現在において、知識ある媒介者の法理を適用するのが不合理であるという原告の主張の主張は繰り返しなされているが、ペレス対ワイエス社事件判決に追随する裁判例は、ジョンソン＆ジョンソン対カール事件を除いて現れていないのである。[92]

---

88) なお、この事件は、被告からのサマリー・ジャッジメントおよび偏見防止申立て（偏見をもった質問ないし陳述に対して保護命令をなすよう求める申立て）を却下するウエスト・ヴァージニア州控訴裁判所の決定に対し、偏見防止申立ての対象とされた陳述等を許容するという控訴審裁判所の行為に対する禁止を求めて、被告がウエスト・ヴァージニア州最高裁判所に対して行った禁止令状の請求申立ての事件である。
89) *Johnson & Johnson*, 647 S.E.2d. at 907.
90) *Id*. at 913.
91) *Centocor Inc.*, 372 S.W.3d at 161.
92) 下記に挙げた裁判例のほか、患者向け広告の増加を理由とした例外の主張にもかかわらず、

では、そのような知識ある媒介者の法理の例外を認めないと判示する裁判所の理由づけはどのようなものだろうか。

【ノープラント事件（1999）[93]】

ノープラント事件では、ペレス対ワイエス社事件と同じ被告による同じ処方箋医薬品（避妊薬カプセルの皮下インプラント）の副作用に関する警告が争われ、ペレス事件と同年、第3巡回区連邦控訴裁判所により判決が下されたが、その結論は反対となった。問題となった避妊薬は、被告によって患者に対して直接に宣伝されており、患者は医師による説明よりも宣伝による警告（または警告の欠如）に頼っているから、知識ある媒介者の法理は適用されるべきではないという原告の主張に対して、裁判所は、以下のように述べてこれを退けた。すなわち、避妊薬の選択について医師が（他の処方箋医薬品よりも）比較的広い選択の自由を患者に認めるということがありうるとしても、本件医薬品は、処方箋医薬品である。本件医薬品の処方とその使用に当たっての利益と不利益について患者に指導するに当たって、医師が重要な役割を果たしていることは、記録から明らかである。

【バイオックス事件（2006）[94]】

バイオックス事件では、指図評決の申立てに関する決定において、カリフォルニア州地裁は以下のように判示した。[95]「製薬会社は広告を通じて患者に直接情報を提供することができるが、患者個々人に即した警告を行うことはできず、患者はかかる医薬品の危険性に関する高度に技術的な情報を評価することはできない。医師は依然として媒介者として必要である」。（厳格責任理論のもとでは、詐欺的な患者向け広告の存在は一般的には無関係であるが）「厳格責任のもとでも、詐欺的な患者向け広告が重要な問題となる場合もある。

　　知識ある媒介者の法理を維持する旨判示した裁判例として、*see, e.g.*, In re Merdia Prods. Liab. Litig., 328 F.Supp.2d 791（N.D. Ohio 2004）; Beale v. Biomet, Inc., 492 F.Supp.2d 1360（S.D. Fla. 2007）; Cowley v. Abbott Labs., Inc., 476 F.Supp.2d 1053（W.D.Wis. 2007）; *Centocor, Inc.*, 372 S.W.3d 140.

93) In re Norplant Contraceptive Prods. Liab. Litig., 165 F.3d 374（5th Cir. 1999）.
94) In re Vioxx Prods. Liab. Litig., 2006 WL 6305292（Cal. 2006）.
95) 指図評決とは、トライアルで提出された証拠から勝敗が明らかで陪審に付すべき真の争点がないと判断されるとき行われる裁判所の指示どおりの評決のことであり、指図評決の申立てとは、かかる評決を求める原告または被告の申立てのことである。

例えば、広告の影響により患者が医師を説得し、知識ある媒介者としての役割を放棄させ、患者が望む薬を医師に処方させたような場合には、このような影響は『特別な状況』として知識ある媒介者の法理の適用を否定することとなるだろう。」

【メンデス対アヴェンティス製薬会社事件（2008）[96]】

この事件では、被告製薬会社により製造された合成インスリン製剤であるランタスを使用した患者が、がん性腫瘍を生じ、ランタスの使用の約2ヶ月後に死亡したとして、その遺族が被告製薬会社に対して製造物責任法上の警告義務違反に基づき、医師に対して説明義務違反による過失不法行為に基づき、損害賠償を請求した。プエルトリコ地区連邦地裁は、原告からの患者向け広告の例外に関する主張に対して、以下のように判示し、知識ある媒介者の法理に関する患者向け広告の例外の適用を否定した。すなわち、本件医薬品という特定の医薬品をめぐる状況が、知識ある媒介者の法理の根拠、すなわち、医薬品の利益とリスクを判断しそれに基づいて患者に説明を行うことについて、患者と製薬会社との間の媒介者として、医師が最善の立場にあるという根拠を覆すことになるのかについての説明ができていない[97]。更に、「患者向け広告と患者の被害との間の相当因果関係の立証の必要性に関して、知識ある媒介者の法理を下支えする根拠を排除するためには、患者向け広告に対してどのように患者が反応したか、という点に関する証拠が精密に提出されたことが必須である」[98]が、記録にこれを示すものは無く、むしろ、原告の主治医が本件の医薬品を患者に対して勧めたことが明らかである。

【ワッツ対メディシス製薬会社事件（2016）[99]】

この事件は、被告製薬会社により製造されたニキビ薬ソロディーンを服用した原告が、その副作用により紅斑性狼瘡および肝炎に罹患したとして、警告上の欠陥を理由とする製造物責任法および消費者保護法に基づき製薬会社に対して損害賠償を請求したものである。原告は、ソロディーンの処方を受

---

96) Mendez Montes De Oca v. Aventis Pharma, 579 F.Supp.2d 222（D.P.R. 2008）.
97) *Id*. at 229.
98) *Id*. at 230.
99) Watts v. Medicis Pharm. Corp., 365 P.3d 944（2016）.

けるに当たり、製薬会社の作成した「メディセーブ」というリーフレットおよび情報シートを、それぞれ、医師および薬剤師から受領していた。リーフレットには、「12週間以上の服用についての安全性は明らかではない」との記載があった。原告は、ソロディーンについてなされていた患者向け広告と相まって、リーフレットにおいて長期間服用によるリスクについての記載が適切に記載されていなかったことは不適切な警告であり、本件において知識ある媒介者の法理の例外が認められるべきであると主張した。

アリゾナ州最高裁判所は、処方箋医薬品の使用に当たっては、医師が専門家として医薬品の特性と患者の状態を前提に、リスクと効果を考慮して判断を行うものであること、それゆえ患者は医師を通じてしか処方箋医薬品を入手できないことから、知識ある媒介者の法理は妥当であり、患者向け広告の例外は認められないと判示した。

(4) **まとめ**

知識ある媒介者の法理は、患者向け広告の増加という社会的変化によって、再度の挑戦を受けたが、大多数の裁判所は、未だ知識ある媒介者の法理を維持している。

その理由は、知識ある媒介者の法理の例外を認めるべき理由として、ペレス対ワイエス社事件において示された理由が、知識ある媒介者の法理が機能する根本的な意義、すなわち、処方箋医薬品についての知識と経験に基づき、医師こそが個別具体的な患者の状態を前提として処方判断を行うのであり、個別具体的な患者を前提とした説明は医師によってこそ適切に果たされるという点を否定しきれていないことにあらわれていると考えられる。[100]

すなわち、インフォームド・コンセント法理を前提とした患者中心の判断が求められること、マネジドケアの導入により医師の診察時間が短いものと

---

100) また、患者向け広告の激増と包括して論じているものの、患者向け広告が行われる処方箋医薬品の種類は特定の慢性疾患に限られており、急性疾患や生死に関わるような疾患についてはあまり行われていないところ、このような処方箋医薬品の種別によっても患者向け広告の影響と医師の機能は変わるのではないかという点にも特段の配慮はされていない点も問題として指摘されている。Heather Harrell, *Direct-To-Consumer Advertising of Prescription Pharmaceuticals, The Learned Intermediary Doctrine, and Fiduciary Duties*, 8 IND. HEALTH L. REV. 71, 79 (2011).

なったこと、患者向け広告の実施によって製薬会社が患者に対して直接情報提供を行うようになったことは、いずれも、処方箋医薬品の使用の判断について、医師が重要な役割を果たす（べきである）ことを決定的に否定する理由にはなっていない。第2章IVにおいて分析したように、とりわけ、患者の権利についての意識の高まりや、インフォームド・コンセント法理の普及により患者中心の医療になりつつあるとしても、かかる患者中心の医療において医師による診断に基づく処方判断やその説明の重要性は高まりこそすれ、低くなることはあり得ず、医師が患者の決定を助けるためにその説明義務を果たすことが要請される。

また、広告に限らず、インターネットの発達によって、患者が処方箋医薬品についての何らかの情報を容易に得られるようになっていることを考えあわせると、患者が独自に得た情報に基づいて医師の診察を受ける場合は多くあり得、そうであるからこそ、医師による適切な診断と説明がより重要とされるといえよう。

もっとも、メンデス対アヴェンティス製薬会社事件が示唆しているように、患者に対する過剰な広告によって、医師によりなされた説明よりもむしろ、患者向け広告の内容を信頼して副作用の兆候を見逃すといったような形で、医師による処方や説明の意味が無意味化されたような場合には、知識ある媒介者が機能していないものとして、知識ある媒介者の法理の適用を否定する考え方はあり得るといえる。

2 消費者保護法と知識ある媒介者の法理

製造物責任訴訟の一方で、1990年代以降に盛んとなった患者向け広告は、州の消費者保護法に基づく製薬会社への請求を引き起こした。州の消費者保護法とは、連邦取引委員会法（Federal Trade Commission Act）と同じく、州において不公正または詐欺的な取引行為を禁止し、また、消費者の経済的

---

101) James O. Castagnera & Richard R. Gerner, *The Gradual Enfeeblement of The Learned Intermediary Rule and the Argument in Favor of Abandoning It Entirely*, 36 TORT & INS. L.J. 119, 140 (2000).
102) Hall, *supra* note 87, at 349-350.

な保護を図ることをその主眼とする州制定法である。既述したように、連邦レベルでは、1962年に連邦取引委員会法から FDCA に処方箋医薬品の広告に関する規制権限が移転されたことにより、連邦取引委員会法は一般用医薬品についてのみ適用されることとなった。しかしながら、州の消費者保護法においては、医薬品について一般用医薬品に限るような制約はなされておらず、また、私人による訴訟提起を認めていた。2006年の時点において、アメリカ全州およびコロンビア自治区において、少なくとも１種類の消費者保護法が制定されている。[103]

また、州の消費者保護法に基づく訴えにおいては、州の判例法に認められている要件のうちのいくつかが要求されていないことも、製造物責任訴訟に比して原告の請求のハードルを下げると考えられた。例えば、専門家証人による立証等が必要になる医学的因果関係、被告が自身による言明の虚偽性を知っており（または知り得べきであり）詐欺の意図をもって行為したこと、原告が被告の言明を合理的に信頼したこと、といった判例法上要求される要件のうちのいくつかは、州消費者保護法においては要求されていない。[104]

このような背景から、処方箋医薬品についての患者向け広告の増加に伴って、州の消費者保護法に基づく請求も増加していったのである。

しかしながら、1990年代末から2000年代に入って多くみられ始めた消費者保護法に基づく原告の請求について、裁判所は、知識ある媒介者の法理を適用するとの判断を下している。

【ノープラント事件（1999）】

先にみたノープラント事件において、原告は、製造物責任法に基づく請求だけではなく、テキサス州消費者保護法（Texas Deceptive Trade Practices Act）に基づく請求も行っていた。原告は、知識ある媒介者の法理は判例法上の抗弁（common law defense）であるところ、州消費者保護法については判例法上の抗弁は適用されないと主張した。原告は、本件における適用法で

---

103) Joseph J. Leghorn et al., *Defending an Emerging Threat: Consumer Fraud Class Action Suits in Pharmaceutical and Medical Device Products-Based Litigation*, 61 FOOD & DRUG L.J. 519, 519 (2006).
104) *Id.* at 519-520; David P. Graham & Jeremy C. Vest, *Doctors, Drugs and Duties to Warn*, 72 DEF. COUNS. J. 380, 383-384 (2005).

あるテキサス州消費者保護法が、詐欺的な取引により被害を被った消費者に判例法で求められる原告の立証責任や被告による多くの抗弁の制約無く救済を与えることを目的として制定されたものであるとして、テキサス州裁判所が州判例法上認められる抗弁の多数を適用しないとの判断をしたことを主張した。しかしながら、第5巡回区連邦控訴裁判所は、テキサス州裁判所が、製品の安全性や品質に関する消費者の信頼について製造者が負う義務の程度についての判例法上の法理（doctrine）は、州消費者保護法においても認められてきたことを確認したうえで、知識ある媒介者の法理は、これらに類するような判例法上の法理であって、判例法上の抗弁ではない、したがって、州消費者保護法に基づく請求にも適用されると判断した。

【ワイエス・エアスト製薬会社対メドラノ事件（2000）[105]】

この事件でも、被告製薬会社により製造された皮下インプラント避妊薬のノープラントが問題となった。原告は、被告による警告が適切になされていなかったことを理由に、製造物責任法および州消費者保護法に基づく請求を行った。

テキサス州控訴裁判所は、州消費者保護法に基づく請求について以下のように述べて、知識ある媒介者の法理の適用を認めた。すなわち、知識ある媒介者の法理が主張された場合、被告（通常は処方箋医薬品の製造者）が誰に対して適切な警告を行う義務を負うかを示すものとして使われてきたものであり、原告が有効な主張を有しない（no valid case）ことを示すために使われてきたのではない。知識ある媒介者の法理が適用される場合でも、製造者はなお（医師に対して）警告する責任を負うのであり、その警告が不適切だった場合にはなお、原告に対して賠償責任を負う。したがって、知識ある媒介者の法理は、判例法上の抗弁とは性格づけられず、ゆえに、消費者保護法に基づく請求に対して適用される。

【ハインデル対ファイザー社事件（2004）[106]】

この事件は、関節炎治療薬であるセレブレックスおよびバイオックスを製

---

105) Wyeth-Ayerst Lab. Co. v. Medrano, 28 S.W.3d 87 (Tex. App. 2000).
106) Heindel v. Pfizer Inc., 381 F.Supp.2d 364 (D.N.J. 2004).

造した各製薬会社に対して、これらを服用した原告らが、消費者代表訴訟を提起したものである。原告の主張は、セレブレックスおよびバイオックスは心筋梗塞のリスクを有するにもかかわらず、被告らがこれを明らかにせずに不誠実な大規模なプロモーションを行ったことにより、原告らはこれらを服用し、結果として経済的損害を被ったというものである。いずれの原告も、セレブレックスまたはバイオックスによる副作用被害は主張していない。本件においては、ペンシルヴァニア州法が適用法となると判断したうえで、ニュー・ジャージー州地区連邦地裁は、ペンシルヴァニア州消費者保護法（Pennsylvania Unfair Trade Practices and Consumer Protection Law）に基づく請求を退けたが、知識ある媒介者の法理をその第1の理由とするものだった。裁判所は、処方箋医薬品の製造者は、処方を行う医師に対して情報提供および警告を行えばよく、原告に対して情報を開示する義務を負わず、したがって、原告の請求には理由が無いと述べている。

IV　知識ある媒介者の意義

　患者向け広告の増加という社会的な変化に対して、FDA の行政規律は患者への情報伝達自体を制約するような政策を採らず、従来の規制方法を用いてその内容を監督するという態度を示している。しかしながら、FDA による広告内容の監督制度は、増え続ける広告に比してその全体を十分に監督することはできていない。

　他方で、患者向け広告の増加を受けて、知識ある媒介者の法理は再度の挑戦を受けたが、今のところ、大多数の裁判所は、患者向け広告を理由とする知識ある媒介者の法理の例外は認めていない。また、知識ある媒介者の法理は、製薬会社が誰に対して警告を行うべきかを示す法理であるとして、州の消費者保護法に基づく請求に対してもその適用が肯定された。

　患者向け広告は、製薬会社による商業的動機に基づいて始まり、そして拡大して行った事象であるが、それは患者に対する経済的誘因であると同時に、処方箋医薬品についての情報を伝達するものである。そして、患者向け広告に対して肯定的な意見が指摘するように、患者に対して情報が伝達されるこ

とは、患者による知識の獲得につながり、医師との間のコミュニケーションを促すようにも働きうる。

　そうであるならば、行政規律は患者向け広告自体を制約するという事前規制を行うのではなく、その内容が適切なものであるよう、監督することを重視すべきということになる。そして、患者にもたらされる様々な情報のなかに、患者の判断を誤らせるようなものがある場合に、それが不適切な投薬につながらないようにとどめ、説明する役割は、最終的な処方判断を行う医師にこそ可能であり、医師が果たすことが期待されているといえる。

　本章において確認された患者向け広告に対する行政規律と民事規律のあり方は、処方箋医薬品を使用した投薬治療において、適切な投薬治療のために情報伝達自体を制約するのではなく、情報伝達の過程において、医師のみを情報の受け手かつ送り手とする従来のあり方から、複数の主体間のコミュニケーションを図る仕組みへと転換していく大きな変化のなかに位置づけられるといえる。

第6章

投薬医療における多面的コミュニケーションの生成

　本章では、まず、各章において行った分析を確認しつつ、アメリカにおいて、処方箋医薬品の情報伝達に関して、投薬医療における多面的なコミュニケーションを図るための場を生成し、主体を拡大する法システムが形成されてきたことが見出されたことを述べる。次に、このような法システムに支えられた実際の医療の現場におけるコミュニケーションの実態を、アメリカにおいて行ったインタビュー調査に基づいて確認する。

1　アメリカにおける新しい法システムの形成

　本節では、アメリカにおいて、処方箋医薬品の適切な使用を支えるために、行政規律が、民事規律、刑事的規律、そして自主規制（ソフトロー）と協働しながら、行政機関、製薬会社、医師、薬剤師、そして患者という複数の主体が、それぞれの役割を担いつつ、双方向的なコミュニケーションを図ることを促すことで、情報伝達の適正化が図られるような法システムが形成されたことを、各章における分析を振り返りつつ論証する。

　20世紀中期において発展した食品医薬品及び化粧品法（FDCA）のもとでの行政規律は、処方箋医薬品のものと情報の流通に関して、事前の規制を中心とし、また、医師患者関係を前提としてそこには介入しないものだった。しかしながら、このような行政規律は、患者に対する情報の伝達、市販後に明らかになる安全性に関する情報の獲得と伝達、製薬会社による医師へのプロモーション活動により生じる情報の歪みの問題に対応することができず、変化を迫られることとなった。

　患者に対する情報の伝達について、患者における情報の認識の不備を補い、時には、医師による説明や処方判断を補うものとして、行政規律は、患者向けラベリングという制度で、患者への直接の情報提供を促すよう製薬会社に

働きかけた。このような、患者に対する直接の情報提供は、情報伝達における患者の主体化を促し、患者から医師に対するコミュニケーションを容易にする機能をもつ。しかしながら他方で、患者に対する処方箋医薬品の情報提供は、その性質上、医師こそが第一次的な説明義務を負うものとして機能することが重要であり、更に、その前提として製薬会社から医師に対する情報伝達が適切であることが必須である。製造物責任法における知識ある媒介者の法理にはこの2つの情報伝達を促進することがその機能として期待された。更に、行政規律による患者向けラベリングの制度形成の過程で、薬剤師の役割が強化され、この薬剤師の役割の上昇は、民事規律において薬剤師が負う義務の拡大という形で反映されることになった。そこでは、薬剤師は、医師との間、また患者との間でのコミュニケーションを図る主体として働き、適切な投薬治療の実現に寄与することが期待されている。

　また、処方箋医薬品の安全性に関する情報が、不可避的に市販後に明らかになるという問題に対しては、行政規律は、事前の承認制度を中心とする性格から、事後の情報収集と情報伝達とに重心を置く制度へと転換することで対応しようとした。また、この事後的側面を重視した新しい行政規律は、行政に情報の取得の全てを担わせるのではなく、食品医薬品局（FDA）が製薬会社に対し、調査による情報の精緻化の義務を課すことを可能にし、FDAと製薬会社との2つの主体が協働することを要請している。さらに、FDCAにおけるラベリングの規制が、製造物責任法における警告責任を専占せずに、両者が併存することが連邦最高裁判所により明らかにされたことで、FDCAによる規律は、製造物責任法上の警告義務の発動を促すように働くこととなった。なぜならば、FDAから製薬会社に対する調査と情報収集の義務付けは、製薬会社の製造物責任法上の警告責任の根拠となる、処方箋医薬品についての危険性についての製薬会社の認識を基礎づけることとなるからである。

　他方、処方箋医薬品の医師に対するプロモーションについては、製薬会社が臨床試験の実施や医学論文の作成に関与すること、そして医師の薬学教育へと影響力を及ぼすことで、情報の生成と伝達の過程に分かちがたくプロモーションの要素が入り込み構造化していたこと、そして、医師における利益相反をもたらすことで、行政規律による解決を困難にしていた。しかしなが

ら、行政規律は、情報抑制的な事前規制が裁判所により違憲とされたことを契機に、開示を義務付けるという規制手段に転換した。すなわち、製薬会社に対し、情報の生成の時点における内容（臨床試験についての内容）、利益提供の内容を公衆に開示するよう義務付けることによって、公衆監視のもとで情報を適正化させるような規制方法へと転換した。同時に、悪質な利益提供についての刑事訴追と、刑事訴追に促され、また実効性を担保された製薬業界・医療界の自主規制が発展することで、製薬会社と医師との間に存在した密室的な情報提供と利益提供の空間は解体され、公衆に対して開示された。

最後に、患者に対する処方箋医薬品の広告は、20世紀末以降における新たな事象であり、インターネットの普及も相まってとどまるところを知らない。だが、だからこそ、不可能な事前規制を行うよりもむしろ、医師から患者への説明や処方箋医薬品の不適切な使用の抑制がより一層適切に果たされることを製造物責任法や消費者保護法による規律は促している。そして、患者に対する広告は、それが患者に対してより多くの情報を提供することで、医師と患者との間のコミュニケーションを促進する機能も果たしているとされる。

このように、現在のアメリカでは、行政規律と民事規律を中心としつつ、刑事規律と自主規制（ソフトロー）を加えた多層の規律が、処方箋医薬品に関する情報内容の適正化を促し、かつ、その情報に関するコミュニケーションが複数の主体間で行われることを促すよう機能している。

そこでは、行政規律によって、FDAと製薬会社に対して情報の提供と公開を義務付け、情報を社会の議論に供すること、民事規律によって、製薬会社、医師、薬剤師、患者という複数の主体によるコミュニケーションを促すことが、適切な投薬医療という目的の実現に資すると共に、製薬会社と医師とを通じた医薬品と医療の発展を促す仕組みとして働いているといえるのである。

2　アメリカにおける事例による確認──インタビュー調査に基づいて

本節では、このようにしてアメリカにおいて見出された法システムについて、アメリカの大学附属病院において行ったインタビュー結果をもとに検証する。このインタビューは、2013年1月から2月にかけて、ミズーリ州セン

トルイスにあるワシントン大学医学部およびその附属病院等で行ったものである。内容の正確さを保つため、できるだけ、発言内容をそのまま記載するようにした。

このインタビューは、処方箋医薬品の情報伝達をめぐる複数の主体のなかで、医師のみを対象としているものであり、他の主体からの視点までを十分にカバーするものではない。また、インタビューの対象とした医療機関は、アメリカのなかでも先進的な例であるとはいえ、アメリカの医療機関の全体を代表するものではない。しかしながら、インタビュー調査の結果からは、医師と患者、薬剤師、そして製薬会社それぞれとの間のコミュニケーションのあり方の変化を十分に見て取ることができる。

(1) ジョン・P・リンチ医師 (John P. Lynch, MD) のインタビュー

リンチ医師は、バーンズ・ジューイッシュ病院の副院長兼チーフ・メディカル・オフィサーである。リンチ医師には、同病院における、処方箋医薬品の選択や管理、医師と薬剤師のコミュニケーション等を中心にインタビューを行った。[1]

Q.1　フォーミュラリー委員会[2] (Formulary Committee) と処方箋医薬品の選択・管理について

フォーミュラリー委員会では、病院で使用できる医薬品を決定する。バーンズ・ジューイッシュ病院では、多数かつ多様な患者を受け入れていること、大学附属病院であることから、基本的に、全ての種類・用量の医薬品を扱っている（同じ有効成分についての代替品は除く）。

処方箋医薬品の使用に関しては、コンピュータにより全てを管理し、医薬品の種類によっては、その使用についての手順や制約を定めている（このような制約・手順等の付与を「フラッグ (flag)」と呼んでいる）。

フラッグは、医薬品をフォーミュラリーに掲載するに当たって、または掲載後に付される。フラッグの付与は、医薬品の安全性、入手可能性、コスト等の理由による。

---

1) 2013年2月1日ミズーリ州セントルイス市バーンズ・ジューイッシュ病院 (Barnes-Jewish Hospital) にて実施。
2) フォーミュラリーとは、病院において使用することのできる医薬品集のことである。

例えば、以下のような場合がある。
- 一定の医薬品について、それを処方できる医師の専門科を限る場合（例：移植医等）
- 一定の医薬品について、その過剰投与を避けるために用量の制限を付す場合
- 一定の医薬品について、その過剰な使用を避けるために使用を制限する場合（とりわけ、抗生物質の過剰使用による薬剤耐性を防ぐために行われる）
- 供給が不足している医薬品
- 極めて高価な医薬品（バイオ医薬品にみられる）

Q.2　処方箋医薬品の使用に当たっての薬剤師の役割

フラッグが付された医薬品が処方される場合には、薬剤師がその内容を確認し、処方を行う医師に直接、または他の医師を介して質問し、使用の適切性を確認してから処方が行われる。

病院内では、主に3種類の薬剤師がいる。調剤を行う薬剤師、IV medication を行う薬剤師[3]、臨床薬剤師（clinical pharmacists）といって、医師および看護師による処方箋の使用について臨床でアドバイスを行う。主にICU（集中治療室）において役割を果たす。また、そのほかに、外来患者のための薬剤師がいる。臨床薬剤師は、主にICUで働いており、医師や看護師が医薬品を使用するに当たって、その場で助言を行っている。

Q.3　薬剤師の役割の上昇について

医師が権威主義的に指図し、薬剤師の発言権が無いという状況は20年前のものである。現在は、薬剤師が医療チームのなかで不可欠の役割を果たしている。

Q.4　医師に対する処方箋医薬品の適切な情報提供

情報の収集や有用な情報の提供についても、薬剤師も行う。
各医師がアクセスできる医薬品についてのデータベースがあり、医師はいつでもアクセスできるようになっている。

3）　intravenous medication（静脈内投与薬剤を作る薬剤師）のことだと考えられる。

(2) ジェームス・P・クレイン医師（James P. Crane, MD）のインタビュー

クレイン医師は、ワシントン大学医学部のファカルティ・プラクティス・プラン（Fuculty Practice Plan）の CEO を務め、同大学医学部が2007年に策定した、製薬業界・医療機器業界との関係に関する規定、患者への医療における医師の利益相反に関する規定を同大学医学部で策定する際のリーダーシップをとった。それぞれの規定は、大学医学部のウェブサイトから閲覧可能である。[4]

クレイン医師には、この規定を前提として、規定策定の背景やその実施のあり方についてインタビューを行った。[5]

Q.1　2007年に内部規定を策定する前の実務

本学部には14の臨床科があるが、そのうちの2つしか製薬会社によるプロモーションに関する規定を有していなかった。製薬会社からの多くのプロモーション活動に、各臨床科が対応し切れていないという状況があった。製薬会社のディテイラーによる訪問は、新しい医薬品についての情報を知るという意味で一定の価値がある一方で、このような状況は、とりわけ、大学附属病院である本病院が最善の実務を行っていないといけないという点からも不適切なものと考えられたため、本規定の策定に至った。

Q.2　規定の策定に当たっての医療界や製薬業界の自主規制からの影響

製薬業界の規定に影響されたということは無いが、他の大学病院での実践や規定の影響は受けている。

Q.3　医師に対する利益提供について

規定の策定以前は、文房具や食事の提供といった利益提供があったが、現在は一切禁止している。

Q.4　規定では、大学構内におけるディテイラーの訪問や一定の利益提供を

---

[4] Washington University School of Medicine in St. Louis, Pharmaceutical & Medical Device Industry Policy, *available at* https://fpp.wusm.wustl.edu/fpppolicies/Pages/Conflict%20of%20Interest%20%28Clinical%29%20-%20PharmaceuticalMedicalDeviceIndustry.aspx; Washington University School of Medicine in St. Louis, Policy on Conflicts of Interest in Clinical Care, *available at* https://wuphysicians.wustl.edu/page.aspx?pageID=251&NavID=4.

[5] 2013年1月16日ワシントン大学医学部にて実施。

禁止しているが、大学外での行為についての規定を設けなかったのはなぜか

　大学外の行為についても規定すべきという意見は実際あった。しかしながら、本規定は倫理規定ではあるが、強制力のあるものとして策定しており、大学による監督と強制が現実的に不可能な大学外での行為について規定に含めることで意義を損なうよりも、敢えて規定しない方がよいという判断をした。

Q.5　利益提供の開示について

　利益提供の報告と開示については、大学内外問わず、医師に対する報告義務を課している。金額による限定は無く、0ドル以上であれば全て報告の義務がある。更に、年間1万ドル以上の場合には、より詳細な報告義務を課している。全ての利益提供について、その額と目的を報告させ、それが公正な市場価格（fair market value）であるかどうかを大学がレビューする。

　また、年間1万ドル以上の場合には、製薬会社との間の契約を開示させ、契約の内容をレビューし、内部規定を遵守しているかどうかをチェックする。問題となるのは、医師の行為に何らのコントロールを及ぼさないという条項の有無で、これが無い場合には、契約を修正し文言を入れるよう要請する。レビューを行っているのは、弁護士1名と大学のスタッフ1名であり、年に一度、利益提供の報告がなされた時期に、その金額を確認し、情報の開示を要請したうえでレビューを行うことになる。

Q.6　利益相反と患者への説明・開示について

　利益相反の問題は非常に重要であるため、年間1万ドル以上の利益提供がある場合には、患者に対する開示を義務付けている。開示のためのフォームがあり、製薬会社や医療機器業者等との金銭的な説明する文書のコピーを患者に対して渡すことが義務付けられる。患者に対しては、投薬治療の内容、他の代替的な治療方法についてを説明し、提供した文書は電子カルテシステムに保存する。治療方法の説明と共に、金銭的利益相反の開示は、患者へのインフォームド・コンセントの一環である。

　このような開示に対する患者の反応について、特に問題があるという報告は聞いていない（クレイン医師は製薬会社等との金銭的関係が全くないため、このような開示を自分自身がしたことは無い）。

Q.7　公衆への開示について

　全ての医師（300人ほどが所属している）についてのウェブページがあり、そこで製薬会社等との間の金銭的な関係を開示している。毎年4月に更新され、その際には、税務申告書から判断されるおおよその金額と突き合わせ、報告されている金額が誤ったものではないかどうかまで確認する。

Q.8　適応外使用についての特別の考慮

　医療行為としての適応外使用について、禁止はしていないし、特段区別をしていない。患者に対しての開示も、適応外かどうかということに着目した説明は特段していない。

(3)　**ウィリアム・E・ドドソン医師（William E. Dodson, MD）へのインタビュー**

　ドドソン医師は、ワシントン大学医学部における医師生涯教育に関する教育プログラム全体についての長を務めている。ドドソン医師には、医師生涯教育活動の実施における内容や講師の選定の仕方、製薬会社からの資金提供等の取扱いの実務についてインタビューを行った[6]。

Q.1　医師生涯教育全般について

　教育が製薬会社のプロモーションに利用されてはならず、教育とプロモーションとは明確に分離されていなければならない。教育とプロモーションについての考え方は、ここ10年で大きく変わった。製薬会社は、教育プログラムの内容、講演者、開催地等についてのコントロールを及ぼすことは現在ではできない。

Q.2　講演者について

　医師生涯教育の講演者は、製薬会社との金銭的関係（株式の保有、寄付金、講演料等）があれば、それを全て開示しなければならない。ワシントン大学の教育プログラムでは、このような金銭的関係について確認し、もし何か疑義があれば、教育プログラムの長（ドドソン医師）に照会しなければならない。

Q.3　講演内容について

---

[6]　2013年1月11日ワシントン大学医学部にて実施。

講演内容のスライドについても、事前にレビューを行う。例えば、1つの医薬品についてしか言及していないような内容は許容されず、複数の医薬品についてバランスよく触れられていなければならない。内容の変更依頼は通常は行わないが、内容によっては実際に変更を依頼することもある。このスライドを印刷したペーパーは、通常、教育プログラムにおいて配布されることになる。

Q.4　医師生涯教育への資金提供について

以前は、個別の部局や医師に対しての資金提供が可能だったが、現在は、資金提供は、医師生涯教育部門を必ず通さなければならないことになっている。製薬会社からの資金提供等がある講演については、講演の冒頭に、資金提供元の開示が必ずなされるようになっている。

教育プログラム運営のための主たる収入源は、出席者からの登録料である。登録料は講演内容や分野によって大きく異なるので一概には言えない。例えば、非常に専門的な外科手術に関連する場合等、数千ドルに及ぶこともあれば、小児科の半日カンファレンス等は50ドルという場合もある。その他、医学部における予算、連邦政府や州政府からの助成金、非営利団体（アルツハイマー型認知症の団体〔cancer society 等〕）からの寄付金による。

教育プログラムへの資金提供や収入についての包括的なデータは作成していないため、全教育プログラムにおける製薬会社からの資金提供の割合等は不明である。

Q.5　医師生涯教育におけるテーマ選定・講演者の選定の仕方

一概には言えないが、例えば、学部所属の医師から一般的なテーマをヒアリングしたり、出席者からの要請を考慮したりする。講義内容については、学部内における当該分野を専門とする医師によって決定される。

Q.6　医師生涯教育における製薬会社によるディスプレイ等

カンファレンス・ルーム、オーディトリアム等、教育が行われる場においては一切のディスプレイや広告は禁止されている。製薬会社の従業員も会社を示すバッジ等の着用は禁止される。外部での展示等は許容しているが、教育と明確に区別されるよう要請している。

第7章
日本における薬事規制の変遷とアメリカ法の示唆

　最終章である本章では、日本における薬事規制の歴史を概観し、アメリカとは異なる社会的背景および法的制度のもとで、アメリカとは異なる経緯をたどりつつも、処方箋医薬品の安全な使用のための民事規律と行政規律とによる情報伝達に関する新しい法システムが形成されつつあることを示すと共に、アメリカにおけるそれと比較し、アメリカ法から得られる示唆を指摘する。

　まず、日本における薬事制度が発足した明治時代初期と戦後から高度成長期において成立した医薬品に関する規律を概観し、日本における薬事法が警察的規制として成立し基盤を形成したことを確認する（ⅠおよびⅡ）。次に、警察的規制として出発した薬事法の行政規律のもとで、高度経済成長期における医薬品産業の急激な発展と行き過ぎたプロモーション活動が相まってサリドマイド事件およびスモン事件という大規模な副作用被害が発生し、これに対する国家賠償法および不法行為法に基づく訴訟の結果、行政規律の目的が医薬品の安全性確保に変化すると共に、民事規律について被害者救済に重きを置く制度が生まれたことを指摘する（Ⅲ）。そして、1970年代末頃以降、行政規律および民事規律において、・もの・としての医薬品の安全性から、・もの・と結び付く情報についての医師への伝達のあり方について関心の重心が移行し、これを適正化するように行政規律も民事規律も変化したことを確認する（Ⅳ）。他方、生物由来の医薬品に関してはサリドマイド事件やスモン事件への後退ともいえるような状況が再び出現してしまったことをみる（Ⅴ）。その後、1990年代には、医師、製薬会社、薬剤師のそれぞれに対して患者に対する情報提供を促すべく民事規律と行政規律が展開し、加えて製造物責任法が成立したことで民事規律が更に発展することが期待されたが、指示・警告責任が争点となったイレッサ訴訟において、判決は情報伝達の実態を重視し

ない不十分なものとなり、将来への課題が残された（ⅥおよびⅦ）。最後に、日本においては情報内容の適正化のための規律が遅れていた医療用医薬品のプロモーションの問題に関して、2000年代以降に行政規律と業界の自主的な規律が発展したことを示す（Ⅷ）。

なお、「薬事法」と呼ばれてきた法律は、2013年の改正（2014年11月施行）によりその名称が「医薬品、医療機器等の品質、有効性及び安全性の確保等に関する法律（略称：医薬品医療機器法、薬機法）」に変更されたが、本章では、論じる対象が主として2013年改正前であるため、「薬事法」の名称を用い、特に現行法について触れる必要がある場合にのみ、医薬品医療機器法の名称を用いる。

Ⅰ　薬事規制の誕生と性格──明治維新から第2次世界大戦まで

1　薬事規制の誕生と整備
⑴　医療と医薬品に関する規律の誕生

日本で医薬品についての規制が誕生したのは、アメリカで純正食品及び医薬品法（1906年）が制定されたのに先だつ19世紀末だったが、その背景はアメリカとは大きく異なった。

明治維新後の日本は欧米の制度の導入を急いだが、それは医療や医薬品の分野についても同様であり、明治政府は西洋医学の導入を進めると共に、医師・薬剤師の資格制度や医薬品の流通に関する制度の整備を行った。医薬品については、当時広く使用されていた「売薬（江戸時代からの生薬）」についての流通を整理・制限するために、日本で初めての医薬品に関する規制である売薬取締規制を1870（明治3）年に発布した。そこでは、家伝、秘宝と称するような医薬品の誇大広告を禁止すると共に、その成分・用法・価格等を当局に提出させ実質的な専売にしようとしたが、従来から広く使用されていた医薬品の流通の制約は現実には難しく、実効性は乏しかった。

他方、江戸時代末期から輸入が増加し続けていた西洋の医薬品については、粗悪・不良な医薬品や混合品の流通の取締りの必要性が高まり、1874（明治7）年には司薬場の設置と取締りの付達がなされると共に、1877（明治10）

年には毒薬・劇薬の販売制限や粗悪品の排除を目的として毒薬劇薬取扱規則が制定された。[1]粗悪・不良医薬品の取締規則は、1880（明治13）年には毒劇薬の取締規則と一体化され、全国に効力を有する薬品取扱規則として制定された。

　1874（明治7）年には、西欧を模範とする近代的な医療制度を導入することを目的として医制が定められた。そこでは、西洋医学に基づく医学教育の確立、医師免許制度の設立等、医学と医師についての制度と共に、薬剤師を含む医療関係者に関する資格制度が導入され、医療と医薬品を扱う専門家集団としての医師と薬剤師（医制では「薬舗」と呼ばれた）とが法的な根拠を与えられた。[2]

　このようにして立ち上がった医薬品についての規律は、明治時代中期にはその体制が安定する。1886（明治19）年には「日本薬局方」が公布され（翌年施行）、日本において一般に使用される重要な医薬品の品質、純度、強度の基準等が定められることとなった。そして、1889（明治22）年には、日本薬局方に法的効力を与えること、また、医制、薬品取扱規則および製薬免許手続という三者に分かれていた医薬品に関する法規を統一すること等を目的として、薬品営業並薬品取扱規則（一般に「薬律」といわれる）が制定された。これによって、医薬品の質については、日本薬局方または外国薬局方への収載薬品はその性状、品質が局方に定めるところに適合しなければ販売等をしてはならないこと、いずれの薬局方にも収載されていない新規の医薬品については、衛生試験所の検査を経てその成績を記さなければ販売や授与ができないこととされ、医薬品の流通が規制されることとなった。いずれの薬局方にも掲載されていない新薬については、その後規則が改正され、1907（明治40）年には輸入販売・製造販売に当たっての届出制が義務付けられたが、その規制内容も、成分や製造法を明らかにさせ、不良・粗悪医薬品を排除することに主眼が置かれていた。また、医薬品に関する情報についても、薬品営業並薬品取扱規則では、患者に提供される医薬品の容器には内用・外用の別、

---

1) 以上について、厚生省医務局『医制百年史』（ぎょうせい・1976）108-112頁、岡崎寛蔵『くすりの歴史』（講談社・1976）230-233頁。
2) 厚生省医務局・前掲注1）11-22頁。

用法、用量、年月日、患者氏名、薬局の地名、薬剤師氏名を記載すべきことが定められているのみだった。[3]

このように、薬品営業並薬品取扱規則は、医薬品の品質を担保すると共にその流通についても一定の制約を課すものだったが、その規律は、薬局方への適合を中心として不良・粗悪な医薬品の流通を防止するという最低限度の品質を担保するための警察的規制だった。

他方で、「売薬」についても、誇大広告や有効性を欠く製品の販売についての問題は引き続き存在していたが、1877（明治10）年の売薬規則を経て、1914（大正3）年には売薬法が制定され、売薬規則のもとでの無効無害主義から有効無害主義に転換すると共に、売薬の調製・販売をできる者を薬剤師、薬剤師の使用者および医師に限り、効能に関して免許を得た事項を説明するほか、誇大広告が一切禁止されることとなった。[4]

(2) 医師と薬剤師

上述のように、明治時代初期には医師および薬剤師という医薬品の流通に関わる職業資格の制度が整えられたが、制度発足の当初から両者の職能分離についての問題、すなわち医薬分業が議論となった。

江戸時代まで、「医師は薬師」という言葉に示されるように、日本においては医師が医薬品の処方のみならず調剤を行うことが一般的な慣習だった。しかしながら、西欧の医療制度導入の際には、西欧における医薬分業の考え方も導入され、制度化が議論された。1874年に制定された医制においては、医師は医薬品については処方のみを行い、調剤を行うことを禁止し、医薬品の調剤を行う職能を薬舗主（薬剤師）に限定した（もっとも、時限付きで一定の医師に限り薬舗営業の仮免状を得て開業することを許した）。[5] しかし、1889年に制定された薬品営業並薬品取扱規則においては、免許資格として薬剤師の名称が創設されると共に、「薬剤師とは薬局を開設し医師の処方箋に拠り薬剤を調合する者を云う」として、その地位と職責を明らかにした一方で、同

---

3) 厚生省医務局・前掲注1）84-86・113-114頁、萩野敬勝『薬品営業並薬品取扱規則註釈』（高藤書店・1889）。
4) 厚生省医務局・前掲注1）218-219頁。
5) 同上81-83頁。

附則43条で医師が自身の診察する患者に対しては、自ら医薬品を調剤し販売することができるという例外規定を置き医師の調剤権を保障したため、これ以降、薬剤師の側からの医薬分業の主張がなされることとなる。医薬分業の主張の根拠は、薬学については医師よりも薬剤師がその専門的知識を有しており、医薬品の調剤については薬剤師こそが業として行うことが許されるべきこと、にもかかわらず医師に薬業を認めることはその本分に適わない報酬を求めることとなること、というものだった。[6][7]

2　医薬品産業の発展と戦時下の医薬品規制

　第1次世界大戦の勃発に伴い医薬品の輸入が途絶え供給が欠乏したことから政府は手厚い産業保護政策を行い、医薬品産業が1910年代後半に発展した。1930年代には戦時体制と軍事需要によって更に産業が発展したが、第2次世界大戦が始まり軍事物資の需要が高まると、医薬品規制についても、生産対策や価格統制といった戦時下の統制的規制に代わった。1943（昭和18）年には、戦時体制下での「薬事衛生の適正を期し国民体力の向上を図る」ことを目的として、従来の薬剤師法、薬品営業並薬品取扱規則および売薬法の3法に代わる薬事法が制定された。薬事法においては、医薬品の定義（薬品営業並薬品取扱規則等に基づく「薬品（新薬）」、売薬法等に基づく「売薬」等の区別を撤廃し、包括概念として「医薬品」とした）、従来の製薬者、薬種商、売薬営業者等の制度を廃止し、製薬業および販売業を全て許可制とする、医薬品の製造に関する必要事項を命令で定める、医薬品の効能についての虚偽・誇大広告の禁止、保健衛生上特に必要がある場合の主務大臣または地方長官の指示命令権等が改正点として定められた。[8]

　また、戦時下において、戦力増強の必要に迫られ、国民保健の確保と社会福祉の向上とを目的として、1938（昭和13）年に厚生省が発足した。[9]

---

6)　同上88-90頁、萩野・前掲注3）。
7)　薬剤師の資格については、その後、1925年に制定された薬剤師法により規定し直されたが、その基本的な性格について大きな変更はなされず、同法5条で調剤権が薬剤師にのみ認められる旨規定したものの、医師が診療に使用する医薬品についての医師の調剤権を認めていた。厚生省医務局・前掲注1）200-204頁。
8)　同上278-281・315-317頁。
9)　同上269-270頁。

3 まとめ

日本における薬事規制は、医療制度の整備と同時に19世紀末から20世紀初頭にかけて西欧の制度を導入する形で急速に整備されたが、医薬品についての規制は、不良・粗悪な医薬品を排除するという最低限の品質を担保するための警察的規制であり、売薬法における売薬についての詐欺的広告の禁止を除けば、医薬品の表示についての規律もほとんど存在していなかったといえる。また、戦時下において制定された薬事法においては、医薬品の定義の整理が行われると共に、虚偽・誇大広告の禁止等の規定が置かれたが、時代背景から、全体として統制的規制となった。

II 薬事法の成立と戦後初期の状況

本節では、第2次世界大戦後に成立した新しい薬事法と医薬品産業の発展を概観し、この時期に医薬品の流通に関する基本的な行政規律が成立したこと、しかし、この規律の実効性が低くまた規律自体も不十分だったことから、医薬品産業の復興も伴い、医薬品の過度なプロモーションや大量販売が行われたことを確認する。

1 旧薬事法（1948年薬事法）の成立

終戦後は、日本国憲法の成立と共に諸制度の民主化が進められたが、第2次世界大戦中に制定された薬事法についても改正が行われ、1948（昭和23）年に新しい薬事法として施行された。[10] この薬事法のもとでの医薬品の流通および情報提供に関する主な規律は以下のとおりである。

(1) 医薬品の製造について
- 医薬品の製造業、輸入販売業および販売業を登録制とし、公定書に収められていない医薬品の製造、輸入については品目ごとにその製造について厚生大臣の許可を要する（26条3項・28条）。

(2) 医薬品の「表示書」の定義

---

10) 昭和23年7月29日法律第197号。

・医薬品（中略）またはこれらの容器もしくは被包に記載される文字、図形その他の物または医薬品、用具は化粧品に添付する文書もしくは図画をいう（2条11項）。

(3) 表示書における記載に関し、不正表示医薬品とされる場合の規定
・その表示書に、虚偽の事項または誤解を招く恐れがある事項が記載されているもの（41条1項）。
・表示書に、使用上の適当な注意や、疾病の状況等により保健上危険を生じる恐れがある場合の使用に関しまたは危険な使用の分量、方法、使用期間に関して、公衆保健の保護のために必要な注意が記載されていないもの（同条8項）。
・表示書に記載されている用法、用量または使用期間が保健上危険であるもの。

(4) 誇大広告についての規定
・何人も、薬事法に基づいて製造する医薬品の名称、製造方法、効能、効果または性能に関して、虚偽または誇大な記事を広告し、記述し、または流布してはならない（34条1項）。
・医薬品の効能、効果または性能について、医師その他の者がこれを保証したものと誤解される恐れがある記事は、誇大広告に該当する（同条2項）。

このように、新しい薬事法においては、公定書に定められていない医薬品の製造について厚生大臣の許可を要するとしたことに加え、医薬品の表示書（現在の添付文書に該当する）について使用上の注意の記載を求め虚偽・誤導的な記載を禁止したこと等、医薬品の品質と適切な使用のための規律を一定程度備えたものだった。しかしながら、法文上は、その目的規定も含め、副作用を防止するという観点から医薬品の安全性を確保することを明示的に示した規律は有していなかった。また、公定書に掲載されていない医薬品の製造は許可制となっていたものの、その審査方法は確立しておらず、また、表

---

11) 1条には、「この法律は、薬事を規整し、これが適性を図ることを目的とする」と定められていた。

示書についても、義務的記載事項は簡素な規定となっており、ものとしての医薬品の質についての規律も、その情報伝達についての規律も十分なものではなかった。

2　戦後における医薬品産業の復興と医薬品のプロモーション

　第2次世界大戦によって医薬品産業も他の産業と同様に壊滅的な打撃を受けていたが、戦後、政府による優遇措置を受けたことや、1950年に始まった朝鮮戦争による特需等によって急速に復興した。医薬品産業の復興に伴って、製薬会社によるプロモーション活動も再び活発化した。医薬品の広告についての規律は、1948年薬事法のもとで誇大広告等の禁止が定められ、その詳細を規律するものとして1949（昭和24）年に医薬品適正広告基準が公表されていたが、その規律内容は極めて簡素なものだった。

　この当時のプロモーションの媒体は、新聞や雑誌等の文書媒体に加え、1950年代以降に普及したラジオやテレビといった放送媒体だったが、薬事法上一般用医薬品と医療用医薬品（処方箋医薬品および医師等の指示により使用される医薬品。日本においては、薬事法制上、処方箋医薬品・一般用医薬品という区別ではなく医療用医薬品・一般用医薬品という区別がなされている。以下、本章においては「医療用医薬品」の語を用いる）が明確に区別されておらず、当時の医薬品適正広告基準では医療用医薬品に該当する医薬品についても一般向け広告を禁じていなかったこともあり、一般向け、医療者向けを問わず医薬品についての大量の広告・宣伝がなされるようになった。また、戦前から行われていた製薬会社の販売員による医師に対するプロモーション活動（日本では、当時、このような販売員は「プロパー」と呼ばれていたが、この言葉は、「プロパガンダ」に由来するものである）も復活し盛んに行われるようにな

---

12) 第2次世界大戦後間もない1948（昭和23）年を100として、1956（昭和31）年には、797.8の生産指数であり、鉱工業の443.8、製造工業の499.3と比較しても極めて高い成長率であることがわかる。『厚生白書昭和32年版』〔電子版〕（厚生省・1957）104頁。厚生労働白書は、以下のウェブサイトから取得可能である。なお、本章において参照する厚生白書については、全て同ウェブサイト上から取得可能である。http://www.mhlw.go.jp/toukei_hakusho/hakusho/kousei/（2016年8月30日）。

13) 椙山庸古＝翁久次郎『薬制』（南山堂・1952）123頁。

った。当時の程度を超えた医薬品の宣伝・広告や、その他製薬会社の販売拡大のための医療機関へのリベート提供等については社会からの批判を招き、健康保険等についての財政政策等を審議するために厚生大臣の諮問機関として設置された 7 人委員会の答申では、医薬品の広告、販売方法に関する厚生省の対応の不十分さ、製薬会社によるプロモーション活動のあり方が強く批判された。[14)15)]

しかしながら、このような問題提起もあったものの、行政規律による対応が積極的になされたとはいえず、むしろ、1961（昭和36）年には国民皆保険が達成され、医薬品生産は更に急伸すると共に、医薬品のプロモーション活動もより激しく行われるようになった。[16)]

国民皆保険制度においては、患者に広く医療へのアクセスを容易にしたという点で医薬品の需要の拡大をもたらしたが、それだけではなく、保険医療制度に内在する問題から、医薬品の過剰投与をもたらす危険性があるものだった。すなわち、保険医療においては、医師が処方し患者に交付された医薬品について、医療機関または薬局は、国により定められた薬価基準価格に基づいて健康保険組合に対して請求を行う。他方、医薬品の製造業者や卸売業者、医療機関、薬局との間では自由な市場経済の取引となっているため、医療機関や薬局における医薬品の購入価格と、保険者への請求価格との差（薬価差）によって、医療機関や薬局が利益を得る仕組みになっている。そして、Ⅰで述べたように、医師による調剤が可能な仕組みとなっている日本では、薬価差を得るために医療機関（医師）が医薬品の投与を大量に行うという問

---

14) 以上につき、MR 認定センター編『MR100 年史』（MR 認定センター・2012）42-43頁、天野宏『概説 薬の歴史』（薬事日報社・2000）156-159頁、竹原潤＝山田久雄「近代日本医薬品産業の発展（その 7）大正時代から昭和時代の医薬品の広告について」薬史学雑誌34巻 2 号（1999）80-82頁。

15) 当時の厚生白書では、医薬品に関し、1955（昭和30）年には不良品4,210件、不正表示品4,719件、違反広告301件、無許可・無登録806件、偽造品61件、無登録業者 1 万2,473件、計 2 万2,570件、1956（昭和31）年には不良品4,145件、不正表示品3,176件、違反広告501件、無許可登録品655件、偽造品28件、無登録業者 1 万5,744件の計 2 万4,249件の違反があり、それも氷山の一角であると述べられている。『厚生白書昭和31年版』〔電子版〕（厚生省・1956）。

16) 医薬品の売上額の変化は、1955年には895億円だったが、1960年には1,760億円、1965年には4,576億円となった。MR 認定センター編・前掲注14）47頁。

題が生じることとなった。[17]

　例えば、1963（昭和38）年度の厚生白書においては、医薬品の広告について、前年以前の白書にみられなかった詳細な問題点の記述が以下のようになされている。「マスコミの発達とともに、医薬品の広告はますます増大し、広告費もまた、〔昭和〕37年223億8,000万円、対生産額の8.6％と全産業中の上位を占めている。この広告のほとんどは、いわゆる保健薬と呼ばれるビタミン剤を中心とした大衆医薬品についてなされているのであるが、この保健薬のはんらんは、本来医薬品は人体にとつて異物であり、疾病の治療上必要最少限を使用するものであるという過去の常識から医薬品に対する国民の認識を変えさせ、ひいては必要でない場合にも薬を乱用する風潮を助長する傾向を生むにいたり、保健薬の乱用にとどまらず催眠薬等劇薬、要指示医薬品等使用上危険が伴つたり、用い方のむずかしい医薬品の乱用をさえ常態化させ、社会問題の一つの原因ともなつてきている。」[18]

3　新薬事法（1960年薬事法）の成立

　戦後の医薬品産業の急速な復興・発展に伴い、1948年薬事法については数度の改正は行われたものの、医薬品の流通の実情にそぐわないものとなったことから、1960年に全面的に改正され、新しい薬事法が成立した。この薬事法改正においては、薬剤師に関する薬剤師法と、医薬品の流通に関する薬事法とに分離したことが最も大きい改正点だったが、医薬品の流通規制に関しては、1948年薬事法と比べ、主として以下の点の変更・追加されることとなった。なお、1960年当時、本薬事法のもとでも、医療用医薬品と一般用医薬品との区別は未だなされていなかった。

(1) 医薬品製造業・販売業についての許可制
　・医薬品の製造業、販売業等について、業務の適正性を図るため、従来の登録制を許可制に改め、その許可基準を整備した（12条）。

---

17) 薬事衛生研究会『薬価基準のしくみと解説2012』（薬事新報社・2012）10-11頁。
18) 『厚生白書昭和38年版』〔電子版〕（厚生省・1964）。

(2) 医薬品の承認について
- 日本薬局方に収載されていない医薬品の製造については品目ごとに承認制とし、その審査事項（名称、成分、分量、用法、用量、効能、効果等）を法定し（14条）、医薬品の製造の管理、製造に関する遵守事項について法定した（15条・16条）。

(3) 医薬品の添付文書について
- 1948（昭和23）年薬事法（旧薬事法）における「表示書」の定義を削除し、医薬品に「添付する文書又はその容器若しくは被包」に記載しなければならない事項を定めた。記載しなければならない事項としては、用法、用量その他使用および取扱い上の注意（52条1項1号）、日本薬局方において記載が定められた事項（同項2号）等が定められた。

  また、上記の記載事項については、見やすい場所に記載されていること、当該医薬品を一般に購入しまたは使用する者にとって読みやすく、理解しやすい用語による正確な記載であること（53条）、当該医薬品に関し虚偽もしくは誤解を招く恐れのある事項、承認を受けていない効能、効果、保健上危険がある用法、用量、使用期間を記載してはならないとされた。

(4) 誇大広告については、旧薬事法の定めと同様の規定が置かれた（66条）。

このように、1960（昭和35）年の新薬事法では、1948（昭和23）年薬事法と比して、新医薬品についての審査事項が法定され、添付文書の記載事項についての規定が新設される等、ものとしての医薬品と、その情報の流通に関しての基本的な規定を整備したものといえる。特に、添付文書における記載事項については、旧薬事法に比べれば詳細な規定となったが、後述するように、添付文書の記載については承認の対象ではなく、また、実務運用上も確認する仕組みが無かったため、規制としての実効性は高くなかった。

4　まとめ

以上のように、第2次世界大戦後には、薬事法の制定・改正によって医薬品の流通に関する基本的な規律が整えられた。1960年に制定された薬事法は、

現在の薬事法（2013年の改正後は医薬品医療機器法）の基盤となる法律であり、医薬品の表示に関する規律も1948年薬事法よりは詳しいものとなったが、未だ、品質不良医薬品や虚偽の表示・広告等を警察的規制として取り締まることに規律の主眼が置かれ、また、規律の実効性は低かった。他方で、同時期には国民皆保険の達成と医薬品産業の復興により、過大なプロモーション活動や医薬品の過剰投与が社会問題化しつつあった。

Ⅲ　1960〜1970年代の大規模訴訟と行政・民事規律の変化

1　はじめに

1950年代半ばから1970年代初頭にかけては著しい経済成長が達成され、医薬品産業もその一角をなしたが、1960年代半ば以降には、安全性を欠く医薬品が製造・販売されたことによる広範囲で深刻な被害が発生した。いくつかの悲惨な医薬品被害と、これに対して被害者が集団となって提起した「薬害訴訟」を契機に、医薬品に関する行政規律と民事規律は大きく変化した。[19]

本節では、日本で初めての大規模な医薬品被害についての訴訟である、サリドマイド事件とスモン事件を概観したうえで、これらの訴訟の結果として、行政規律においては、医薬品の販売前の安全性の確認に関する規律が強化さ

---

19) 1960年代から1970年代にかけては、サリドマイド事件およびスモン事件、Ⅳで検討する筋拘縮症事件およびクロロキン事件以外にも、医薬品の副作用被害とその訴訟が存在する。主なものは以下のとおりである。
　・ペニシリンによるアナフィラキシーショック
　　厚生省の調査によれば1953年から1957年の間に1,276名にショックが発現し、うち124名が死亡しているとされる。
　・コラルジルによる肝機能障害等
　　小海要吉「コラルジル訴訟の現状」法時45巻1号（1973）59頁、川村正敏「コラルジル中毒事件」ジュリ548号（1973）348頁。
　・クロラムフェニコールによる再生不良性貧血
　・ストレプトマイシンによる難聴
　　黒木俊郎「ストマイ難聴訴訟」法時45巻1号（1973）68頁。
　・アンプル入り風邪薬によるショック死
　同時期の副作用事故と訴訟を概観する文献として、例えば以下のものがある。下山瑛二ほか「医療制度のしくみと薬害」ジュリ547号（1973）16頁、川井健「日本の実情（一）―製造物責任立法資料」ジュリ597号（1975）20頁、平野克明「製薬会社の責任と医師の責任㊤―複数関与者の責任競合」判タ436号（1981）4頁。

れると共に、初めて、市販後の副作用情報の収集に関する規律が整備されたこと、民事規律については、被害者救済を重視する観点から、行政の関与する救済手段があらわれたことを述べる。そのうえで、アメリカと対比した日本の規律の発展の特徴とその問題点を明らかにする。

2 サリドマイド事件と行政規律の変化

(1) 事件および訴訟の概要

サリドマイドは、1957年に(旧)西ドイツで催眠薬として開発された化学合成物質であり、日本においても睡眠薬や胃腸薬として1958年から販売が開始された。前述のように、当時の薬事法のもとでは一般用医薬品と医療用医薬品との区別がなされておらず、サリドマイドは医療機関に対してだけではなく、一般向けの医薬品としても大々的に宣伝・販売された。サリドマイドは、副作用としての強力な催奇形性(胎児に奇形を引き起こす作用)を有しており、市販開始後、妊娠初期にこれを服用した女性から上肢や頭部領域に重篤な障害をもつ子が出生した。サリドマイドは、その鎮静作用から、妊娠女性のつわり薬としても販売されていたために、被害児の数は多数に及び、その人数については諸説あるが、1,000人または1,200人～1,400人といわれている。

サリドマイドの催奇形性については、(旧)西ドイツにおける承認審査においても妊婦に対する安全性のデータが欠如していたが、異なる製法によって製造許可がなされた日本においても、妊婦に対する安全性のデータを含む、その他の安全性に関する試験は十分に行われていなかった。[20] サリドマイドの販売が開始された約4年後の1961年10月には、(旧)西ドイツでレンツ警告と呼ばれる、催奇形性についてのレンツ博士の指摘がなされ、その翌月には日本にもこの警告の存在が知らされ、製造販売業者および厚生省は警告を認識したとされるが、約1年後に販売中止および製品回収されるまでサリドマイドの販売が続けられた。[21]

---

[20] なお、アメリカにおいてもサリドマイドは新薬としての承認申請がなされていたが、当時のFDAの検査官が妊婦に対する安全性データの不足を理由として承認を保留していた。

[21] 以上について、加藤一郎ほか「鼎談 サリドマイド訴訟の和解をめぐって」ジュリ577号(1974) 15-18・23・32頁。

1963年以降、サリドマイド被害児およびその親が国および製薬会社を被告として日本各地で訴訟を提起していった。原告の主張は、製薬会社、国のいずれに対しても、サリドマイド市販時の安全性確認義務違反、市販後の事実の裏づけを欠く誇大な宣伝・広告を理由とする表示義務違反、市販後における副作用等の追跡調査の懈怠、1961年のレンツ警告後の回収遅滞を理由とし、国に対しては国家賠償法に基づく賠償責任、製薬会社に対しては民法709条に基づく損害賠償責任を問うものだった。[22)23)]

訴訟においては、被告側がサリドマイドの催奇形性を全面的に争ったため、因果関係が最大の争点となり、訴訟手続の大半が因果関係をめぐる立証に費やされた。各訴訟は、10年もの長きにわたって第１審での審理がなされていたが、それらがほぼ終結段階に入った1973年の末、被告国および被告製薬会社から、法的責任を認めることを前提とした和解の申入れがなされたことで和解交渉が進展し、翌1974年10月に、当事者間で「確認書」および「覚書」が取り交わされると共に、訴訟上の和解が成立した。[24)]

確認書では、厚生大臣および製薬会社の責任ならびに各報告の義務に関して、以下の各点を含む詳細な内容が合意・確認された。

① サリドマイドが催奇形性を有することならびに各原告被害児の被害との間の一般的および具体的な因果関係（厚生大臣および製薬会社）
② サリドマイドの製造から回収の過程における、催奇形性の有無についての安全性確認、レンツ警告後の処置等についての「落度」についての責任（厚生大臣および製薬会社）

---

22) サリドマイド訴訟常任弁護団「サリドマイド訴訟の意義―その経過と和解内容の評価」ジュリ577号（1974）47・50頁。
23) サリドマイド訴訟は、当初、1963年に一被害者家族によって名古屋地裁へ訴訟提起された一訴訟だったが、これに触発されて後発の訴訟が提起され、その後各地の原告レベル、原告代理人レベルで、それぞれ、連絡会議等の協調体制がとられて集団的な訴訟となっていった。また、1971年に東京地裁が５年にわたる準備手続を集結して証拠調べ手続に入ってからは、原被告双方の合意のもとに、一般的因果関係と責任についての立証は東京地裁において行い、その他の地裁では東京地裁の鑑定人、証人、尋問調書を証拠とすることとされ、東京地裁をモデルコートとする事実上の統一的な集団訴訟となった。サリドマイド訴訟常任弁護団・前掲注22）53頁。
24) 森嶌昭夫「サリドマイド和解と民事法上の問題点」ジュリ577号（1974）35-37頁、伊多波重義ほか「森永ドライミルク・サリドマイド両訴訟の和解と今後の課題」法セ236号（1975）109頁。

③　以後の新医薬品承認の厳格化、副作用情報システム、医薬品の宣伝広告の監視等、医薬品安全性強化の実効を挙げると共に、必要な場合における承認取消し、販売中止、製品回収等の措置を速やかに講じ、悲惨な薬害を再び発生させないよう最善の努力をすること（厚生大臣）
　④　医薬品の安全性確保についての一層の努力（製薬会社）
　⑤　損害賠償金の支払い（厚生大臣および製薬会社）
　⑥　サリドマイド全被害児（原告に限られない）を対象とする財団法人サリドマイド福祉センターの設立運営（製薬会社）
　⑦　医療、介護、住居、公共施設、先天異常対策、教育、職業に関する事項（厚生大臣）

　更に、覚書においては、訴訟に参加していないサリドマイド被害児についても、確認書に準じて適切な措置がとられることが約されている。[25]

(2) サリドマイド事件と行政規律の変化

　上述のとおり、サリドマイド事件は和解による解決に至るまで、1963年の最初の訴訟提起から10年余がかかったが、サリドマイド事件の発生自体によって医薬品の安全性確保のための規律の必要性が喫緊の課題として認識され、[26]行政規律の大幅な改正が行われた。もっとも、日本ではサリドマイド事件発生の前年である1960年に新薬事法が制定されたばかりだったことから、法律自体の改正ではなく、厚生省薬務局からの通知による、講学上は法的強制力をもたない行政指導という形で規律の修正が行われることとなった。

　行政規律の最も大きな変更は、1967年に発出された「医薬品の製造承認等に関する基本方針について[27]」および「医薬品の製造承認等に関する基本方針の取扱いについて[28]」によるものである。この基本方針および取扱いにおいては、以下の点が定められた。

---

25) サリドマイド訴訟常任弁護団・前掲注22) 60-64頁。
26) 第1章で述べたとおり、アメリカでは、1962年にFDCAの大きな法改正が行われ (Kefauver-Harris Amendments to the FDCA)、新薬の承認手続が厳格化された。また、イギリス、(旧)西ドイツでもそれぞれ1968年、1976年に薬事法が改正された。厚生省薬務局編『医薬品副作用被害救済制度の解説』(中央法規出版・1982) 5頁。
27) 昭和42年9月13日薬発第645号薬務局長通知。
28) 昭和42年10月21日薬発第747号薬務局長通知。

① 医療用医薬品と一般用医薬品との区分を明確化した。また、添付文書の記載内容、記載表現についてもこの区分に適したものに変更した。
② 医薬品の承認審査に必要な提出資料がより具体的に定められ、医療用医薬品については、禁忌症、副作用、その他特別な警告事項についての「使用上の注意」の記載案を提出すべきこととされた。
③ 新たに製造承認が与えられた医薬品につき、承認から2年間（1971年から3年間に改正）、副作用報告を行うべきこととされた。
④ 医療用医薬品についての一般広告が禁止された。[29]

このように、1967年に出された指針では、医療用医薬品についての使用上の注意に関する記載案の事前提出が義務付けられ、添付文書の記載の重要部分について、行政が事前に確認することとされた。また、この通知では、市販後の副作用に関する報告が求められることになったが、日本の薬事制度において、医薬品市販後の報告・調査についての制度はこの時に始まったものと位置づけられている。1967年初頭には、大学病院94施設、国立病院88施設の計182施設をモニター病院に指定した、国による副作用モニター制度により、医師から国への報告の制度ができていたが、それに加え、同通知により副作用報告制度が発足し、新医薬品に対する承認後2年間の副作用報告義務が製薬会社に対して課されることとなった。なお、この報告義務は、1971年には全医薬品に拡大され、同時に報告基準が規定された。[30]

更に、1971年からは、既に承認を受けている医薬品について、その有効性と安全性とを現時点での医学・薬学の水準に基づき改めて検討し評価するための、再評価（第1次再評価）が実施されることとなり、有効性の根拠がないとされた医薬品については、薬局方からの削除や承認・許可の取消しが行われることとなった。[31]

(3) まとめ

サリドマイド事件は和解によって終結したが、確認書にあらわれているよ

---

29) 医薬品適正広告基準についても一般用医薬品の広告禁止の旨の改正がなされた。昭和42年9月25日薬発第668号「医薬品等適正広告基準の一部改正について（通知）」。
30) 高橋春男『安全管理、製造販売後調査の実施のための医薬品の適正使用と安全対策―PMSの歴史』（じほう・2011）30-31頁。
31) 同上39頁以下。

うに、原告は金銭的な賠償を求めるのみではなく、厚生大臣において、医薬品の安全性確保のための諸政策を実施することを約させている。このように、サリドマイド事件は、被害救済を超えて、行政規律の不備を糾弾し将来的な制度形成の動因とする機能を国家賠償訴訟に求めたものである。また、被害救済については、原告となった被害者のみならず全被害者に対してその救済を行うことを国および製薬会社に約させている。

　サリドマイド事件は、医薬品についての重篤な副作用が審査制度の不備により見逃され、また、事後的な情報伝達の不備により被害が一層拡大した事件である。そして、その民事責任を追及する日本で初めての大規模訴訟は、原告の被害救済を超えて、行政政策の改善を直接促すと共に、行政が関与し被害救済において原告のみならず被害者全体の救済を実現させることを促した。

　他方、サリドマイド事件を受けて改正された行政規律は、医薬品の開発・流通・使用に当たっては安全性についての情報こそが重要であるという認識に基づいて、承認審査段階において製薬会社から十分な情報を提出させ、その資料に基づいた指示や警告を行わせると共に、医薬品が市販された後において新たに発覚する情報を収集するための仕組みを作ろうとしたものである。しかしながら、このような行政規律は、行政指導という法的拘束力の無い法形式で行われていたこと、医薬品販売に当たっての適切な指示や警告の重要性も認識されていたものの、そもそも、医薬品の添付文書の記載自体は医薬品の製造販売承認に当たっての承認事項ではないこと等の限界を有していた。

3　スモン事件

(1)　事件の概要

　スモン（subacute myelo-optico-neuropathy: SMON）とは、腹部痛症状の後に神経症状が発生し、両側下肢のしびれ、異常知覚から麻痺状態や視覚障害に至る亜急性脊髄視神経症の頭文字を採ったもので、キノホルムという医薬品の使用により発生するものである。キノホルムは、1899年に開発された古い医薬品であり、当初は外用殺菌剤として、その後アメーバ赤痢に有効な内服薬として使用され、初期は慎重な使用がなされていたが、徐々に、疫痢、[32]

大腸炎などに適用範囲が拡大されると共に使用量も増大した。使用量が増大した1950年代半ば頃から、上記の症状を有する「原因不明」の患者が散発し始め、1969年には年間発生数が最高に達し、大きな社会問題となった[33]。厚生省は、1969年にスモン調査研究協議会を組織してスモンの原因や治療法に関する研究を行わせ、翌1970年、スモンの原因はキノホルムであるという説が発表されると共に厚生省はキノホルムの販売中止等の措置を講じ、これ以降、スモン患者の発生数は激減した[34]。

スモン事件は、1970年のスモン＝キノホルム説を受けて、翌1971年から、製造・販売を行った製薬会社3社および国を被告として被害者およびその家族が原告となり損害賠償請求訴訟を提起したものである。この訴訟では、被告製薬会社らは因果関係および予見可能性を争い、国は、一般的因果関係については認めたものの、薬事法のもとでの国の医薬品安全確保義務の存在を争った。

(2) スモン訴訟判決と確認書

スモン事件では、全国30近くに上る地方裁判所に訴訟が係属し、1977年には東京地裁において裁判長による強い和解勧告がなされ、この和解に応じた原告も存在したが、その多数は訴訟を継続し、1978年の金沢地裁判決[35]を皮切りに、東京地裁判決[36]、福岡地裁判決[37]、翌1979年に広島、札幌、京都、静岡、大阪、前橋の各地裁で原告勝訴の判決が出され[38]、これらを受けて、1979年9月に原告と国、製薬会社との間で確認書が調印されて和解が成立した。また、確認書調印に当たっては、薬事二法と呼ばれる、1979 (昭和54) 年薬事法改正と医薬品副作用被害救済基金法が同時に成立することとなった。

---

32) 1936 (昭和11) 年には劇薬に指定されたが、1939年には劇薬指定が解除された。
33) 1975年の厚生省の調査では全国で1万1,007人の患者が発生し、提訴患者数は6,000人以上に上った。厚生省薬務局編・前掲注26) 7-8頁。
34) 同上6-7頁。
35) 金沢地判昭和53年3月1日判タ359号143頁。
36) 東京地判昭和53年8月3日判タ365号99頁。本判決の解説として、例えば以下のものがある。川井健「民事法の観点からのスモン判決」判時899号 (1978) 2頁、原田尚彦「薬害と国の責任―可部判決の論理をめぐって」判時899号 (1978) 12頁、住吉博「東京スモン訴訟の手続法理的検討」判時899号 (1978) 17頁、泉博「裁判評論の試み」判時899号 (1978) 25頁。
37) 福岡地判昭和53年11月14日判タ376号58頁。
38) 豊田誠「スモン確認書締結の意義」判時51巻12号 (1978) 52頁。

ここでは、他の地裁に先だって判決がなされた金沢、東京、福岡の各地裁判決における、被告製薬会社および被告国の責任に関する判示において、本書との関係で重要な点を概観する。[39]

　(a) **国の責任**　(i) 国の安全性確保義務の存否　スモン訴訟判決では、国の義務違反の前提として、薬事法上、国が医薬品安全確保義務を負っているか否かが大きな論点となった。なぜならば、キノホルムがその製造・販売の許可・承認を受けた1948年薬事法および1960年薬事法[40]には、医薬品の副作用の観点から厚生大臣に医薬品の安全性確保のための規制権限を定めた規定、とりわけ、医薬品承認後の許可・承認の取消し等の取締規定が皆無であったため、法律の留保の原則からして、国の安全性確保義務の存在が導けないのではないかと考えられたためである。また、安全性確保のための規制権限が肯定されるとしても、なお、その規制権限行使・不行使の判断は行政裁量に属することから、それが違法となるのはいかなる場合かが問題となった。[41][42]

　金沢地裁判決では、国の注意義務を論じる場面において、1960年薬事法のみならず1948年薬事法のもとにおいても、薬局方に収載されていない医薬品は厚生大臣が薬事審議会等に諮問したうえでその製造が許可・承認されているところ、厚生大臣は許可・承認に当たり公衆衛生の向上および増進を図る見地から当該医薬品の有効性と安全性について審査する職務上の権限があった、また、薬局方収載医薬品についても収載後も厚生大臣は安全確認義務を継続的に負うとし、1948年薬事法および1960年薬事法は取締法的性格を基本

---

39) スモン訴訟各判決では、因果関係の認定方法や予見可能性の対象・程度といった民事法上の重要な論点についても詳細な判示がなされており、とりわけ、予見可能性に関しては行うべきであった警告の内容とも関連するが、情報伝達の法システム全体を描くという本書の目的および紙面の関係上割愛する。以下、本章で検討する各判決についても同様である。
40) 1948年薬事法では「許可」、1960年薬事法では「承認」である。なお、1948年薬事法のもとで医薬品の製造許可を受けている場合には、当該医薬品について1960年薬事法の規定による承認を受けたものとみなされるとしていた（附則5条）。
41) 東京地判昭和60年3月27日判タ555号121・126頁〔解説〕。
42) なお、これらの主張のほか、従来の行政法学で有力であった「反射的利益論」に則った主張、すなわち、薬事法の立法趣旨は公衆衛生の向上という公共の利益であり個々人の利益の確保ではないから、原告の被侵害利益はいわゆる「反射的利益」に過ぎず、国は賠償責任を負担しないとの主張が被告である国からなされたが、いずれも裁判所により否定されている。

的性格とするものの、それにとどまらず時代に即応した医薬品の安全確認にも配慮した積極的性格を併有していたと判示した[43]。

　他方、次に出された東京地裁判決では、薬事法の沿革、立法趣旨、目的および規定の文言を詳細に検討したうえで、1948年薬事法および1960年薬事法のいずれも不良医薬品の取締りを目的とする警察的規制に過ぎないとして、制定当時の各薬事法においては、実定法上、厚生大臣に医薬品の安全性確保義務を見出せないとした。なかでも薬事法の規定については、製造承認に当たっての審査基準、審査手続および審査機関、承認後における追跡調査制度、承認の撤回等、医薬品の安全性確保のための積極的・具体的規定がないことを指摘している[44]。しかし続けて、裁判所は、1967年9月および10月に出された各薬務局長通知において医薬品の安全性確保のための事前および事後の方策が明文化されたことによって、1960年薬事法は、旧来の警察的規制から医薬品の安全確保を目的とする法規へと基本的性格が修正されたとした[45]。

　3番目に出された福岡地裁判決では、東京地裁判決と同様に、薬事法や薬務行政の変遷を詳細にたどったうえで、1948年薬事法について、「規定そのものと法体系、薬務行政例、医薬品と国民とのかかわりあい、国民の被告国の薬務行政に対する期待と信頼、医薬品の特質等を総合的に考慮してくると、国家賠償法1条1項による責任を負う前提での被告国の医薬品安全確保義務と、それを介して国民個々人の生命・健康の保全をはかるべき義務とは肯定されざるをえない」として[46]、1960年薬事法のみならず、1948年薬事法の制定当時から、国に医薬品の安全性確保義務が認められるとした。

　　(ⅱ)　国の具体的義務と義務違反　　金沢地裁判決では、医薬品についての許可・承認についての裁量権行使は、社会通念上著しく妥当性を欠いて裁量権を付した目的を逸脱し、濫用したと認められる場合には違法であるとして裁量権濫用についての一般論を示した。そのうえで、上記のような医薬品の安全性確保義務のもと、厚生大臣は、製造販売の許可等の申請がされた

---

43)　金沢地判昭和53年3月1日・前掲注35）174-175頁。
44)　東京地判昭和53年8月3日・前掲注36）230頁。
45)　同上239-240頁。
46)　福岡地判昭和53年11月14日・前掲注37）137頁。

医薬品の安全性確認のための無方式による実質的審査義務を負っており、職権による文献収集、調査、適当な機関への試験実施依頼を含むあらゆる方法を駆使することによって、審査に万全を期する法律上の要請があること、この安全性確認についての注意義務はその時代における最高の学問的水準に拠ったものでなければならないことを示した[47]。なお、医薬品の安全性確保の義務は、医薬品の製造業者が第一次的に負うものの、万全を期待できないため、補充、後見の見地から厚生大臣の義務があると述べている[48]。そして、厚生大臣には、キノホルムの最初の製造許可がなされた1953年当時にスモンの予見可能性があり、許可・承認の却下もしくは適応限定といった結果防止措置をとらず、キノホルムが医薬品として使用される場合の安全領域を遥かに逸脱した範囲に有用性を公認しその製造販売の許可を行っており、この行為は、社会観念上著しく妥当を欠き、医薬品の有用性を判断する場合の裁量を逸脱した違法な処分であったと認定した[49]。

東京地裁判決は、国の安全性確保義務を1967年以降に認めたため、基準時も同時点となり、それ以前に行われていたキノホルムの許可・承認の違法性は問われなかった。そのうえで、同時点以降、国民の生命・身体・健康に対する毀損という結果発生の危険があり、規制権限を行使すれば容易に結果発生の防止ができ、しかも権限行使がなければ結果発生を防止できないという関係にあり、行政庁において危険の切迫を知りまたは容易に知りうる状況にあり、被害者が規制権限行使を期待することが社会的に容認されうる場合には、行政庁の裁量権は収縮・後退し、規制権限行使が義務付けられ、その不行使が違法となるとした[50]。

そして、本件では、基準時時点において、キノホルムまたは類縁化合物がヒトに対し重篤かつ不可逆的神経障害という副作用をもたらす報告等があり、厚生大臣はキノホルム投与により神経障害作用の発生予測が可能であったこと、FDA勧告での適応症限定等の情報を前提とすると、同時点において、

---

47) 金沢地判昭和53年3月1日・前掲注35）177頁。
48) 同上178頁。
49) 同上183頁。
50) 東京地判昭和53年8月3日・前掲注36）250頁。

少なくとも適応症をアメーバ赤痢に限定し、その他の疾病を適応とする製造・輸入につき一時停止すべき義務があったにもかかわらずこれを怠ったとして、規制権限不行使の違法があるとした[51]。

福岡地裁判決では、1948年薬事法下においても国の安全性確保義務が認められるとしたが、その内容として、医薬品の許可時においては行政庁自らの積極的文献調査義務、許可後においては新たな副作用情報を入手した場合の更なる調査義務、警告義務、製造・販売の一時中止を命じる等、医薬品の安全性確保のために考えうる限りの方法を採る義務があるとした[52]。更に、医薬品の服用により消費者の生命・身体に副作用被害を及ぼしたことだけで、当該医薬品の供給を可能ならしめた国の過失が事実上推定され、国は、予見可能性が無かったことを立証しない限り推定は覆られないとして、過失の推定を認めたうえ、本件における認定事実からは推定は覆らないとした。

また、医薬品の許可・承認が自由裁量行為であったとしても、医薬品の安全性に懸念があり、その旨の情報がある場合にはそこに自由裁量性が入り込む余地は無く、裁量権は、いかにして安全性を確保するかという手段についてのみ認められうるとした[53]。そして本件では、本件原告のうち最も早いキノホルムの服用開始時期である1959年時点において、キノホルムの販売中止等の行政措置をとるべき義務があるのにそれを怠ったとした[54]。

　(b)　**製薬会社の責任**　　(i)　製薬会社の義務と義務違反　製薬会社の医薬品についての安全性確保義務についてはいずれの判決も肯定している。

金沢地裁判決は、製薬会社の医薬品安全性確保義務について、最高の学問的水準により、医薬品自体についての科学的確認、用法・用量・効能についての正しい使用上の指示、市販後の追跡調査、必要な場合の警告等安全性確保のための必要と考えられる可能な限りの方法を採る義務があるという一般論を示した[55]。そのうえで、予見可能性につき、医薬品は一般的に危険性を内蔵しており、絶対安全というものは無いから、ある重大な被害が特定の医薬

---

51)　同上。
52)　福岡地判昭和53年11月14日・前掲注37) 139頁。
53)　同上147-148頁。
54)　同上149頁。
55)　金沢地判昭和53年3月1日・前掲注35) 184頁。

品を原因として発生したという相関関係が認められれば、その被害についての製薬会社の予見可能性が推定されるとし、本件でこの事実上の推定は覆らないとした。更に、義務とその違反についての具体的内容は、国と同様とするのみで詳述はしていない。

東京地裁判決では、予見義務につき、販売前の新薬についてはその時点における最高の技術水準をもって臨床試験等を実施する義務、販売後については情報の収集を常時行い副作用の存在に疑惑を生じたときは追跡調査を行い、できるだけ早期に当該医薬品の副作用の有無および程度を確認する義務があるとした。結果回避義務については、予見義務の履行により副作用の存在につき強い疑惑を把握したときに、可及的速やかに適切な結果回避措置を講じること、その内容は、副作用の存在または強い疑惑の公表、副作用回避のための医師や一般使用者に対する指示・警告、医薬品の一時的販売停止・回収等が考えられ、いずれの措置をとるかは、副作用の重篤度、発生頻度、治癒の可能性、および当該医薬品の治療上の価値（代替性の有無、生命・身体の救護に不可欠か否か）を総合的に検討して決定すべきとした[56]。そして、本件では、本件被告らによるキノホルムの製造開始時である1956年当時には既に予見可能性が認められるとした。

そのうえで、結果回避義務の具体的内容としては、「少なくとも、能書の記載、医師へのダイレクト・メール・プロパーが医師を個別に訪問した際の口頭での伝達あるいはマスコミなどの手段を通じて、〔本件キノホルム製〕剤の適応症をアメーバ赤痢に限定するとともに」、副作用についての具体的な指示・警告を行うべきであったとした。更に、本判決は、キノホルムの販売について、著しい宣伝行為の実態があったこと、副作用は全くみられない等と宣伝されたこと、おびただしい数の適応症が記載されていたこと等を挙げて問題視し、被告の結果回避義務違反は、製造開始時において既に明らかであったばかりでなく、その後年を経ると共にその度を深くしたと糾弾している[57]。

---

56) 東京地判昭和53年8月3日・前掲注36) 197-198頁。
57) 同上209-210頁。

福岡地裁判決では、医薬品製造業者は、開発過程においては内外の文献の渉猟、各種試験の実施を行う義務、販売に際しては使用上の的確な指示を行い、流通に置かれた後も副作用等の情報収集を怠らず、場合により各種試験を再実施しまたは警告を発し、万一安全性に疑惑が生じたときには製品回収を行う等、消費者の生命・身体に対する危害を未然に防止する措置をためらわずにとる等の、医薬品の安全性確保のために考えうる限りの方法を速やかにとる義務があるとした。そして、過失につき、自ら製造した欠陥医薬品の服用により消費者の生命・身体に副作用被害を及ぼしたことだけで、製造をした者の過失が事実上強く推定され、製造業者において、高度かつ厳格な注意義務を尽くしても予見不可能だったことを立証しない限り推定は覆らないとした。そのうえで、本件では、基準時である1959年時点での過失が推定されるところ、それを覆す立証が無いとし、また基準時時点での被告の販売活動等を詳述し、本件での義務違反を認定した。

　(ii)　医師の投薬行為との関係　　また、金沢地裁判決および福岡地裁判決では、医師の不適切な投薬行為が介在事情となるため責任を負わないとの被告製薬会社の主張を排斥する過程で、製薬会社の医師に対する警告の内容や媒体について以下のように述べている。医師は、医薬品が公認された物であれば、それ自体が安全なものかどうか、能書記載の用法・用量等が適切かどうか確認する義務はなく、公定書（国民医薬品集等）の解説書あるいは製薬会社の能書、パンフレット等の記載に従って処方すれば一応その注意義務を果たしたものと解されるため、医師が能書記載の用法等を逸脱として医薬品を投与した結果副作用被害が発生した場合に製薬会社が責任を負わないという主張が妥当性を有するのは、過剰投与に対する警告が具体的かつ適切になされているという前提がある場合に限られる。

　(c)　**判例の検討**　　スモン事件における各地裁判決は、大規模な医薬品副作用被害についての日本で初めての裁判所による判断として大きな関心を集めた。

---

58)　福岡地判昭和53年11月14日・前掲注37)　99頁。
59)　同上99-100頁。

国の責任については、金沢地裁判決および福岡地裁判決が、薬事法における規定のみならず、薬務行政の実態を踏まえたうえで、1948年薬事法においても国の安全性確保義務を肯定したのに対して、東京地裁判決では薬事法上の規定を重視しつつも、1967年に出された薬務局長通知により、薬事法の性格が警察法規から安全性を積極的に確保するための法に転換したとしている。1948年薬事法においても安全性確保義務を認める解釈は、できる限り本件における被害救済を広く認めるためのものであり、被害救済の観点からは高く評価されている。[60] もっとも、薬事法の規定からすると、1960年薬事法の制定時においても、薬事法が副作用を積極的に防止することを目的の1つとして立法され、行政行為を命じていたものであったかどうかは明らかではないといえる。前述したとおり、1950年代から1960年代にかけての医薬品の使用の増大や不適切な表示等の問題、副作用被害が露わになるにつれて、行政庁が積極的に医薬品の安全性を確保する必要性の認識が、社会的にも、行政の実務においても急速に高まったものと考えられる。

　他方、製薬会社について安全性確保義務が認められることについては異論がないものの、本件では、むしろ、不法行為法上の要件である因果関係や過失の要件を立証することが原告にとっては極めて大きな負担であることが改めて認識された。裁判所は事実上の推定や過失の対象の抽象化を認めることで立証の負担を軽減させようとしたが、スモン事件では第1審判決に至るまで7年ほどの時間がかかっていることからもわかるように、過失責任の原則のもと、これらの要件充足のための原告の主張・立証責任の負担が重いことは明らかだった。

4　薬事法改正と医薬品副作用被害救済基金法の成立

　スモン事件における11地方裁判所での原告勝訴判決を受け、原告、厚生大臣、製薬会社の各当事者は確認書を締結し[61]、また、これと同時に、薬事二法と呼ばれる1979（昭和54）年薬事法改正および医薬品副作用被害救済基金法

---

60)　沢井裕「食品・薬品公害と製造物責任4」法時51巻2号（1979）61頁。
61)　確認書について、豊田・前掲注38）52頁。

が成立した。スモン事件の結果もたらされた薬事二法は、サリドマイド事件によってあらわれた医薬品についての行政規律と民事規律の変化、すなわち、①医薬品の安全性に関する事前および事後の行政規律の強化、②行政が関与する被害者救済のための法制度という変化をより一層推し進めると共に、スモン事件でみられた訴訟による解決の短所を克服しようとするものだった。

(1) 行政規律の変化——薬事法の改正

大阪地裁判決や金沢地裁判決では、1960年薬事法において、国が安全性確保義務を負うことが示されたものの、東京地裁判決に示されているように、医薬品の副作用の観点から厚生大臣に医薬品の安全性確保のための具体的規制権限を与えた規定を欠くことが問題とされた。1979年の改正では、1960年薬事法以後、とりわけ1967年頃以降に主として行政指導により行われてきた、新薬承認の厳格化、副作用報告制度、再評価制度等についての一連の施策を法制化することがその内容とされた。

下記の点が大きな改正点である。

① 薬事法の目的規定

スモン事件において争われた薬事法の性格についての問題に関して、薬事法の目的規定に、医薬品の品質・有効性・安全性確保を明記し（1条）、薬事法が単なる警察的規制ではなく、医薬品の安全性を確保するための積極的な法規であることを確認した。

② 医薬品の製造承認について

製造承認についての規定を整備し、非承認事由として、申請にかかる効能、効果または性能を有すると認められないとき（14条2項1号）、効能、効果または性能に比して著しく有害な作用を有することにより、医薬品としての使用価値がないと認められるとき（同項2号）等と定め、有効性と安全性の比較衡量の結果、有用性が欠ける場合には承認されないことを明確化した。また、承認申請に当たって提出すべき資料についての規定を追加した（同条2項）。

③ 市販後の安全性調査について

(a) 副作用報告制度

1967年以来、通知に基づく行政指導として行ってきた副作用報告制度

について法定し（69条1項）、副作用報告基準についても施行規則で定めた（薬事法施行規則62条の2）[62]。

(b) 再審査制度の創設（14条の2）

　新薬の承認時に得られた品質、有効性、安全性を再確認するために、承認時に指定された期間（原則6年だが、承認区分により4～10年の間で期間が異なる）において、情報を収集し有効性・安全性についての再審査を行う制度である。新薬の承認に当たり、厚生大臣により再審査指定が行われ、製薬企業は、再審査期間中に収集された情報・資料をもとに再審査申請資料を作成し、再審査申請を行うことが義務付けられた。また、再審査対象医薬品については、1年ごとに、「新医薬品等の使用の成績等に関する調査及び結果の報告」（年次報告）が求められることになった（薬事法施行規則21条の4）[63]。

(c) 再評価制度の法定（14条の3）

　前述のように、1971年から通知に基づく行政指導により医薬品の再評価が実施されていたが、これを薬事法上法定した。

(d) 製薬会社から医療専門家に対する情報提供について

　添付文書に関する規定とは別に、医薬品の製造業者、販売業者等は、医療専門家に対して、医薬品の有効性・安全性に関する事項その他適正な使用のために必要な情報を提供するとの努力義務を定めた（77条の2）。

(e) 市販後の製品回収等

　それまで薬事法上法定されていなかった、緊急命令、回収命令、医薬品の承認取消しの規制権限について規定を創設された（69条の2・70条1項・74条の2）。

　このように、目的規定の改正に加え、医薬品の承認に当たってその安全性を審査することが明確に法定されたことで、薬事法は、事前規制として医薬品の安全性を積極的に確保するための法として性格づけられた。

---

[62]　高橋・前掲注30）31頁。
[63]　同上63-69頁。

更に、副作用報告制度を法定したのみならず再審査制度を備えることにより、市販後の安全性に関する情報収集と調査に関しての規律を大幅に前進させたということができる。

(2) **被害者救済についての展開**──**医薬品副作用被害救済基金法 (1979)**

(a) 制度創設の背景　　もう１つの大きな法制度の変化は、医薬品副作用被害救済基金法の制定である。

サリドマイド事件とスモン事件を受け、医薬品の副作用による被害救済のために訴訟によらない救済制度の創設が必要不可欠であるという世論が高まり、1976（昭和51）年に出された「医薬品の副作用による被害救済制度研究会報告」[64]を受けた具体的な検討の後、1979年に医薬品副作用被害救済基金法が制定され、同制度が発足した。

医薬品副作用被害救済制度の背後にある考え方としては、以下のように説明がなされた[65]。

医薬品は人体にとって異物であり、安全性と有効性のバランスの上に成り立っているが、その副作用の事前の予見には限界がある。かかる性質をもつ医薬品による副作用被害は完全に防止することが不可能である。医薬品の副作用被害の救済のためには、訴訟により民法または国家賠償法による賠償責任を追及し判決を得る方法があるが、過失が存在しない場合があり、また、過失がある場合でも、因果関係および過失の立証が極めて困難かつ多大な時間と費用を要し、被害者の早期救済が図られない。裁判上または民事上の和解による解決も、法的責任が曖昧となる、時間がかかる等の問題点がある。また、副作用被害は法的な問題以前に科学的な事柄が紛争の本質であるため、司法的な判断になじむかどうか疑問がある。

また、制度創設の議論の過程では、医薬品の副作用被害救済のためには製造物責任を導入すべきとの強い意見が出されたが、医薬品の副作用被害が必ずしも製造物責任にいう「欠陥」概念に該当しないと考えられたこと、医薬品に無過失責任を導入すると医療過誤についても同様の議論が起き、医療全

---

64)　厚生省薬務局編・前掲注26) 13・477-497頁。
65)　同上59-66頁。

体のあり方に影響を及ぼす問題となるため、現時点の政策としては妥当ではないこと、因果関係の立証はいずれにしても必要であるところ無過失責任の導入のみでは解決できないこと等の理由により導入は見送られた。[66]

　(b) **制度の概要**　　この制度は、医薬品副作用被害基金法を根拠法として医薬品副作用被害救済基金を設立し、基金が医薬品の製造業者等から拠出金の徴収を行うと共に国から救済給付の費用補助を受け、救済給付と保健福祉事業を行うという形になっている。支給決定は、厚生大臣の附属機関である中央薬事審議会に設置された副作用被害判定部会が医学的薬学的判断を中心に行う。また、抗がん剤等一定の医薬品は救済の対象とならず、副作用被害の原因医薬品について民法等による賠償責任を負う者が明らかな場合にも給付は行われない。

　給付の種類は、医療費、障害年金、遺族年金等だが、給付の性質は損害賠償でも一般的な社会保障でもなく、法制化された製薬企業の社会的責任により財源を調達する生活保障的色彩と見舞金的色彩の両方をもつ独自の給付であると説明された。[67]

　(c) **検　　討**　　医薬品副作用被害救済制度は、被害者救済が図られる副作用被害の原因を、製薬会社の過失が認められない場合にまで広げると共に、立証責任の負担ゆえ迅速な救済が図られにくい民事訴訟による解決ではなく行政的な制度に拠ろうとしたものであり、これらの2点においてそれまでの民事規律を大きく修正するものだった。すなわち、不法行為法は将来の不法行為の抑止と被害者救済という2つの目的をもつところ、日本では、不法行為法による訴訟での解決が医薬品の副作用被害の救済に資さないという認識から、不法行為法制や訴訟の仕組みを変化させるのではなく、むしろ、被害者救済のための行政的な制度を新設し、その賠償責任については拠出金という形態をとった。これにより、被害者救済の実効性は高まったといえるが、他方で、加害者である製薬会社（および国）に対する抑止力が働きにくくなるという危険性をもつものだった。[68]

---

66)　同上74-75頁。
67)　同上69-86頁。
68)　当時における同様の指摘として、例えば、下山ほか・前掲注19)　32頁。

(3) 製造物責任法制定への動きとその頓挫

医薬品副作用被害救済制度の設立に関する議論とほぼ同時期には、相次ぐ医薬品副作用被害や食品被害とこれらについての訴訟を背景として、製造物責任法立法の動きが始まっていた。1972年に我妻榮博士を中心とする製造物責任研究会が発足し、1975年には、無過失責任の導入、欠陥や因果関係の推定等を内容とする「製造物責任法要綱試案」[69]が発表され、社会的に注目を集めた。

しかし、1979年に医薬品副作用被害救済制度の成立をみた頃から、製造物責任の立法化の動きは急速に衰え、1980年頃にはほぼ停止した。これについては、1960年代末の社会的な反公害運動への反動として、不法行為事件一般において行き過ぎを抑える「被害者の保護から公正な賠償へ」という論調へと変化したこと、また、製造物責任法が先だって確立したアメリカにおいて、1970年代に、製造物責任訴訟の多発と懲罰的損害賠償の問題に伴う損害賠償の高額化によって保険市場が破綻し（この事実認識については現在では異論がある）、不法行為法改革運動が生じたことが法制化を委縮させた理由であるといわれている。[70]

5 検討――アメリカとの比較

日本では、高度経済成長期における医薬品産業の発展と国民皆保険の達成により国民の医療へのアクセスは飛躍的に高まったが、同時期の薬事法が医薬品の安全性確保を目的とする規律を十分に備えていなかったことからサリドマイドやスモンといった事件が発生した。これに対して、行政規律は事前の審査を厳格化すると共に、事後的な副作用の情報収集についての制度を備えていった。日本においては、アメリカで1938年に制定された食品医薬品及び化粧品法（FDCA）が医薬品の安全性確保をその目的としたのと比すと遅く、20世紀中期に至っても薬事法が警察的規制の特徴を未だ有していたが、2つの大きな副作用被害を受けて、薬務行政が徐々に整備され、最終的に法

---

[69] 内容の紹介として、升田純「製造物責任法の制定まで」山田卓生ほか編『新・現代損害賠償法講座第3巻　製造物責任・専門家責任』（日本評論社・1997）25・51-60頁。

[70] 加藤雅信「製造物責任法の特色」山田ほか編・前掲注69）1・9-11頁（日本評論社・1997）。

定されることで薬事法の性質が変化し、名実共に、医薬品の安全性を積極的に確保することを目的とする行政規律になったといえる。

他方、訴訟による被害者の救済という民事規律はアメリカとは大きく異なる道をたどるようにみえた。すなわち、アメリカでは製造物責任法が20世紀中期には確立したこと、また、連邦不法行為請求法（Federal Tort Claims Act）に基づく国家賠償責任の追及はほぼ不可能であったことから、医薬品の副作用被害については主として製薬会社に対する製造物責任訴訟によって救済が求められることとなった。そして、そこでは、設計上の欠陥も争われるが、ものと情報が一体となって機能するという医薬品の性質ゆえ、警告責任を問う訴訟が発展し、医師と製薬会社との役割分担を促進する知識ある媒介者の法理が成立した。日本では、製薬会社に対する不法行為責任訴訟に加え、国に対する国家賠償請求訴訟が行政規律の変化の動因となるのみならず被害者救済においても大きな役割を担った。更に、製造物責任法立法は見送られる一方で、行政による新しい制度として医薬品副作用被害救済制度が発足し、製薬会社の出捐による基金により副作用被害の補償が行われることとなった。この制度は、被害者の全体的な救済に資する一方で、製薬会社に対する将来の副作用被害の抑止力を欠くと共に、民事規律の発達を鈍化させうるという意味で、民事規律の不法行為抑止機能を弱めるように働く危険性があるものだったともいえる。

最後に、民事規律に関し、訴訟においては、サリドマイド事件においてもスモン事件においても医師が訴えられなかったが、これは製薬会社に対する責任追及に必須の証拠である投薬証明や法廷における証言を医師から得ることが必須だったためという戦略上の理由によるものである。[71] この点からも、これらの事件において、民事的な規律が医師の行為を適正化するように働かないという問題があったことがわかる。

---

71) 戒能通孝ほか「薬禍の構造とその責任」法時45巻1号（1973）21・48頁。

IV　医師への情報提供に関する認識の深化と裁判例

　本節では、1970年代以降、製薬会社の医師に対する情報の伝達のあり方に関する反省から、行政規律および民事規律によって添付文書をはじめとする情報伝達の適正化が図られたことを確認し、次に、プロモーション活動の利益提供の側面について公正取引に関する規律と自主規制が発展したことを示す。この検討を通じて、日本においても、製薬会社から医師に対する情報伝達の適正化のために、アメリカと類似の規律の展開がみられたことを確認する。

1　行政指導による添付文書の適正化

　IIにみたように、1948年薬事法では、承認された医薬品の表示に関する規定は存在したものの、「添付文書」という名称では呼ばれず、不正表示医薬品に関する規律として規定が置かれていた。そこでは、医薬品の「表示書に、虚偽の事項又は誤解を招く虞がある事項の記載がされているもの」（41条1号）や表示書に「使用上の適当な注意」が記載されていないもの等を「不正表示医薬品」として禁止し、罰則の対象としていた。また、1960年薬事法においては、旧法に比してより詳細な定めを置き、添付文書等の記載事項として、用法、用量その他使用および取扱い上の必要な注意等（52条）、記載禁止事項として、虚偽もしくは誤解を招く恐れのある事項、承認を受けていない効能もしくは効果または保健衛生上危険がある用法、用量もしくは使用期間（54条）を定めた。

　しかしながら、アメリカとは異なって、日本においては、医薬品の承認の際に医薬品というものに対する審査・承認は行われるものの、添付文書の記載内容については審査・承認の対象ではなく、事実上の指導取締りも十分には行われていなかったことから、不適切な添付文書が流通する状態が存在した。

　このような状況を受けて、医薬品の添付文書のあり方について厳しい批判がなされ、1970年代以降、行政、医学・薬学分野において、添付文書につい

ての論議が広く行われるようになった。例えば、1970年代に厚生省が医療用医薬品の添付文書を検討した際には、①副作用が少なく、安全である旨を過大に強調しているもの、②臨床報告例と称して、承認内容以外の効能または効果を列挙しているもの等、不適切な表示、不正確な表現のみられた事例が大部分であった、と報告されている[72)73)]。

　厚生省は、従来、特定の副作用問題が生じると、関係医薬品の使用上の注意事項について個別に指導してきたが、1970年、「効能・効果」、「用法・用量」、「副作用」等の記載について不適切な表示事例を示すと共に、添付文書の記載に当たっての留意事項として、医療用医薬品添付文書記載要領を策定し通知した[74)75)]。1976年には、添付文書の記載項目の１つである、「使用上の注意」について、上記添付文書記載要領に加え、「医療用医薬品の使用上の注意記載要領」を策定して通知した[76)]。これら２つの記載要領の策定と通知に伴い、添付文書の全品目全面改定作業が行われると共に、より詳細な記載方式を定めるために、厚生省の指導のもと、日本製薬団体連合会の自主的ガイドラインとして添付文書の記載方式が検討・策定され、同省からの通知として発出された[77)]。

　このようにして、1970年代には、医師への情報伝達の中心的な媒体である添付文書について、行政指導により内容の適正化が図られた。このような行政的な規律の発展は、民事訴訟における製薬会社の責任を基礎づける議論にも影響することになる。

---

72)　平野克明「製薬会社の責任と医師の責任（下 - (1)）」判タ490号（1983）９・13頁。
73)　「わが国の場合には、いわゆる能書がはなはだ不十分で、心ある医師はアメリカのPDR（Physicians' Desk Reference. アメリカ医薬品能書集）を手引きにしているといわれている」と指摘されている。山口浩一郎「医薬品製造者の民事責任」唄孝一＝有泉亨編『現代損害賠償法講座４　医療事故・製造物責任』（日本評論社・1974）443・466頁。
74)　昭和45年４月21日薬監第167号厚生省薬務局監視課長通知「医療用医薬品の添付文書の記載にあたっての留意事項」。
75)　この後、1983年、ヒトでのデータを重視し、添付文書を読みやすくするという観点から記載要領の改訂がなされ、（昭和58年５月18日薬発第385号、同薬監第38号）、更に、1997年には再度記載要領が改訂されている（平成９年４月25日薬発第606号）。
76)　昭和51年２月20日薬発第153号薬務局長通知「医療用医薬品の使用上の注意記載事項」。
77)　昭和51年３月29日薬発第287号。

2　裁判例における警告責任への認識の向上

　ここでは、行政規律による添付文書の内容の適正化が進むと同時に、裁判例においても製薬会社の負う指示・警告責任についての議論が深化したことを、筋肉注射筋拘縮症訴訟とクロロキン訴訟における各判決を概観することで確認する。

(1) 筋肉注射筋拘縮症訴訟

　(a)　**事件の概要**　筋拘縮症とは、大腿筋や三角筋への筋肉注射により（問題となった注射剤の種類は複数ある）、注射剤のもつ化学的・物理的障害作用が原因となって、注射部位周辺の筋肉組織が繊維化・瘢痕化して股関節や膝関節等の屈曲障害を招く疾患であり、特に乳幼児に発症した場合には重い症状となるとされる。筋拘縮症は、国民皆保険制度の成立に伴って医師筋肉注射が多用され始めた1961年頃から増加したが、1973年に山梨県で集団発生して以降大きく社会問題化し、各地において国、製薬会社および医師を相手方とした訴訟が提起された。訴訟では、筋拘縮症についての指示・警告上の責任が中心的な争点となった。また、筋肉注射の多用について、医師の責任の有無および医師の責任と製薬会社の責任との関係も問題となった。[78] 本事件については、9つの訴訟が提起され、3つの地裁判決（福島地裁白河支部判決[79]、東京地裁判決[80]、名古屋地裁判決[81]）が下されているが、いずれの判決も、製薬会社が適切な警告を行わなかった点についての不法行為法上の義務違反を認める一方で、国の義務違反については否定した。また、医師の責任については、名古屋地裁判決を除き、医師と原告との和解が成立したため判示されていない。

　(b)　**筋拘縮症訴訟判決**　(i) 被告製薬会社の責任　福島地裁白河支部判決では、製薬会社が一般的に負う注意義務の根拠と内容として、以下のとおり判示した。医薬品はその性質上人体に対する有害な作用を伴う危険性を

---

[78]　淡路剛久「事例研究・筋拘縮症訴訟における製薬会社の責任と医師の責任との関係」立教法学35巻（1991）78・80-85頁。
[79]　福島地白河支判昭和58年3月30日判夕493号166頁。
[80]　東京地判昭和60年3月27日・前掲注41）121頁。
[81]　名古屋地判昭和60年5月28日判夕563号202頁。

有するため、安全な使用のための用量、投与期間、投与方法等が定められ、また、副作用が免れないものについてはその種類、程度、頻度、重篤性等が明示され、適応の判断が的確になされるよう配慮されている。しかし、市販後になお知られていない有害作用が存在する危険性がある。製薬会社は医薬品の開発から販売まで全過程を支配している一方で患者および医師が医薬品の安全性を確かめることは不可能または困難である。したがって、製薬会社は医薬品の市販前および後において最高の知識と技術をもって医薬品の安全性を確認すべき義務を負い、その結果医薬品について副作用等の有害な作用の存在または存在の合理的な疑いがある場合には、医薬品の製造・販売の中止、回収、有害性の公表、用法・用量の制限、医師および一般使用者への指示・警告等の措置を講じる義務がある。[82]

そして、本件の基準時（原告らによる注射剤使用の最も早い時期である1969〔昭和44〕年）における予見可能性を認定したうえで、結果回避可能性につき、被告製薬会社は、医師の団体等を含む会社への広報活動、能書きへの記載、パンフレットまたは文献集の交付、プロパーによる説明等適宜な方法で指示・警告することにより、医師に対し、本件各筋肉注射剤使用の適否について適格な判断をなし、かつ、やむを得ず使用する場合にはできる限り本症発症を回避するために必要な処置に関する情報を提供することが可能であった、と論じ、これらの方策を採っていないという義務違反が認められるとしている。[83]

東京地裁判決においても、製薬会社が負う注意義務として、次のように述べた。医薬品が必然的に危険を内包しているものであり、その危険がもたらす結果の重大性にもかかわらず、患者にはそれを吟味する方法はなく、また、多忙な医療業務に従事する医師にとり、自ら医薬品についての情報を収集・分析し、正確な知識を維持することは事実上不可能である。他方で製薬会社は、医薬品の製造販売から莫大な利潤を得、医薬品開発に当たり膨大な情報の収集と分析の過程を経て当該医薬品に関する専門的知識と技術を独占し、また、販売後においても製造販売過程を排他的に支配し、医薬品の副作用等

---

82) 福島地白河支判昭和58年3月30日・前掲注79) 196頁。
83) 同上212頁。

有害情報に関する情報の収集と分析をなすに十分な能力を有している。したがって、製薬会社は、製造販売開始時は勿論、製造販売後においても、最高の学問的水準に則った有害作用に関する知見を認識し、その知見に照らし、医薬品の使用において危険が発生しないよう、使用者（医療用医薬品については医師、一般用医薬品については一般消費者）が医薬品を適切かつ安全に使用するために必要な指示または警告をする義務がある[84]。

そして、本件について、基準時（本件原告についての最も早い注射行為がなされた1967〔昭和42〕年）における予見可能性を認定したうえで、結果回避義務として、筋肉注射による筋拘縮症のリスクについて1965年頃には医師一般にその安全性についての認識が広まっていなかったこと等についても被告製薬会社は十分に認識していたから、それ以後の時点において、「その使用者である一般の医師に対し、本件各注射剤を注射すること、特に小児に注射することにより筋拘縮症を発症するおそれがあることを指摘し、医師が本件各注射剤の投与をなすに際し、筋拘縮症の発症を警戒して、筋肉注射の適応が無いか、少いにもかかわらず筋肉注射をすることがないよう、筋拘縮症の発症に関する知見の周知徹底を図るため、その旨を使用上注意又は警告として能書（添付文書）に記載し、あるいはいわゆるプロパーをして医師に伝達せしめる等可能な限りの方途を講ずべき義務を有していた[85]」とした。にもかかわらず被告は、添付文書における警告も行わず、その投与期間等についても触れることなく、筋肉注射が可能であるとの指定を漫然と継続しており、義務違反が認められるとした。

名古屋地裁判決においても、製薬会社の義務として、まず、医薬品が疾病に有効な薬理作用をもつと同時に、常に危険な有害作用を内在させるものであることから、製造業者はこれを作り出したものとして安全性を第一に確保すべき立場にあり、製造・販売の過程を通じ高度の注意義務を尽くして安全性の確保に努めること、副作用の疑いが生じた場合には、疑いを解明し、被害回避のための相当な回避措置をとることとした[86]。そのうえで、本件につい

---

84) 東京地判昭和60年3月27日・前掲注80) 183-184頁。
85) 同上187頁。
86) 名古屋地判昭和60年5月28日・前掲注81) 371頁。

て、基準時(筋肉注射による原告らの被害が回復不可能となった蓋然性が高い時点)における予見可能性を認めたうえで、被告製薬会社は添付文書への記載、プロパーによる情報伝達等によって医師らに警告・指示を行う義務があったにもかかわらずこれを懈怠したとして責任を認めている。[87]

　(ⅱ)　国の責任　　国家賠償法上の義務違反を判断する前提としての、国の医薬品安全性確保義務については、東京地裁判決、福島地裁白河支部判決いずれも、1960年薬事法における国の安全性確保義務を認めた(東京地裁判決においては1948年薬事法も検討の対象となっていたが、これについても同義務を認めている)。

　一般的な安全性確保義務を認めたうえで、福岡地裁白河支部判決は、規制権限の不行使が義務違反となる場合について、①医薬品の副作用等の有害作用によって国民の生命・健康を侵害する差し迫った危険の存在、②厚生大臣において危険の切迫を知りまたは知り得べかりし状況にあること、③厚生大臣において安全性確保に関する権限を行使すれば、有効適切な危険回避措置を講じることができる場合に、規制権限を行使しなければならないとした。かかる準則を示すに当たり、裁判所は、厚生大臣の規制権限発動は自由裁量に属するものの、医薬品の安全性確保に関しては、裁量の幅はそれほど大きいものとは認めがたいと付言している。[88] そして、予見可能性については、安全性確保に関する責務を果たすに足る合理的な監督体制の整備の有無、当該体制のもとで担当公務員が誠実かつ忠実に職務遂行すれば危険を知ることができたか、という観点から判断するとしたうえで、医薬品の承認審査手続、副作用報告制度等の副作用情報収集・評価体制は一応合理的であり、国に製薬会社に求めると同様の調査を求めることはできないとした。そして、本件では基準時までに厚生大臣が危険の切迫を知りまたは知り得べかりし状況にあったとはいえないとして、義務違反を否定した。

　東京地裁判決においても、厚生大臣の規制権限の不行使が義務違反となるのは、①国民の生命、身体、健康に対する差し迫った具体的な危険発生の予

---

87)　同上382頁。
88)　福島地白河支判昭和58年3月30日・前掲注79) 216頁。

見可能性があり、②規制権限を行使することで、危険防止のための有効適切な措置をとり得、結果回避が可能であり、③規制権の行使が社会的に要請される場合であり、その不行使が裁量の範囲を超えて著しく合理性を欠くと認められる場合に限られる、と判示した。そのうえで、医薬品の安全性確保の第一次的責任は製薬会社が負い国は後見的立場にあり、国の負担すべき義務と製薬会社の義務との間には一線を画するものがある、として、承認時はもとより、それ以後も、筋拘縮症の大量発生が社会問題化するまでの間に、厚生大臣が差し迫った危険を予見しうる可能性があったものとはいえないとした[89]。

　他方、名古屋地裁判決は、薬事法上の国の安全性確保義務を否定し、条理上の安全性確保義務の存在を認めたうえで、医薬品の製造許可（承認）時点および後に副作用等の存在を知りまたは行政事務遂行過程で容易に知り得た時点で、医薬品の安全性確保のため、最高水準の知見および調査能力を駆使して調査を行い医薬品の有効性を検討し、副作用被害を避けるための適切な措置をとるべきであり、厚生大臣の介入が無ければ結果回避が困難であるという切迫した事態では、その不作為が国賠法上の違法とされる場合もありうると言明した。しかしながら続けて、製造許可後の医薬品の副作用についての調査・情報収集は、製薬会社がまず行うべきことであり、厚生大臣は、製薬会社と共にまたは後見的立場に立って、調査の規模、方法、可能性等を判断することが問題になるに過ぎず、これは厚生行政における政策の問題であるとした[90]。そのうえで、本件においては、医薬品の許可後に広範な一般的調査を行う義務は無く、それゆえ予見可能性も認められないとした。

　　　(iii)　医師の情報理解の問題　　また、本件においては、医師による不適切な注射行為の介在により、被告製薬会社の行為と被害との間の因果関係が否定されるとの主張が製薬会社からなされ、医師も被告とされていたことから（福島地裁白河支部および東京地裁における訴訟では、和解が成立した）、いずれの判決においても、製薬会社による警告責任と医師の行為との関係についての判示がより具体的になされた。

---

89)　東京地判昭和60年3月27日・前掲注80）197-198頁。
90)　名古屋地判昭和60年5月28日・前掲注81）396-399頁。

福島地裁白河支部判決では、医師が的確な判断をなし適正な医療行為を行うためには、医薬品の安全性に関する正しい情報を十分に把握していなければならないが、医師が個別に医薬品の安全性を確認することは通常不可能または非常に困難であるから、場合により、製薬会社において医薬品の有害作用を公表し、使用上の指示・警告をなすべきとしたうえで、本件の具体的事実関係のもとで、適切な指示・警告がなされていれば、医師が適応を厳格に判断しまたは注射に当たっての配慮を行い、結果、本件被害の回避が可能であったと推認できるとしている。[91] 東京地裁判決では、医師による注射行為が適応について厳密に考慮されず、投与についても長期間または継続投与がある等、不当性は否めないが、他方、医師は能書記載の用量に従って投与しており、また、能書には筋拘縮症の危険の警告も、投与期間、連続投与等の制限についての指示もなかったことからすると、警告義務が尽くされていれば被害が避け得たとして、医師の行為の介在は製薬会社の責任の認定を妨げないとしている。[92]

名古屋地裁判決では、医師について副作用の予見可能な時点以降、医師の過失が認められたが、製薬会社の責任については消長を来さないと述べている。[93]

　　　(ⅳ)　検　　討　　筋拘縮症訴訟判決では、適応についての有効性と安全性との比較較量における医薬品の有用性が認められるものの、小児への使用の危険や使用頻度等についての警告を行う義務が問題となった点で、そもそも有用性自体が認めがたいキノホルム（前述のように、東京地裁はアメーバ赤痢についての有用性を肯定したが、他二判決はそもそも承認を取り消すべきとしている）とは事案の性質が異なっていたといえる。

　製薬会社の責任については、一般論についてはスモン訴訟判決で示された考え方を踏襲しているが、本件では警告責任が中心的争点になり、警告の時期についても販売開始後の時点が焦点となっていたことから、警告を医師等に伝達する方法について詳細に述べられている。いずれの判決においても、

---

91)　福島地白河支判昭和58年3月30日・前掲注79）192・212頁。
92)　東京地判昭和60年3月27日・前掲注80）189-190頁。
93)　名古屋地判昭和60年5月28日・前掲注81）369頁。

警告の方法について、広報活動、添付文書への記載、パンフレットまたは文献集の交付、プロパーによる説明等の適宜かつできる限りの手段で伝達する義務があることを明示している点が注目に値する。また、医師の医療行為の適切性の判示においても、製薬会社が適切な使用方法についての警告を行うべきことの重要性が強調されている。

　他方で、国の責任については、1960年薬事法のもとで医薬品の安全性確保義務が認められるかどうか、という点については、それを条理上のものとする名古屋判決も含め全ての判決が認めており、中心的な論点とはなっていない。しかし、本件が、警告義務、かつ、医薬品市販後における情報収集と警告に関する義務が焦点であったことから、国が安全性確保義務を負うとしても、それは第二次的・後見的なものであり、事後的な副作用報告制度等の政策は一定の合理性を有し、かかる制度のもとでも厚生大臣に予見可能性が認められない場合には、それ以上の積極的な義務を負うものではないとしている。

(2) クロロキン訴訟

　(a) **事件の概要**　クロロキンは、1934年にドイツで合成に成功した化学物質で、抗マラリア剤や慢性関節リウマチ治療薬として用いられ、日本では、1948年薬事法のもとで1955年から輸入販売が開始され、1960年から1964年にかけて、慢性腎炎や、てんかん等に適応を拡大して製造販売された。クロロキン網膜症は、クロロキンの副作用により生じる不可逆的な網膜の障害であり、この副作用被害を被った患者らが原告となり、国および製薬会社を相手方として訴訟が提起された。クロロキン訴訟では、クロロキンの有効性と安全性との比較較量における有用性の存否も争われたが、裁判所は有用性を肯定したうえで、副作用であるクロロキン網膜症についての警告を行う責任を中心的に論じた。国および製薬会社を被告とするクロロキン訴訟は、1975年に第1次、1985年に第2次訴訟が提起され、製薬会社と間では1988年の第1次訴訟控訴審判決後に第2次訴訟と併せて和解が成立し[94]、国との争訟は1995年の最高裁判決にまで至った[95]。ここでは、製薬会社の責任に関して第1次訴

---

94)　東京高判昭和63年3月11日判タ666号91頁。
95)　最判平成7年6月23日民集49巻6号1600頁。

訟の控訴審判決、国の責任に関して第1次訴訟の最高裁判決をそれぞれ取り上げる。[96]

(b) **クロロキン訴訟判決**　(i) 製薬会社の責任　東京高等裁判所は、製薬会社の注意義務につき、以下のように述べた。まず、開発段階については、調査と十分な試験を実施し、医薬品としての有用性、安全性を確認し、副作用の有無、程度をあらかじめ知り尽くしておくようにする義務があり、副作用が存在しまたは存在が疑われるが有用性が認められるとして販売しようとするときは、副作用の詳細な内容をできるだけ正確に把握し回避手段を把握したうえ、当該医薬品の最終消費者である医師、患者を含む一般国民に対して正確、十分に伝達する体制を整えておくべきとした。また、販売開始後には、副作用について継続して調査する義務があり、市販後に新たな副作用情報（副作用情報とは因果関係を疑わせる一応の理由で足りる）を入手したときは、情報収集、調査、検討に着手すると共に副作用発生を回避するため可能な限りの措置を講じる義務を負い、調査の結果因果関係の可能性が払拭できなければ、警告、適応の一部の廃止、販売停止、製品回収等のいずれかの措置を講じる義務がある[97]。

本件については、被告製薬会社が義務を尽くしていればクロロキンの長期使用による網膜症の発症を1960年の時点で予見可能だったとしたうえで、有用性の見地から製造・販売を継続する以上、かかる副作用についての調査、研究を尽くしたうえ、「医師、患者、その他の一般国民に対して、正確、かつ、十分な副作用情報を逐次可及的速やかに提供して、その使用を誤りなからしめ、もつて副作用の発生を防止する義務を負うのであつて、具体的には、起こり得る副作用の性質、程度、特徴、症状、発現のひん度、検知方法、発症後の対処方法等を能書等の文書に詳細に記載し、さらにはその他の的確な方法例えば日刊新聞紙上への公告等をもつてこれを伝達すべきであつた」[98]とした。そしてとりわけ、クロロキン製剤が慢性疾患を適応としており、その

---

96) また、クロロキン網膜症について、医療過誤として医師を相手方として提起された損害賠償請求訴訟も存在するがここでは扱わない。
97) 東京高判昭和63年3月11日・前掲注94) 195-196頁。
98) 同上209頁。

投薬が長期化しがちであることからすると、「右の副作用情報においては、長期連用、過剰投与を厳しく戒しめるべきであり、その警告、指示は、正確、十分な情報に則ってできる限り念入りになされるべきであった[99]」にもかかわらず、被告製薬会社らは、能書および二つ折りへの記載、「クロロキン含有製剤についてのご連絡」との文書配布、「日医ニュース」への記載等を行ったものの、これらは厚生省の行政指導によるものであっただけではなく、その記載内容は、不十分、不正確、かつ不徹底であり時期も失したものであったとして義務違反を肯定した[100]。

　　(ii) 医師の説明義務　　東京高裁判決では、医薬品の選択や使用に当たっての医師の責任についても詳細に論じている。裁判所によれば、医師による医薬品およびその投与方法の選択は、医師が、患者の具体的状況に応じ、副作用にも注意を払いつつ決定していくべきものであり、かかる医師の裁量は実践的医療水準に照らして是認できる範囲内のものである必要があるが、裁量のもとに正しい判断をするためには、医薬品の効果、用法、用量、副作用についての情報が、誤りなく、詳細に伝えられていることが必要である[101]。

　そして、医師は、個々の患者の病状、生体の各条件を考慮したうえ、ある医薬品が当該患者にとって有益かつ必要と判断した場合でも、重篤な副作用の危険があるときは、投与に先立って、その裁量により、患者に対して治療の目的、内容、効果と共にその副作用の危険性等の情報を十分に説明開示し、その危険を受容するか否かの諾否を求める義務がある。この説明開示は、副作用の危険性がある限りは、患者の諾否を得る前提として必要であるばかりではなく、医学、薬学の知識の無い患者が副作用の兆候を自発的に訴えさせるためにも必要なはずである[102]。

　　(iii) 国の責任　　最高裁判決は、薬事法における国の安全性確保義務の有無についての判示は行わず、単に、1960年薬事法における各規律は、医薬品の品質面における安全性のみならず、副作用を含めた安全性の確保を目

---

99)　同上209頁。
100)　同上210頁。
101)　同上224頁。
102)　同上225頁。

的とするものとした。そして、医薬品の許可・承認、効能追加の承認について、承認時における医学的薬学的知見のもとで、当該医薬品がその副作用を考慮してもなお有用性を肯定しうるときは、厚生大臣の承認等の行為は国賠法上の違法の評価を受けることは無いとした。そのうえで、本件については、効能拡大の承認を下した1960年から1964年までの間において、副作用に関する報告はあらわれ始めたばかりであった等の事実に照らし、拡大された効能についてクロロキンの有用性を肯定し承認したことに違法はないとした。[103]

また、規制権限不行使の主張に対しては、厚生大臣の規制権限は自由裁量であるとの前提のもと、医薬品の副作用による被害が発生した場合であっても、厚生大臣が当該医薬品の副作用による被害の発生を防止するために権限を行使しなかったことが直ちに国賠法上の違法と評価されるのではなく、副作用を含めた当該医薬品に関するその時点における医学的、薬学的知見のもとにおいて、前記のような薬事法の目的および厚生大臣に付与された権限の性質等に照らし、権限の不行使がその許容される限度を逸脱して著しく合理性を欠くと認められるときに違法となるとした。そして、本件では、厚生大臣は、医薬品の安全性確保のための組織・体制整備が整った1967年以降、クロロキン製剤を劇薬及び要指示医薬品に指定し、添付文書等の記載を充実させて医師、医療機関の注意を喚起し、医師の適切な配慮により副作用の発生を防止しようとする等の措置を講じており、クロロキン網膜症についての現在の知見、特に1976（昭和51）年に公表された再評価結果からみると、これらの措置は内容・時期において必ずしも十分なものとはいえない。しかし、医薬品の安全性の確保および副作用被害の防止については、医薬品の製造・販売を行う者が第一次的な義務を負うものであり、また、当該医薬品を使用する医師の適切な配慮により副作用による被害防止が図られることを考慮すると、当時の医学的・薬学的知見のもとで厚生大臣がとった各措置には合理性があり、違法性は認められないとした。[104]

　　(iv) 検　　討　　クロロキン訴訟においても、筋拘縮症訴訟と同様、

103）　最判平成7年6月23日・前掲注95) 1611-1612頁。
104）　同上1614-1616頁。

市販後の副作用に関する情報が問題となったが、製薬会社は、情報収集・調査および警告のそれぞれについて、いかなる措置をとるべきかにつき詳細に論じたうえで、製薬会社の警告義務違反を認めた。

　他方、国の責任については、安全性確保義務は前提としたうえで、市販後における義務については、製薬会社に課された義務とは異なって、添付文書に対する指導等といった措置は合理性があるとし、規制権限不行使の違法は認めなかった。

(3)　まとめ

　筋拘縮症訴訟およびクロロキン訴訟では、いずれも市販後における情報の収集・調査および警告義務が争点となった。そして、裁判所は、製薬会社については積極的かつ可能な限りの情報収集・調査および警告義務の履行を求める一方で、国については、副作用報告制度や添付文書への指導といった措置は合理性があり違法性が認められないとして、求める義務の程度は製薬会社よりも低いものとしている。

　製薬会社の義務についての、警告の具体的な内容および警告を行うための具体的な媒体についての詳細な判示からは、添付文書の記載内容についての行政指導が進んだ1970年代には、かかる行政規律の動きと呼応して、裁判所においても製薬会社が果たすべき警告のあり方を具体的に示すことで、民事規律が情報伝達を促す機能を果たしたといえる。本件では、医薬品の服用時期との関係で、Ⅲで検討した医薬品副作用被害救済制度の対象外であったために、同制度での被害補償を求めることはできず、このことも訴訟提起の動因となったが、結果として、製薬会社の警告責任に関する民事規律が深化したと考えられる。

　他方、市販後の国の責任については、国はあくまで後見的、補助的な役割を果たすべきであり、製薬会社こそが適切な警告責任を果たすべきであるとの判断があると考えられ、この点でも、民事規律は、製薬会社が自ら率先して警告責任を果たすことを促しているといえる。前述したように、サリドマイド事件の後、1967年から副作用報告制度（行政指導による実施。1979年から法定）、1979年から再審査制度と、行政規律による市販後の情報収集制度が創設されていったが、いずれの制度も製薬会社や医師から報告がなされるこ

とを前提とした制度でありその限界があることや、副作用の発生については医療現場の状況を注視している製薬会社こそ端緒を入手し、自ら確認することが義務付けられることから、事後的な副作用の情報収集と警告の場面において、製薬会社の責任が前面に出、国の責任が退くという判断になったものと考えられる。

このように、1970年代半ば以降に提起され、1980年代以降に判決が出された医薬品の副作用被害に関する訴訟では、製薬会社に対して警告義務を適切に果たすことを促すよう働きかけるものだった。

3　プロモーション活動についての行政規律の展開
(1)　厚生省による行政規律とその失敗

本節1でみたように、1970年代には医薬品の添付文書についての行政規律が強化されていったが、他方、医療用医薬品のプロモーション活動についてもその激化を抑制すべく規律を強化する動きがあった。もっとも、プロモーション活動についての行政規律の強化は、提供される情報内容に着目するというよりも、プロモーション活動に伴う利益提供の制限に焦点が置かれた。

既述のように、1961年の国民皆保険の達成によって医薬品産業はさらに発展したが、その主たる市場は医療用医薬品だった。薬事法制上、一般用医薬品と医療用医薬品とが区分されたのは1967年だが、1961年頃には（後にいうところの）一般用医薬品と医療用医薬品との生産比率は50：50（推定）だったが、1970年には25：75、1975年には18：82となったとされている。このような市場の変化に伴って、医薬品のプロモーション活動は、医薬品販売員による医療用医薬品の医師に対するプロモーション活動に集中した。

医薬品販売員による医師へのプロモーション活動は、戦前からの医薬品販売員の性格を踏襲し、医薬品についての情報を提供するというよりは、医師との人間的な関係を築いて販売を促進する側面が強く、プロモーションに従事する「プロパー」と呼ばれる販売員についても、医学薬学的な専門知識をもつ者は多数ではなかった。そして、かかる販売促進のための手法として、1960年代半ばから「現品添付」と呼ばれる、医薬品のサンプルを提供することが行われるようになった。製薬企業は、医薬品の販売価格を下げるのでは

なく、製品そのものをおまけとして医療機関に提供し、医療機関はそのサンプルを患者に投与し、それを保険請求することで実質的な利益を得るという実態が存在した[105]。この「現品添付」に対して、厚生省は社会保険医療費の赤字問題との関係で高い危機感をもち、1966年に指摘・警告、1970年には現物添付が行われている医薬品を薬価基準から削除する旨の方針の発表等、1972年および1973年には「販売姿勢の適正化」と題した文書の業界団体への送付を行い、抑制しようとしたが、「現品添付」というプロモーション活動は存続し続けた。この背景には、製薬会社が販売姿勢を改善する姿勢を欠いていたこともあるが、医療機関の側からの強い反発もあったという。

この状況に対して、1974年、厚生省は、特定の製薬企業の販売する5品目の医療用医薬品について、添付行為を行ったという理由で薬価基準から削除するという事後的制裁を実際に課すに至り、この制裁は、製薬業界に対してプロモーションの態様についての自主規制を促すこととなった。すなわち、同年末には、製薬協（日本製薬工業協会）流通委員会が医療用医薬品の「流通要綱」を決定し、1976年には同協会が「医療用医薬品のプロモーションに関する倫理コード」を作成するに至った[106]。

このように、医薬品のプロモーション活動における利益提供という問題については、厚生省によるたび重なる指導が行われ、それに対応して製薬業界の自主規制も策定されるに至ったが、その効果は芳しいものではなかった。

(2) 公正取引に関する規律と製薬会社の自主規制

1980年頃には、厚生省による事後的制裁とこれに脅威を覚えた製薬業界の取組みによって、「現品添付」は減少していったが、他方で、飲食やスポー

---

105) 『厚生白書（昭和43年版）』〔電子版〕（厚生省・1968）では以下のように述べられている。「医薬品の販売にあたつては、従来から商慣習として現品添付や景品類等の提供が行なわれているが、医療機関に販売される医家向け医薬品については、その支払の大部分が公的な医療保険により行なわれるものであることから、たとえ一部にせよこのような添付や景品等の提供の事例が生ずることは好ましいことではない。このため、医薬品の販売のあり方については、機会あるごとに再三関係業界に対して行政指導を行なつてきた。その結果、最近ではかなり改善されてきたが、まだ、一部の業者においては景品等の提供の事例がみられるので、今後も一層行政指導を行なうと同時に、業界自身の手で販売姿勢を早急に正し、公正かつ、自由な競争が行なわれるような販売体制を確立することが望まれる。」
106) 以上について、MR認定センター編・前掲注14）53-65頁、天野・前掲注14）160-161頁。

ツ観戦等の接待行為を伴うプロモーション活動が存続・増加した。更に、医師から依頼された医学文献のコピーを提供すると同時に、自社製品に関する論文も持参・提供することで情報提供を行うプロモーション活動がこの時期に増加した。

　この頃、1978（昭和53）年には国民医療費が10兆円を超え、それに占める薬剤費が35％を超えるという状況を背景に、医療費増大を背景として危機感をもった政府が規制強化の必要性を認識すると共に、社会的にも、医師による「薬漬け医療」や製薬会社の販売競争が強く批判されることとなった。

　(a)　**医薬品情報提供者の質の変化と向上**　プロモーション活動を改善するための方法として議論された１つの方法は、「プロパー」と呼ばれた医薬情報提供者の質を改善することだった。

　医薬情報提供者の活動が医師に対する利益提供に重心を置き、本来の業務である医療用医薬品についての学術情報の伝達・提供・フィードバックがなされていない状態を改善すべきとの認識のもとで、厚生省は、1979年の薬事法改正に向けた議論において、プロパーの資格化を提案した。この提案に対しては、当時の医薬品情報提供者の半数以上を文系出身者が占めていたという現状等から製薬業界は時期尚早であるとして反対し、代わって、業界により自主的に医薬情報提供者の質を向上させる規制を策定して対応することとなった。具体的には、製薬業界は医薬情報提供者の教育研修等の取組みを始めると共に、その名称についても、従来の「プロパー」という通称から、欧米で使用されていた「Medical Representative（MR）」の呼称に改め、医薬品の情報を提供する者としての位置づけを明確にしようとした。[107)108)]

　また、市販後調査の適正な実施、調査資料の信頼性の確保、ひいては医薬品の適正な使用に資することを目的として1991年に策定、1993年から施行された「新医薬品等の再審査の申請のための市販後調査の実施に関する基準（Good Post-marketing Surveillance Practice: GPMSP）[109)]」においては、「医薬品

---

107)　同上80-83頁。
108)　MRについては、その後、1997年に、財団法人医薬情報担当者教育センター（MR教育センター）が設立され、MR認定制度が発足している。
109)　平成３年６月18日薬発第646号。

情報提供担当者」についての規定が置かれ、医薬品の有効性・安全性に関する情報を医師等から収集し、また、医師等に医薬品の情報提供を行う者として定義がなされた。[110]

(b) **公正取引に関する規律によるプロモーション活動の規律** しかしながら、製薬会社による過剰なプロモーション活動に対してより強い規制を課してその適正化を促したのは、厚生省による薬事上の規律ではなく、公正取引委員会（公取委）による公正取引に関する規律だった。

1981年、医療機関への医薬品納入価の高値維持のために談合が行われたとして、医療用医薬品の流通に関して初めて独占禁止法の観点からの検査が行われた。この事件では、1983年、最終的に談合行為は認定されず、公取委から製薬協に対する排除勧告がなされ、製薬協による応諾と応諾を受けた審決[111]により終結したが、独禁法に基づく制裁を科されたことは製薬業界に大きな衝撃を与えた。また、公取委による審決の前日、公取委および厚生省は連名で、「医療用医薬品の流通改善について」との文書を発表し、製薬業界に対してプロモーションに直接かかわる公正競争規約の策定を促した。[112]

製薬業界では、それまでも医療用医薬品の公正競争規約策定の動きがあったものの実現せずに終わっていたが、公取委による排除勧告と厚生省からの指摘を受け、1984年に「医療用医薬品製造販売業における景品類の提供の制限に関する公正競争規約」を策定すると共に、その運用主体として医療用医薬品製造販売業公正取引協議会を発足した。[113] 規約の内容としては、試用医薬品の提供に関する制限（医師からの請求書に当たる「試用書」および「受領書の発行を義務付ける等」）、研究会・講演会での景品類の制限（景品を5,000円以内としたが、旅費や交通費の実費分は制限を行っていない）、リベートの禁止等が

---

110) 2条9号では、以下のように定義が定められている。「医薬情報担当者とは、製造業者等に雇用される者であって、医師等から医薬品の有効性及び安全性に関する情報を収集し、これを市販後調査管理部門に伝え、また、市販後調査管理部門の決定に従い医師等に評価・分析の結果を伝達する者をいう。」
111) 公取委勧告審決昭和58年6月30日審決集30巻35頁。
112) 景品表示法11条の規定により、公正取引委員会の認定を受け、事業者または事業者団体が表示または景品類に関する事項について自主的に設定する規制。
113) 昭和59年3月14日官報、公正取引委員会告示第8号。

定められた。このように、プロモーション活動における医師への利益提供についての具体的な内容をもつ自主的規律が発足したことは大きな進展ではあったものの、研究会・講演会における旅費や交通費の負担は制限しない、医師からの症例報告書に対する報酬は「社会通念上課題にならないよう留意する」との規定にとどまる等、その規制は十分なものではなかった。また、1980年代半ばには、再審査期間中に実施する使用成績調査や製薬会社が自主的に実施する臨床成績調査が、プロパーによる販促活動と一体となり実施され、医師への謝礼等が濫用される傾向にあったが、これについても、医療用医薬品製造業公正取引協議会において、1989年、医療用医薬品製造業競争規約の「症例報告収集計画実施に関する運用基準」として制定され、臨床成績調査についての報酬に限度額が設けられた。[115]

更に、1991年、公取委は「流通・取引慣行に関する独占禁止法上の指針」(独禁法ガイドライン)を発表し、製薬企業における値引き補償制度や医薬情報担当者の価格関与について厳格に監視する旨を公表した。これに呼応して、医療用医薬品製造販売業公正取引協議会では、同年に「医療用医薬品製造業公正販売活動指針」を策定して価格体系の見直しを行い、また、製薬協では1993年に従来の「医療用医薬品のプロモーションに関する倫理コード」に代えて「医療用医薬品プロモーションコード」を策定した。このプロモーションコードは、公正競争規約の遵守を前提として、そこで規律されていない点についても、医薬品のプロモーションについての規定を置くものであると共に、国際的な業界団体である、国際製薬団体連合会(International Federation of Pharmaceutical Manufactures and Associations: IFPMA)による医薬品マーケティングコードに準拠したものだった。

公取委による公正取引に関する規律、それに対応する製薬業界の自主規制の発展により、製薬会社によるプロモーション活動における過剰な利益提供は一定程度改善されていったが、その規律は十分ではなく、1990年代以降にはいくつかの贈収賄事件が発生し、刑事的な制裁が加えられるに至った。

---

114) MR認定センター編・前掲注14) 84-86頁。
115) 髙橋・前掲注30) 78頁。

2000年には枚方市民病院において前院長が医薬品納入の採否に絡んで利益提供（現金および接待）を受けた事実が発覚し、翌年、収賄での有罪判決（執行猶予）を受けた。[116)]

刑事事件における有罪判決まで発展した同事件を受けて、製薬協は、2001年、更なる自主規制として、企業のコンプライアンス体制に関する指針として、製薬協コンプライアンス・プログラム・ガイドラインを策定した。

(3) まとめ

日本では、製薬会社による医師に対するプロモーション活動について、情報内容の適否もさることながら、利益提供の側面が過剰に存在したことから、プロモーション活動に対する規律も、利益提供の側面に着目した公正取引に関する各規律や刑法によるものが発展した。これら規律による事後的な制裁とそれに対応した自主規制の発達によって、プロモーション活動の利益提供の側面が不十分ではありつつも徐々に改善するとともに、プロモーション活動自体が情報提供に重心を置くものに変化していったといえる。

4　検討——アメリカとの比較

本節でみたように、日本では、1970年代後半から1990年代初頭にかけて、行政規律においても民事規律においても、製薬会社による情報伝達の内容や方法について適正化を促す動きがあったといえる。行政規律による添付文書の記載内容の事前規律については、日本では、アメリカとは異なり添付文書が厚生省による承認の対象となっていないことから不適切な内容のものが流通していたが、行政指導という形で内容の適正化が図られ、実質的にアメリカに近い形での行政規律が出来上がっていった。また、民事規律においては、市販後の副作用情報の収集・調査および伝達について、製薬会社に強くその履行を促すような裁判例がみられ、他方で市販後の国の責任については抑制的なものとなった。

他方、プロモーション活動については、情報提供というよりは単なる利益提供による販促活動の側面が強かったため、公正取引に関する規律およびそ

---

116)　このほか、1990年代以降の医薬品販売に関係する贈収賄事件として、豊橋市民病院における贈収賄事件、上野総合病院事件等がある。MR認定センター編・前掲注14) 101-104頁。

れに対応した自主規律の発展という、アメリカにおいて1990年代にみられた動きが日本では先駆けて始まったといえる。

　添付文書等の適正化やプロモーション活動に適切な情報伝達機能を担わせるという方向へのこのような変化は、日本において、医薬品の安全で適切な使用のために、適切な情報伝達こそが重要であるという認識が同時期に広く共有されるに至ったことを示している。

V　血液製剤をめぐる被害と薬事法の規律強化

　本節では、1990年代から2000年代にかけて争われた大きな集団訴訟である、薬害エイズ事件およびC型肝炎訴訟を概観し[117]、これらの訴訟においては、国の責任が大きく問題とされ、訴訟においても和解においても国の責任が重視される、1960年代から70年代の状況と類似する状況が生じたこと、また、エイズ事件においては、医師における利益相反の問題、医師から患者に対する情報提供の不備という、それまでの訴訟においては必ずしも光が当たっていなかった医薬品の情報伝達における問題についての認識が高まったことを述べる。

---

117)　これらのほか、同時期の生物由来製品によるウイルス感染被害にヤコブ病事件がある。この事件では、人の死体から取った脳硬膜を凍結冷凍させた製品「ライオデュラ」について、その製造元であるドイツのBブラウン社がドナーの選別や製品の滅菌処理等の処置を行っていなかったことにより、移植を受けた患者が致死率100％であるヤコブ病に感染した。ライオデュラは日本で1973年に輸入承認され、1997年まで年間約2万件使用されていたといわれ、1996年の厚生省による調査によれば、1987年までに製造されたライオデュラの移植歴のあるヤコブ病患者が42名見つかった。被害者の遺族により、1996年以降東京および大津の二地方裁判所に訴訟が提起され、2002年3月に両地裁にて合同和解が成立し終了した。和解当事者は原告、被告厚生労働省、被告Bブラウン社、被告日本ビー・エス・エスであり、和解では、①患者1人当たりの一時金を平均6,000万円とすること、②国は全ての被害者に対し、一律350万円を負担すること、③1987年6月以降に移植を受けた被害者に対しては、350万円の外に一時金の3分の1を国が負担すること、等が内容とされた。ヤコブ病事件について、例えば、中島晃「薬害ヤコブ病訴訟和解の意義と残された課題」法時74巻7号（2002）54頁、阿部哲二「薬害訴訟／ヤコブ病―第二の薬害エイズ」法セ539号（1999）64頁等。

1 薬害エイズ事件

(1) 事件の概要

薬害エイズ事件は、アメリカで製造され日本に輸入された非加熱濃縮血液製剤が HIV ウイルスに汚染されていたことにより、その投与を受けた患者（主として血友病患者）が HIV ウイルスに感染した事件である。

非加熱濃縮製剤は、日本においては1970年代に薬事法による販売承認を受けたが、同製剤はプール血漿と呼ばれる方法（2,000人～2万5,000人の血漿を単一の容器にプールして製造する方法）により製造され、1つの汚染血液が全体の汚染をもたらす危険性を有していたこと、その原料がアメリカにおける売血と呼ばれるエイズ感染者の含まれる可能性が高い商業的血液供給だったこと、にもかかわらず、何らのウイルス不活化策が採られていなかったことから、ウイルス汚染の危険性が極めて高いものだった。しかし、非加熱濃縮製剤は血友病患者が自宅で使用できる自己注射療法や出血予防のために投与する予防投与に便利であるとして宣伝され、アメリカから世界各国に大量に輸出販売された。

アメリカでは、1981年にエイズの症例がアメリカ疾病予防管理センター（Centers for Disease Control and Prevention: CDC）に報告された後、翌年には、エイズの極めて高い危険性についての認識がもたれ、1983年に FDA によってウイルス不活性化のための加熱処理を行った加熱濃縮製剤を承認すると共に、各企業に加熱処理が指示された。

他方、日本では、アメリカにおいて加熱処理が指示されたと同年の1983年に、患者による血液製剤の自己注射療法について保険適用を認め、非加熱濃縮製剤の大量使用へつながる実態が生まれた。同年、アメリカでのエイズ対策の動きを受けて、厚生省は「エイズの実態把握に関する研究班」（安部英班長）を発足して血友病エイズ問題について検討したが、加熱製剤の緊急輸入、国内血を原料とする緊急避難措置、医師や患者へ警告措置等何の対策も採られなかった。その後、1985年にウイルス不活性化を行った加熱濃縮製剤の輸入承認が行われたが、それまでの約2年半の間、製薬会社は、非加熱濃縮製剤の安全性についての宣伝をなお行いつつ、アメリカでの販売ができなくなった非加熱濃縮製剤の販売を継続し、結果として、日本の血友病患者

5,000人のうちの約40％がエイズに感染するという結果を招いた。

(2) エイズ訴訟と和解・行政規律の変化

　薬害エイズ事件については、1989年に大阪および東京の各地裁に、国および製薬会社を被告として国家賠償法および不法行為法に基づく損害賠償請求訴訟が提起され、各地裁とも1995年に結審した[118)119)]。結審と同時に、東京HIV弁護団は被告らに対して「全面解決要求書」を提出すると共に裁判所に対して和解勧告上申書を提出し[120)]、これに対して両地方裁判所は第1次和解案を提示したが、被告企業が責任の自認に抵抗したため交渉が難航した。しかし、翌1996年、訴訟係属中に厚生省が一貫して存在を確認できないとしてきた、「エイズ研究班」資料をはじめとするエイズ関係資料が「発見」されると共に、原告の座り込み運動がなされたこと等により、厚生大臣が裁判所の和解所見に示された国の責任を認めるに至り、同年3月に裁判所による第2次和解勧告がなされ、和解が成立した。

　和解は、裁判外で締結された「確認書」と裁判上の「和解調書」により構成され、被告らの各原告に対する1人当たり4,500万円の連帯支払い（負担割合は、国4：企業6であり、企業については、各原告が1社の製剤しか使用していずとも、全社が連帯して支払い義務を負うとされる）、エイズを発症した被害者について4,500万円とは別にひと月当たり15万円の支払い、厚生省によるHIV感染症の医療体制の確立についての基本的合意、未提訴者について

---

118) なお、非加熱製剤の投与によるエイズ被害については、1989年に後天性免疫不全症候群の予防に関する法律（エイズ予防法）（1998年に感染症法が制定されたことにより1999年に廃止）が制定されたが、同法はエイズ感染者を社会的に危険な存在と位置づけると共に、共に用意された医薬品副作用救済・研究振興基金による給付は死亡一時金で約700万円という低水準であり、厚生省による一連の政策は、医薬品による被害の救済としては不十分であるのは勿論、被害者であるエイズ感染者を社会的に封じ込めるものだったといわれている。安東宏三「薬害エイズ訴訟の経過」法セ506号（1997）58頁。

119) 薬害エイズについては医師の責任も問題となるが、訴訟では医師は被告とされなかった。各医師を被告とすると、本件訴訟提起に必要となる投薬証明を書いてもらえなくなる恐れがあったこと、各医師の賠償責任追及のための主張立証に多大な時間がかかることが理由であると説明されている。清水勉「日本における現状・訴訟の動き」ジュリ1035号（1993）8頁。

120) 原告が判決ではなく和解を選択した背景には、原告の多くがエイズを発症し始めており、判決による解決では控訴を含め時間がかかり多くの原告が生存するうちに解決ができないと考えられたこと、また、原告は薬害防止のための諸政策をも合意内容としたかったことによるとされる。安東・前掲注118) 59頁等。

も非加熱濃縮製剤使用による感染者であることの立証がなされた場合には同内容の和解を成立させることの合意、国・製薬会社ともに二度と薬害を発生させないよう最大限の努力を行うことの誓約が内容とされた。[121][122]

このように、薬害エイズ事件においては製薬会社の責任が認められると共に、裁判所による和解所見で非常に詳細に論じられているように、国の責任の大きさが取り上げられ、和解においては、原告以外の被害者の救済、将来のエイズについての医療体制の確立の約束や、薬害根絶の誓約等が約された。このような和解のあり方は、サリドマイド事件やスモン事件においてみられたものである。

(3) 利益相反および医師の説明義務の問題

また薬害エイズ事件ではその各所において利益相反の問題が存在した。すなわち、厚生省が1983年に設置した「後天性免疫不全症候群（AIDS）の実態把握に関する研究班」では、当時血友病の権威と言われた安部英氏が班長となったが、安部氏は、非加熱製剤の輸入企業であるミドリ十字の財団ともいえる「内藤医学研究振興財団」の理事であると共に、自身で「財団法人血友病総合治療普及会」の設立準備を行い、研究班の論議がされている最中である1983年5月から7月にかけて、ミドリ十字を含む製薬会社5社（その全てがHIV訴訟の被告である）から、基金として多額の寄付金を受けていた。[123]医療や医学研究において利益相反という概念が日本で議論されるようになるのは後のことであるが、安部氏については、血友病患者を診察する医師としても、また、厚生省における公的研究に携わる研究者としても、重大な利益相反を有していたものといえる。この利益相反関係は、当時「癒着」として

---

121) 和解について、以下の文献を参照。安原幸彦「和解の到達点と今後の課題」法セ506号（1997）62頁。
122) また、和解が成立した1996年には、原告の刑事告訴に基づき、大阪地検および東京地検は、安部英氏、ミドリ十字社の歴代社長3名および当時の厚生省生物製剤課長松村明仁氏を、いずれも業務上過失致死罪の罪名で起訴した。刑事事件についての判決は以下のとおり。ミドリ十字ルートについて大阪地判平成12年2月24日判時1728号163頁、大阪高判平成14年8月21日判時1804号146頁、最決平成17年6月27日判例集未登載。帝京大ルートにつき東京地判平成13年3月28日判時1763号17頁。厚生省ルートにつき東京地判平成13年9月28日刑集62巻4号791頁、東京高判平成17年3月25日刑集62巻4号1187頁、最決平成20年3月3日刑集62巻4号567頁。
123) 以上について、伊藤俊克「厚生省、製薬会社、医師にはどんな責任があるか」法セ506号（1997）70頁。

大きく批判された。また、1983年には血液製剤の自己注射に保険適用が認められ、非加熱製剤がより容易かつ大量に使用される状況がもたらされたが、この時期に製薬会社や血友病の医師は、非加熱製剤のHIVウイルス感染とその危険性の情報を秘匿し、他方で非加熱製剤の安全性についての宣伝を行ったとされる[124]。実際、1983年以降、非加熱製剤の使用量は年を追って増加していった[125]。

　一部の血友病患者は、非加熱製剤とエイズ感染の関係についての情報が社会的に広まるにつれて医師にその懸念を伝えたが、医師は安全であると伝えたり、他方無断で患者に抗体検査を実施し結果が陽性であっても告知を行わなかったりしたという実態が存在したという。このように薬害エイズ事件においては、患者に対する説明義務も根本的に欠落していた[126][127]。

(4) **薬事規制の強化**

　薬害エイズ事件の後には、治験および承認審査ならびに市販後の情報収集を強化するための行政規律の修正が行われた。

　1996年に薬事法が改正され、医薬品による副作用に加え、感染症症例報告が義務付けられることとなった。また、それまで通知に基づく行政指導により行われていた、承認申請資料の信頼性の基準、医薬品の臨床試験の基準に関する基準、市販後調査の基準がそれぞれ、「医薬品の安全性に関する非臨床試験の実施の基準に関する省令（GLP）」[128]、「医薬品の臨床試験の実施の基準に関する省令（GCP）」[129]、「医薬品の市販後調査の基準に関する省令（GPMSP）」[130]として省令として制定された。

---

124) 安原幸彦「薬害エイズとインフォームド・コンセント」法セ506号（1997）66-67頁。
125) 片平洌彦「日本の血友病患者のHIV大量感染は『避けられなかった』のか？」ジュリ1069号（1995）74頁表3。
126) 安原・前掲注124）68-69頁。
127) 薬害エイズ事件についての文献として、その他、以下のものを参照。宇津木伸「HIV訴訟　和解案と今後の課題」法時69巻2号（1997）2頁、杉山真一「HIV訴訟　和解とその後の展望」法セ498号（1996）4頁、亀井正照「薬害エイズとは」法セ506号（1997）54頁、前田丈志「HIV訴訟　真相究明―厚生省と薬害企業の刑事責任を問う」法セ504号（1996）18頁、室井力「厚生行政の責任は何か」法セ506号（1997）40頁。
128) 平成9年3月26日厚生省令第21号。
129) 平成9年3月27日厚生省令第28号。
130) 平成9年3月10日厚生省令第10号。

また、2000年代初頭には薬事行政組織の再編が行われ、2004年独立行政法人医薬品医療機器総合機構（PMDA）が設立されて健康被害救済業務、審査関連業務、安全対策業務を行うこととされた。また、医薬品副作用被害救済制度は、医薬品医療機器総合機構に移転されると共に、2004年には新しく生物由来製品感染等被害救済制度が発足した[131]。

2　C型肝炎訴訟
(1)　事件の概要

　C型肝炎訴訟で問題となった血液製剤は、1964（昭和39）年に初めての製造承認販売を受け、その後ウイルス不活性化処理の方法が数度にわたり変更されたものであったが、C型肝炎ウイルスに汚染されていたことにより、投与を受けた患者がC型肝炎に感染した。原告は、フィブリノゲン製剤（加熱および非加熱）、および非加熱血液凝固第Ⅸ因子複合体製剤（クリスマシン等）について、国および製造・販売を行った製薬会社を被告とし、2002年以降、5地裁（大阪、福岡、東京、名古屋および仙台）に損害賠償請求訴訟を提起した。各訴訟については、2006年の大阪地裁判決をはじめとして、2007年にかけて判決が下され全て控訴がなされたが、2008年1月に薬害肝炎被害救済法が成立すると共に、同年2月以降に各地裁で和解が成立した。

(2)　地裁判決と特定C型肝炎ウィルス感染者救済特別措置法の制定

　　(a)　**各地裁判決**　　C型肝炎訴訟では、訴訟が係属した5地裁において判決がそれぞれ出され、仙台地裁判決を除いた4判決においてはクリスマシンについては製薬会社および国いずれの責任も認められず、他方、フィブリノゲン製剤（加熱および非加熱）について、各地裁で国の責任の有無、国および製薬会社が責任を負う根拠や期間についての判断が異なった。

　以下では、フィブリノゲン製剤の各判示について概観するが、フィブリノゲン製剤の製造承認、適応等についての事実関係は以下のとおりである。

　1964（昭和39）年6月　　非加熱フィブリノゲン製剤の製造承認
　　　　　　　　　　　　　　適応：先天性および後天性低フィブリノゲン血症

---

[131]　髙橋・前掲注30) 6-7・22頁。

1987（昭和62）年2月	非加熱フィブリノゲン製剤の第二次再評価　再評価調査会見解
	後天性低フィブリノゲン血症についての有効性が認められてよい、安全性を裏づける試料無し
1987（昭和62）年4月	加熱フィブリノゲン製剤の製造承認
	適応：先天性および後天性低フィブリノゲン血症

　最初に下された大阪地裁判決[132]は、製薬会社、国のいずれについても責任を認めた。同判決は、製薬会社の責任につき、非加熱製剤承認時（1964〔昭和39〕年）には適応限定義務の違反無し（予後が重篤な血清肝炎を発生させる予見可能性が無い）、1978（昭和53）年に情報収集・検討義務違反無し（なお有用性が認められていたため）とした。他方、1985（昭和60）年以降については、1985（昭和60）年当時（非加熱製剤について）、1987（昭和62）年当時（非加熱・加熱製剤について）において、各製剤には後天性低フィブリノゲン血症についての有用性がそもそも認められず、また、有用性の欠如についての予見可能性があり、適応を限定しなかった注意義務違反が認められるとした。

　国の責任については、1985（昭和60）年には有用性を欠くことについての認識可能性が無いため違法性は認められないが、1987（昭和62）年には上記認識可能性があり、したがって、非加熱製剤、加熱製剤共に適応を限定しなかった不作為の違法があるとした。

　次の福岡地裁判決[133]は、まず、非加熱製剤について、製造承認時には有用性が認められるため、製薬会社および国いずれの責任も否定した。しかし、1980（昭和55）年当時には、FDAによる承認取消しの情報の詳細やその他の知見を併せて、非加熱製剤の有用性を改めて検討すべき時期であり、かか

132）　大阪地判平成18年6月21日判時1942号23頁・判タ1219号64頁。本判決についての評釈および解説として以下がある。宇賀克也「特集C型肝炎関西訴訟第1陣第1審判決；大阪地裁判決をめぐって　国家賠償責任を中心に」判時1942号（2006）2頁、手嶋豊「特集C型肝炎関西訴訟第1陣第1審判決；大阪地裁判決をめぐって　製薬会社の責任」同8頁、渡邉知行「特集C型肝炎関西訴訟第1陣第1審判決；大阪地裁判決をめぐって　因果関係論・損害論」同15頁、西埜章「特集C型肝炎関西訴訟第1陣第1審判決；大阪地裁判決をめぐって　C型肝炎訴訟の今後の展開」同19頁。
133）　福岡地判平成18年8月30日判時1953号11頁。

る検討を行ったうえで適応を先天性低フィブリノゲン血症に限定すべきだっ
たにもかかわらず、製薬会社も国もかかる義務を怠ったとして義務違反が認
められるとした。

　また、加熱製剤について、その製造承認時、被告製薬会社は加熱処理によ
るウイルス不活性化により肝炎感染防止に効果があることの確認はできてい
ないことを知りまたは知り得べきであり、そのうえで適応を先天性フィブリ
ノゲン血症に限定すべきだったのにもかかわらずそれを怠ったこと、厚生大
臣は1987（昭和62）年2月の非加熱フィブリノゲン製剤の再評価結果からし
ても、加熱製剤についても有効性が乏しく有用性も認められないことを当然
認識していたため、適応を後天性低フィブリノゲン血症に限定すべきだった
にもかかわらずこれを怠った違法性があるとした。

　東京地裁判決[134]は、大阪地裁判決、福岡地裁判決とは異なり加熱・非加熱製
剤共にその適応に関する有用性を肯定したものの、ウイルス感染リスクにつ
いての警告義務違反を認めた。同判決は、ウイルス不活性化処理の方法に着
目したうえで、非加熱製剤につき、紫外線照射により不活性化した製剤
（UV製剤。1964〔昭和39〕年6月から翌年10月頃まで製造）について、肝炎ウ
ィルスを含め全ウイルスの不活性化を信頼することができない旨の記載があ
り、また感染によりもたらされる血清肝炎につき当時の知見ではキャリア
化・慢性化が知られておらず被告製薬会社に認識が無かったことから、指
示・警告義務違反は無いとした。βプロピオラクトンにより不活性化した製
剤（BPL製剤。1965〔昭和40〕年11月頃から1985〔昭和60〕年8月まで製造）に
ついては、その添付文書の記載（ウイルス不活性化を保証することはできない
が、15〜20％の肝炎発症報告があること等を記載）および肝炎の予後につい
ての当時の知見に照らした被告製薬会社の認識からすると、指示・警告義務違
反は無いとした。そして、抗HBsグロブリンによる不活性化処理した製剤
（HBIG製剤。1985〔昭和60〕年8月から1987〔昭和62〕年2月まで製造）につい
ては、感染リスクが高いこと、それにつき被告製薬会社が認識していたこと、
更に、医療現場においてフィブリノゲン製剤が適応外で大量に使用されてい

134）　東京地判平成19年3月23日判時1975号2頁。

ることを認識していたことを前提として、BPL 製剤と同様の添付文書の記載を行っていたことは指示・警告上の欠陥に当たると判断した。また、加熱製剤についても、ウイルス感染の危険性が相当程度あることを認識し得たことから、感染リスクが相当程度あること、非A非B型肝炎が肝硬変に進展しうる重篤な疾患であること、適応症の遵守につき注意喚起し副作用リスクを上回る治療上の効果が得られる場合に使用を限定することを指示・警告すべきだったのにこれを怠ったとして警告義務違反を認めた。

他方、国の責任については、BPL 製剤については、被告製薬会社による不活性化処理方法の変更を知り得なかったため厚生大臣の職務行為上の義務違反は無いとしたが、加熱製剤については製薬会社に各指示・警告をせしめなかったことについての職務権限不行使の違法があるとした。

名古屋地裁判決[135]では、東京地裁判決と同様に、加熱・非加熱製剤につきその適応についての有用性を認め、適応限定義務は認められないとした。他方、指示・警告義務については、フィブリノゲン製剤を製造販売するに当たり、UV 製剤、BPL 製剤、HBIG 製剤、加熱製剤のいずれについても、適応外の患者に対して止血目的で広く使用されるのを防止し、患者の安全を確保するため、「いずれの製品（バイアル）についても血清肝炎ないし非A非B型肝炎ウイルス感染の危険を排除できないものであることを前提として適応のある患者に限り治療上不可欠の場合に使用すべきである旨を添付文書に明確な表現、表現方法をもって記載しなければならなかった」にもかかわらず、これを怠ったとして製薬会社の警告義務違反を認め、また、国についても製薬会社をして添付文書にかかる記載をせしめなかったことについての義務違反があるとして責任を認めた。

最後に出された仙台地裁判決[136]も、加熱・非加熱製剤につきその適応についての有用性を認めた。他方、指示・警告義務違反については、製薬会社につき、非A非B型肝炎の重篤性に関する知見、認識状況等に照らし、1987（昭和62）年以降、フィブリノゲン製剤（加熱・非加熱共に）につき非A非B型肝炎が発生する危険性を排除できない旨の副作用情報を提供する旨の義務、適

---

135)　名古屋地判平成19年7月31日訟月54巻10号2143頁。
136)　仙台地判平成19年9月7日訟月54巻11号2571頁。

応内使用への注意喚起をする義務があるにもかかわらずこれらを怠ったという警告義務違反があるとした。しかし、国については、1987年の時点で厚生大臣が被告製薬会社に対して上記警告を行うよう緊急命令を発しなかったことはなお裁量の範囲内にあるとして違法はないとした。

　(b)　**検討**　以上のように、各判決においては、フィブリノゲン製剤の後天性低フィブリノゲン血症についての有用性の有無、義務違反の内容やその発生時期等がそれぞれ大きく異なる結果となった。

　しかしながら、警告義務違反を認めた東京、名古屋、仙台の各地裁判決においては、判断の各基準時点におけるウィルス不活性化処理の効果とそれに関する被告の認識や、肝炎の予後についての知見と被告の認識等を詳細に認定したうえで、いかなる内容の警告が行われなければならなかったかを詳しく判断していることが特徴的である。

　更に、C型肝炎訴訟では、フィブリノゲン製剤が、低フィブリノゲン血症の適応を超えて広く医療現場で使用されていることが被害の拡大をもたらしたが、これについても裁判所は一定の判断を示している。すなわち、フィブリノゲン製剤は、分娩に当たって発症した後天性低フィブリノゲン血症に使用されていたが、1980年代前半の医療環境の変化でその発症数は激減したといわれているにもかかわらず、症例数を遥かに上回る製剤が販売されていることから、本来の適応以外にフィブリノゲン製剤が使用されていたことが推認でき、また、これについて被告製薬会社は十分認識していたとして、名古屋、仙台各判決では、適応内使用にとどめるべきとの警告をも行うべきだったと判断している。そして、いずれの判決も、適応外使用の事例に関しての責任は免除される旨の被告製薬会社の主張を排斥している。[137]

　(c)　**特定C型肝炎ウィルス感染者救済特別措置法の成立**　各地裁判決に対しては全て控訴がなされたが、先行していた大阪高裁における和解の提案が原告に拒否されたことを受け、当時の福田康夫内閣総理大臣は、自民党総裁と

---

137)　日本においても、医療現場における医薬品の適応外使用は禁止されておらず適法であり、一定の医薬品の適応外使用については保険適用が認められている。「医薬品の適応外使用に係る保険診療上の取扱いについて」(平成21年9月15日保医発0915第1号)、「医薬品の適応外使用に係る保険診療上の取扱いについて (平成23年9月28日保医発0928第1号)。

して原告の求める全員一致救済を実現するための議員立法を指示し、2008年1月に「特定フィブリノゲン製剤及び特定血液凝固第IX因子製剤によるC型肝炎感染被害者を救済するための給付金の支給に関する特別措置法」が成立した。この法律は、C型肝炎ウイルスが混入したフィブリノゲン製剤等の投与によりC型肝炎ウイルスに感染した被害者に対して、その投与の時期を問わずに一律に救済するための立法措置を講じたものである。[138]

法の前文では、被害者の一律救済の必要性と、現行法制下では司法上も行政上も一律救済の要請に応えるには限界があることから、立法による解決を図ると述べられている。また、支給手続では司法認定が使用され、受給者（またはその被相続人）は、C型肝炎ウイルス感染者であることならびにフィブリノゲン製剤または非加熱血液凝固第IX因子複合体製剤の投与と感染との因果関係について、判決または和解による認定をまず受けたうえで、和解調書等を医薬品医療機器総合機構に提出し、給付金の支給を受けるという手続がとられることになった。更に、訴訟により争った被害者の救済にとどまらず、肝炎についての総合的な対策が必要だとして、同訴訟の原告および弁護団、患者団体、地方議会等が肝炎対策についての立法を求め、肝炎に関する研究の推進、検査および医療の普及、肝炎患者の差別防止等を基本理念として掲げる「肝炎対策基本法」が2009年に成立した。[139]

3 まとめ

薬害エイズ事件およびC型肝炎訴訟では、血液製剤という生物由来製品のウイルス感染の危険性が問題となり、化学物質の薬理作用という意味での副作用が問題となったものではないが、医薬品の安全性の確認と情報の伝達という意味では他の医薬品と同じ法的問題を有するものである。これらの事件では製薬会社の責任は勿論だが、国の責任が大きく取り上げられ、[140]事前審査

---

138) 林史高「いわゆる特定C型肝炎被害者救済法の概要―民事法の観点から見た給付金支給制度についての解説」判タ1261号（2008）5頁、米丸恒治「C型肝炎訴訟から学ぶべきこと」法セ641号（2008）5頁。
139) 剣持慶久「肝炎対策の推進に向けて」ジュリ1397号（2010）2頁。
140) 本件では、国の責任が大きな争点になったため、製薬会社の責任はその背後に隠れてしまうようなこととなったという指摘もなされている。西埜・前掲注132）21頁。

および市販後調査に関する行政規律の強化が図られると共に、全被害者救済のための立法がなされるという、サリドマイド事件やスモン事件後にみられたと同様の行政規律と民事規律の変化がもたらされた。しかしながら、医師・研究者の利益相反や医師の説明義務といった点が判決文や事件への批判において議論されているように、情報の不適切な生成・伝達の問題についての認識がより強くあらわれている点は、サリドマイド事件、スモン事件当時との相違ということができる。更に、薬害エイズ事件においては厚生省元職員、ミドリ十字元役員および安部氏が刑事訴追され、医薬品による被害に関する事件として、日本で初めて刑事規律が使われることとなった。

なお、血液製剤によるウイルス感染はアメリカにおいても発生したが、アメリカでは、1950年代以降、血液由来の製品はサービスであり製品ではないとして製造物責任（厳格責任）は適用されないとする、いわゆる「血液保護法（Blood Shield Statutes）」が立法され、1972年当時は41州がこの法を有していた。これにより、アメリカでは、血液製剤による感染についての製造物責任訴訟はほとんど起きていない。勿論、過失不法行為に基づく訴訟はなされているが、とりわけエイズについては、血液バンクの過失（ドナー選定の過失、より十分な血液検査を行わなかった過失等）の立証が困難であったといわれている。[143]

VI 患者に対する情報提供の展開

本節では、1990年代、薬品の適正使用をめぐる患者に対する情報伝達の重

---

141) *See, e.g.*, Kieran Healy, *The emergence of HIV in the U.S. blood supply: Organizations, obligations, and the management of uncertainty*, 28 THEORY & SOCIETY 529 (1999); Lauren Rosner, *Seeing Red: An Examination of Blood Shield Statutes*, TRIAL BAR NEWS (Feb. 2012).

142) なお、日本でも、VIで述べる製造物責任法の制定に当たっては、血液製剤を「製造物」に含めるか否かにつき国会における審議の最終段階まで議論が行われたが、最終的に、付帯決議のもと製造物に含んだ形で製造物責任法が成立した。匿名寄稿「HIV 訴訟と製造物責任法」NBL589号（1996）47頁。

143) Daniel L. Russo, Jr., Comment, *Blood Bank Liability to Recipients of HIV Contaminated Blood*, 18 DAYTON L. REV. 87, 98-103 (1992).

要性についての認識の高まりを背景として、医師・薬剤師・製薬会社からも患者への情報伝達を促すような民事規律と行政規律の変化がみられたことを示す。

1 医師の患者に対する説明義務の発展

医療行為における医師の患者に対する説明義務についての議論は、これについての先駆的な論文[144]が1960年代に出された頃が始まりだといわれており、その後、不法行為法に基づく損害賠償請求訴訟における判例や学説において議論が深化していった。

医師の説明義務に関するリーディング・ケースといわれる判例は、1981（昭和56）年に下された救急医療での頭蓋骨陥没骨折開頭手術における説明義務が争われた事件の最高裁判例であり、手術の内容およびそれに伴う危険性を患者に対して説明する義務が認められた[145]。この判例や初期の学説においては、医師の患者に対する説明義務について、侵襲的な治療を行う場合の患者の有効な同意の必要性についてまず論じたが、裁判例においても学説においても、単に侵襲的な治療を受けるか否かという点にとどまらず、いつ、どこで、どのような治療を受けるかまたは受けないかという患者の自己決定権を支えるものとして位置づけられるようになっていった[146]。同時に、アメリカで確立したインフォームド・コンセント法理についての議論も広く紹介されるようになり、1990年代には、医療現場においても法的議論においても、自己決定権を支えるものとしての医師の患者に対する説明義務の重要性と法的保護の必要性が認識され確立されていたということができる（もっとも、説明義務の内容、水準〔合理的医師基準か患者基準か〕、認められるべき損害賠償の範囲等、複数の争点とそれに対する見解の相違が存在している[147]）。

---

144) 唄孝一「治療行為における患者の承諾と医師の説明」契約法大系刊行委員会編『契約法大系Ⅶ』（有斐閣・1965）66頁。
145) 最判昭和56年6月19日判タ447号78頁。また、より初期の先駆的な判決として東京地判昭和46年5月19日判時660号62頁がある。
146) 藤山雅行編『判例にみる医師の説明義務』（新日本法規・2006）4-5頁。
147) 日本における医師の患者に対する説明義務やインフォームド・コンセント法理については多くの文献が存在するが、例えば以下のものがある。潮見佳男「説明義務・情報提供義務と自己決

医薬品の安全性についても、投薬治療に伴う副作用リスクについては患者に対する説明義務の一内容として捉えられ、治療方法を選択する患者の決定権を支えるための説明義務[148]、また、患者が処方された医薬品を自ら服薬する場合の投薬指導としての医師の説明義務を認めた判例[149]もみられるようになった。前述Ⅳ2(2)のとおり、クロロキン東京高裁判決においても、医師の患者に対する説明義務に関し、上記2つの側面からの必要性と意義について判示している。

2　行政規律による患者への情報提供の促進
(1)　患者への情報提供の重要性に関する認識の向上

　1990年代には、高齢化や医療費の増大等の社会的背景を受けて、医薬品の適正使用を推進することの重要性がより強く認識され、行政的な政策の観点から、患者に対する医薬品の情報提供についての議論がなされるようになった。このような背景のもと、1992（平成4）年に厚生省薬務局によって「21世紀の医薬品のあり方に関する懇談会」が設置され、翌年1993年に最終報告が出された[150]。

　最終報告においては、医薬品の適正使用とは、①的確な診断に基づき個別の患者の状態に適った医薬品が決定・調剤され、②患者に薬剤についての説明が十分理解され、正確に使用された後、③効果や副作用についての情報がフィードバックされるサイクルであるとしたうえで、現状として、患者に対する投薬時の説明の不徹底、患者の薬剤管理・服薬指導やチーム医療の不徹

　　定」判タ1178号（2005）13頁、新美育文「インフォームド・コンセントに関する裁判例の変遷」年報医事法学16号（2001）99頁、手嶋豊「医師の責任」山田ほか編・前掲注69）323頁、手嶋豊「医療と説明義務」判タ1178号（2005）185頁、土屋裕子「医療訴訟にみる患者の自己決定権論」樋口範雄＝岩田太編『生命倫理と法Ⅱ』（弘文堂・2007）等。

148)　例えば、以下の判例がある。福岡地小倉支判平成15年1月9日判タ1166号198頁、福岡高判平成16年12月1日判時1893号28頁、仙台高秋田支判平成15年8月27日判タ1138号191頁。説明義務があることを前提とし事案の判断として義務違反を否定したものとして、例えば、静岡地判平成10年12月24日判タ1027号221頁、東京地判平成14年4月8日判タ1148号250頁。

149)　高松高判平成8年2月27日判時1591号44頁。

150)　「21世紀の医薬品のあり方に関する懇談会　最終報告」厚生省薬務局『21世紀の医薬品のあり方に関する懇談会報告』（薬事日報社・1994）20頁。

底等、患者に対する情報提供が適切になされていないことが問題点のうちの1つとして指摘されている。すなわち、最終報告書自身が、日本においては「従来、医薬品に関する対策は主に、製造から販売段階までを対象に行われてきたが、……今後は、医療の現場における患者への使用や使用後のフォローアップまで対象を広げ、医薬品の製造から使用に至る一貫した対策が求められている」と述べるように、医薬品の安全で適切な使用において、患者への適切な情報伝達が不可避であることという認識が明確にもたれるに至った。

(2) 患者向医薬品ガイド

患者・一般国民に対する情報提供の重要性の認識と対策の必要性はその後の医療政策にも引き継がれ、医療費の増大に対する方策として薬価制度の改革について議論した中央社会保険医療協議会の「薬価制度改革の基本方針」（1999〔平成11〕年12月17日）においては、「薬剤の効能・効果、副作用、価格等を比較可能な形で国民に提供できる体制の整備を図る。このため、製薬企業等の協力を得つつ、どのように提供するか平成12年度から検討を進める」とされた。

これを受けて、厚生労働省では、2000（平成12）年に「医薬品情報提供のあり方に関する懇談会」を立ち上げ、医薬品に関する情報提供の現状、患者・一般国民に対する情報提供の注意点、提供する情報の内容、情報提供手段等についての検討を具体的に開始した。2001年に出された懇談会の最終報告[151]においては、患者に対する情報提供について、医療関係者を通じて個別の患者の状態を踏まえた必要十分な情報が提供されるよう、製薬会社および行政が医療関係者への適切な情報提供を行うことに加え、患者向けの説明書や国民向け医薬品情報等により、患者に対して直接情報提供を行うという提言がなされた。

この提言を受け、厚生労働省科学研究事業班（主任研究者：財団法人日本薬剤師研修センター事業部部長久保鈴子氏）が設置され、製薬企業関係者も参加し、患者向けの情報提供媒体についての検討が行われた。検討の結果、2005

151）「医薬品情報提供のあり方に関する懇談会 最終報告（要旨）平成13年9月27日」。以下のウェブサイトより取得可能である。http://www.mhlw.go.jp/shingi/0109/s0927-2.html（2016年8月31日）。

年、厚生労働省から製薬会社に対する通知が行われ、「患者向医薬品ガイド」を作成・提供が促されることとなった[152]。そこでは、目的として、「『患者向医薬品ガイド』は、患者等が医療用医薬品を正しく理解し重篤な副作用の早期発見等に供されるように広く国民に対して提供するものである」と述べたうえで、重篤な副作用の早期発見等を促すために特に患者に対して注意喚起すべき適正使用に関する情報を有する医療用医薬品について、患者向け医薬品ガイドの作成が望まれること、一般国民がインターネットを介して情報入手をすることが想定されていること、添付文書の内容に準拠しわかりやすくかつ広告的な内容にならないよう作成すること等が述べられている。患者向医薬品ガイドでは、「重大な副作用」についてその主な自覚症状を示すと共に、それらを部位別にも一覧表にし、患者に注意を促す等、患者が副作用をできるだけ早く認識し早期に被害の発生を防止することが目指されている。

　この通知に基づいて、各製薬会社は患者向医薬品ガイドを作成し、ほとんどの医療用医薬品についての作成がなされ、独立行政法人医薬品医療機器総合機構（PMDA）のウェブサイト上から閲覧可能となっているほか、医療関係者は患者に対する配布を行うことが可能となっている[153]。

(3) 患者向け広告

　アメリカにおいては、処方箋医薬品の患者向け広告が盛んに行われていることが問題となり、FDAによる監督がなされているが、日本においては、商品名を挙げた医療用医薬品の患者向け広告は現状禁止されている。

　すなわち、薬事法（医薬品医療機器法）67条においては、政令で定める医薬品であり、医師または歯科医師の指導のもとで使用されるのでなければ危害を生じる恐れが特に大きいものについては政令で医薬品を指定し、医薬品に関する広告について、一般人を対象とする広告方法を制限することができると定められている。そして、医薬品の広告について1980年に出された医薬

---

152) 平成17年6月30日薬食発第0630001号、平成17年2月28日食安新発第0228001号。
153) 患者向医薬品ガイドのほか、患者向けの情報提供媒体として、「くすりのしおり」がある。これは、製薬会社が作成し、くすりの適正使用協議会がとりまとめているものであり、くすりの使用適正協議会、製薬会社のウェブサイト、2007年からはPMDAウェブサイトからも取得可能となっている。患者向医薬品ガイドとリンクできるようになっているが、盛り込まれている内容は患者向医薬品ガイドと類似している。髙橋・前掲注30) 170頁。

品等適正広告基準[154]において、医療用医薬品一般につき、医療関係者以外の一般人に対する広告は行わないものとする、と定められている。

　もっとも、後述するように、薬事法およびこれに基づく医薬品等適正広告基準における広告の定義は狭く、顧客誘引の意図が明らかであること、医薬品等の商品名が明らかにされていること、という要件が課されていることから、受診推奨広告（疾病と製薬会社名のみ言及し医療用医薬品名には触れずに、疾病について受診を促すような広告）や、疾病啓発広告（一定の症状を挙げてそれが病気であることを示すことで病識をもたせ、治療可能な医薬品があることを示す広告）等の形態による患者向け広告が今日行われている。このような患者向け広告については、アメリカにおいてみられた議論と同様に、主として製薬会社を中心として情報提供としての意義を主張しより広く認めるべきという意見がある一方で、広告には製薬会社の商業的動機に基づくバイアスが不可避であり行われるべきではないとの意見が述べられている[155]。

3　薬剤師の職能の変化と役割の向上
(1)　医薬分業の問題

　日本においては、Ⅰでみたように、明治時代初期に近代的な医療制度が整備されたときから、医師と薬剤師との職能の分離が医薬分業の問題として論じられてきた。医師に調剤権を認める制度は戦後も継続し、1960年薬事法と共に制定された薬剤師法においても、医師に調剤権を認める規定が存続した。また、医薬分業をめぐる団体としての薬剤師の主張も、もっぱら調剤権の獲得をめぐる議論に終始し、薬剤師の職能や医療における役割についての議論は大きくはなされてこなかった。その後、医薬分業については、法制度上分業を明らかにするのではなく、医療機関による調剤行為を減らす方向での動機づけを与える細かい制度改正により行われることとなった。1974年、1992年には、段階的に医師の処方箋料が引き上げられ、医療保険制度において医薬分業の推進の方向性が明らかとなり、これを契機として処方と調剤の分離

---

154)　昭和55年10月9日薬発第1339号厚生省薬務局長通知。
155)　後藤真紀子「企業のマーケティング戦略と監視」鈴木利廣ほか編『医薬品の安全性と法』（エイデル研究所・2015）144-150頁。

が進んだ。[156]

　しかしながら、医薬分業の現代的な意味は、患者への医薬品の提供に関して、医師に処方権を、薬剤師に調剤権を与えて処方権を調剤権と分離することにより、医薬品の安全性の確保および薬剤費の適正化、すなわち、医薬品の提供において医師と薬剤師との二重のチェックを経ることで医薬品の適切使用を担保すること、医薬品による収益により処方が左右されることがないようにすること等がその目的である。[157] そして、日本においても、医薬品の適切な使用、とりわけ患者における適切な使用の問題についての意識の高まりと共に、調剤料をめぐる職能分離の議論だけではなく、医療における薬剤師の積極的な役割についての議論がなされるようになった。

(2) 薬剤師職能の変化と行政規律

　医薬品に関する法制度において、従来、薬剤師の職能は調剤権に限られ、医師による処方に従って処方を行うことがその中心的な義務とされ、必ずしも、医療における専門家との位置づけを与えられてきたわけではなかった。民事的な規律についても、医療事故訴訟において薬剤師の注意義務違反が問題となった事件で確認できるものはほとんどない。[158]

　しかしながら、本節でみたような1990年代以降の医療保険制度や医療提供体制の見直しにおける医薬品に関する議論では、薬剤師の担う業務について再考され、従来の、調剤や医薬品の管理・供給を中心とし、医薬品というも

---

156) 田内義彦ほか『薬剤師になる人のための生命倫理と社会薬学』（法律文化社・2015）75-77頁。
157) 同上72-74頁。
158) 薬剤師の注意義務違反が問題とされた判例で確認できるのは、以下の3件である。
　・福島地判昭和31年1月20日下民集7巻1号59頁（十二指腸虫駆除のため病院に入院した患者に、薬剤師が医師の処方箋と異なり大量にネマトールを投薬し患者に難聴症の被害が生じた事件。薬剤師は副作用を熟知すべきで職務上の注意義務に違反したとして責任を認めた）。
　・千葉地判平成12年9月12日判時1746号115頁（医師が新生児に処方した薬剤について、薬中の成分の含有量が新生児の常用量を大幅に上回る処方をしたことにより、新生児に呼吸困難、チアノーゼ等が発生した。処方について医師の責任が、医師の処方に従い漫然と調剤を行い、医師に対して疑義の照会をしなかったことにつき薬剤師の責任が認められた）。
　なお、指定医薬品についてではないが、以下の事例がある。
　・大阪地判昭和41年5月20日判時473号48頁（福寿草根の服用により死亡した患者について、薬種商が危険な民間薬とされている福寿草根を販売する場合には、誤用による危険の発生を防止する注意義務があるとして責任を認めた）。

のに向けられた業務から、医療情報の提供、薬物治療のモニタリング、カウンセリング等を含む患者を相手とするケアの業務へと考え方が変化していった。[159]

このような考え方の変化は行政規律にも反映され、1990年代以降の医療をめぐる法改正においても明確化されていく。1992年第2次医療法改正においては、薬剤師が、医師や歯科医師等と並び医療の担い手として初めて明記され、2006年の第5次医療法改正では、「調剤を実施する薬局」が医療提供施設の定義に加えられた（医療法1条の2）。医療法の改正に対応して薬剤師法も改正され、1996（平成8）年の改正では、薬剤師の業務について、医薬品の適正使用のために必要な情報を患者に対して提供すること、かかる情報提供は、薬剤師としての専門的な見地から、服薬上の注意事項、効能・効果、副作用等について、個々のケースに応じた判断と適切な情報提供を行う旨が規定された（薬剤師法25条の2）。[160]更に、薬剤師の育成に関しても、学校教育法の改正[161]により大学の薬学教育制度および薬剤師の国家試験制度が変更され、2006年から薬学教育が4年制から6年制に変更されたが、この目的は、従来の創薬研究中心の薬学教育のあり方から、臨床現場で患者への医療を担う専門家を育成することができるようにすることにあった。[162]

(3) 医薬品の適正使用における薬剤師の役割への期待――近時の動き

2015年には、規制改革会議での第3次答申において、患者による医薬品の服用の一元的・継続的な把握に基づく管理と、これによって処方内容をチェックし、多剤・重複投薬の防止や残薬削減等、医薬品の適切な利用と医療費を削減すること等の重要性と、かかる目的を実現するために、薬局における薬剤師による専門性の発揮とそれを支える制度改革の必要性が指摘された。これを受けて、厚生労働省は2015年10月に「患者のための薬局ビジョン」を立ち上げて、患者の服薬情報を一元的・継続的に把握し、処方内容をチェックし重複投与による副作用や残薬を防止したり、患者に対して適切に情報提

---

159) 田内ほか・前掲注156) 88頁以下。
160) 2014年の薬剤師法改正では、同条項につき、更に、「必要な薬学的知見に基づく指導」との文言が付け加えられた。
161) 平成16年5月21日法律第49号公布。
162) 田内ほか・前掲注156) 4-6頁。

供を行ったりすることを可能とするような、かかりつけ薬剤師・薬局についての政策実現のためのプランを発表している。[163]

4　まとめ

　日本において患者に対する情報伝達の重要性が認識されたのはアメリカに比するとやや遅い1990年代だったものの、同時期には、民事規律による医師から患者への説明義務が確立すると共に、行政規律においては、製薬会社から患者へ、薬剤師から患者への各情報伝達を促す仕組みが出来上がり、アメリカと同様、患者および薬剤師が、医療用医薬品の適切な使用のための情報伝達の必須の主体として確立していったということができる。もっとも、特に行政規律については、患者向医薬品ガイドがどの程度配布されているか、その効果、薬剤師から患者への情報提供の実効性等、規律が実際にどの程度機能しているのかについての実証的データは無く、実地における改善点があることが予想される。

Ⅶ　民事規律の発展と残された課題

　Ⅵでみたように、患者に対する情報提供についての民事規律と行政規律とが発展しつつあった1990年代には、民事規律における大きな変化があった。1994（平成8）年の製造物責任法の成立である。同法の成立により、医薬品に基づく副作用被害の場面においても、より速やかかつ実効的な民事救済が図られようになるのではないかと期待された。このような背景のもと、2000年代に入り、医療用医薬品の副作用についての指示・警告が中心的な争点となったイレッサ訴訟が提起され、同訴訟は最終的に最高裁判所判決に至ることとなる。同判決は、製造物責任法のもとで医療用医薬品の警告義務についてどのような規律を示したのか。

　本節では、製造物責任法の成立について触れた後イレッサ訴訟判決を検討し、情報伝達を促すという民事規律の働きについて、日本において残された

---

163)　厚生労働省ウェブサイトを参照。http://www.mhlw.go.jp/stf/houdou/0000102179.html （2016年8月30日）。

課題を示す。

1　製造物責任法の成立

Ⅲにみたように、サリドマイド事件やスモン事件を受けて1970年代に盛り上がった製造物責任法制定の動きは1980年代に入ってから一時停滞していたが、1980年代末にヨーロッパを中心に製造物責任無過失化の機運が世界的に高まり[164]、それに押されて日本でも立法化の動きが再開した。1990年以降、学者や実務家、各政党により製造物責任法案が相次いで発表され、1994年、全6条で構成される製造物責任法が成立した[165]。

製造物責任法は、積年の様々な議論を経て、製品事故の分野における賠償法理について、「加害者の過失」から「製品の欠陥」に責任要件を変更し、無過失責任を導入したものであり、被害者の立証負担を軽減し被害者救済を促進するとして大きな期待がされた[166]。製造物責任法の責任要件である欠陥および賠償責任については、以下のように定められた。

「第2条2項　この法律において「欠陥」とは、当該製造物の特性、その通常予見される使用形態、その製造業者等が当該製造物を引き渡した時期その他の当該製造物に係る事情を考慮して、当該製造物が通常有すべき安全性を欠いていることをいう。

第3条　製造業者等は、その製造、加工、輸入又は前条第3項第2号若しくは第3号の氏名等の表示をした製造物であって、その引き渡したものの欠陥により他人の生命、身体又は財産を侵害したときは、これによって生じた損害を賠償する責めに任ずる。ただし、その損害が当該製造物についてのみ生じたときは、この限りでない。」

欠陥概念については、立法過程において、そもそも定義規定を置くか、置くとしていかに定めるか、考慮事情として何を挙げるかについて多くの議論

---

164) ヨーロッパでは1985年に製造物責任についてのEC指令が採択され、1988年までにEC加盟各国が製造物責任についての国内法制度の整備を図ることが義務付けられた。更に、EC指令の内容はEC諸国のみならずEFTA（欧州自由貿易連合）諸国においても取り入れられることとなっていった。加藤・前掲注70）11頁、升田・前掲注69）42頁。
165) 法案成立の過程については、例えば、升田・同上35頁。
166) 同上28-30頁。

がなされた。そこでは、設計上の欠陥、製造上の欠陥、警告上の欠陥の区別の導入や、考慮事情に製造物に係る指示・警告を挙げるべきとの提案もなされたが、最終的には、土地工作物等責任（民法717条）および営造物責任（国家賠償法2条）における瑕疵概念を参考に、「通常有すべき安全性」との文言が用いられ、考慮事情については、全ての事案で指示・警告の適否が問題となる訳ではなく、その点は「製造物の特性」または「その他の当該製造物に係る事情」として考慮しうることから、特に明記されないこととなった[167]。

このようにして制定された製造物責任法は、自動車や機械器具による事故は勿論、医薬品の副作用被害についても被害者救済を促進するものとして期待がなされた。

2 イレッサ訴訟と警告責任のあり方

製造物責任法の制定後、同法のもとで医薬品の製造物責任が争われた事例は多くはなかったが[168]、2000年代に入り、抗がん剤イレッサの副作用である間質

---

167) 升田純『詳解製造物責任法』（商事法務研究会・1997）312頁以下。
168) 医薬品または医療機器についての製造物責任法上の欠陥が争われた事件につき、以下の判例がある。
  ・東京地判平成22年5月26日判タ1333号199頁（被告において製造、販売するコレステロール低下剤である医薬品を服用したところ、その薬品の副作用により健康被害が生じた事案。判断としては請求棄却となった）。
  ・名古屋地判平成16年4月9日判タ1168号280頁（原告が、被告が輸入した医療用漢方薬を服用したことにより腎不全に罹患した事案。本件漢方薬に含まれるアリストロキア酸により腎障害が発症することを知り得たにもかかわらず、副作用として腎障害があることが表示されていないうえ、本件漢方薬の効能は、アリストロキア酸を含まない成分によって容易に代替できたとして、欠陥を肯定した）。
  ・東京地判平成15年9月19日判タ1159号262頁（原告が、脳動静脈奇形により、被告大学病院において被告会社の輸入販売に係るカテーテルを用いて塞栓手術をしたところ、同カテーテルが原告の脳血管内で破裂し、原告に脳梗塞による後遺障害が生じた事案。本件製品はその性質上高度の安全性を要求される医療器具であることから、術者が経験上体得した通常予想される使用形態を超えて過剰な加圧でもしない限り、破損しないような強度を備えていることが要求されているが、本件破損箇所はそのような強度を備えておらず、本件カテーテルには欠陥が存在していたとして、被告会社の製造物責任が認められた）。
  ・東京地判平成15年3月20日判時1846号62頁（指示・警告上の欠陥について、乳児の気管切開部位に装着した医療器具の換気不全により乳児が死亡したケースで、他社製の呼吸補助用具と組み合わせて使用した際の回路閉塞の危険を告知する指示・警告が不十分であるとされた）。

性肺炎について、同法のもとでの製薬会社の責任と、国家賠償責任が争われたのがイレッサ訴訟である。

(1) 事案の概要

イレッサは、被告製薬会社が輸入販売した肺がんの抗がん剤であるが、その副作用である間質性肺炎を発症・増悪させて死亡した患者の遺族が、被告製薬会社に対して製造物責任法および不法行為法に基づく賠償責任、国に対して国家賠償法に基づく賠償責任を追及したのが本事件である。イレッサは分子標的薬であり、従来の殺細胞性抗がん剤に比して副作用が少ないと期待され、また、手術不能または再発非小細胞肺がんを効能・効果として使用される抗がん剤として、市販前の第3相臨床試験を省略する（市販後に実施する）簡略化された承認手続により、2002年7月に厚生労働省により世界に先駆けて承認された。

イレッサの添付文書の第1版には、「警告」欄がなく、「使用上の注意」欄の「重大な副作用」の項目のうち、①重度の下痢、脱水を伴う下痢、②中毒性表皮壊死融解症・多形紅斑、③肝機能障害に続く4番目に間質性肺炎についての記載がなされていたが、致死性である旨の言及はなされておらず、投与医や期間を限定する旨の指示はなかった[169]。また、イレッサについては、従来の抗がん剤に比して副作用が少ない旨を強調するような情報提供が、プレスリリースや医学雑誌等において被告製薬会社によってなされていた。販売開始後、多数の患者の間質性肺炎の発症と死亡報告がなされ、承認から約3ヶ月後である2002年10月には、厚生労働省の指導により間質性肺炎等重篤な副作用の発症とその致死性について注意を喚起する緊急安全性情報が被告製薬会社により発出され、添付文書も改定された（第3版添付文書）。

原告は、製薬会社に対し、製造物責任法に基づく設計上の欠陥、指示・警告上の欠陥、販売指示上の欠陥、広告宣伝上の欠陥、および不法行為法上の責任（適応限定義務、販売指示上の義務等）、国に対する、承認時および承認後の安全性確保義務違反を主張し、賠償責任を追及した。なお、抗がん剤は、

169）「間質性肺炎（頻度不明）：間質性肺炎があらわれることがあるので、観察を十分に行い、異常が認められた場合には、投与を中止し、適切な処置を行うこと」との記載がなされていた。

医薬品副作用被害救済制度の対象外となっている。

(2) 判　　決

イレッサ訴訟においては、設計上の欠陥（イレッサの有用性）も問題となったがいずれの下級審判決も有用性を認めて欠陥を否定し、他方、指示・警告上の責任については両１審判決が認めたのに対し（東京地裁判決は指示・警告せしめなかった国の責任も肯定した）、高裁および最高裁判決では否定される結果となった。ここでは、本書に関係する指示・警告上の責任についての判示に絞って各判決を概観する。[170]

(a) **最高裁判決**[171]　　最高裁は、国の責任についての上告は不受理とし、製薬会社の警告上の責任についてのみ判示した。

最高裁は、医薬品は「その通常想定される使用形態からすれば、引渡し時点で予見し得る副作用について、製造物としての使用のために必要な情報が適切に与えられることにより、通常有すべき安全性が確保される関係にあるのであるから、このような副作用に係る情報が与えられていないことを１つの要素として、当該医薬品に欠陥があると解すべき場合が生ずる。そして……医療用医薬品については、上記副作用に係る情報は添付文書に適切に記載されているべきものといえるところ、上記添付文書の記載が適切かどうかは、上記副作用の内容ないし程度（その発現頻度を含む。）、当該医療用医薬品の効能又は効果から通常想定される処方者ないし使用者の知識及び能力、当該添付文書における副作用に係る記載の形式ないし体裁等の諸般の事情を総合考慮して、上記予見し得る副作用の危険性が上記処方者等に十分に明らかにされているといえるか否かという観点から判断すべき」[172]とした。

そのうえで、本件に関し、本件輸入承認時点においてはイレッサには他の抗がん剤と同程度の間質性肺炎の副作用が存在するにとどまると認識されており、これに基づいて本件添付文書第１版の記載がなされ、上記時点におい

---

170) なお、本件については予見可能性の対象についても問題となったが、各判決では、イレッサが他の抗がん剤と同様の間質性肺炎の危険性を有するとの認識が製薬会社および国によってもたれていたことを前提としている。
171) 最判平成25年４月12日民集67巻４号899頁。また、最高裁判所判例解説67巻７号280頁〔伊藤正晴〕。
172) 最判平成25年４月12日・同上910頁。

て通常想定される処方者は肺がんの治療を行う医師であるところ、かかる医師は、一般に抗がん剤に間質性肺炎の副作用が存在し、発症した場合に致死的になりうることを認識していた。そうであれば、上記医師が添付文書を閲読した場合、間質性肺炎の副作用が存在し、それが致死的になりうることを認識するのに困難は無かった、また、このことは、「重大な副作用」欄の記載順序、本件輸入承認時点で発表されていた医学雑誌の記述等により影響を受けない、として、製薬会社の指示・警告上の責任を否定した。[173]

(b) **各下級審判決**　　(i) 東京地裁判決[174]

＜国の責任＞

裁判所は、副作用の情報伝達についての国の責任について、添付文書の記載についての行政指導を行うという規制権限の不行使が国賠法上違法となるか否かという枠組みにより論じた。

そして、「添付文書が医薬品の安全性確保の上で重要な地位を占めることにかんがみると、厚生労働大臣は、医薬品の輸入を承認するに当たり、その添付文書に当該医薬品の安全性確保のために必要な記載がされているか否かを審査し、これが欠けているときには、その投与を受ける患者の安全を確保するため、そのような記載をするよう指導するなどの行政指導を行う権限を行使する責務がある」ところ、この権限行使は専門的裁量的判断であり、権限の性質等に照らしてその不行使が許容される限度を逸脱し著しく合理性を欠くと認められるときに限り、その不行使が国賠法上違法となるとした。もっとも、更に続けて、添付文書の性質に鑑みると、原則として、安全性確保のために必要な記載が欠けていれば記載するよう行政指導すべきであり、記載の一時的責務を負う製薬会社が副作用等の情報を積極的に記載することを期待するのは難しいことからも、かかる行政指導は不可欠として、「厚生労働大臣が、医薬品の輸入を承認するに当たり、その添付文書に安全性確保のための必要な記載が欠けているにもかかわらず、上記権限を行使しなかったときは、他に安全性確保のための十分な措置が講じられたなどの特段の事情のない限り、その権限の不行使は、その許容される限度を逸脱して著しく合

---

173)　同上911頁。
174)　東京地判平成23年3月23日判時2124号202頁。

理性を欠くものとして」国賠法上違法となると判示した。[175]

　そして、本件において、厚生労働大臣は承認前において、イレッサの間質性肺炎の副作用について、他の抗がん剤と同程度の頻度・重要度で発症し、致死的となる可能性があると認識していたと認定したうえで、本件添付文書の記載ぶりによると、それを読んだ医師において、従来の抗がん剤と同程度の頻度および重篤度で発症し、致死的となりうるものであることを直ちに理解することは困難であった、更に、イレッサが経口薬であり、外来患者が自宅で服用できる医薬品であることを併せ考えると、かかる副作用の記載により、重篤・致死的な副作用の乏しい抗がん剤として広く使用される危険があったとした。[176]

　そのうえで、裁判所は、イレッサの副作用による事故防止のためには、間質性肺炎を「警告」欄または「重要な基本的注意」欄もしくは「重大な副作用」欄の他の副作用よりも前の方に記載し、かつ、致死性について記載するのが相当であったとし、このような記載が無いにもかかわらず、記載を行うよう厚生労働大臣は行政指導を行わなかったこと、安全性確保措置を他に講じたとの特段の事情も認められないことから、国賠法上の違法が認められるとした。[177]

＜製薬会社の責任＞

　製造物責任法上の指示・警告上の欠陥について、裁判所は、医薬品が副作用にもかかわらず有用性を認められる場合にも、個別の患者の副作用による被害を防止するため、適切な指示・警告が必要であり、これを欠く場合には指示・警告上の欠陥を有する、また指示・警告上の欠陥の有無は、当該医薬品の効能、効果、通常予想される処方によって使用した場合に生じうる副作用の内容および程度、副作用の表示および警告の有無、他の安全な医薬品による代替性の有無ならびに当該医薬品を引き渡した時期における医学的、薬学的知見等の諸般の事情を総合考慮して判断すべきであるとした。そのうえで、添付文書につき、医薬品の副作用等安全性確保のために必要な使用上の

---

175)　同上58頁。
176)　同上55頁。
177)　同上54頁。

注意事項は基本的に添付文書に記載されていなければならず、これを欠く場合には他の方法により安全管理が十分に図られた等の特段の事情のない限り、指示・警告上の欠陥があると認めるのが相当であるとした。更に、医師による使用が予定されている医療用医薬品については、使用することが予定されている医師等の知識・経験を前提として、当該医師等が記載された使用上の注意事項の内容を理解できる程度に記載されていれば足りるとした。[178]

本件については、イレッサの副作用としての間質性肺炎が他の抗がん剤と同程度の重篤度・致死性で発症しうることの認識があったところ、本件添付文書の記載では、イレッサを使用する医師おいてその重篤度・致死性を認識しがたく、安全性確保のための情報提供として不十分であり、特段の事情も認められないことから、指示・警告上の欠陥があり、製造物責任法2条2項にいう「通常有すべき安全性を欠いている」状態にあったと判断した。

また、原告から主張された製薬会社の広告宣伝上の欠陥の主張については、裁判所は、医師は、医療用医薬品を使用するに当たり、添付文書の記載内容と必要に応じて自ら調査した医学的・薬学的知見に基づいて医療用医薬品を使用するものであるから、広告宣伝の多大な影響力を認めることはできず、広告宣伝上の欠陥を観念し得ないとして否定した。[179]

(ⅱ) 大阪地裁判決[180]

＜製薬会社の責任＞

大阪地裁判決では、製造物責任法上の製薬会社の指示・警告責任について、医薬品の安全性は、添付文書による使用方法や危険性等についての適切な情報が適切に提供されることと密接不可分の関係にあるから、「医薬品が、添付文書等により使用方法や危険性等の情報が適切に提供されないまま販売された場合、すなわち指示、警告が不十分又は不適切なまま販売された場合には、医薬品として通常有すべき安全性を欠き、製造物責任法上の欠陥（指示・警告上の欠陥）があるものと解するのが相当」と一般論を判示した。そ

---

178) 同上49頁。
179) 同上47頁。
180) 大阪地判平成23年2月25日訟月58巻3号1132頁。裁判所裁判例情報より取得可能。http://www.courts.go.jp/app/files/hanrei_jp/281/082281_hanrei.pdf

のうえで、指示・警告上の欠陥の判断方法としては、添付文書に記載された内容を中心としつつも、製品情報概要、医薬品インタビューフォーム等、製薬会社が医薬品の販売に際して医師等に提供した文書の内容も併せ考慮し、また、医療現場において当該医薬品を使用することが想定される平均的な医師が理解することができる程度に指示・警告されたかが問題になることから、イレッサの副作用である間質性肺炎等に関する医学的、薬学的知見、医療現場の医師等に対して提供されていた情報の内容、医療現場の医師等の認識を総合考慮して行うものとした。[181]

そして、本件においては、製薬会社によるプレスリリース、医療関係者を対象とした雑誌・小冊子等において、イレッサは新しいタイプの分子標的薬であり従来の抗がん剤とは異なり重い副作用が無いものであることを印象づけるような記載がなされていたこと、かかる情報提供や分子標的薬の作用機序に関する理解と相まって、肺がん治療に関わる医師の間でも間質性肺炎の発症リスクがほとんど考えられていない状況にあったこと、イレッサの販売時には必ずしも肺がん化学療法についての知識・経験を有するとは限らない医師による処方も想定され、かつ、患者が自宅で経口投与することが想定されていたことを認定した。そして、被告製薬会社は、イレッサが他の抗がん剤と同程度の間質性肺炎のリスクを認識し、かつ、医療現場における上記の状況を認識していたのであれば、少なくとも、第1版添付文書の「重大な副作用」欄または「警告」欄において間質性肺炎が致死的な転帰をたどる可能性につき注意喚起を図るべきであったにもかかわらず、これを行わなかったものであり、これは、指示・警告上の欠陥に当たると判断した。

なお、指示・警告上の欠陥の判断の箇所においては、原告が主張した、患者に対する警告責任についても裁判所は言及しているが、医薬品服用の際には、患者が当該医薬品の危険性等についても十分に理解したうえでこれに同意することが必要だが、これは医師の患者に対するインフォームド・コンセントの問題であり、また、製薬会社が作成し医師に配布している患者向けの説明文書も、医師の患者に対する説明を補助するものであり、患者に対する

---

[181] 同上734-735頁。

製造物責任法上の指示・警告上の欠陥が判断されるものではない、として否定している[182]。

また、原告は広告宣伝上の欠陥も主張したが、これに対して裁判所は、以下のように示して否定した。薬事法の広告規制に反する広告がされたことにより、副作用による被害が発生した場合には、薬事法（虚偽・誇大広告禁止〔薬事法66条1項〕、承認前の広告禁止〔同68条〕、医療用医薬品の一般への広告の禁止）違反の広告が、製造物責任法上の欠陥の判断の有力な事情となる。しかしながら、本件では、小冊子、雑誌記事、インタビューフォーム、インターネット上の患者向けホームページ等のいずれも、広告としての要件（Ⅷで後述）を満たさず、上記各規制の違反は無い[183]。

＜国の責任＞

指示・警告に関する国の責任については、添付文書の指示・警告に関する記載内容を指導しなかったという規制権限の不行使については、薬事法上に行政指導を行う要件の定めが無く専門的技術的判断に基づく自由裁量であることから、行政指導をしなかったことが当時の医学的、薬学的知見のもとにおいて、その許容される限度を逸脱して著しく合理性を欠くと認められる場合に限られるとした。

そして、本件については、第1版添付文書の記載によると間質性肺炎に対する警戒が無いまま広く用いられ、死亡を含む重篤な副作用が発症するという危険性について高度の蓋然性をもって認識まではできなかったこと、行政指導は法的拘束力をもたず、仮に警告欄への記載を指導したとしても製薬会社が任意に応じなかったことを推認でき、行政指導を行うことで結果を回避できたとは認められないこと、等に鑑みると、厚生労働大臣が間質性肺炎の致死性について「警告」欄への記載を指導する作為義務が生じていたとまではいえず、違法は認められないとした[184]。

 (iii) 東京高裁判決[185]

---

[182] 同上733頁。
[183] 同上754-757頁。
[184] 同上794頁。
[185] 東京高判平成23年11月15日判時2131号35頁。評釈として、新美育文「抗癌剤イレッサの製造物責任と不法行為責任」私法判例リマークス46号（2013）58頁、浦川道太郎「薬害イレッサ訴訟

Ⅶ　民事規律の発展と残された課題　　341

＜製薬会社の責任＞

　本判決は、本件添付文書に警告欄が無いことが指示・警告上の欠陥に当たるかどうかにつき、①本件添付文書の説明の対象者はがん専門医または肺がんに係る抗がん剤治療医であること、②薬剤性間質性肺炎は抗がん剤に生じる一般的な副作用であり、上記の専門医は薬剤性間質性肺炎の副作用により死亡することがありうることを承知していたこと、③添付文書には適応を手術不能または再発非小細胞肺がんに限定し、使用上の注意欄に化学療法未治療例・術後補助療法における有効性および安全性は確立していないことを記載していること、④承認時において、国内外の臨床試験によっては間質性肺炎およびこれによる死亡とイレッサ投与との因果関係があるとまでは認められないこと、等の事情のもとで、警告欄に間質性肺炎の記載が無いことをもって、添付文書の記載に指示・警告上の欠陥があったとはいえないとした。また、この判断に当たって、添付文書を受け取る医師の認識について以下のように述べている。医師が、分子標的薬には従来の抗がん剤に生じる副作用が生じないという医学雑誌記事等に基づく予備知識があったとしても、本件添付文書を一読すれば、イレッサには4つの重大な副作用があり、適応が手術不能・再発非小細胞肺がんに限定されていることを読み取ることができ、それを読む者ががん専門医または肺がんに係る抗がん剤治療医であれば、副作用を全く生じない医薬品とはいえないことを容易に理解できた。添付文書の記載の違法性の判断について、目に訴える表示方法を違法性の判断基準として取り上げるとすれば、それは司法ががん専門医および肺がんの抗がん剤治療医の読解力、理解力、判断力を著しく低くみていることを意味するのであり、真摯に医療に取り組む医師の尊厳を害し、相当とはいえない。[186)]

　また、裁判所は、「重大な副作用」欄の記載順序について指示・警告上の欠陥があったかについても、間質性肺炎の前に掲げられた副作用も、いずれも重篤な副作用に区分され、患者の全身状態等によっては死亡または重篤な機能不全に陥る恐れがあるものであったこと、添付文書の記載の対象者がが

　　　控訴審判決（東京高裁平成23.11.15判決、大阪高裁平成24.5.25)」現代消費者法19号（2013）65頁。
186)　東京高判平成23年11月15日・同上161-162頁。

ん専門医および抗がん剤治療医であること、承認前の試験等によりイレッサと間質性肺炎による死亡との因果関係を揺るがす症例があったこと等に照らし、重大な副作用欄の4番目に間質性肺炎が記載されていたことについても指示・警告上の欠陥には当たらないとした。[187]

更に、患者に対する指示・警告責任については、イレッサの効能・効果と副作用につき検討し、これを投与するか否かを判断するのはがん専門医または肺がんに係る抗がん剤治療医であり、患者および家族に対しては医師から必要に応じて説明がされること前提であり、認められないと判示している。[188]

また、虚偽・誇大広告の主張についても、これらを認めるに足る事実は無いとして排斥した。

＜国の責任＞

国の責任については、製薬会社の責任が認められることを前提としたものであり、その前提事実が認められないとして否定された。

　　(iv)　大阪高裁判決[189]

＜製造物責任法上の製薬会社の指示・警告責任＞

判断枠組みについては第1審判決を引用しつつ、その対象となる医師については、イレッサが適応を手術不能または再発非小細胞肺がんとすることから、少なくとも肺がん治療または肺がん化学療法を手がける医師が理解できる程度と解すると追加・変更したうえで、本件について以下のように判示した。

副作用欄の記載の順序については、同じ重大な副作用の範疇に属する種類の異なる副作用を対比し、その間に順序を付けることは事柄の性質上困難であること、かつ、いかなる重大な副作用が生じるかは患者ごとに個別的である医療現場において、副作用同士の順位付けをした注意喚起が医療上の意味をもつといえないとして、原告らの主張を排斥した。

また、警告欄への記載の要否については、イレッサを処方しようとする医師が、添付文書の記載が不十分であるために危険性を適切に認識することが

---

187)　同上162頁。
188)　同上162-163頁。
189)　大阪高判平成24年5月25日訟月59巻3号740頁。

できなかったかという実質に基づき判断すべきとしたうえで、「警告」欄に記載がなかったとしても、医師等がイレッサによる間質性肺炎の予後が良好であるとか、致死的ではないと誤解することは考えにくいとして原告の主張を排斥した。

また、広告宣伝上の欠陥の主張に対しては、原告が主張する雑誌記事等は広告に該当せず、また、間質性肺炎についての警告・情報提供が不十分であるという前提が認められないとして排斥された。

＜国の責任＞

製造物責任法上の警告上の欠陥が認められないのであるから、厚生労働大臣の権限不行使の違法が認められる余地は無いとした。

(3) 検　討

イレッサ訴訟の各判決では、製薬会社の指示・警告責任およびそれに対する国の行政権限行使の責任に関する複数の論点について問題となっているが、ここでは、本書における主題と関係する、(a)製薬会社から医師に対する情報伝達、(b)患者に対する情報伝達、(c)添付文書の記載と国の行政指導の3点について、各判決の判断をアメリカにおける議論も参照しつつ検討し、日本において残された課題を述べる。[190]

(a) **製薬会社から医師に対する情報伝達**　本件では、イレッサの副作用として、他の抗がん剤と同程度の致死性のある間質性肺炎が発症することについての警告が製薬会社から医師に対して適切になされていたかどうかが問題

---

[190] 本判決では、無過失責任を取り入れた製造物責任法のもとでの指示・警告上の欠陥の判断の前提としての認識と、従来の民法709条における過失（予見可能性）との関係について論者による指摘が多くなされている。指示・警告上の欠陥については、過失責任と大きな違いは無いとの指摘がある一方で、指示・警告上の欠陥の場合においても同法が無過失責任法であることを前提とした解釈を行うべきである、同法が消費者保護という目的のために無過失責任制度として発足したことを前提とすれば、少なくとも、法制定以前よりも具体的な予見可能性を要求し、被害者救済を後退させてはならない等の指摘がなされている。このような指摘として、潮見佳男「製造物責任再考」NBL1005号（2013）1頁、平野哲郎・医事法判例百選〔第2版〕（2014）39頁、円谷峻「製造物責任における指示・警告上の欠陥の判断基準（イレッサ薬害事件判決）」法の支配171号（2013）97頁等。もっとも、本件ではイレッサの副作用としての間質性肺炎については添付文書上に記載があり、そのうえで、その表現や記載場所・順序が問題となったところ、副作用の記載自体が欠けていた従来の事案とは異なるため、民法709条のもとでの従来の過失の捉え方を一般的に後退させるものかどうかについては慎重な検討が必要という指摘もある。山本周平「民事判例研究」北大法学論集65巻2号（2014）271・284頁。

とされたが、指示・警告の媒体について、大阪地裁判決を除く各判決では、添付文書の記載のみをもって判断している。そして、製薬会社の責任を否定した最高裁判決および各控訴審判決では、副作用がほとんど無いかのような印象を与える製薬会社によるプレスリリースや雑誌記事等の媒体は、添付文書により伝達された致死的な間質性肺炎の危険性についての医師の認識に影響を及ぼさない等としている。これについては、批判的な指摘も多くなされている。[191]

　アメリカでは、医師に対する製薬会社の様々なプロモーション活動による情報提供が、医師に多大な影響を与えているとの認識のもと、日本での「添付文書」に該当するもの以外でも製薬会社の作成する処方箋医薬品の情報媒体は広くラベリングまたは広告としてFDCAの規律の対象と捉えるうえ、警告責任の判断においても、過剰なプロモーションが添付文書における適切な記載による警告を減殺し、警告責任の懈怠を認める一要素として捉えられていた。製造物責任法における警告責任を医療用医薬品について考える際に、大阪地裁を除くイレッサの各判決に示された、製薬会社から医師に対して情報伝達がなされる媒体について添付文書に判断対象を限り、また、その他の媒体から得た情報を含めて医療現場の医師においていかに情報が理解されているかという実態をみないという判断は、警告責任の機能を矮小化してしまうものと考えられる。

　日本においても、筋肉注射筋拘縮症訴訟やクロロキン訴訟判決においては、添付文書の記載に限らず、医薬品販売員や文献集配布等の多様な媒体が警告義務の具体的な履行手段として示されていたはずである。にもかかわらず、被害者救済を推し進めるものとして期待された製造物責任法のもとで、警告責任の判断に際して警告が適切に行われているかどうかの判断対象となる情報媒体を添付文書のみに限定してしまった本件各判決は、情報伝達に関する民事規律としては以前の判決よりも後退していると考えられる。

　更に、警告の適切性を判断するに当たって、受け手である医師の医療現場

---

191)　吉村良一「抗がん剤イレッサ添付文書の記載方法—イレッサ薬害訴訟上告審判決」私法判例リマークス49号（2014）42・44頁、大塚直「医療用医薬品と製造物責任法2条2項の欠陥」ジュリ1466号（2014）91-92頁。同様の見解として、浦川・前掲注185) 65・72頁。

での認識や使用する医師の専門領域の幅についての実態を考慮に入れず、専門医に限定したうえで、更に、医師がその負っている高度の注意義務を果たしている（はずである）ことを前提にして判断している点も問題が残る。医師による不合理な認識や使用を前提とした過剰な義務を製薬会社に課すことはできないが、製薬会社は、医療現場の動向について有している認識をもとに、合理的な医師により通常予見される使用形態を前提とした警告を行うべきだと考えられる。[192]

(b) **患者に対する情報伝達**　製薬会社の患者に対する警告責任についてはいずれの判決でも簡潔に否定してされているところ、これについても、より実体的な検討がなされてもよかったと思われる。アメリカでは、単にFDCAが処方箋医薬品のラベリングの名宛人を医師としているからという理由によるのではなく、知識ある媒介者の法理として、処方箋医薬品についての患者に対する情報提供を医師こそが行うべき理由を述べ、医師の役割の重要性を根拠にこの民事規律を正当化していた。患者への情報提供について、本件の解説等ではインフォームド・コンセントの重要性について多くの論者が強調しているが[193]、判決においては、大阪地裁判決がわずかに述べたに過ぎない。民事規律における、医師の患者に対する説明義務に関する議論の深化を背景として、医療用医薬品の警告について、行政規律とは異なる規律である民事規律である製造物責任法と不法行為法いかに役割を分担し機能すべきかについての議論がより詳細になされてもよかったのではないかと思われる。

(c) **添付文書の記載と国の行政指導**　本件では、製薬会社の責任を認めた東京地裁判決と大阪地裁判決とで、国の責任の有無についての判断が分かれた。東京地裁判決では、添付文書に安全性確保のための必要な記載が欠けているにもかかわらず、行政指導が行われなかった場合には特段の事情の無い限り、権限不行使が違法となるとして、国の行政指導に非常に大きな意義を見出している。他方、大阪地裁判決は添付文書が承認対象とされていないと

---

192)　この点を強く指摘するものとして、吉村良一「『薬害イレッサ』における製薬会社の責任」立命館法学350号（2013）1701頁。
193)　山本・前掲注190）280頁、下山憲治「抗がん剤（イレッサ）添付文書の記載改訂を求める行政指導権限の不行使が違法とされた事例」新・判例解説Watch10号（2012）31・34頁、吉村・前掲注191）44-45頁。

いう薬事法上の位置づけ、行政指導の裁量性、国が後見的な立場にあること等を理由としてこれを否定している。大阪地裁判決に対しては、承認の際に詳細な確認がなされているという実態を軽視すべきでないという指摘もある。[194]

確かに、行政規律の発展により、1970年代以降に添付文書の記載内容についての行政指導が進み、現在では、添付文書の記載内容については事前に行政による確認がなされているのが実態である。添付文書が薬事法上承認の対象となっているか否かという形式論のみをもって国の規制権限不行使の違法が認められる場合を極めて狭く解することは妥当ではないと考えるが、他方、添付文書に対する行政指導が行われている実態を前提として、記載の具体的内容につき、国にいかなる程度の行為義務を課すべきかどうかについては考え方が分かれるところだともいえる。また、前述したように、そもそも本件では、添付文書の記載の仕方よりもむしろ、製薬会社によるその他の媒体による情報提供のあり方が問題とされるべきだったと考えられ、そうだとすれば、プロモーション活動における製薬会社の責任と国によるプロモーション活動の監視のあり方がクローズアップされるべきだと考えられる。

3　医薬品副作用被害制度の進展

イレッサ訴訟では、抗がん剤が医薬品副作用被害救済制度の対象外とされているため、同制度の利用の余地は無かったのであるが、ここで、1979年に発足した医薬品副作用被害救済制度のその後の利活用について触れておく。

同制度が発足して以降、その支給件数は年を追うごとに増加していき、1985年には約100件、1990年には約300件、2000年には約550件、2005年に約950件、2009年には約1,050件だった。2010年までの累計件数（請求件数ベース）で支給件数9,760件、不支給件数1,872件である。[195]

194）　府川繭子「イレッサ訴訟における国の責任―添付文書に対する行政指導の不作為について」法時84巻10号（2012）76・80頁。

195）　厚生労働省「医薬品副作用被害救済制度・生物由来製品感染等被害救済制度について」第1回医療の質の向上に資する無過失補償制度等のあり方に関する検討会資料（2011年8月）。以下のウェブサイトで取得可能である。http://www.mhlw.go.jp/stf/shingi/2r9852000001n6b1-att/2r9852000001n855.pdf（2016年8月30日）。また、厚生労働省医薬品局「医薬品副作用被害救済制度における不支給事例と医薬品の適正使用について」医薬品・医療機器等安全性情報286号（2011年12月）も参照。

このように支給件数自体は伸びているものの、アンケート調査等を踏まえて全日本民医連医薬品評価委員会が出している報告書等によると、医療従事者や国民に十分認知され、活用されているとはいえないという。2009年に行われた認知度調査では、患者はもとより医療関係者でも認知度が低く、また、患者に対して「勧めたい」という回答が半分程度だったとされている。普及が進まない要因としては、申請者が患者である一方で、申請には医療従事者の協力が必要であるにもかかわらず、医療機関側において、①申請手続が煩雑で手間がかかるうえ、見返りとなる報酬が無い、②適応外使用やオーバードーズが申請対象外である、③不適正使用と判定されると、責任問題になる可能性がある、④抗がん剤や胎児死亡等、対象範囲に制限がある、等の理由が挙げられている。[196]

　同制度が発足した後に副作用被害に関して訴訟となった薬害エイズ事件、C型肝炎訴訟、イレッサ訴訟は、いずれも問題となった生物製剤や医薬品が同制度の補償対象外となっていたこともあり、訴訟によらなければ被害救済が図られないものだった。これら以外の副作用被害について、医薬品副作用被害救済制度による給付がなされたことにより、訴訟による被害救済が回避された事案は存在すると考えられるが、それがどの程度なのか、言い換えれば、医薬品副作用被害救済制度がどの程度民事訴訟による救済という法的制度に代わって機能しているのかという点については明らかではない。もっとも、同制度の適用対象外である医薬品や、不支給決定がなされた場合、また、補償額の点から敢えて同制度を使用しない場合等、民事訴訟による被害救済が求められる場合はなお存続するといえる。

VIII　プロモーション活動に対する規律の発展

　IVでみたように、医療用医薬品のプロモーション活動に伴う利益提供については、1980年代以降、公正取引に関する規律とそれに対応した製薬業界の

---

196)　全日本民医連医薬品評価委員会「医薬品副作用被害救済制度活用の手引き」（2011年2月）2・8頁。以下のウェブサイトで取得可能である。http://www.min-iren.gr.jp/ikei-gakusei/yakugaku/zy1/data/110225_01.pdf（2016年8月30日）。

自主規制によって、徐々にではあるが適正化されていった。他方、プロモーション活動によって提供される情報内容の適正化についての規律は遅れをとっていたが、プロモーション活動自体の重心が利益提供から情報の提供へと変化するに伴い、提供される情報内容についての問題が認識されるようになった。

本節では、薬事法上の規制ではプロモーション活動による情報提供についての規律が不十分だったこと、しかしながら、研究活動における利益相反の観点から規律の必要性が認識され、行政規律と製薬業界の自主規制とによる対応がなされつつあることを確認する。

1 薬事法上の広告規制の不備

薬事法は1948年の立法当時から虚偽または誇大広告の禁止の規定を有しており、この規定に基づいて、医薬品等適正広告基準によってその詳細が定められてきた。医薬品等適正広告基準は、1979年の薬事法改正に合わせ、1980年、従来のものから内容が大幅に改正されたが[197]、その後2002年における一部改正を除き、大きな改正は行われていない。

同基準では、医薬品の名称、製造方法、効能効果、性能および安全性、過量消費・乱用を促す表現禁止、他社製品の誹謗広告禁止、医療関係者等の推薦がある旨の表現禁止等の15項目についての定めを置き、特に、効能効果、性能および安全性については、適応外使用の広告の禁止や効能効果・安全性を保証する表現の禁止等が定められている。

この基準に基づき、厚労省は薬事監視として、医薬品の広告についての取締りを行ってきた。しかしながら、この規律の対象とされている「広告」の範囲は極めて狭いものとなっている。すなわち、1998年に厚生省により出された「薬事法における医薬品等の広告の該当性について」[198]によれば、(1)顧客を誘引する（顧客の購入意欲を昂進させる）意図が明確であること、(2)特定医薬品等の商品名が明らかにされていること、(3)一般人が認知できる状

---

197) 昭和55年10月9日薬発第1339号厚生省薬務局長通知。
198) 平成10年9月29日医薬監第148号都道府県衛生主管部（局）長あて厚生省医薬安全局監視指導課長通知。

態であること、という3つの要件が満たされるものに限り、「広告」として同基準が適用される。この定義のもとでは、医学論文の配布や雑誌記事、学会等における情報提供等の形態による製薬会社のプロモーション活動は、必ずしも「広告」とは把握されず、規制が及ばないという問題があった。イレッサ訴訟における大阪地裁判決や大阪高裁判決においても、原告からの広告宣伝の欠陥についての主張に対して、製薬会社による小冊子や医学雑誌における論稿等は広告に当たらないとして否定されている。

このように、医薬品の「広告」に関する行政規律はアメリカと同様、規律が対象とする媒体が限定されている一方で、製薬会社のプロモーション活動が多様な形態をとることから、行政規律による規制が困難となっていた。また、製薬業界においても、本章Ⅳで前述したように、業界団体の倫理規定等による自主規制を行っていたものの、その実効性は高くはなかった。

2 利益相反問題と行政規律・自主規制の発展
(1) 医学研究における利益相反問題への関心の高まり

日本では、1990年代末、経済低迷からの脱却のための一手段として産学連携を促進し、大学における研究成果を向上させると共に、それらの産業への移転を促すための各政策が実施された。1998年には、大学等における技術に関する研究成果の民間事業者への移転の促進に関する法律（TLO法）、翌1999年には、産業活力再生特別措置法が制定され、国の研究委託による成果を受託者である研究機関に帰属させることを可能とすること等を可能とする、「バイ・ドール条項」が設けられた。[199]

大学等の研究機関と産業界との連携を促進するこれらの法制度は、産業界から研究機関への資金の流入を促進するものでもあったが、同時に、このような資金流入ゆえに科学研究の客観性にバイアスがかかる危険性が、利益相反の問題として論じられるようになった。[200] 利益相反の問題は様々な研究分野で生じうるが、とりわけ、医学系研究における大学医学部等研究機関と産業

---

199) 三瀬朋子『医学と利益相反』（弘文堂・2007）4-7頁、新谷由紀子『利益相反とは何か』（筑波大学出版会・2015）5-6頁。
200) 新谷・同上6頁。

界との金銭的なつながりとそれがもたらす利益相反問題への関心の向上を促すこととなった。

実際に、2004年には、大阪大学医学部病院において遺伝子治療薬の臨床試験を実施した教授らが治療薬を開発したベンチャー企業の未公開株式を保有しており、その後同株式が上場され高額な株価となったという事実が報道され[201]、社会的な関心が一気に高まり、2006年には、文科省の研究事業班により、「臨床研究の利益相反ポリシー策定に関するガイドライン」が公表された。更に、2007年には、インフルエンザ治療薬タミフルの服用と異常行動との関連性についての調査研究を行っていた厚生労働省研究事業班の主任研究者である横浜市立大学教授の講座に、タミフルの輸入販売元である中外製薬から、奨学寄附金名目で、2001年から2006年までに1,000万円支払われていたことが発覚し、大きな社会的問題となった[202]。これを契機に、厚生労働省は、同省が資金配分する公的研究に従事する研究者の利益相反の管理を大学等に義務付ける、「厚生労働科学研究における利益相反（Conflict of Interest: COI）の管理に関する指針」を2008年に策定した[203]。この規則では、厚生労働省が厚生労働科学研究として資金を配分する研究について、その研究に携わる研究者が所属先研究機関以外の第三者から経済的利益を受領している場合、その適切な管理を行うことを研究機関に求め、研究の公正性や客観性を保とうとするものである。もっとも規律の内容は、提供される経済的利益の額や管理の方法等についてもっぱら研究機関の自主性に任せる内容となっている。公的研究の利益相反管理については、更に、医学系研究に関する公的機関から研究機関への配分機能を集中させることを目的として2015年に設立された日本医療研究開発機構（AMED）において、厚生労働省の指針を踏襲する形で研究資金の配分先研究機関における利益相反管理のためのルールが設定されたことで、利益相反管理が義務付けられる対象研究の範囲が拡大した[204]。

---

201) 三瀬・前掲注199) 3頁。
202) 新谷・前掲注199) 18頁。
203) 平成20年3月31日科発第0331001号厚生科学課長決定（平成27年4月1日一部改正）。
204) 「研究活動における不正行為等への対応に関する規則」。以下のウェブサイトから入手可能である。http://www.amed.go.jp/kenkyukousei/（2016年8月30日）。

このように、日本では、医学研究における公正性や客観性を担保する必要性という観点からの研究者としての医師の利益相反の規律が2000年代に進むこととなった。これらの行政規律は、医薬品に関する情報の生成段階におけるバイアスを是正することがその目的ではあるが、上記の厚生労働省の指針にみられるように利益相反の管理を大学に一任するというように、規律としてはかなり緩やかなものである。

⑵　バルサルタン（ディオバン）事件と規律強化の動き

　⒜　バルサルタン（ディオバン）事件　　医学研究における利益相反問題に対する規律の動きに拍車をかけ、また、製薬業界による更なる自主規制を促したのが、2012年に発覚した降圧剤バルサルタン（商品名ディオバン）の臨床試験をめぐる利益提供と論文不正の問題である。

　バルサルタンは、ノバルティスファーマが2000年11月から販売を開始した降圧剤だが、発売後、５つの大学（東京慈恵会医科大学、京都府立医科大学、滋賀医科大学、千葉大学、名古屋大学）の研究チームにおいて医師主導の臨床試験[205]が行われ、その結果、バルサルタンが血圧低下だけではなく、脳卒中や狭心症等の心血管系疾患の抑制や腎臓の保護作用などについても効果があるという論文が2007年以降に発表されるようになった。ノバルティスファーマは、これらの医学論文を使い、医師向けのプロモーションを大々的に行い、バルサルタンは売上高が年1,000億円以上、累計１兆3,000億円に達するヒット商品となった。

　これについては、論文の発表当初から試験結果の内容を疑問視する医師もいたが、2012年にランセットにおいて発表された臨床試験結果についての疑義に関する論文を契機に不正の疑義が高まり、2013年２月までに、欧州心臓病学会誌（European Heart Journal）と日本循環器学会誌（Circulation Journal）が掲載した京都府立医科大学の関連論文３本を撤回するに至る。その後、バルサルタンの臨床試験を行った５大学は調査委員会を発足させ、厚生

---

[205]　日本では、薬事法に基づき医薬品の製造販売承認を得るために各種の規律に従って行われる臨床試験を「治験」といい、それ以外の臨床試験を「臨床試験」と呼称するのが一般的である。医師主導臨床試験とは、医師が主体となって行う（医薬品の承認を得ることを目的としていない）臨床試験である。薬事衛生研究会編『薬事法規・制度及び倫理』（薬事日報社・2012）554頁。

労働省も有識者による検討委員会を設置し、不正の調査が行われ、その結果、5大学全ての臨床試験において、ノバルティスファーマの同じ社員（2013年5月に同社を退職）が「大阪市立大学」の肩書でデータの統計解析等に関与していたこと、ノバルティスファーマから総額11億円に上る寄附金が大学に提供されていたこと、名古屋大学を除く4大学の臨床試験において脳卒中の発症率や血圧値等のデータが操作されていたことが認定された。

これらの結果を受け、厚生労働省は、2014年1月、薬事法違反の疑いでノバルティスファーマと元社員を刑事告発し、同年5月、東京地検は京都府立医大の論文のデータ改ざんを被疑事実として、同社および元社員を薬事法における虚偽・誇大広告違反で起訴するに至った。[206)207)]

バルサルタンについての疑惑をきっかけに、臨床試験をめぐる不祥事が相次いで発覚し、2014年1月、再びノバルティスファーマの社員による白血病治療薬の臨床試験への関与、同年2月、武田薬品工業による降圧剤カンデサルタン（商品名ブロプレス）の宣伝における論文と異なるグラフの使用等が明るみに出た。厚生労働省は、カンデサルタン事件について、医薬品医療機器法で禁止された「誇大広告」に該当するとして、2015年6月13日に業務改善命令を出したが、誇大広告に基づく行政処分が下されたのは初めてのことだった。[208)]

このように、バルサルタン事件では、製薬会社から医師（研究者）への利益提供を背景とした医療用医薬品の情報の生成における不正が、日本において初めて事件として明るみに出たうえ、それに対する刑事訴追がなされ、規制当局や社会に衝撃が走った。

(b) **行政規律および自主規律の対応**　　当時、製薬業界では、アメリカにおけるサンシャイン・アクトを受けて、2011年に製薬協が「企業活動と医療機関等の関係の透明性ガイドライン」を策定し、各社が医療関係者や医療機関

---

206) 以上について、河内敏康＝八田浩輔「バルサルタン臨床試験をめぐる不正・不祥事の経緯と背景」『科学』851巻2号（2015）151頁、新谷・前掲199) 64-66頁。
207) 2015年12月16日に初公判が行われ、元社員およびノバルティスファーマ共に改ざんの事実を否定し刑事責任を争っている。読売新聞2015年12月17日第38面。
208) 毎日新聞2015年6月13日第27面、日本経済新聞2015年6月13日第38面等。

等に対して提供した利益（研究開発費、学術研究助成費、原稿執筆料等、情報提供関連費等とされている）を2013年から公開する取組みを初めることを予定していた。また、同団体は、2012年には医療用医薬品プロモーションコードを改定し（その前の改定は2008年である）、医療用医薬品のプロモーション活動における医薬品情報の適正化のための規律を強化していた。

2012年に改定された同規則およびその解説（「医療用医薬品プロモーションコードの解説」）[209]においては、例えば以下のように述べられている。

① 医薬品の情報は、医薬品としての承認を受けた範囲内のもので、科学的根拠が明らかな最新のデータに基づくものを適正な方法で提供する。学会や専門誌を通じた研究所見の発表、医師に求めに応じた論文提供を制限するものではないが、製薬会社がスポンサーをするセミナーは含まれず、また、製薬会社が積極的に働きかけて医師から論文の求めを誘導する行為は慎まなければならない。

② 記事と広告の区別を明確にすること。広告は薬事法と自主規範に従い、記載内容を科学的客観的根拠に基づく正確、公平かつ客観的なものとすること。医学・薬学文献を製薬会社が積極的に配布する場合はプロモーション資材とみなされること。

③ 医療関係者の肖像写真を掲載した広告は、オピニオン・リーダーが推奨・保証していると誤解を招く恐れがあることから、行うべきではないこと。

④ 製薬会社が医療関係者に対して行う講演会については、飲食、懇親行事、贈呈品提供等は華美にわたらないものとすること、参加者に対して講演会に付随して提供する金銭等の提供は、旅費（交通費・宿泊費）、講演料の報酬、登録費に限定すること。

⑤ 直接・間接に、医薬品の適正使用に影響を与える恐れのある金銭類を医療関係者・医療機関に提供しないこと。

このように、バルサルタン事件の前後には、アメリカに比すれば規律の内容は緩やかではあるものの、製薬業界による自主規制が一定程度進んでいた

---

209) http://www.jpma.or.jp/about/basis/code/pdf/

といえる。

　しかしながら、バルサルタン事件を受け、厚生労働省は自主規制に任せるのではなく、行政規律の強化の必要性があるとして、2015年4月に臨床試験の倫理指針を改訂し（「人を対象とする医学系研究に関する倫理指針」〔平成26年12月22日厚生労働省・文部科学省〕）、試験の過程において原資料のカルテと解析に使用するデータをチェックするモニタリングや監査を求める等の規律を追加した。また、企業から大学等研究機関への臨床研究に関する利益提供については、製薬業界の自主規制ではなく法制化が必要であるという方針に転換し、上記の製薬会社による自主規制に加え、製薬会社等から大学等研究機関への臨床試験に関する資金提供の公開義務を定める新たな法規制（臨床研究法案）[210]を示し、2016年8月末の侍点で、同年度の臨時国会で成立する可能性があるとされている。臨床研究法案においては、製薬会社が自社の医薬品等について臨床研究を行う研究機関・病院または医師に対して提供する研究開発費、奨学寄附金、原稿執筆料、講師謝金等の公開を義務付けるものとされている。ただし、医師に対する接遇費や医療関係者を対象とする講演会や説明会等の費用は対象とされていない等、対象除外とされる範囲について批判もなされている。

3　まとめ

　日本では、医薬品の医師に対するプロモーション活動について、情報が生成される段階から企業の利益のために情報の歪みが生じていることや、医師に対する「研鑽」や「教育」のためとして一見客観的にもみえる医学文献の提供、講演会の開催等がプロモーション活動と一体化していることといった状況に対する認識と規律の必要性が認識されるようになったのはアメリカに比して遅く、また、行政規律の展開もバルサルタン事件という不祥事の発生によって、やっと促されたものといえる。また、製薬業界による自主規制についても、同事件を契機として、規制の強化や各製薬会社におけるコンプラ

---

210)　臨床研究法案については、以下のウェブサイトから取得可能である。http://www.shugiin.go.jp/internet/itdbgian.nsf/html/gian/honbun/houan/g19005056.htm（2016年8月30日）。

イアンス体制の整備が進むことになった。

　このような動きは、アメリカでみられた行政規律や刑事規律、製薬業界の自主規律の進展に比すれば時期としてはやや遅いものではあるが、日本においても、製薬会社と医師との間に存在した情報の密室を明るみに出していくような規律の変化であるといえる。このような規律の生成過程においては、アメリカにおける医師に対するプロモーション活動への規律にみられたような、情報が生み出され、医師に対して提供される過程や実際について具体的に把握すると共に、単に情報伝達を抑制するのではなく、情報の公開により適正化を促すような規律を検討していくことが必要だと考えられる。

結語に代えて
——日本における法の展開とアメリカからの示唆

　以上にみてきたように、2つの薬害事件とその訴訟を契機として、日本では、アメリカに比すると遅い1960年代末から1970年代にかけて、行政規律としての薬事法の性質が、警察的規制から医薬品の安全性を確保するための規律として変化し、具体的な各規律を備えていった。事前規制としての行政規律は、日本ではアメリカにおいてみられるような連邦法や連邦の行政規則制定に対する抵抗が少ないことや、営利的言論に対する保護に大きな比重が置かれていないことも相まって、比較的発展がしやすかったものと考えらえる。

　他方、民事規律についても、製薬会社から医師へ、医師から患者への適切な情報伝達を促すような発展がみられるが、日本では訴訟数が少ないことや、国賠訴訟が常に同時に提起され社会的批判が製薬会社よりも国に対して向けられる傾向にあること等から、民事規律は製薬会社を動かすという意味ではアメリカに比すると十分には機能してこなかったといえる。更に、製造物責任法成立後のイレッサ訴訟においては、警告責任が中心的な争点となったが、裁判所の判断対象が添付文書に限定されてプロモーション活動等その他の情報伝達も踏まえた判断とはならず、将来への課題が残された。また、1979年に成立した医薬品副作用被害救済制度は、被害者の救済に資する一方で、民事訴訟に代替する機能を果たすことから、副作用被害に関して民事訴訟を用いる場合が減少し、結果として不法行為法や製造物責任法における法理の発展はみられなくなる可能性もあったが、適用範囲の限定等があったことにより、実際にはその後の製薬会社および国に対する賠償請求訴訟を大きくは妨げなかったと考えられる。また、患者に対する情報伝達のための薬剤師の役割については、行政規律は変化しつつあるものの、これに呼応する民事規律の発展は未だみられない。

　医師に対するプロモーション活動については、行政規律による利益提供の

適正化が先だって進んだが、2000年代に入り、生成され伝達される医薬品の情報を適正化するための規律が進みつつある。アメリカでは、医師生涯教育や医師への医学文献の提供という形態をとったプロモーション活動についての行政規律の試みとその失敗から、情報公開による内容の適正化を図る方向に進みつつあり、日本においてもアメリカの経験は示唆に富むものといえる。

　このように、日本においては、アメリカとは異なる社会的背景および法的制度のもとで、アメリカにおける展開からはやや遅れつつも、行政規律と民事規律がアメリカとは異なる形で発展しつつ、処方箋医薬品の情報伝達に関する新しい法システムが形成されつつある。アメリカが新しい法システムの生成の過程で経験した困難や新しい知恵は、日本におけるこの法システムの更なる発展に大きな示唆を与えるものだろう。

事項索引（和文・欧文）

あ

アメリカ医師会（American Medical Association: AMA）　134-136, 204, 205, 227
アメリカ研究製薬工業協会（Pharmaceutical Research and Manufactures of America: PhRMA）　202
安全性確保義務（国の）　280-283, 298, 299

い

医学雑誌編集者国際委員会（International Committee of Medical Journal Editors: ICMJE）　188, 189, 190, 191
医師生涯教育（Continuing Medical Education: CME）　126, 133-137, 152, 160, 161, 163, 165-168, 171-174, 202-207
医師生涯教育認証評価機関　136
医師利益提供透明化プログラム（National Physician Payment Transparency Program: NPPTP）　210
医制　264, 265
一般用医薬品（over-the-counter drug）　15-17, 22, 269, 277
医薬品医療機器総合機構（PMDA）　317
医薬品情報提供担当者　308
医薬品情報提供のあり方に関する懇談会　326
医薬品等適正広告基準　327, 348
医薬品の安全性に関する非臨床試験の実施の基準に関する省令（GLP）　316
医薬品の市販後調査の基準に関する省令（GPMSP）　316
医薬品の製造承認等に関する基本方針について　276
医薬品の製造承認等に関する基本方針の取扱いについて　276
医療品の臨床試験の実施の基準に関する省令（GCP）　316
医薬品副作用被害救済基金法　279, 286, 289, 290
医薬品副作用被害救済制度　289-291, 346, 347
医薬品利用監督（Drug Use Review: DUR）　78-80

医薬分業　265, 266, 328, 329
医療改革法（Patient Protection and Affordable Care Act: PPACA）　209
医療品適正広告基準　269
医療用医薬品のプロモーションに関する倫理コード　307, 310
医療用医薬品プロモーションコード　310, 353
医療倫理規程　204
インターネットにおける広告　231
インフォームド・コンセント法理　63-65, 67, 247, 248, 324, 345

え

FDA改正法（Food and Drug Administration Amendments Act of 2007: FDAAA）　105-109, 119, 189-191
FDA近代化法（Food and Drug Administration Modernization Act of 1997: FDAMA）　164, 165, 171-175, 186, 187, 189
エリキシル・サルファニラミド事件　13

お

OIGコンプライアンスプログラムガイダンス（OIG Compliance Program Guidance for Pharmaceutical Manufacturers）　205-207

か

カウンター・ディティリング　218
かかりつけ薬剤師・薬局　331
簡潔な要約の要件（brief summary requirement）　141, 229, 230
監視イニシアチブ（Sentinel Initiative）　106-108
患者向医薬品ガイド　327
患者向け添付文書（Patient Package Insert: PPI）　37, 49
完全な開示（full disclosure）　18, 36, 86

き

キー・オピニオン・リーダー（Key Opinion Leader: KOL）　127, 133
企業活動と医療機関等の関係の透明性ガイドラ

イン　352
虚偽請求規制法　195-200, 202, 206

く

ClinicalTrials.gov　187, 189-191

け

経済的及び臨床的健全性のための医療情報技術に関する法律（Health Information Technology for Economic and Clinical Health Act: HITECH Act）　107
刑事的民事訴訟（*qui tam* action）　195
現品添付　306, 307

こ

広告（advertisement）　141-143, 159-163, 229
公正競争規約　309, 310
公正取引委員会　309
公正なバランスの原則（fair balance doctrine）　141
厚生労働科学研究における利益相反（Conflict of Interest: COI）の管理に関する指針　350
後発医薬品（ジェネリック医薬品）　119-122
国民皆保険　270
誇大広告　268, 269, 272

さ

再審査制度　288, 289
再評価　277, 287, 288
サンシャイン・アクト（sunshine act）　208-210

し

CBE（Changes Being Effected）手続　102, 103, 109, 117, 121
自己決定権　64, 65, 67, 324
疾病啓発広告　221, 328
市販後調査　91, 101, 107
州際通商（interstate commerce）　8, 113
州際通商条項（interstate commerce clause）　9, 13, 14
州の消費者保護法　248-251
州の福祉権能（police power）　113
受診推奨広告　328
純正食品及び医薬品法（Pure Food and Drug Act of 1906）　7-14

使用上の注意　277, 294
使用上の適当な注意　293
小児最良医薬品法（Best Pharmaceuticals for Children Act: BPCA）　176
小児臨床試験衡平法（Pediatric Research Equity Act: PREA）　176
消費者服薬情報（Consumer Medication Information: CMI）　46, 48, 49
処方情報制限プログラム　214
処方箋医薬品販売管理法（Prescription Drug Marketing Act）　197, 199
信認義務　7, 63, 138, 139
新薬承認申請手続（New Drug Application）　14, 89, 102

せ

1951年 FDCA 改正（Durham-Humphrey Amendments to the FDCA）　15, 17, 41, 71
1962年 FDCA 改正（Kefauver-Harris Amendments to the FDCA）　18, 141, 145
1979（昭和54）年薬事法改正　279, 286, 287, 348
1997年一般歳出法（Omnibus Consolidated Appropriations Act of 1997）　45, 46
製造物責任法第3次リステイトメント　237-240
生物由来製品感染等被害救済制度　317
政府免責（government immunity）　97
製薬協（日本製薬工業協会）　307, 310, 311, 352
製薬協コンプライアンス・プログラム・ガイドライン　311
専占（preemption）　111-122
セントラル・ハドソン・テスト（Central Hudson Test）　168, 182, 183, 216, 217
全米児童ワクチン健康被害補償法（National Childhood Vaccine Injury Act of 1986）　54

つ

追加的新薬承認申請手続　147, 148, 150, 165, 169, 170, 172, 175

て

ディテイラー　126, 127, 140, 143, 152-155, 163, 165, 176-178, 214
ディテイリング活動　213

事項索引（和文・欧文）

データ・ベンダー (data vendors) 47
適応外使用 (off-label use) 143-152, 157-178, 199, 200, 321, 347, 348
テレビコマーシャル 227-231, 233, 234, 236
添付文書 272, 277, 293-295, 334-345

に

2002年 PhRMA コード 202, 203, 206
2009年 PhRMA コード 204
21世紀の医薬品のあり方に関する懇談会 325

は

売薬 263, 265
売薬取締規制 263
売薬法 265, 266
バルサルタン（ディオバン）事件 351-354
反キックバック法 (Anti-Kickback Statute) 194-200, 202, 206

ひ

ピア・レビュー (peer review) 手続 132, 133
避妊薬 38, 54-62, 238, 239
表示書 267, 268

ふ

副作用報告義務 277
副作用報告制度 287, 289
副作用モニター制度 277
服薬ガイド (Medication Guide) 44-47, 49
不正表示 (misbranded) 9-11, 14, 20, 87, 141, 142, 159, 160
不法行為法第2次リステイトメント402A条 24-26
プロパー 269, 306

へ

米国司法省 (Department of Justice) 193

ほ

ホイーラー・リー法 (Wheeler-Lea Act of 1938) 19
包括的財政調整法 (Omnibus Budget Reconciliation Act of 1990: OBRA1990) 78-80, 82, 83

め

Medical Representative (MR) 308
MedWatch プログラム 92, 93
メディケア処方薬剤改善・近代化法 (Medicare Prescription Drug Improvement and Modernization Act of 2003) 79, 201
メディケア・パートDプラン 201, 226

や

薬事二法 279, 286, 287
薬事法における医薬品等の広告の該当性について 348
薬品営業並薬品取扱規則（薬律） 264-266
薬品取扱規則 264
薬価基準 270

ゆ

輸入医薬品法 (Import Drug Act of 1848) 8

よ

予防接種ワクチン 51, 53, 61, 238, 239

ら

ラベル (label) 86
ラベリング 14, 20, 21, 86-91, 100, 104, 105, 109, 114-122, 153-163
ラベリング変更 102, 103, 109

り

利益相反 138, 139, 191, 192, 210-212, 349-351
リスク評価・軽減戦略 (risk evaluation and mitigation strategy: REMS) 108

れ

連邦取引委員会 (Federal Trade Commission: FTC) 11, 19, 20, 22
連邦取引委員会法 (Federal Trade Commission Act) 11, 248, 249
連邦不法行為請求法 (Federal Tort Claims Act) 97

事項索引（和文・欧文）　　361

A

advertisement　141
American Medical Association: AMA　134-136
Anti-Kickback Statute　194

B

Best Pharmaceuticals for Children Act: BPCA　176
brief summary requirement　141, 229

C

CBE (Changes Being Effected)　102
Central Hudson Test　168
ClinicalTrials.gov　187, 189-191
Conflict of Interest: COI　350
Consumer Medication Information: CMI　46, 49
Continuing Medical Education: CME　126

D

data vendors　47
Department of Justice　193
Drug Use Review: DUR　78
Durham-Humphrey Amendments to the FDCA　15

F

fair balance doctrine　141
Federal Tort Claims Act　97
Federal Trade Commission: FTC　19
Federal Trade Commission Act　11, 248
Food and Drug Administration: FDA　14
Food and Drug Administration Amendments Act of 2007: FDAAA　105
Food and Drug Administration Modernization Act of 1997: FDAMA　164
Food, Drug, and Cosmetic Act: FDCA　3, 6, 12
full disclosure　18, 36

G

GCP　316
GLP　316
government immunity　97

GPMSP　316

H

Health Information Technology for Economic and Clinical Health Act: HITECH Act)　107

I

Import Drug Act of 1848　8
International Committee of Medical Journal Editors: ICMJE　188-191
interstate commerce　8
interstate commerce clause　9

K

Kefauver-Harris Amendments to the FDCA　18
Key Opinion Leader: KOL　127, 133

L

label　86
Learned Intermediary Doctrine　27

M

Medical Representative (MR)　308
Medicare Prescription Drug Improvement and Modernization Act of 2003　79, 201
Medication Guide　44
MedWatch program　92, 93
misbranded　87, 141

N

National Childhood Vaccine Injury Act of 1986　54
National Physician Payment Transparency Program: NPPTP　210
New Drug Application　14

O

off-label use　143
OIG Compliance Program Guidance for Pharmaceutical Manufacturers　205
Omnibus Budget Reconciliation Act of 1990: OBRA1990　78
Omnibus Consolidated Appropriation Act of 1997　45

over-the-counter drug　*15*

P

Patient Package Insert: PPI　*37,49*
Patient Protection and Affordable Care Act: PPACA　*209*
Pediatric Research Equity Act: PREA　*176*
peer review　*132*
Pharmaceutical Research and Manufactures of America: PhRMA　*202*
PMDA　*317*
police power　*113*
preemption　*112*
Prescription Drug Marketing Act　*197*
Pure Food and Drug Act of 1906　*7,9*

Q

qui tam action　*195*

R

risk evaluation and mitigation strategy: REMS　*108*

S

Sentinel Initiative　*106*
sunshine act　*208,209*

W

Wheeler-Lea Act of 1938　*19*

判例索引

福島地判昭和31・1・20下民集7-1-59 …………………………………………………329
大阪地判昭和41・5・20判時473-48 …………………………………………………329
東京地判昭和46・5・19判時660-62 …………………………………………………324
金沢地判昭和53・3・1判タ359-143 …………………………………………279, 281-283
東京地判昭和53・8・3判タ365-99 …………………………………………279, 281, 282, 284
福岡地判昭和53・11・14判タ376-58 …………………………………………279, 281, 283, 285
最判昭和56・6・19判タ447-78 ………………………………………………………324
福島地白河支判昭和58・3・30判タ493-166 …………………………………295, 296, 298, 300
公取委勧告審決昭和58・6・30審決集30-35 …………………………………………309
東京地判昭和60・3・27判タ555-121 …………………………………………280, 295, 297, 299, 300
名古屋地判昭和60・5・28判タ563-202 ………………………………………295, 297, 299, 300
東京高判昭和63・3・11判タ666-91 ……………………………………………………301, 302
最判平成7・6・23民集49-6-1600 ……………………………………………………301, 304
高松高判平成8・2・27判時1591-44 …………………………………………………325
静岡地判平成10・12・24判タ1027-221 ………………………………………………325
大阪地判平成12・2・24判時1728-163 ………………………………………………315
千葉地判平成12・9・12判時1746-115 ………………………………………………329
東京地判平成13・3・28判時1763-17 …………………………………………………315
東京地判平成13・9・28刑集62-4-791 ………………………………………………315
東京地判平成14・4・8判タ1148-250 …………………………………………………325
大阪高判平成14・8・21判時1804-146 ………………………………………………315
福岡地小倉支判平成15・1・9判タ1166-198 …………………………………………325
東京地判平成15・3・20判時1846-62 …………………………………………………333
仙台高秋田支判平成15・8・27判タ1138-191 …………………………………………325
東京地判平成15・9・19判タ1159-262 ………………………………………………333
名古屋地判平成16・4・9判タ1168-280 ………………………………………………333
福岡高判平成16・12・1判時1893-28 …………………………………………………325
東京高判平成17・3・25刑集62-4-1187 ………………………………………………315
最決平成17・6・27判例集未登載 ………………………………………………………315
大阪地判平成18・6・21判時1942-23・判タ1219-64 …………………………………318
福岡地判平成18・8・30判時1953-11 …………………………………………………318
東京地判平成19・3・23判時1975-2 …………………………………………………319
名古屋地判平成19・7・31訟月54-10-2143 …………………………………………320
仙台地判平成19・9・7訟月54-11-2571 ………………………………………………320
最決平成20・3・3刑集62-4-567 ……………………………………………………315
東京地判平成22・5・26判タ1333-199 ………………………………………………333
大阪地判平成23・2・25訟月58-3-1132 ………………………………………………338
東京地判平成23・3・23判時2124-202 ………………………………………………336
東京高判平成23・11・15判時2131-35 …………………………………………………340, 341
大阪高判平成24・5・25訟月59-3-740 ………………………………………………342
最判平成25・4・12民集67-4-899 ……………………………………………………335

Adkins v. Mong, 425 N.W.2d 151 (Mich. Ct. App. 1988) ………………………………………72
Alberty Food Prods. Co. v. United States, 185 F.2d 321 (9th Cir. 1950) ………………………21
Allen v. G.D. Searle & Co., 708 F.Supp. 1142 (D.Or. 1989) ………………………………………58
Amarin Pharma, Inc. v. FDA, 119 F.Supp.3d 196 (S.D.N.Y. 2015) ………………………………178
Baker v. Arbor Drugs, Inc., 544 N.W.2d 727 (Mich. App. 1996) ………………………………83
Banner ex rel. Banner v. Hoffmann-La Roche Inc., 891 A.2d 1229 (N.J. 2006) …………243
Barson v. E.R. Squibb & Sons, Inc., 682 P.2d 832 (Utah 1984) ………………………………95
Beale v. Biomet, Inc., 492 F.Supp.2d 1360 (S.D. Fla. 2007) ………………………………245
Berkovitz v. United States, 486 U.S. 531 (1988) ………………………………………………97
Bigelow v. Virginia., 421 U.S. 809 (1975) ………………………………………………………181
Bowman v. Songer, 820 P.2d 1110 (Colo. 1991) ………………………………………………65
Brown v. Glaxo, Inc., 790 So.2d 35 (La. Ct. App. 2000) ………………………………………154
Brown v. Southern Baptist Hosp., 715 So.2d 423 (La. Ct. App. 1998) ………………………71
Canterbury v. Spence, 464 F.2d 772 (D.C.Cir. 1972) …………………………………………64
Cent. Hudson Gas & Elec. Corp. v. Pub. Serv. Comm'n of N.Y., 447 U.S. 557 (1980) …182, 184
Centocor, Inc. v. Hamilton, 310 S.W.3d 476 (Tex. App. 2010) ………………………………240
Centocor, Inc. v. Hamilton, 372 S.W.3d 140 (Tex. 2012) ………………………………240, 244, 245
Cipollone v. Liggett Group, Inc., 505 U.S. 504 (1992) ………………………………………114
Comstock v. General Motors Corp., 99 N.W.2d 627 (Mich. 1959) …………………………98
Conte v. Wyeth, Inc., 168 Cal.App.4th 89 (Cal. Ct. App. 2008) ……………………………123
Cowley v. Abbott Labs., Inc., 476 F.Supp.2d 1053 (W.D. Wis. 2007) ……………………245
Davis v. Wyeth Lab. Inc., 399 F.2d 121 (9th Cir. 1968) ………………………………………51
Deed v. Walgreen Co., 2004 WL 2943271 (Conn.Supr. 2004) ………………………………81
Dooley v. Everett, 805 S.W.2d 380 (Tenn. App. 1990) ………………………………………76
Dunn v. Lederle Laboratories, 328 N.W.2d 576 (Mich. Ct. App. 1982) ……………………54
Edwards v. Basel Pharmaceuticals, 993 P.2d 298 (Okla. 1997) ……………………………60
Forbes v. Walgreen Co., 566 N.E.2d 90 (Ind. Ct. App. 1991) ………………………………71
Formella v. Ciba-Geigy Corp., 300 N.W.2d 356 (Mich. Ct. App. 1980) …………………155
Forsyth v. Eli Lilly & Co., 904 F.Supp. 1153 (D. Hawaii 1995) ……………………………97
FTC v. Raladam Co., 283 U.S. 643 (1931) ………………………………………………………19
Gelley v. Astra Pharmaceutical Products, Inc., 466 F.Supp. 182 (D. Minn. 1979) ………97
Gray v. United States, 445 F.Supp. 337 (S.D.Tex. 1978) ……………………………………97
Greenman v. Yuba Power Prods., Inc., 377 P.2d 897 (Cal. 1963) …………………………24
Hand v. Krakowski, 89 A.D.2d 650 (N.Y. App. Div. 1982) ……………………………………77
Happel v. Wal-Mart Stores, Inc., 766 N.E.2d 1118 (Ill. 2002) ………………………………76
Heindel v. Pfizer Inc., 381 F.Supp.2d 364 (D.N.J. 2004) ……………………………………250
Henningsen v. Bloomfield Motors, Inc., 161 A.2d 69 (N.J. 1960) …………………………24
Horner v. Spalitto, 1 S.W.3d 519 (Mo. Ct. App. 1999) ………………………………………81
Humes v. Clinton, 792 P.2d 1032 (Kan. 1990) ………………………………………………58
Hutchinson v. United States, 915 F.2d 560 (9th Cir. 1990) …………………………………65
IMS Health Inc. v. Ayotte, 550 F.3d 42 (1st Cir. 2008) ………………………………215, 217
IMS Health Inc. v. Mills, 616 F.3d 7 (1st Cir. 2010) …………………………………………215
In re Media Prods. Liab. Litig., 328 F.Supp.2d 791 (N.D. Ohio 2004) ……………………245
In re Norplant Contraceptive Prods. Liab. Litig., 165 F.3d 374 (5th Cir. 1999) …………245
In re Norplant Contraceptive Prods. Liab. Litig., 215 F.Supp.2d 795 (E.D. Tex. 2002) ……30
In re Vioxx Prods. Liab. Litig., 2006 WL 6305292 (Cal. 2006) ……………………………245

Johnson v. American Cyanamid Co., 718 P.2d 1318 (Kan. 1986) ……………………………… 54
Kirk v. Micheal Reese Hosp. & Med. Ctr., 513 N.E.2d 387 (Ill. 1987) ……………………… 31
Kociemba v. G.D. Searle & Co., 680 F.Supp. 1293 (D. Minn. 1988) ………………………… 57
Kordel v. United States, 335 U.S. 345 (1948) ………………………………………………… 21,158
Lacy v. G.D. Searle & Co., 567 A.2d 398 (Del. 1989) ………………………………………… 58
Lou v. Smith, 685 S.W.2d 809 (Ark. 1985) …………………………………………………… 71
Love v. Wolf, 38 Cal. Rptr. 183 (Cal. Dist. Ct. App. 1964) ………………………………… 153
MacDonald v. Ortho Pharmaceutical Corp., 475 N.E.2d 65 (Mass. 1985) ………………… 55
MacPherson v. Buick Motor Co., 110 N.E. 1050 (N.Y. 1916) ……………………………… 24
MacPherson v. G.D. Searle & Co., 775 F.Supp. 417 (D.D.C. 1991) ………………………… 59
Marcus v. Specific Pharm. Inc., 77 N.Y.2d 508 (App. Div. 1948) ………………………… 28
McKee v. Am. Home Prods. Corp., 782 P.2d 1045 (Wash. 1989) …………………………… 73
Mendez Montes De Oca v. Aventis Pharma, 579 F.Supp.2d 222 (D.P.R. 2008) ………… 246
Moore v. Memo'l Hosp. of Gulfport, 825 So.2d 658 (Miss. 2002) …………………………… 76
Morgan v. Wal-Mart Stores, Inc., 30 S.W.3d 455 (Tex. App. 2000) ………………………… 80
Odgers v. Ortho Pharm. Corp., 609 F.Supp. 867 (D.C. Mich. 1985) ……………………… 56
Perez v. Wyeth Lab. Inc., 734 A.2d 1245 (N.J. 1999) ……………………………… 31,32,240
Pharm. Mfrs. Ass'n v. FDA, 484 F.Supp. 1779 (D. Del. 1980) …………………………… 16,40
Pliva, Inc. v. Mensing, 131 S.Ct. 2567 (2011) ……………………………………………… 120
Plummer v. Lederle Laboratories, 819 F.2d 349 (2d Cir. 1987) …………………………… 54
Pysz v. Henry's Drug Store, 457 So.2d 561 (Fla. Dist. Ct. App. 1984) …………………… 71
Reaves v. Ortho Pharm. Corp., 765 F.Supp. 1287 (E.D.Mich. 1991) ……………………… 59
Reyes v. Wyeth Lab. Inc., 498 F.2d 1264 (5th Cir. 1974) ………………………………… 31,52
Riff v. Morgan Pharmacy, 508 A.2d 1247 (Pa. Super. Ct. 1986) …………………………… 75
Salmon v. Parke, Davis & Co., 520 F.2d 1359 (4th Cir. 1975) …………………………… 154
Saukas v. Walker St. Pharmacy Inc., 2005 WL 1846289 (Mich. App. 2005) ……………… 81
Schilf v. Eli Lilly & Co., No. CIV 07-4015 (D.S.D. 2010) …………………………………… 69
Schroeder v. Lester E. Cox Med. Ctr., 833 S.W.2d 411 (Mo. Ct. App. 1992) ……………… 71
Sorrell v. IMS Health Inc., 131 S.Ct. 2653 (2011) ……………………………… 184,216-218
States ex rel. Johnson & Johnson v. Karl, 647 S.E.2d 899 (W. Va. 2007) …………… 243,244
Stebbins v. Concord Wrigley Drugs, Inc., 416 N.W.2d 381 (Mich. Ct. App. 1987) ……… 72
Stephens v. G.D. Searle & Co., 602 F.Supp. 379 (1985) …………………………………… 57
Sterling Drug, Inc. v. Cornish, 370 F.2d 82 (8th Cir. 1966) …………………………… 29,30,51
Stevens v. Parke, Davis & Co., 507 P.2d 653 (Cal. 1973) ………………………………… 154
Stottlemire v. Cawood, 213 F.Supp. 897 (D.C. Cir 1963) …………………………………… 29
Taurino v. Ellen, 579 A.2d 925 (Pa.Super. Ct. 1990) ………………………………………… 59
Tenuto v. Lederle Labs., 687 N.E.2d 1300 (N.Y. 1997) ……………………………………… 65
Terhune v. A.H. Robins Co., 577 P.2d 975 (Wash. 1978) …………………………………… 58
United States ex rel. Bidani v. Lewis, 274 F.Supp.2d 612 (N.D. Ill. 2003) ……………… 196
United States ex rel. Franklin v. Parke-Davis, 147 F.Supp.2d 39 (D. Mass. 2001) ……… 199
United States v. Carolene Prods. Co., 304 U.S. 144 (1938) ……………………………… 184
United States v. Caronia, 703 F.3d 149 (2d Cir. 2012) …………………………………… 177
United States v. McClatchey, 217 F.3d 823 (10th Cir. 2000) ……………………………… 195
Va. St. Bd. of Pharmacy v. Va. Citizens Consumer Council, Inc., 425 U.S. 748 (1976) … 179,181
Valentine v. Chrestensen, 316 U.S. 52 (1942) ……………………………………………… 180
Wagner v. Roche Labs., 671 N.E.2d 252 (Ohio 1996) ……………………………………… 95

Walter v. Wal-Mart Stores, Inc., 748 A.2d 961 (Me. 2000) ················71
Wash. Legal Found. v. Friedman, 13 F.Supp.2d 51 (D.D.C. 1998) ················166
Wash. Legal Found. v. Friedman, 36 F.Supp.2d 16 (D.D.C. 1999) ················171
Wash. Legal Found. v. Henney, 56 F.Supp.2d 81 (D.D.C. 1999) ················172
Wash. Legal Found. v. Henney, 202 F.3d 331 (D.C. Cir. 2000) ················172, 173
Watts v. Medicis Pharm. Corp., 365 P.3d 944 (2016) ················246
Wooderson v. Ortho Pharm. Corp., 681 P.2d 1038 (Kan. 1984) ················100
Wyeth v. Levine, 129 S.Ct. 1187 (2009) ················116, 118
Wyeth-Ayerst Lab. Co. v. Medrano, 28 S.W.3d 87 (Tex. App. 2000) ················250
Yarrow v. Sterling Drug, Inc., 408 F.2d 978 (8th Cir. 1969) ················98
Zansuri v. G.D. Searle & Co., 748 F.Supp. 1551 (S.D.Fla. 1990) ················58

著者紹介

秋元奈穂子（あきもと　なおこ）

1980年　東京都生まれ
2003年　東京大学法学部私法学科卒業
2004年　東京大学法学部政治学科卒業（法学士）
2006年　東京大学法科大学院修了
2008〜2015年　ビンガム・坂井・三村・相澤法律事務所　弁護士
2012年　Washington University in St. Louis LL.M. 修了
2014年　ニューヨーク州弁護士登録
2015年　東京大学博士課程修了・博士（法学）
2015〜2016年　日本医療研究開発機構
現　在　台湾国立交通大学科技法律学院助理教授・弁護士
専　攻　英米法・医事法

主要論文
「Wrongful Birth 訴訟の法社会学的考察―日米比較とアメリカ法からの示唆」樋口範雄＝岩田太編『生命倫理と法Ⅱ』（弘文堂・2007年）
「産科医療補償制度に見る日本の医事紛争解決システムの方向性」岩田太編『患者の権利と医療の安全』（ミネルヴァ書房・2011年）

医薬品の安全性のための法システム―情報をめぐる規律の発展

2016（平成28）年12月30日　初版1刷発行

著　者　秋元　奈穂子
発行者　鯉渕　友南
発行所　株式会社　弘文堂　　101-0062 東京都千代田区神田駿河台1の7
　　　　　　　　　　　　　　TEL 03(3294)4801　　振替 00120-6-53909
　　　　　　　　　　　　　　　　　http://www.koubundou.co.jp
装　丁　後藤トシノブ
印　刷　港北出版印刷
製　本　牧製本印刷

Ⓒ 2016 Naoko Akimoto. Printed in Japan

JCOPY　〈(社)出版者著作権管理機構　委託出版物〉
本書の無断複写は著作権法上での例外を除き禁じられています。複写される場合は、そのつど事前に、(社)出版者著作権管理機構（電話 03-3513-6969、FAX 03-3513-6979、e-mail:info@jcopy.or.jp）の許諾を得てください。
また本書を代行業者等の第三者に依頼してスキャンやデジタル化することは、たとえ個人や家庭内での利用であっても一切認められておりません。

ISBN978-4-335-35685-8

アメリカ法ベーシックス

●アメリカ法の正確な基本知識を提供する実務にも役立つシリーズ！

　現在、アメリカ法への関心の裾野は広がり、わが国の法解釈の参考とされるだけでなく、関連企業や個人が直接アメリカ法の適用をうける可能性も多くなりました。

　このようにアメリカ法が身近な存在となり、また日本法との違いが両国の関係にとって大きな壁となるなか、一方でアメリカ法研究の発展のために、他方で実務的にアメリカ法の基本的な知識を必要とする人たちのために、主要な法領域における依拠すべき信頼できる基本書が求められています。

　本シリーズは、アメリカ法の各分野における本格的な概説書として、正確な基本的知識を提供し、具体的事例を用いてアメリカ法の特色を明示します。長く基本書として引用・参照されるシリーズを目指しています。

＊現代アメリカ法の歴史［オンデマンド版］	ホーウィッツ著 樋口範雄訳	6000円
＊アメリカ契約法［第2版］	樋口範雄	3800円
＊アメリカ労働法［第2版］	中窪裕也	3700円
＊アメリカ独占禁止法［第2版］	村上政博	4000円
＊アメリカ証券取引法［第2版］	黒沼悦郎	2900円
＊アメリカ民事手続法［第3版］	浅香吉幹	2600円
＊アメリカ代理法	樋口範雄	2800円
＊アメリカ不法行為法［第2版］	樋口範雄	3700円
＊アメリカ製造物責任法	佐藤智晶	3000円
＊アメリカ憲法	樋口範雄	4200円
＊アメリカ渉外裁判法	樋口範雄	3800円
アメリカ憲法	松井茂記	
アメリカ租税法	水野忠恒	
アメリカ行政法	中川丈久	
アメリカ地方自治法	寺尾美子	
アメリカ会社法	吉原和志	
アメリカ商取引法	藤田友敬	
アメリカ銀行法	川口恭弘	
アメリカ倒産法	松下淳一	
アメリカ医事法	丸山英二	
アメリカ環境法	大塚　直	

―― 弘文堂 ――
表示価格は2016年12月現在の本体価格（税別）です。＊は既